Lehr- und Handbücher der Psychologie
Herausgegeben von Dr. Arno Mohr

Bisher erschienene Titel:

Heller, Jürgen: Experimentelle Psychologie. Eine Einführung
Nerdinger, Friedemann: Psychologie des persönlichen Verkaufs
Stengel, Martin: Ökologische Psychologie

Experimentelle Psychologie

Eine Einführung

von
Prof. Dr. Jürgen Heller
Universität Tübingen

Oldenbourg Verlag München

Prof. Dr. Jürgen Heller ist Professor für Forschungs- und Evaluationsmethoden am Fachbereich Psychologie der Universität Tübingen.
Seine Arbeitsschwerpunkte liegen im Bereich der Wahrnehmungspsychologie, der Repräsentation und Diagnose von Wissen sowie der Mathematischen Psychologie.

Bibliografische Information der Deutschen Nationalbibliothek

Die Deutsche Nationalbibliothek verzeichnet diese Publikation in der Deutschen Nationalbibliografie; detaillierte bibliografische Daten sind im Internet über http://dnb.d-nb.de abrufbar.

© 2012 Oldenbourg Wissenschaftsverlag GmbH
Rosenheimer Straße 145, D-81671 München
Telefon: (089) 45051-0
www.oldenbourg-verlag.de

Lektorat: Christiane Engel-Haas
Herstellung: Constanze Müller
Titelbild: thinkstockphotos.de
Einbandgestaltung: hauser lacour
Gesamtherstellung: Grafik & Druck GmbH, München

Dieses Papier ist alterungsbeständig nach DIN/ISO 9706.

ISBN 978-3-486-70267-5

Vorwort

Die Experimentelle Psychologie bildet den Ursprung der Psychologie als einer akademischen Wissenschaft und war zu Beginn gleichbedeutend mit einer naturwissenschaftlich orientierten Erforschung mentaler Phänomene. Seit damals hat sich das Gesicht der Psychologie grundlegend verändert. Nicht nur in der öffentlichen Wahrnehmung dominiert eine anwendungsorientierte Psychologie, die ihre Forschung mehr an gesellschaftlichen Anforderungen ausrichtet, als an der ursprünglichen Zielsetzung, die mentalen Vorgänge zu verstehen. Dieser Trend wird gegenwärtig noch verstärkt durch die von der Bildungspolitik initiierte Reform der Studiengänge, bei der die Universitäten als eine Art Durchlauferhitzer betrachtet werden, die die Studierenden in möglichst kurzer Zeit fit für den Arbeitsmarkt machen sollen. In den letzten Jahrzehnten kann man aber auch eine Rückbesinnung auf die Erforschung des Mentalen feststellen. Angestoßen wurde diese Neuorientierung durch eine interdisziplinär verankerte kognitionswissenschaftliche Forschung und die immer mehr raumgreifenden neurowissenschaftlichen Forschungsansätze.

Das vorliegende Buch bietet eine Einführung in die Experimentelle Psychologie, die aus einer naturwissenschaftlichen Perspektive geschrieben ist. Es basiert auf der grundlegenden Überzeugung, dass in der Psychologie, wie allgemein in den Naturwissenschaften, wissenschaftlicher Fortschritt nur aus einem Zusammenspiel von experimentellem Know-how und differenzierter Theorienbildung resultieren kann. Es wäre daher zu kurz gegriffen, ein Lehrbuch der Experimentellen Psychologie als Handreichung zu verstehen, in der lediglich die konkreten Schritte zur Durchführung psychologischer Experimente zu beschreiben sind. Zentrales Anliegen dieses Buches ist es darzustellen, wie sich elementare Fragen zur Organisation mentaler Vorgänge ausgehend von einer engen Verschränkung von Experiment und Theorie beantworten lassen. Wie sich zeigen wird, hat die Experimentelle Psychologie in ihrer mindestens 150-jährigen Geschichte hier durchaus beachtliche Erfolge erzielen können.

Den Ausgangspunkt des Buches bildet eine Betrachtung philosophischer und wissenschaftstheoretischer Grundlagen der Experimentellen Psychologie. Diese schaffen einen Orientierungsrahmen für die psychologische Forschung, die sich, in einer immer stärker diversifizierten wissenschaftlichen Welt, vielfältigen Anforderungen gegenüber sieht. Da die mathematische Grundlagenausbildung in der Psychologie noch immer hinter dem Standard in anderen Naturwissenschaften (und selbst in den Wirtschaftswissenschaften) hinterherhinkt, wird besonderer Wert auf eine behutsame Einführung der formalen Grundlagen der psychologischen Theorienbildung gelegt. Das Buch ist so konzipiert, dass es ohne Rückgriff auf andere Literatur gelesen werden kann. Darüber hinaus enthält es bewusst viele wörtliche Zitate. Diese haben nicht nur die Funktion, den Text aufzulockern, sondern sollen insbesondere dazu anregen, die Originalliteratur selbst zu lesen. In Zeiten einer komprimierten Vermittlung des Stoffes und einer kleinteilig erfolgenden Lernzielkontrolle soll dem Trend begegnet werden, dass das Wissen der Studierenden mittlerweile bestenfalls durch Informationen aus zweiter Hand gespeist wird, wenn nicht sogar aus dritter Hand, da wo es sich auf die zumeist angebotenen (zugegebenermaßen didaktisch immer besser werdenden) Vorlesungsfolien und -skripten als Quellen beschränkt.

Obwohl sich das Buch als Einführung in die Experimentelle Psychologie versteht, versucht es nicht, lediglich an der Oberfläche zu bleiben oder die Dinge zu trivialisieren. Die menschliche Kognition ist ein äußerst komplexer Forschungsgegenstand, der nach einer adäquaten, differenzierten Methodik verlangt. Ich möchte daher an dieser Stelle den vielen Studierenden danken, die durch ihre Rückmeldungen und Diskussionen in verschiedenen Lehrveranstaltungen entscheidend dazu beigetragen haben, die Inhalte weiterzuentwickeln und deren Darstellung verständlicher zu gestalten.

Jürgen Heller, im August 2011

Inhaltsverzeichnis

1 Einführung

Die Psychologie präsentiert sich heute als eine sehr breit aufgestellte Wissenschaft, in der sich verschiedenste Forschungstraditionen vereinen. Eine Einordnung der Psychologie in den Kanon der Wissenschaften fällt daher nicht leicht. Abbildung 1.1 veranschaulicht eine gängige Systematik, die auf Windelband (1894/1904) zurückgeht und Gegenstand und Methode der einzelnen wissenschaftlichen Disziplinen berücksichtigt. Im Gegensatz zu den *Formalwissenschaften*, wie etwa Logik oder Mathematik, rekurriert die Psychologie auf Beobachtung und Erfahrung, wie das beispielsweise auch für die Physik oder die Geschichtswissenschaft gilt. Die Psychologie lässt sich daher eindeutig als *Erfahrungswissenschaft* (oder auch *empirische Wissenschaft*) kennzeichnen. Die Erfahrungswissenschaften wiederum lassen sich unterteilen in die *Geisteswissenschaften* (oder auch *Kulturwissenschaften*) auf der einen Seite und die *Naturwissenschaften* auf der anderen Seite. Abbildung 1.1 führt als Beispiele geistes- bzw. kulturwissenschaftlicher Disziplinen die Soziologie, die Politologie und die Geschichtswissenschaften an. Windelband (1894/1904) charakterisiert die Geisteswissenschaften durch eine *idiographische* Vorgehensweise, die auf eine umfassende Analyse einzelner Forschungsgegenstände abzielt. Im Gegensatz dazu sieht er die Naturwissenschaften, zu denen die klassischen Fächer der Physik und der Chemie, sowie die Biologie zählen, durch eine *nomothetische* Vorgehensweise gekennzeichnet. Deren Ziel ist die Aufstellung allgmeingültiger Gesetzmäßigkeiten, die von den bei einzelnen Forschungsobjekten auftretenden Phänomenen abstrahieren. Die Methode der Naturwissenschaften ist das *Experiment*.

Die Psychologie lässt sich in diese Systematik nicht in eindeutiger Weise einordnen. Innerhalb der Psychologie gibt es sowohl naturwissenschaftliche, wie auch geisteswissenschaftlich orientierte Forschungstraditionen. Abbildung 1.1 versucht dieses Selbstverständnis der Psychologie dadurch zu veranschaulichen, dass die Psychologie unter die Naturwissenschaften eingezeichnet wird, aber auch in den Bereich der Geisteswissenschaften hineinragt. Eine Antwort auf die grundlegende Frage

> Was ist Experimentelle Psychologie?

zu geben, scheint aber vergleichsweise leicht zu fallen. Man kann darunter all diejenigen Bereiche der Psychologie fassen, deren primäre Methode der Datenerhebung das Experiment ist. *Experimentelle Psychologie* ist damit keine Teildisziplin der Psychologie, wie etwa Wahrnehmungspsychologie, Sozialpsychologie, Entwicklungspsychologie, oder Biologische Psychologie. Sie definiert sich nicht über die Inhalte, sondern ausschließlich über die Verwendung der experimentellen Methode. In allen genannten Teildisziplinen werden Experimente durchgeführt, auch wenn in einigen davon durchaus auch andere, nicht-experimentelle Methoden Anwendung finden. Die Experimentelle Psychologie lässt sich auch nicht exklusiv der Grundlagenforschung, in Abgrenzung von einer eher

```
                        ┌─────────────────────────┐
                        │      Wissenschaft       │
                        └─────────────────────────┘
           ┌───────────────────────────┐   ┌───────────────────────────┐
           │   Erfahrungswissenschaft  │   │    Formalwissenschaft     │
           └───────────────────────────┘   └───────────────────────────┘
                                              (  Logik  )  ( Mathematik )
   ┌───────────────────────┐   ┌───────────────────────┐
   │   Naturwissenschaft   │   │   Geisteswissenschaft │
   └───────────────────────┘   └───────────────────────┘
     ( Physik )  ( Chemie )      ( Soziologie ) ( Politologie )
         ( Biologie )            ( Geschichtswissenschaft )
       (      Psychologie      )
```

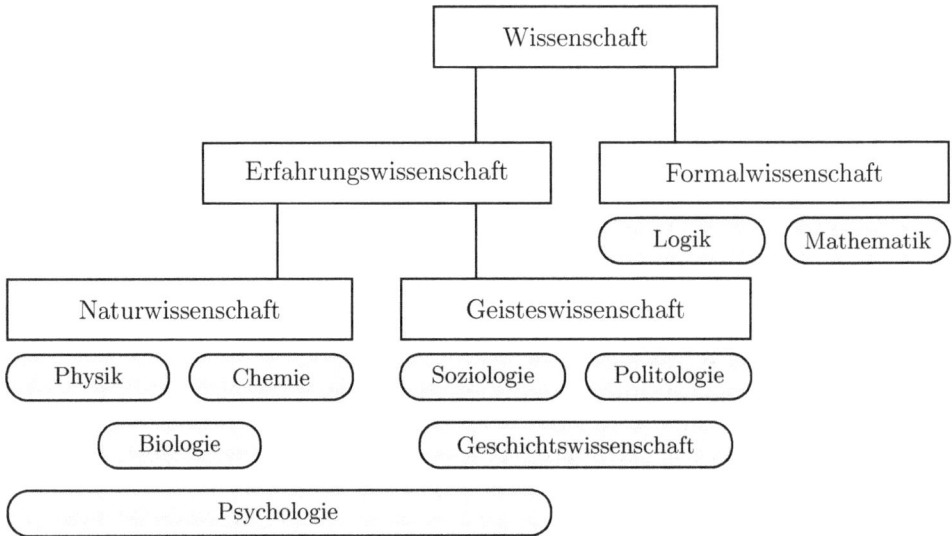

Abbildung 1.1: *Systematik der Wissenschaften nach Windelband (1894/1904).*

anwendungsorientierten Forschung, zuordnen. Der Bereich, den die so verstandene Experimentelle Psychologie absteckt, durchzieht die gesamte Psychologie. Sie kann als der naturwissenschaftliche Zweig der Psychologie verstanden werden. Wie allgemein in den Naturwissenschaften, wird das Experiment auch hier als Königsweg (via regia) zur Erkenntnis angesehen.

Das hiermit gezeichnete Bild der Experimentellen Psychologie ist aber weiter zu differenzieren. Hierzu ist der Kontext zu betrachten, in dem die experimentelle Methode jeweils angewendet wird. Sowohl hinsichtlich der Fokussierung der bearbeiteten Fragestellungen, wie auch bezüglich der Art der psychologischen Theorien können hier zumindest zwei Teilbereiche gegeneinander abgegrenzt werden. In einem kurzen historischen Abriss der Entstehung und Entwicklung der Experimentellen Psychologie wird der Wandel von einer naturwissenschaftlich orientierten Erforschung mentaler Phänomene hin zur gegenwärtigen Dominanz eher technologischer, an der Lösung sozialer Fragen orientierter Ansätze deutlich. Davor wird in einem kleinen Exkurs noch geklärt, wie das Experiment in die Wissenschaft gekommen ist und welche Rolle ihm darin zukommt.

1.1   Das Experiment in der Wissenschaft

Gemeinhin wird der Erfolg der Naturwissenschaften mit der Anwendung der experimentellen Methode in Verbindung gebracht, deren Aufkommen auf das 17. Jahrhundert datiert wird. Tatsächlich aber gab es bedeutende Vorläufer in der Wissenschaftsgeschichte, wie etwa die bereits im 11. Jahrhundert von dem arabischen Gelehrten Alhazen (965-1039) verfasste experimentelle Abhandlung zur Optik (Heidelberger, 2009).

Es ist also durchaus zu rechtfertigen, das Experiment als Errungenschaft spätestens des 13. Jahrhunderts anzusehen (Crombie, 1953).

Grundsätzlich kann man zwei verschiedene Traditionen des Experimentierens unterscheiden (Kuhn, 1977). Einen ersten Ansatz bilden die sich schon seit dem Altertum entwickelnden mathematischen Disziplinen, zu denen beispielsweise geometrische Optik, Astronomie und die Geometrie selbst zählen.

> Unter einem Experiment verstand man in dieser Tradition tatsächlich meist die Überprüfung einer gedanklich schon entwickelten Theorie und viele Experimente erweisen sich als bloße Gedankenexperimente, deren Ergebnisse man schon aus alltäglichen Erfahrungen zu kennen glaubte. Auch und gerade Galileo Galilei (1564-1642) ist dieser Tradition einzuordnen. (Heidelberger, 2009, S. 157)

Ein zweiter Ansatz wird nach dem Philosophen Francis Bacon von Verulam (1561-1626) benannt. Diese sogenannte *Baconische Tradition* wird in den sich später entwickelnden Wissenschaften, wie etwa Wärmelehre, Elektrizitätstheorie oder Chemie, gepflegt. Sie zeichnet sich dadurch aus, dass hier in die Natur eingegriffen wird und die Beobachtungsbedingungen künstlich hergestellt werden. Damit geht dieser Ansatz über die Alltagserfahrung hinaus, die danach als Ausgangspunkt wissenschaftlicher Erkenntnis nicht mehr ausreicht.

> Als Folge dieser Auffassung begann man erstmals einzusehen, dass sich das Wissen von der Welt nicht mehr sozusagen auf der Oberfläche unserer alltäglichen Erfahrung kundgibt, wie das für die dominierende aristotelische Naturphilosophie der Fall war. Wir müssen uns mit den methodischen und experimentellen Verfahren der Induktion durch die *viscera naturæ*, die Gedärme der Natur, wie Bacon sagt, hindurcharbeiten. (Heidelberger, 2009, S. 159)

Das Experiment wird in dieser Tradition zur Methode der Aufdeckung kausaler Zusammenhänge (vgl. Abschnitt 2.2), also von Ursache-Wirkung Beziehungen, durch kontrollierte Bedingungsvariation. Im ausgehenden 19. Jahrhunderts, sowie im Laufe des 20. Jahrhundert richtete sich die konkrete Rolle des Experiments in der Wissenschaft jeweils nach der dominierenden wissenschaftstheoretischen Auffassung. Diese Ansätze, die in Abschnitt 2.1 eingehend dargestellt werden, waren primär auf die Entwicklung von Theorien fokussiert. Eine neue, deutlich eigenständigere Sichtweise des Experiments in den Wissenschaften hat sich unter dem Schlagwort *Neuer Experimentalismus* seit den 1980er Jahren entwickelt. Als Begründer dieses Ansatzes gilt Ian Hacking mit seiner Monographie "Representing and Intervening" (Hacking, 1983). Eine zentrale These darin ist, dass das Experiment nicht der Theorie untergeordnet ist, sondern dass es eine autonome experimentelle Wissenschaft gibt. Hacking spricht dem Experimentieren ein Eigenleben zu: "Experimentation has a life of its own" (Hacking, 1983, S. 150). Experimente beziehen sich primär auf Phänomene und ihre Beziehungen zueinander und haben daher auch Bestand über theoretische Umbrüche hinweg, wie sie etwa im Rahmen wissenschaftlicher Revolutionen (vgl. Abschnitt 2.1.3) auftreten (Carrier, 2009).

Der in den klassischen Naturwissenschaften erreichte Fortschritt wurde jedoch, trotz der angedeuteten Eigenständigkeit des Experiments, entscheidend durch eine intime Wechselbeziehung zwischen Experiment und Theorie möglich gemacht. Die wechselseitige Bedingtheit von Experiment und Theorie in der Psychologie bildet eines der zentralen Themen der nachfolgenden Kapitel.

1.2 Eine kurze Geschichte der Experimentellen Psychologie

"Die Psychologie hat eine lange Vergangenheit, doch nur eine kurze Geschichte", so beginnt Hermann Ebbinghaus seine 1908 veröffentlichte Monographie "Abriss der Psychologie" (Ebbinghaus, 1908, S. 1). Damit spielt er zum einen auf die lange während, bis in die Antike zurückreichende Beschäftigung mit psychologischen Themen an, zum anderen auf die relativ kurze Zeitspanne, seit der sich die Psychologie als wissenschaftliche Disziplin etabliert hat. In der Tat werden die Anfänge der wissenschaftlichen Psychologie für gewöhnlich an zwei Ereignissen festgemacht (Boring, 1950), die zum Zeitpunkt des Ebbinghausschen Ausspruchs nicht mehr als ein halbes Jahrhundert zurücklagen.

Das erste Ereignis ist die im Jahr 1860 erfolgte Veröffentlichung der "Elemente der Psychophysik" durch Gustav Theodor Fechner (Fechner, 1860). Darin werden die Ziele der von Fechner als *Psychophysik* bezeichneten psychologischen Teildisziplin formuliert. Folgendes Zitat verdeutlicht die Zielsetzung der Psychophysik in Fechners eigenen Worten.

> Unter Psychophysik verstehe ich gemäss der, im 2. Kapitel ausführlicher gegebenen, Erklärung eine Lehre, die, obwohl der Aufgabe nach uralt, doch in Betreff der Fassung und Behandlung dieser Aufgabe sich hier insoweit als eine neue darstellt, dass man den neuen Namen dafür nicht unpassend und nicht unnöthig finden dürfte, kurz eine exacte Lehre von den Beziehungen zwischen Leib und Seele.
> Als exacte Lehre hat die Psychophysik wie die Physik auf Erfahrung und mathematischer Verknüpfung erfahrungsmässiger Thatsachen, welche ein Mass des von der Erfahrung Gebotenen fordert, zu fussen, und, soweit solches noch nicht zu Gebote steht, es zu suchen. (Fechner, 1860, S. V)

Fechner verknüpft hier die Forderung nach wissenschaftlicher Theorienbildung in der Psychologie mit dem Bezug auf experimentell gewonnene Daten und orientiert sich dabei am Vorbild der Physik. Für die Psychophysik, als einer eigenständigen Wissenschaft, sieht er es als eine zentrale Aufgabe an, dass sie ihre eigenen Methoden bereitstellt.

> Das psychophysische Experiment, bisher nur eine beiläufige Stelle bald in dem physikalischen, bald physiologischen Experimentirzimmer findend, nimmt nun sein eigenes Zimmer, seinen eigenen Apparat, seine eigenen Methoden in Anspruch. (Fechner, 1860, S. IX)

Auch aus heutiger Sicht sind die von Fechner (1860) entwickelten experimentellen Methoden keineswegs überholt oder antiquiert, sondern können nach wie vor beispielgebend sein (vgl. Abschnitt 6.1.1).

Das zweite Ereignis ist die im Jahr 1879 erfolgte Einrichtung eines *Laboratoriums für experimentelle Psychologie* durch Wilhelm Wundt (1832-1920) an der Universität Leipzig, wo er einen Lehrstuhl für Philosophie inne hatte. Diese Gründung markiert weltweit den Beginn der institutionalisierten Psychologie. Auch die Wundtsche Psychologie bezeichnet sich als "experimentell" und verdeutlicht damit ihren Anspruch, sich von der Philosophie zu lösen und als Naturwissenschaft zu gelten. Dieser Anspruch wird noch untermauert durch die Verwendung technischer Geräte und Instrumente für die Durchführung psychologischer Experimente. Die Betonung der Wissenschaftlichkeit durch Nutzung technischer Apparate zur Datengewinnung ist jedenfalls eine Attitüde in der Psychologie, die man auch heute noch verbreitet findet.

Für Boring (1950) markieren also Fechner und Wundt den Beginn der Experimentellen Psychologie, die mit der wissenschaftlichen Psychologie insgesamt zu identifizieren ist. Ihre Zielsetzung ist eine experimentelle Untersuchung mentaler Phänomene in der Tradition der Naturforschung des 18. und 19. Jahrhunderts. Dass dieser Forschungsansatz nicht erst mit Fechner und Wundt seinen Anfang nimmt, sondern bereits im 18. Jahrhundert weit verbreitet ist, dokumentiert Carus (1808) in seiner "Geschichte der Psychologie". Neu bei Wundt ist allerdings, dass er den experimentellen Ansatz als Forschungsprogramm für jede psychologische Untersuchung des Mentalen versteht.

> Zum ersten Mal wurde geradezu generalstabsmäßig der wissenschaftliche Angriff auf die Seele als Ganzes organisiert – Wundt sei ein Napoleon der intellektuellen Welt, schrieb William James an Stumpf –. Es ging es nicht mehr wie zuvor um ein gelegentliches mit einer einzelnen Frage verbundenes Experiment, hier ging es um die umfassende experimentelle Zerlegung des Geistig-Seelischen. Der Bereich des Geistigen sollte umfassend kartiert, parzelliert und vermessen werden und somit für eine wissenschaftliche Eroberung durch das Experiment aufbereitet werden. (Mausfeld, 2000, S. 25)

Im 20. Jahrhundert hat die Psychologie einen rasanten Aufstieg erfahren. de Solla Price (1974) konstatiert für die Experimentelle Psychologie eine Verdoppelung der Fachliteratur alle 10 Jahre. Die Mitgliederzahlen der psychologischen Fachgesellschaften und die Anzahl der Studierenden hat in Deutschland, wie weltweit, ein Wachstum gezeigt, wie sonst in kaum einer anderen Wissenschaft. Verantwortlich für diesen gesellschaftlichen Erfolg der Psychologie ist jedoch nicht die konsequente Weiterentwicklung des Wundtschen Forschungsprogramms, sondern eine zunehmende Anwendungsorientierung. Die Psychologie bemüht sich, Lösungen für gesellschaftliche Probleme anzubieten und dieses Angebot wird in großem Umfang nachgefragt. Psychologinnen und Psychologen arbeiten heute in einer Vielzahl von Berufen und Berufsfeldern. Wie bereits eingangs festgestellt, zählt das Experiment auch in diesen anwendungsnahen Bereichen zu den festen und wichtigsten Bestandteilen des Methodeninventars. Der experimentelle Ansatz kommt überall dort zum Einsatz, wo nicht prinzipielle Gründe oder ethische Bedenken dies verhindern.

Allerdings hat die Entwicklung unseres Verständnisses mentaler Vorgänge nicht mit dem Ausmaß der an die Psychologie herangetragenen gesellschaftlichen Anforderungen schritthalten können. Viele der von der Psychologie vorgeschlagenen Lösungsansätze sind technologischer Art, d.h. ihre gegebenenfalls vorhandene Wirksamkeit kann zwar wissenschaftlich belegt werden, sie beruht aber nicht auf einem tieferen Verständnis der zugrunde liegenden mentalen Prozesse. Die intime Beziehung zwischen Experiment und psychologischer Theorienbildung, wie sie etwa bei Fechner (1860) vorliegt, ist hier verloren gegangen. An die Stelle spezifischer psychologischer Theorien, die eine differenzierte quantitative Vorhersage des beobachtbaren Verhaltens erlauben, tritt häufig das qualitative Postulat eines nachweisbaren Effektes. Als "Allzweckwaffe" zur wissenschaftlichen Absicherung dieser behaupteten Effekte gegen einen "Nulleffekt" etabliert sich die auf Fisher (1925, 1935) zurückgehende Inferenzstatistik. Die experimentelle Versuchsplanung (experimental design) richtet sich an allgemeinen statistischen Verfahren aus, die zur Datenanalyse vorgeschlagen werden (z.B. Keppel & Wickens, 2004). Lineare statistische Modelle, die in Abschnitt 5.4.2 eingehender diskutiert werden, dominieren mehr und mehr das wissenschaftliche Denken in der Psychologie. Vorgefundene Zusammenhänge werden fast ausschließlich vor dem Hintergrund linearer Modelle analysiert und nicht in Verbindung mit prädiktiven psychologischen Theorien, die differenzierte Vorhersagen machen (Taagepera, 2008). Im angloamerikanischen Bereich führte diese Entwicklung zu einer Aufspaltung der psychologischen Forschung in zwei Bereiche, nämlich in *cognitive sciences* und *social sciences*. Während die *cognitive sciences* die ursprüngliche Tradition der Erforschung des Mentalen der Experimentellen Psychologie weiterführt, bilden die *social sciences* den soeben beschriebenen sozialwissenschaftlich orientierten Zweig der Psychologie. Eine derartige Trennung wurde in der deutschen Psychologie bislang noch nicht vollzogen, obwohl mittlerweile verschiedentlich kognitionswissenschaftliche Studiengänge etabliert wurden. Diese interdisziplinären Studiengänge sind naturwissenschaftlich ausgerichtet und vermitteln den Studierenden die methodischen Kenntnisse, die für eine Entwicklung psychologischer Theorien von "explanatorischer Tiefe und Breite" (Mausfeld, 2010, S. 184) erforderlich sind. Eine fundierte naturwissenschaftliche Grundausbildung hat im Curriculum des Psychologiestudiums dagegen nach wie vor keinen festen Platz. Die Vermittlung grundlegender Kenntnisse in Mathematik, wie sie für Biologen, Chemiker oder selbst Wirtschaftswissenschaftler selbstverständlich ist, wird für die Ausbildung von Psychologinnen und Psychologen offenbar als nicht notwendig erachtet. Durch die von der Bildungspolitik verordnete Reform der Studiengänge, die einen zusätzlichen Druck in Hinblick auf Anwendungs- und Berufsorientierung aufgebaut hat, wurde diese Situation weiter verschärft.

Die Entwicklung der Experimentellen Psychologie, als der Zweig der Psychologie, der sich der naturwissenschaftlichen Erforschung mentaler Phänomene verschrieben hat, ist durch verschiedene Strömungen der Psychologie beeinflusst worden. Während sie in der ersten Hälfte des 20. Jahrhunderts durch den *Behaviorismus* dominiert war, war sie in dessen zweiter Hälfte wesentlich durch die *Kognitive Psychologie* geprägt. In den letzten Jahrzehnten hat der Einfluss einer neurowissenschaftlich orientierten Psychologie zugenommen, die hier als *Neuropsychologie* bezeichnet werden soll. In all diesen Ansätzen bildet das Experiment die zentrale Methode der Datenerhebung. Entsprechend der jeweiligen wissenschaftsphilosophischen Ausrichtung unterscheidet sich die Beziehung zwischen Experiment und Theorie in diesen Paradigmen jedoch grundle-

gend. Eine angemessene Darstellung dieser Paradigmen der Psychologie würde jedoch
den Rahmen dieses kurzen historischen Abrisses sprengen, sie erfolgt daher gesondert
in Abschnitt 2.3.

Die erfolgreiche Entwicklung der Experimentellen Psychologie lässt sich auch anhand
klassischer Handbücher dokumentieren, die versuchen, einen Überblick über den jeweils
aktuellen Stand des Wissens zu vermitteln. Während James (1890) noch als einzelner
Autor in der Lage war, ein nahezu vollständiges Kompendium der Erkenntnisse der
Experimentellen Psychologie seiner Zeit vorzulegen (Wertheimer, 1985), war das von
Stevens im Jahr 1951 herausgegebene einbändige "Handbook of Experimental Psychology" (Stevens, 1951) von 34 Autoren verfasst und hatte einen Umfang von rund 1400
Seiten. Bereits Mitte des 20. Jahrhunderts bedurfte es also der Integration der Bei-
träge vieler Experten auf ihren jeweiligen Teilgebieten, um einen Überblick über den
Stand der Experimentellen Psychologie gewinnen zu können. Diese Entwicklung hat
sich weiter fortgesetzt. Das als zweite Auflage von Atkinson, Herrnstein, Lindzey und
Luce herausgegebene "Stevens' Handbook of Experimental Psychology" (Atkinson et
al., 1988) umfasst bereits etwa 1900 Seiten in zwei Bänden. Die 2002 erschienene dritte
Auflage (Pashler et al., 2002) liegt in vier Bänden vor, mit einem Gesamtvolumen von
über 3200 Seiten.

Daraus kann man einen stetigen Zuwachs des Wissens in der Experimentellen Psychologie ablesen; eine Situation, die eigentlich alle zufrieden stellen sollte. Im Rahmen ihres
1985 herausgegebenen Bandes "Die Zukunft der Experimentellen Psychologie" stellten
jedoch Sarris und Parducci die Frage, ob die experimentelle Methode eine Sackgasse
oder den Königsweg zur Erkenntnis in der Psychologie darstellt. Auf der Grundlage der
in dem Band zusammengefassten Autorenbeiträge kamen sie zu folgender Einschätzung:

> Keiner der Autoren stellt den potentiellen Nutzen experimenteller Metho-
> den in Frage. Und dennoch macht sich ein gut Teil Ungeduld bemerkbar.
> Einige sähen gern mehr Freiheit von den traditionellen Einschränkungen
> experimenteller Wissenschaft. Andere befürworten die weitere Hinwendung
> zu traditionellen Verfahren, selbst wenn dies einen Rückgang von Zahl und
> Popularität der Psychologen bedeutet. (Sarris & Parducci, 1985, S. 24)

Offenbar gibt es Bereiche in der Psychologie (und offenbar sind es gerade die bereits oben
genannten, denen die Psychologie ihre ausgesprochene Popularität verdankt), in denen
das Experiment nicht zu dem erhofften Fortschritt geführt hat. Es erweckt den Anschein,
dass in diesen Bereichen die Erwartung vorherrscht, dass die Anwendung der experimentellen Methode an sich den wissenschaftlichen Fortschritt befördern würde. Das ist
jedoch eine irrige Ansicht. Der wissenschaftliche Fortschritt wird sich nur in dem Maße
einstellen, wie die Psychologie in der Lage ist, ihre experimentelle Vorgehensweise eng
mit einer differenzierten Theorienbildung zu verflechten. Gerade diese enge Verflechtung
von Experiment und Theorie hat der Physik zu ihren Erfolgen verholfen. Dass in weiten
Bereichen der Psychologie hinreichend ausgearbeitete psychologische Theorien nicht zur
Verfügung stehen, macht Sigmund Koch in der 1974 veröffentlichten enzyklopädischen
Bestandsaufnahme "Psychology: A Study of a Science" mit sehr drastischen Worten
deutlich.

Seit mehr als hundert Jahren haben wir mit gewaltigen Anstrengungen eine
Disziplin auf einem Fundament begründet, das in der akademischen Geschichte einzigartig ist. Die Merkmale dieser Disziplin sind: statt Fortschritt
leere Versprechungen und lautstarke Bekundungen, statt Wahrheit Trivia-
lisierung, statt wissenschaftlicher Strenge Rollenspiel. Will man dies eine
Wissenschaft nennen, so ist es eine Disziplin der Täuschungen. Ihre wissenschaftliche Literatur besteht aus einer endlosen Reklame für die leersten
Konzepte, die hochtrabendsten und aufgeblasendsten Theorien und die tri-
vialsten Befunde in der Geschichte der Wissenschaften. (Koch, 1974, S. 27,
zit. nach Mausfeld, 2000)

Eine sehr harsche Kritik, die, wie in den nachfolgenden Kapiteln dieses Buches gezeigt
wird, in ihrer Pauschalität offensichtlich überzogen ist. Dass sie dennoch nicht gänzlich
unberechtigt ist, macht das Spannungsfeld deutlich, in dem sich die Experimentelle
Psychologie heute bewegt.

Der Erfolg der Experimentellen Psychologie in der Zukunft wird entscheidend davon
abhängen, ob es gelingt, die psychologische Theorienbildung konsequent weiterzuentwickeln. Obwohl es der Psychologie offenbar besonders schwer fällt, sich von alltagspsy-
chologischen Intuitionen zu lösen, wird es gerade darauf ankommen, wenn man Theorien
mit einem hinreichenden Erklärungswert formulieren will.

Charakteristische Merkmale einer erfolgreichen kumulativen Theoriebildung
über einen bestimmten Phänomenbereich sind die *explanatorische Tiefe* einer Theorie (d.h. die Theorie bleibt nicht an der Oberfläche von Alltags-
konzepten, sondern weist eine hinreichend tiefe deduktive Struktur auf, die
sie mit – aus Alltagssicht nicht erwarteten – experimentellen Konsequenzen
verbindet) sowie die *explanatorische Breite* der Theorie (d.h. eine Theorie
vermag – in einer aus Alltagssicht nicht erwarteten Weise – ganz unterschiedliche Klassen von Phänomenen miteinander zu verbinden). (Mausfeld, 2010,
S. 184)

Erst im Kontext derartiger psychologischer Theorien wird sich auch zeigen, welchen
Beitrag neue experimentelle Methoden der Datenerhebung leisten können, wie sie etwa
die bildgebenden Verfahren zur Verfügung stellen. Ersetzen können solche neurophysiologischen Daten eine eigenständige psychologische Theorienbildung in keinem Fall.

1.3   Überblick

Das vorliegende Buch will die Kenntnisse vermitteln, die grundlegend für eine erfolgreiche experimentelle Erforschung mentaler Phänomene sind. Der kurze Abriss der Geschichte der Experimentellen Psychologie und die Diagnose ihrer aktuellen Situation
haben deutlich gemacht, dass wissenschaftlicher Fortschritt nicht schon alleine aus der
Anwendung der experimentellen Methode resultiert. Die Interpretation experimenteller Ergebnisse erfolgt stets im Kontext psychologischer Theorien. Ein Lehrbuch der

Experimentellen Psychologie darf daher nicht nur als Anleitung zum Experimentieren verstanden werden.

Ausgehend von einer Rückbesinnung auf die klare naturwissenschaftliche Ausrichtung, die die Experimentelle Psychologie in ihren Anfängen ausgezeichnet hat, verfolgt dieses Buch zwei zentrale Zielsetzungen. Erstens soll mit der Diskussion wichtiger wissenschaftstheoretischer Grundlagen ein Orientierungsrahmen für die Einordnung der verschiedensten Beiträge zur experimentellen psychologischen Forschung an die Hand gegeben werden. Zweitens soll die wechselseitige Bedingtheit von Experiment und Theorie in der Psychologie herausgearbeitet werden. Neben den für die Durchführung psychologischer Experimente erforderlichen Fertigkeiten wird daher auch ein grundlegendes Verständnis psychologischer Theorien vermittelt. Wie auf dieser Grundlage erfolgreich elementare Fragen zur mentalen Verarbeitung beantwortet werden können, wird ausführlich anhand ausgewählter Beispiele illustriert.

Kapitel 2 diskutiert wesentliche Grundfragen der wissenschaftlichen Erkenntnis. Hierzu werden nicht nur wichtige wissenschaftstheoretische Grundposition dargestellt, sondern auch aufgezeigt, wie sich diese in den Hauptströmungen der Psychologie widerspiegeln. Insbesondere werden die in der aktuellen Experimentellen Psychologie dominierenden kognitions- und neurowissenschaftlichen Ansätze aus wissenschaftsphilosophischer Sicht betrachtet. Unter der Überschrift "Metaphysik" werden darüber hinaus die oftmals impliziten Vorannahmen diskutiert, die in die Formulierung naturwissenschaftlicher Theorien eingehen.

Kapitel 3 beleuchtet dann zunächst verschiedene Kriterien wissenschaftlicher Theorien. Es wird eine Reihe von Aspekten diskutiert, nach denen Theorien bewertet werden können. Hierzu gehören etwa terminologische Exaktheit, Widerspruchsfreiheit und Vollständigkeit, Einfachheit und Generalisierbarkeit, oder auch Prüfbarkeit. Anschließend stellt die Einführung grundlegender Konzepte der Aussagen- und Prädikatenlogik, sowie der Mengenlehre, die theoretischen Grundlagen für die nachfolgenden Abschnitte zur Verfügung. Da die Erfolge naturwissenschaftlicher Theorienbildung (z.B. in der Physik) entscheidend auf der Messung beobachteter Phänomene und der auf dieser zahlenmäßigen Erfassung aufbauenden Anwendung mathematischer Operationen beruhen, wird zunächst geklärt, was unter dem Begriff "Messung" zu verstehen ist. Im Rahmen der repräsentationalen Theorie der Messung werden dabei gerade die kritischen Experimente identifiziert, anhand derer sich entscheiden lässt, ob eine Messung möglich ist. Auf dieser Grundlage lässt sich dann auch die Frage beantworten, ob Psychologen messen können. Der unter dem Schlagwort "mathematische Modellierung" angebotene Überblick über verschiedene Arten formaler Theorienbildung in der Psychologie ermöglicht eine Einordnung der in den weiteren Kapiteln vertieft behandelten psychologischen Theorien.

Kapitel 4 stellt wichtige Grundlagen sowohl der Wahrscheinlichkeitstheorie, wie auch der Statistik vor. Die Darstellung kann und will dabei nicht ein Lehrbuch der Statistik (z.B. Fahrmeir, Künstler, Pigeot & Tutz, 2009; Hays, 2007) ersetzen. Ziel ist es vielmehr Aspekte der Begründung des Wahrscheinlichkeitsbegriffs und des statistischen Testens hervorzuheben, die in den üblicherweise verwendeten Statistikbüchern zumeist nicht ausreichend behandelt werden, aber zentral für die Analyse experimenteller Ergebnisse sind. Hierzu zählt eine allgemeine Charakterisierung von Zufallsexperimenten

und die darauf aufbauende axiomatische Einführung des Begriffs der Wahrscheinlichkeit, der Begriff der (diskreten oder stetigen) Zufallsvariablen und ihrer Verteilungen,
sowie die Beziehung zwischen Stichprobe und Population. Auf dieser Grundlage werden
dann verschiedene Traditionen des statistischen Testens vorgestellt, die teilweise auf
sehr unterschiedliche Weise der mit empirischen Beobachtungen verbundenen Unsicherheit begegnen, um zu einer Klärung der eigentlich interessierenden Forschungsfragen zu
kommen.

In Kapitel 5 wird die Anwendung der Methode des Experiments in der Psychologie
erläutert. Hierzu gehört eine Einführung der zentralen Begriffe und Techniken der experimentellen Versuchsplanung ebenso, wie die enge Verzahnung von Versuchsplanung
und Statistik. Die statistischen Analysen basieren stets auf Annahmen, etwa zur Art des
Zufallsexperiments oder zur (stochastischen) Unabhängigkeit einzelner Beobachtungen.
Damit wird es zu einer zentralen Aufgabe der Versuchsplanung, die Voraussetzungen für
die Anwendung der statistischen Verfahren zu schaffen, die eine Beantwortung der mit
dem Experiment verbundenen Forschungsfragen erlaubt. Ein besonderes Augenmerk
wird auf psychologische Experimente gerichtet, bei denen die Daten einzelner Versuchspersonen jeweils getrennt ausgewertet werden, da das Aggregieren individueller Daten
in der Psychologie häufig zu Artefakten führt. Abschließend werden in diesem Kapitel
einige klassische experimentelle Paradigmen vorgestellt. Auch hier wird ein besonderes
Augenmerk auf die theoriegestützte Analyse der damit erhobenen Daten gelegt.

Kapitel 6 schließlich wird anhand von Beispielen aus dem Bereich der Psychophysik,
der Lernpsychologie, sowie der kognitiven Informationsverarbeitung im Rahmen der
Gedächtnisforschung deutlich machen, dass sich selbst elementare Fragen nach der Organisation mentaler Vorgänge nur im Zusammenspiel von experimentellem Know-how
und formaler Theorienbildung beantworten lassen.

2 Wissenschaftstheoretische Grundlagen

Die *Erkenntnistheorie* oder *Epistemologie* als Teil der Philosophie befasst sich mit den grundlegenden Möglichkeiten von Erkenntnis. Dabei haben sich in der jahrtausende währenden philosophischen Auseinandersetzung mit diesem Thema verschiedene erkenntnistheoretische Grundpositionen herausgebildet. Um ihre zentralen Thesen deutlich zu machen, werden diese im Folgenden sehr plakativ gegenüber gestellt und anhand der Antworten unterschieden, die sie auf essentielle Fragen geben.

Eine erste dieser Fragen lautet:

> Existiert eine vom Beobachter unabhängige, durch Wahrnehmung und Denken erkennbare Wirklichkeit?

Aus Sicht des *Realismus* ist diese Frage zu bejahen. Ein Realist nimmt an, dass die Dinge in der Welt existieren unabhängig davon, ob sie wahrgenommen werden oder nicht. In der Physik etwa wird aus einer derartigen Position heraus angenommen, dass Elektronen oder Quarks tatsächlich existierende Teilchen sind. Im *Idealismus* dagegen wird die Frage verneint. Hier gibt es keine vom Beobachter unabhängige Welt. Die Dinge existieren nur dadurch, dass wir sie denken. Für das Beispiel der Elektronen und Quarks bedeutet dies, dass sie lediglich nützliche Vorstellungen sind, die helfen physikalische Vorgänge zu erklären. Diese Sichtweise wird auch als *Instrumentalismus* bezeichnet. Obwohl diese Position zunächst weniger plausibel erscheinen mag, als eine realistische, so lässt sie sich doch durch unser heutiges Verständnis der Wahrnehmung in der Psychologie stützen. Dabei wird Wahrnehmung nicht als ein passiver Vorgang verstanden, bei dem eine externe Wirklichkeit lediglich abgebildet wird, sondern als konstruktiver Akt. Was wir sehen, hören, riechen oder ertasten ist letztlich ein Konstrukt unseres Wahrnehmungssystems. Ein Beispiel dafür ist die Empfindung der Farbe. Obwohl wir gerne behaupten, dass wir einen roten Apfel sehen, ist der Apfel mitnichten rot. Der Apfel reflektiert Anteile des auf ihn fallenden Lichts (d.h. elektromagnetische Strahlung eines bestimmten Wellenlängenbereichs) in unser Auge, was die Empfindung der Farbe auslöst. Die Farbe ist dabei eine sehr individuelle und private Empfindung, über die wir uns mit anderen nur in groben Zügen verständigen können. Sie hat keine Existenz unabhängig vom Beobachter. Darüber hinaus hängt sie nicht nur von dem durch den Apfel reflektierten Licht ab, sondern in sehr komplexer Weise auch von der Zusammensetzung des Lichts, vom räumlichen Kontext und von der Art und Weise, wie der Beobachter die Situation interpretiert (z.B. ob der Apfel als im Schatten eines anderen Objektes liegend wahrgenommen wird). Ein weiteres Beispiel liefert die Wahrnehmung von *Kippfiguren*, wie etwa des in Abbildung 2.1 dargestellten *Neckerschen Würfels*: Die physikalisch zweidimensionale Reizvorlage wird als dreidimensionaler Würfel gesehen. Die Räumlichkeit des Würfels hat wiederum keine Existenz unabhängig vom Beobachter (vgl. auch Abschnitt 2.1.1).

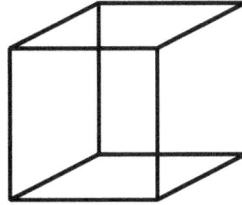

Abbildung 2.1: *Der Neckersche Würfel.*

Eine zweite Frage lautet:

> Ist die Erkenntnis primär auf sinnliche Erfahrung gegründet, oder auf Verstand und Vernunft?

Im Rahmen des *Empirismus* resultiert Erkenntnis zuallererst aus der sinnlichen Erfahrung, während der *Rationalismus* Verstand und Vernunft als die primäre Quelle der Erkenntnis sieht. Eine gewisse Sonderstellung in Bezug auf die gestellte Frage nimmt der *Skeptizismus* ein, der eine vollständige oder auch partielle Erkenntnis der Wirklichkeit als prinzipiell nicht möglich erachtet.

Die *Wissenschaftstheorie* oder auch *Wissenschaftsphilosophie* (philosophy of science) ist die Erkenntnistheorie der Wissenschaften. Als Theorie über den Aufbau und die Funktion einzelwissenschaftlicher Theorien kann man sie als *Metatheorie* verstehen. Ziel der Wissenschaftstheorie ist die Klärung wissenschaftlicher Begriffsbildungen, Methoden und Theorien in den einzelnen wissenschaftlichen Disziplinen.

Die dargestellten erkenntnistheoretischen Positionen sind auch grundlegend für die Erkenntnistheorie der Wissenschaften. Abschnitt 2.1 erläutert einige der wichtigsten wissenschaftstheoretischen Ansätze. Im Anschluss daran wird, nach einem Ausflug in die Metaphysik (Abschnitt 2.2), die Frage untersucht, wie sich diese wissenschaftstheoretischen Vorstellung in den Haupströmungen der Psychologie des 20. und 21. Jahrhunderts widerspiegeln. Abschnitt 2.3 stellt die Grundprinzipien von *Behaviorismus*, *Kognitiver Psychologie* und *Neuropsychologie* dar, bevor hieraus Schlussfolgerungen für eine Psychologie der Zukunft gezogen werden.

2.1   Wissenschaftstheoretische Grundpositionen

Der historischen Entwicklung folgend werden in diesem Abschnitt zentrale wissenschaftstheoretische Grundpositionen dargestellt. Dazu gehören der *logische Empirismus* und der *kritische Rationalismus*. Beide Ansätze wurden aus einer wissenschaftsgeschichtlichen und -soziologischen Perspektive durch Kuhn (1962) kritisiert. Als Ansätze, die diese Kritik aufgreifen, werden dann die *Methodologie der Forschungsprogramme* und die *strukturalistische Theorienkonzeption* vorgestellt.

2.1.1 Logischer Empirismus

Der *logische Empirismus* wurde begründet durch den "Wiener Kreis", einer Gruppe von Philosophen und Wissenschaftlern um Moritz Schlick (1882-1936), die sich nach seiner Berufung auf den Lehrstuhl für "Philosophie der induktiven Wissenschaften" in der Nachfolge Ernst Machs (1838-1916) gebildet hatte. Zum Wiener Kreis zählten auch Rudolf Carnap (1891-1970), Otto Neurath (1882-1945) und Kurt Gödel (1906-1978). Obwohl innerhalb der Gruppe durchaus kontroverse Meinungen diskutiert wurden, waren sich die Mitglieder in der Orientierung an der anti-metaphysischen Position Machs einig, die in der Tradition des Empirismus stand (Carrier, 2009). Die *Metaphysik* (s. Abschnitt 2.2), also alles was keine Entsprechung in der Sinneswahrnehmung hat, sollte aus der Wissenschaft verbannt werden. Hinzu kam die konsequente Anwendung der zu dieser Zeit neu entwickelten Aussagen- und Prädikatenlogik (s. Abschnitte 3.2.1 und 3.2.2) als Grundlage wissenschaftlicher Argumentation.

Aus Sicht des logischen Empirismus ist das Ziel der Wissenschaft die *Verifikation* von Hypothesen und die dadurch ermöglichte Aufstellung von Theorien. Die Gültigkeit von Hypothesen sollte intersubjektiv überprüfbar sein, und zwar anhand von Daten, die auf sinnlicher Erfahrung basieren. Die Verifizierbarkeit einer Hypothese ist Voraussetzung ihrer Sinnhaftigkeit, was als *empiristisches Sinnkriterium* bezeichnet wird (Carrier, 2009). Die Verwendung eines empiristischen Sinnkriteriums in der Psychologie hat gravierende Konsequenzen. Sie beschränkt die Art von Psychologie, die auf dieser Grundlage betrieben werden kann.

> Aus der Verifikationstheorie folgt unmittelbar, dass Aussagen, die unter den gleichen Erfahrungsumständen wahr oder falsch sind, die gleiche Bedeutung haben. Diese Festlegung gewinnt unter anderem für psychologische Aussagen wissenschaftspraktische Relevanz. Aussagen über psychische Zustände anderer Personen können nämlich allein anhand physischer Merkmale geprüft werden, entweder anhand von Verhaltensweisen oder von neurophysiologischen Merkmalen. Da aber Gleichheit der Beobachtungsmerkmale stets Gleichheit der Bedeutung beinhaltet, sind Aussagen über psychische Zustände anderer Menschen stets gleichbedeutend mit Aussagen über Verhalten oder neuronale Zustände. Entsprechend führt die Verifikationssemantik zu einer behavioristischen (oder neuronalen) Psychologie. (Carrier, 2009, S. 23)

Die Wissenschaft wird insgesamt als ein System von Sätzen aufgefasst, die zueinander nicht in Widerspruch stehen. Die Grundlage hierfür bilden *Protokollsätze*, also Sätze, die sich unmittelbar auf Beobachtungsdaten beziehen. Protokollsätze sind etwa von der Form: "Die Person X hat zur Zeit t am Ort O dieses und jenes wahrgenommen." Wissenschaftliche Sätze sind dann entweder Protokollsätze oder lassen sich aus diesen *induktiv* mit Hilfe logischer Schlüsse (s. Abschnitte 3.2.1 und 3.2.2) ableiten. Die dem logischen Empirismus zugrunde liegenden Prinzipien der Verifikation und Induktion sind in Abbildung 2.2 veranschaulicht.

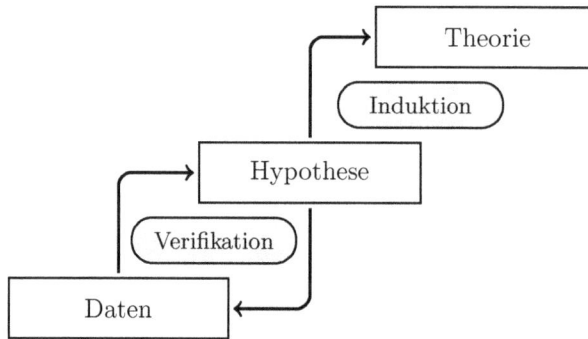

Abbildung 2.2: *Schematische Darstellung der im logischen Empirismus postulierten Beziehung zwischen Daten und wissenschaftlichen Hypothesen und Theorien.*

Der logische Empirismus hat dabei durchaus zugestanden, dass die Wissenschaft nicht mit voraussetzungsloser Beobachtung beginnt. Er grenzt sich damit ab gegenüber der Sichtweise früher Empiristen, wie etwa Ernst Mach (Breuer, 1991). Dieser Punkt kann ebenfalls mit dem in Abbildung 2.1 dargestellten *Neckerschen Würfel* illustriert werden. Die ambivalente (zweidimensionale) Reizvorlage ermöglicht ein "Kippen" des räumlichen Wahrnehmungseindrucks, d.h. entweder wird die oberste Ecke als hinten liegend oder als vorne liegend wahrgenommen. Mit etwas Übung kann man sogar beliebig zwischen beiden Sinneseindrücken hin und her wechseln. Dieses Phänomen demonstriert wiederum, dass die Wahrnehmung nicht durch die äußeren Reize determiniert ist, sondern ein konstruktiver Prozess ist, der entscheidend von inneren Bedingungen und Annahmen des Wahrnehmenden abhängt. Genauso verhält es sich in der Wissenschaft, bei der jegliche Beobachtungserfahrung immer auch theoretische Annahmen voraussetzt. Die Daten sind daher nicht der alleinige Ausgangspunkt, was in Abbildung 2.2 durch auf- und absteigende Pfeile zwischen Daten und Hypothesen veranschaulicht wird.

Die Notwendigkeit einer Einbeziehung theoretischer Begriffe führte zu einer sogenannten *Zweistufenkonzeption* (Hempel, 1974; Carnap, 1960) oder *Zweisprachenkonzeption* (double language model). Neben den Beobachtungsbegriffen, die die empiristische Grundsprache bilden und deren Vokabular sich nur auf Beobachtbares bezieht, treten theoretische Begriffe, die nur mittelbar an die Beobachtungen angebunden sind. Darüber hinaus wurde im Rahmen des logischen Empirismus ein Schema der wissenschaftlichen Erklärungen ausgearbeitet, das als *deduktiv-nomologisches Modell* (Hempel & Oppenheim, 1948) bezeichnet wird. Es formuliert eine einheitliche Struktur der wissenschaftlichen Erklärungen, die auf *nomologischen* (gesetzesartigen) Aussagen und *deduktiven* (logischen) Ableitungen beruhen (Westermann, 1987b). Eine (kausale) Erklärung wird danach aus (Natur-)Gesetzen und Randbedingungen logisch abgeleitet.

Die Zweistufenkonzeption und das deduktiv-nomologische Modell im Rahmen des logischen Empirismus stellte in den 1950er Jahren das allgemein akzeptierte "Standardmodell" der Wissenschaftstheorie dar. Und dies obwohl die dem logischen Empirismus unterliegenden Prinzipien der Verifikation und Induktion als nicht unproblematisch gelten.

Die reflexive Anwendung des Prinzips der Verifikation aller wissenschaftlichen Aussagen auf den logischen Empirismus selbst, offenbart einen entscheidenden Mangel. Damit das Induktionsprinzip Gültigkeit beanspruchen kann, muss es nach den Postulaten des logischen Empirismus verifiziert werden. Das Induktionsprinzip ist aber weder mit logischen Mitteln noch aus der Erfahrung begründbar (Chalmers, 1986). Eine weitere grundlegende Problematik des logischen Empirismus besteht in dem mit der Induktion verbundenen *Erweiterungsschluss*. Das folgende, in der philosophischen Literatur weithin verwendete Beispiel macht dies deutlich. Ausgehend von der Tatsache, dass ein Beobachter bislang nur weiße Schwäne gesehen hat, kommt er durch *Induktionsschluss* zur Formulierung der Gesetzmäßigkeit: "Alle Schwäne sind weiß!" Diese Aussage bezieht sich jedoch nicht nur auf die beobachteten Schwäne, sondern auf alle, die jemals existiert haben und existieren werden. Der bei der Ableitung allgemeiner Gesetzmäßigkeiten aus Protokollsätzen erforderliche induktive Schluss, oder Erweiterungsschluss lässt sich letztlich nicht logisch rechtfertigen. Die vorliegenden Rechtfertigungsversuche sind eher pragmatischer Natur (d.h. es gibt keine besseren Methoden) oder zielen darauf ab, dass die abgeleitete allgemeine Gesetzmäßigkeit zwar nicht sicher, aber wahrscheinlich ist (Westermann, 1987b).

2.1.2 Kritischer Rationalismus

Karl Popper (1902-1994) gilt als Begründer des *kritischen Rationalismus*. In seinem 1934 veröffentlichten Hauptwerk "Logik der Forschung" (Popper, 1934/1984) formulierte er folgende Thesen, die er der Konzeption von Wissenschaft entgegensetzt, wie sie vom logischen Empirismus vertreten wurde. Der kritische Rationalismus ist aber nicht als Metatheorie zu verstehen, da er keine Aussagen über Art und Struktur wissenschaftlicher Theorien macht. Er wird demgegenüber als *Methodologie* bezeichnet, da Methoden zur empirischen Überprüfung von Theorien vorgeschlagen werden.

Die rationalistische Position des Ansatzes drückt sich darin aus, dass der Entwurf einer Theorie oder Hypothese als Ausgangspunkt der Erkenntnis gilt. Mittels *deduktiver Logik* werden hieraus spezifische Aussagen abgeleitet. Durch den deduktiven Schluss vom Allgemeinen zum Speziellen wird der problematische Erweiterungsschluss der Induktion vermieden. Theorien werden dabei stets als vorläufige Vermutungen betrachtet, deren empirische Vorhersagen nicht verifiziert, sondern nur falsifiziert werden können. Die Möglichkeit der *Falsifikation*, also die Möglichkeit der Widerlegung durch Erfahrung, bildet nach Popper das entscheidende Kriterium für eine wissenschaftliche Theorie. Abbildung 2.3 illustriert die Deduktion konkreter Hypothesen aus einer Theorie und den Versuch der Falsifikation anhand von Daten. Durch dieses Vorgehen sollen falsche Theorien ausgeschieden werden.

Der kritische Rationalismus steht jedoch vor einer grundlegenden Schwierigkeit. Eine Diskrepanz zwischen den aus der Theorie abgeleiteten Vorhersagen und den Daten muss nicht zwangsläufig dazu führen, dass die Theorie verworfen wird. Vielmehr gibt es stets vielfältige Möglichkeiten die Gründe für die Diskrepanz nicht in der Theorie selbst, sondern in Nebenbedingungen (z.B. in Verbindung mit deren Anwendung in der konkreten Situation) zu sehen. Mit derartigen *Immunisierungsstrategien* (Popper, 1934/1984) wird eine Falsifikation der Theorie verhindert. Aus Sicht des kritischen Rationalismus ist es daher für den wissenschaftlichen Fortschritt wichtig, bestimmte Diskrepanzen zwischen

```
┌─────────────────────┐
│       Theorie        │────┐
└─────────────────────┘    │
   ( Deduktion )           │
                           ▼
         ┌─────────────────────┐
         │      Hypothese       │────┐
         └─────────────────────┘    │
              ( Falsifikation )      │
         ┌──────────               ▼
         │          ┌─────────────────────┐
         └─────────▶│        Daten         │
                    └─────────────────────┘
```

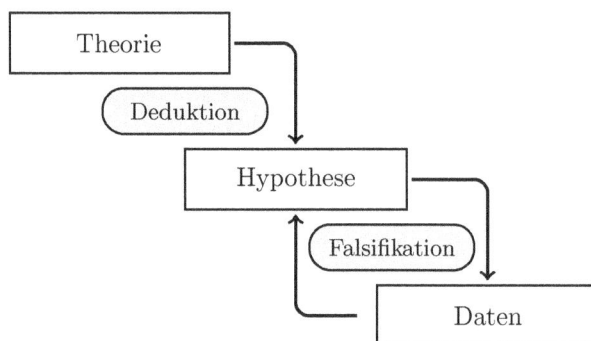

Abbildung 2.3: *Schematische Darstellung der im kritischen Rationalismus postulierten Beziehung zwischen Daten und wissenschaftlichen Hypothesen und Theorien.*

Theorie und Daten als Widerlegung der Theorie zu betrachten, auch wenn sie es, streng logisch betrachtet, eigentlich nicht sind (Carrier, 2009).

Der kritische Rationalismus hat von verschiedenen Seiten Kritik erfahren. Kritisiert wird dabei vor allem der *normative Anspruch* der Methodologie des kritischen Rationalismus, d.h. dass hier festgelegt wird, wie Wissenschaft rational zu betreiben ist. In besonders entschiedener Weise ist diese Kritik durch Paul Feyerabend in seiner *anarchischen Erkenntnistheorie* formuliert worden:

> Ein komplexer Gegenstand, der überraschende und unvorhergesehene Entwicklungen enthält, erfordert komplexe Methoden und entzieht sich der Analyse aufgrund von Regeln, die im vorhinein und ohne Rücksicht auf die ständig wechselnden geschichtlichen Verhältnisse aufgestellt worden sind. (Feyerabend, 1977, S. 30)

2.1.3   Die Kuhnschen Thesen

Auch Thomas S. Kuhn (1922-1996) kritisiert in seinem 1962 erschienen Essay "The Structure of Scientific Revolutions" (Kuhn, 1962) die Metatheorie des logischen Empirismus und die Methodologie des kritischen Rationalismus, vor allem aus wissenschaftsgeschichtlicher und -soziologischer Sicht. Gegründet auf eine historische Analyse anerkannter und erfolgreicher naturwissenschaftlicher Entwicklungen wies Kuhn darauf hin, dass sich in vielen Fällen der Erkenntnisfortschritt nicht durch die Kriterien erklären lässt, die im logischen Empirismus oder kritischen Rationalismus als rational und objektiv angesehen werden. Dies hat ihm den Vorwurf eingebracht, er würde die Wissenschaft als irrationales Unternehmen charakterisieren, dem Kuhn (1974) entschieden entgegentritt. Gleichzeitig wird die Bedeutung soziologisch-psychologischer Aspekte betont. Dazu gehört die Gesamtheit der Überzeugungen, die von der Gemeinschaft der Wissenschaftler in einem Forschungsgebiet zu einer bestimmten Zeit geteilt und durch Ausbildung und Sozialisation tradiert wird. Die Gesamtheit der als gültig betrachteten

Aussagen und der verwendeten Methoden in einem Forschungsbereich bezeichnet Kuhn (1962) als *Paradigma.*

Nach Kuhn (1962) verläuft die Entwicklung der Wissenschaft nicht kontinuierlich. Es lassen sich vielmehr zwei verschiedene Phasen gegeneinander abgrenzen:

- Die Phase der *normalen Wissenschaft*

- Die Phase der *wissenschaftlichen Revolution*

Die *normale Wissenschaft* ist gekennzeichnet durch die Ausarbeitung eines Paradigmas. In dieser Phase wird die dominierende theoretische Konzeption nicht in Frage gestellt. Kuhn (1962) spricht davon, dass die Wissenschaftler Rätsel lösen (solving puzzles). Sie bearbeiten also offene Probleme deren wesentliche Eigenschaften darin bestehen, dass das Paradigma eine Lösung garantiert und auch die Wege dahin weitgehend einschränkt (Carrier, 2009). Damit wird die Theorie ausdifferenziert, aber nicht einer grundlegenden Prüfung unterzogen. In der Phase der normalen Wissenschaft bringen auftretende Diskrepanzen zwischen theoretischen Vorhersagen und Daten (sogenannte *Anomalien*) das Paradigma nicht ins Wanken. Das Paradigma erscheint daher immun gegenüber Falsifikationen zu sein. Kuhn verteidigt dieses Vorgehen, da Anomalien stets vorhanden sind.

> Wollte man alle ungelösten Probleme und erwartungswidrigen Befunde als Bedrohung der Theorie betrachten und zunächst alle Anstrengungen auf deren Beseitigung konzentrieren, brächte man die Wissenschaft an ein vorzeitiges Ende. (Carrier, 2009, S. 32)

Treten Anomalien jedoch gehäuft auf und können diese durch das Paradigma nicht aufgelöst werden, so kann das zu einer *Krise* des Paradigmas führen, in der es an Glaubwürdigkeit verliert. Da nicht davon ausgegangen wird, dass Theorien vollständig korrekt sind, wird jedes Paradigma früher oder später in eine solche Krise kommen. Ein *Paradigmenwechsel* als Ausdruck einer *wissenschaftlichen Revolution* findet allerdings erst dann statt, wenn eine alternative theoretischen Konzeption vorliegt. Das Verwerfen eines Paradigmas geht stets einher mit der Etablierung eines neuen Paradigmas.

Beispiele für derartige wissenschaftliche Revolutionen sind die kopernikanische Wende, d.h. der Übergang vom geozentrischen zum heliozentrischen Weltbild, oder die Ablösung der klassischen Physik durch Einsteins Relativitätstheorie. Auch die kognitive Wende in der Psychologie, also die Abwendung vom Behaviorismus hin zur kognitiven Psychologie, kann als wissenschaftliche Revolution im Sinne Kuhns betrachtet werden (vgl. Abschnitt 2.3).

2.1.4 Methodologie der Forschungsprogramme

Die von Imre Lakatos (1922-1974) vorgestellte *Methodologie der Forschungsprogramme* schließt an den kritischen Rationalismus an. Sie will zeigen, dass sich die normale Wissenschaft und die wissenschaftliche Revolution, so wie sie von Kuhn beschrieben

wurden, in diesem Rahmen als methodisch korrektes Vorgehen charakterisieren lassen
(Lakatos, 1974). Dabei werden einzelne Theorien nicht isoliert betrachtet, sondern als
Bestandteil sogenannter *Forschungsprogramme*, die im Wesentlichen als Analoga der
Kuhnschen Paradigmen aufgefasst werden können. Ein Forschungsprogramm gliedert
sich in zwei Teile, die *harter Kern* und *positive Heuristik* genannt werden. Der harte
Kern wird durch diejenigen Aussagen gebildet, die auf keinen Fall preisgegeben wer-
den sollen. Um deren Unwiderlegbarkeit zu sichern, wird darum ein "Schutzgürtel von
Hilfshypothesen" (protective belt) angelegt. Die darin enthaltenen Annahmen werden
gegebenenfalls so angepasst, dass vorliegende Anomalien erklärt werden. Die positive
Heuristik kennzeichnet die Optionen, die für die Weiterentwicklung des Forschungsprogramms existieren. Sie spezifiziert beispielsweise, wie Vereinfachungen zugunsten reali-
stischerer Annahmen aufgegeben werden können (Carrier, 2009). Solange der harte Kern
und die positive Heuristik beibehalten werden, befindet man sich bezüglich des Forschungsprogramms in der Phase der normalen Wissenschaft. Der Übergang von einem
Forschungsprogramm auf ein gänzlich neues, erfolgt dann, wenn bestimmte Kriterien
erfüllt sind. Eine wesentliche Bedingung hierfür ist, dass das neue Forschungsprogramm
nicht nur die Befunde erklären kann, die auch das alte Forschungsprogramm erklären
konnte, sondern darüber hinaus noch weitere, unerwartete Vorhersagen machen kann,
die sich empirisch bestätigen lassen. Anomalien sprechen daher nur dann gegen das alte
Forschungsprogramm, wenn ein neues diese unter den genannten Bedingungen besser zu
erklären vermag. Die von Kuhn (1962) konstatierte Immunität eines Paradigmas folgt
somit aus den von Lakatos formulierten Beurteilungskriterien. Der hohe Stellenwert,
den Lakatos der Vorhersage neuer Phänomene zumisst, ist dadurch bedingt, dass deren empirische Bestätigung wesentlich stärker für ein Forschungsprogramm spricht, als
die nachträgliche Erklärung bekannter Phänomene (Gähde, 2009), wie sie etwa durch
Adjustierung von Hilfshypothesen erreicht werden kann.

2.1.5   Strukturalistische Theorienkonzeption

Den Beginn der Entwicklung eines Ansatzes, der als *strukturalistische Theorienkonzeption* bezeichnet wird, markiert die 1971 erschienene Monographie "The Logical Structure
of Mathematical Physics" von Joseph D. Sneed, einem Schüler von Patrick Suppes
(Sneed, 1971). In der Folge wurde dieser Ansatz von verschiedenen Autoren aufgegriffen, weiterentwickelt und publik gemacht (Stegmüller, 1976, 1979; Balzer, Moulines &
Sneed, 1987). Die strukturalistische Theorienkonzeption will explizit die als irrationale
Wissenschaftsauffassung kritisierten Kuhnschen Thesen als wissenschaftlich korrektes
Vorgehen rekonstruieren, ähnlich wie es die Methodologie der Forschungsprogramme
nach Lakatos (s. Abschnitt 2.1.4) versucht. Im Gegensatz dazu handelt es sich hierbei
allerdings um einen weitgehend formalisierten Ansatz. Mit der Verwendung einer formalen, logisch-mathematischen Sprache wird versucht, eine präzise Beschreibung von
Struktur und Dynamik empirischer Theorien zu erreichen. Die zentralen Konzepte der
strukturalistischen Theorienkonzeption werden im Folgenden dargestellt und durch einfache Beispiele illustriert.

Theorien-Netz und Theorie-Element

Empirische Theorien werden nicht isoliert betrachtet, sondern als *Theorien-Netze*, die
aus mehreren *Theorie-Elementen* bestehen: Aus einem Basiselement T_0 und weiteren

spezialisierten Theorie-Elementen $T_1, \ldots, T_n$. Dabei können Theorien-Netze als analog zu zu den Forschungsprogrammen von Lakatos gesehen werden. Das Basiselement entspricht dann weitgehend dem stabilen, harten Kern des Forschungsprogramms, während die spezialisierten Theorie-Elemente ständigen Veränderungen unterworfen sind und mit der weichen Hülle des Schutzgürtels korrespondieren (Gähde, 2009).

Das Basiselement eines Theorien-Netzes kann als Paar $T = \langle K, I \rangle$ aufgefasst werden, wobei K den *Strukturkern* der Theorie (logische Komponente) bildet und I die Menge der *intendierten Anwendungen* I der Theorie (empirische Komponente). Der Strukturkern K repräsentiert die mathematisch-logische Fundamentalstruktur und wird durch Einführung eines mengentheoretischen Prädikats informell axiomatisiert (Westermann, 2000). Die Menge I der intendierten Anwendungen umfasst erfolgreiche und vermutete empirische Anwendungsbereiche des Theorie-Elements und kann sich im Laufe der Zeit verändern, beispielsweise wenn neue erfolgreiche Anwendungen hinzukommen.

Der strukturalistische Ansatz ist bislang nicht nur erfolgreich zur Beschreibung von Theorien der Physik eingesetzt worden, sondern auch in der Psychologie, wie etwa die in Westermann (2000) angeführte Rekonstruktion der Dissonanztheorie von Festinger an. All diese Anwendungen sind aber mehr oder minder komplex, so dass sie sich nicht für eine elementare Einführung eignen. Im Folgenden wird daher als Beispiel die Definition des Strukturkerns einer sehr einfachen Theorie eingeführt. Diese bezieht sich im Vorgriff auf die Begriffe Menge und Relation, die in Abschnitt 3.2.3 dann präziser gefasst werden.

Definition 2.1

Genau dann ist x eine *schwache Ordnung*, wenn es ein M und ein R gibt, so dass gilt

1. x ist ein geordnetes Paar der Form $\langle M, R \rangle$.

2. M ist eine nicht-leere Menge.

3. R ist eine zweistellige Relation auf M.

4. Für alle $a, b \in M$ gilt: $a \, R \, b$ oder $b \, R \, a$. (Konnexität)

5. Für alle $a, b, c \in M$ gilt: $a \, R \, b$ und $b \, R \, c$ impliziert $a \, R \, c$. (Transitivität)

Die Axiome 1-3 legen fest, dass ein schwache Ordnung aus einer nicht-leeren Menge M und einer darauf bestehenden zweistelligen Relation R besteht. Hier wird der naive Mengenbegriff (Cantor, 1895) zugrunde gelegt, wie er aus der Schule bekannt ist. Die zweistellige Relation R konstatiert eine Beziehung zwischen Elementen der Menge M. Besteht diese Beziehung zwischen den Elementen a und b aus M, so wird dies durch $a \, R \, b$ notiert. Die Relation $\leq$ ist ein Beispiel einer zweistelligen Relation auf der Menge der reellen Zahlen, die zwischen zwei Zahlen genau dann besteht, wenn die erste höchstens so groß wie die zweite ist. Insgesamt stellen die Axiome 1 - 3 lediglich formale Anforderungen. Sie bestimmen, um welche Art von Objekten oder Entitäten es in der Definition geht.

Demgegenüber werden in den Axiomen 4 und 5 inhaltliche, strukturelle Forderungen formuliert. Die Bedingung der Konnexität beispielsweise fordert, dass je zwei beliebige Elemente a und b aus M bezüglich der Relation R vergleichbar sind. Es muss also entweder $a\,R\,b$, oder $b\,R\,a$, oder beides gelten. Die Gültigkeit der Transitivität ist grundlegend dafür, dass die Relation R eine Anordnung der Elemente von M induziert. Für alle Tripel a, b und c von Elementen aus M ist gefordert, dass aus dem Bestehen der Relation R zwischen den Elementen a und b und zwischen den Elementen b und c die Beziehung $a\,R\,c$ folgt. Die mit den Axiomen 4 und 5 formulierten strukturellen Restriktionen erkennt man daran, dass das Bestehen bestimmter Relationen gefordert wird bzw. aus gegebenen Relationen weitere folgen.

Entscheidend für die axiomatische Definition 2.1 ist, dass zunächst völlig offen bleibt, aus welcher Art von Objekten M besteht und wie R im Einzelnen definiert ist. Es wird ebenfalls deutlich, dass eine auf dieser Definition beruhende Theorie keine Sammlung empirischer Aussagen darstellt, wie dies im logischen Empirismus der Fall ist. Die der strukturalistischen Theorienkonzeption unterliegende Sichtweise wird daher auch als *Nicht-Aussagen-Konzeption* (*non-statement view*) von der *Aussagen-Konzeption* (*statement view*) des Standardmodells der Wissenschaftstheorie abgegrenzt (vgl. aber die kritische Diskussion zu dieser Unterscheidung bei Schurz, 1987).

Modell

Ein *Modell* ist eine Entität, welche sämtliche definierenden Axiome einer Theorie erfüllt. Beschränkt man sich darauf, dass die formalen Axiome erfüllt werden, so spricht man von einem *potentiellen Modell*. Nur für ein potentielles Modell macht es überhaupt Sinn zu fragen, ob es ein Modell ist. Es ist festzuhalten, dass sich dieser Begriff des Modells von dem landläufig verwendeten unterscheidet. Wenn man etwa von einem "Klimamodell" spricht, so meint man ein Simulationsprogramm, das auf der Grundlage stark vereinfachender Annahmen eine mittel- bis langfristige Prognose der Klimaentwicklung ermöglichen soll.

Es werden darüber hinaus noch *partielle potentielle Modelle* einer Theorie T betrachtet, die sich von den potentiellen Modellen dadurch unterscheiden, dass zu ihrer Definition ausschließlich bezüglich der Theorie "nicht-theoretische Begriffe" herangezogen werden, nicht aber die "theoretischen Begriffe" (s. Abschnitt 2.1.5).

Für die nachfolgenden Beispiele wird untersucht, ob sie potentielle Modelle oder gar Modelle der in Definition 2.1 eingeführten Theorie der schwachen Ordnung bilden. Da diese keine theoretischen Begriffe enthält, erübrigt sich die Betrachtung partieller potentieller Modelle.

Beispiel 2.1

Bezeichne $\mathbb{N} = \{1, 2, 3, \ldots\}$ die Menge der natürlichen Zahlen und sei $\geq$ die numerische Relation "größer oder gleich". Dann ist $\langle \mathbb{N}, \geq \rangle$ ein Modell einer schwachen Ordnung.

Es ist leicht einzusehen, dass die Struktur $\langle \mathbb{N}, \geq \rangle$ die formalen Anforderungen 1, 2 und 3 aus Definition 2.1 erfüllt. Da die Menge der natürlichen Zahlen $\mathbb{N}$ eine nicht-leere

Menge und $\geq$ eine zweistellige Relation auf $I\!N$ ist, kann $\langle I\!N, \geq \rangle$ als potentielles Modell einer schwachen Ordnung bezeichnet werden. Weiter weist man nach, dass die Relation $\geq$ auf $I\!N$ die inhaltlichen Axiome 4 und 5 erfüllt. Für Axiom 4 überprüft man, dass zwei beliebige natürliche Zahlen a und b mindestens eine der Beziehungen $a \geq b$ oder $b \geq a$ erfüllen. Auch die Gültigkeit von Axiom 5 ergibt sich unmittelbar. Wenn für beliebige natürlichen Zahlen a, b und c die Beziehungen $a \geq b$ und $b \geq c$ gelten, dann ist auch die Relation $a \geq c$ erfüllt.

Das in Beispiel 2.1 beschriebene Modell der Theorie einer schwachen Ordnung verdeutlicht deren große Bedeutung in der Wissenschaft. Wann immer eine Rangordnung von Objekten, Reizen usw. erstellt werden soll, bemüht man sich letztlich um eine Anwendung dieser Theorie. Die durch die Relation $\geq$ induzierte lineare Anordnung der Zahlen ist hierfür prototypisch. Jedoch stellt sie auch, wie später noch deutlich wird, einen gewissen Spezialfall dar.

Beispiel 2.2

Es wird die Menge $I\!N \times I\!N$ aller Paare (a, b) von Elementen a, b aus der Menge der natürlichen Zahlen $I\!N$ betrachtet. Die Relation $\succcurlyeq$ auf $I\!N \times I\!N$ werde definiert durch

$$(a, b) \succcurlyeq (c, d) \text{ gdw. } a - b \geq c - d.$$

Ein Paar (a, b) natürlicher Zahlen steht also genau dann in der Relation $\succcurlyeq$ zum Paar (c, d), wenn die Differenz $a - b$ mindestens so groß ist, wie die Differenz $c - d$. Dann ist $\langle I\!N \times I\!N, \succcurlyeq \rangle$ ein Modell der Theorie der schwachen Ordnung.

Offensichtlich bildet die Struktur $\langle I\!N \times I\!N, \succcurlyeq \rangle$ ein potentielles Modell. Die Relation $\succcurlyeq$ auf $I\!N \times I\!N$ erfüllt aber auch die Axiome 4 und 5. Dies ergibt sich unmittelbar aus der Definition der Relation $\succcurlyeq$. Die Beziehung $(a, b) \succcurlyeq (c, d)$ gilt genau dann, wenn die numerische Relation $\geq$ zwischen den Differenzen $a - b$ und $c - d$ gilt. Da letztere nach der Argumentation zu Beispiel 2.1 konnex und transitiv ist, übertragen sich diese Eigenschaften auch auf die Relation $\succcurlyeq$.

Beispiel 2.3

Bezeichne $I\!N$ die Menge der natürlichen Zahlen und T die numerische Relation "ist Teiler von" auf $I\!N$. Dann ist $\langle I\!N, T \rangle$ *kein* Modell einer schwachen Ordnung.

Die Struktur $\langle I\!N, T \rangle$ ist ein potentielles Modell, da die Bedingungen 1, 2 und 3 aus Definition 2.1 erfüllt werden. Die Relation T auf $I\!N$ erfüllt auch die Bedingung 5: Für beliebige natürliche Zahlen a, b und c folgt aus a teilt b und b teilt c, dass a auch c teilt. Axiom 4 gilt jedoch nicht, was einfach durch Vorweisen eines Gegenbeispiels bewiesen werden kann. Gefordert ist, dass für alle beliebigen natürlichen Zahlen a und b mindestens eine der Relationen $a \, T \, b$ oder $b \, T \, a$ gilt. Für die Zahlen 2 und 3 beispielsweise gilt aber weder 2 teilt 3, noch 3 teilt 2.

Intendierte Anwendungen

Die strukturalistische Theorienkonzeption geht davon aus, dass eine Theorie mehrere, sich teilweise überschneidende Anwendungen besitzt. Es gibt also nicht "die" Anwendung einer Theorie. Dabei ergibt sich eine empirische Hypothese aus einer Theorie durch die Aussage, dass in einem Anwendungsbereich ein bestimmtes (partielles) potentielles Modell zu einem Modell der Theorie ergänzt werden kann. Die Menge der intendierten Anwendungen I kann damit formal als Teilmenge der Menge der (partiellen) potentiellen Modelle aufgefasst werden.

Wie die Strukturen $\langle I\!N, \geq \rangle$ und $\langle I\!N \times I\!N, \succcurlyeq \rangle$ der Beispiele 2.1 bzw. 2.2 zeigen, hat die Theorie der schwachen Ordnung Anwendungen in der Mathematik, da in diesem Bereich Modelle der Theorie existieren. In einigen Anwendungen können dabei zusätzlich zu den formulierten Fundamentalgesetzen weitere Spezialgesetze hinzugefügt werden. Die Struktur $\langle I\!N, \geq \rangle$ legt eine Spezialisierung der Theorie nahe, denn zusätzlich zu den Axiomen 1 - 5 gilt für alle $a, b \in I\!N$

$$a \geq b, \ b \geq a \ \text{impliziert} \ a = b.$$

Damit wird die Definition einer neuen Theorie angeregt.

Definition 2.2

x ist eine *totale Ordnung* genau dann, wenn x die Axiome 1-5 aus Definition 2.1 erfüllt und zusätzlich die Bedingung

6. Für alle $a, b \in M$ gilt: $a \, R \, b$ und $b \, R \, a$ impliziert $a = b$. (Antisymmetrie)

Durch die Konstatierung von Beziehungen zwischen Theorien, wie der im Beispiel angedeuteten Spezialisierung, werden Theorien-Netze von zueinander in Relation stehenden Theorien etabliert. Weitere mögliche Relationen zwischen Theorien sind Differenzierung, Erweiterung, oder Vereinfachung (Westermann, 2000).

Zur Klärung der Frage, ob es nicht nur in der Mathematik, sondern auch in empirischen Wissenschaften Anwendungen der Theorie der schwachen Ordnung gibt, wird zunächst ein Beispiel aus der Physik beleuchtet. Betrachtet wird ein System aus der klassischen Mechanik, nämlich eine Balkenwaage, wie sie in Abbildung 2.4 dargestellt ist. Dieses physikalische Beispiel wird sich aber auch als prototypisch für psychologische Anwendungen erweisen.

Beispiel 2.4

Sei G eine Menge von geeigneten Objekten, die so gewählt sind, dass sie die Balkenwaage nicht überlasten. Auf der Menge G definieren wir eine Relation $\succcurlyeq$ durch:

Für alle $a, b \in G$ gilt $a \succcurlyeq b$ genau dann, wenn das Objekt a in einer Schale der Balkenwaage liegt, das Objekt b in der anderen und die Waage im Gleichgewicht ist, oder sich die Schale mit a senkt.

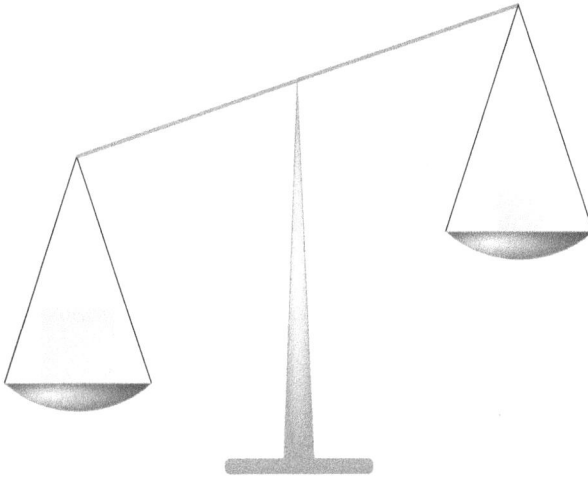

Abbildung 2.4: *Balkenwaage.*

Die Klärung der Frage, ob die Struktur $\langle G, \succcurlyeq \rangle$ ein Modell bildet, kann hier nicht theoretisch erfolgen, sondern ist auf der Grundlage empirischer Beobachtungen vorzunehmen.

Zunächst kann man festhalten, dass die so definierte Struktur $\langle G, \succcurlyeq \rangle$ ein potentielles Modell der Theorie der schwachen Ordnung ist. Zur konkreten Bestimmung der Relation $\succcurlyeq$ sind alle Paare von Objekten aus G zu bilden und in die Waagschalen zu legen. Hierbei kommt es auf die Reihenfolge der Objekte an. Für die Objekte a und b muss also sowohl a in die linke und b in die rechte Waagschale gelegt werden, wie auch umgekehrt. Streng genommen müssen identische Kopien der Objekte verfügbar sein, so dass wir auch "dasselbe" Objekt in beide Waagschalen legen können (in den Axiomen darf $a = b$ sein). In jedem Fall wird nach der oben getroffenen Festlegung beobachtet, ob die Relation $\succcurlyeq$ zwischen den jeweils in den Waagschalen liegenden Objekten besteht, oder nicht. Man bezeichnet diese Vorgehensweise als vollständiges Paarvergleichsexperiment (s. Abschnitt 5.5.1). Anhand der erhaltenen Ergebnisse kann die konkrete Gültigkeit der Axiome 4 und 5 überprüft werden. Bei einer sorgfältig gebauten Balkenwaage (Arme gleich lang, Waagschalen gleich schwer und identisch aufgehängt) wird man keine Verletzungen dieser Axiome erwarten.

Als Beispiel einer Anwendung der Theorie der schwachen Ordnung in der Psychologie wird die Tonhöhenwahrnehmung betrachtet.

Beispiel 2.5

Sei S eine Menge von Sinustönen verschiedener Frequenz, aber konstanten Schalldrucks. Auf der Menge S definieren wir eine Relation $\succcurlyeq$ durch:

Für alle $a, b \in S$ gilt $a \succsim b$ genau dann, wenn eine Versuchsperson nach der sukzessiven Darbietung der Reize a und b mit "Ja" auf die Frage antwortet: "War der erste Ton mindestens so hoch wie der zweite?"

Die Struktur $\langle S, \succsim \rangle$ ist ein potentielles Modell der Theorie der schwachen Ordnung. Zur Klärung der Frage, ob die Struktur $\langle S, \succsim \rangle$ ein Modell darstellt, ist anhand der Daten eines vollständigen Paarvergleichsexperiments zu prüfen, ob die Axiome 4 und 5 erfüllt sind. Die Entscheidung darüber ist in jedem einzelnen Fall empirisch zu begründen.

Theoretische Begriffe

In der Zweisprachenkonzeption des logischen Empirismus wird zwischen Beobachtungsbegriffen und theoretischen Begriffen unterschieden. Die Beobachtungssprache wird positiv ausgezeichnet als empiristische Grundsprache, deren Vokabular sich nur auf Beobachtbares bezieht. Die theoretische Sprache wird negativ als Restklasse definiert ("Nichtbeobachtungsbegriffe"). In der strukturalistischen Theorienkonzeption werden theoretische von nicht-theoretischen nicht absolut unterschieden, sondern stets nur bezüglich einer Theorie T (Westermann, 2000). Die T-theoretischen Begriffe in Bezug auf eine Theorie T werden positiv ausgezeichnet als diejenigen Größen und Funktionen, deren Werte sich nur unter Voraussetzung einer erfolgreichen Anwendung der Theorie T bestimmen lassen. Die T-nicht-theoretischen Begriffe werden negativ als Restklasse definiert. Das strukturalistische Theoretizitätskonzept ist dabei durchaus verträglich mit der Zweisprachenkonzeption. Begriffe, die sich auf Beobachtungen beziehen, sind dabei natürlich T-nicht-theoretische Begriffe. Begriffe, die sich auf Nichtbeobachtbares beziehen, können aber T-theoretische Begriffe, oder auch T-nicht-theoretische Begriffe sein. Als Standardbeispiel aus der Physik werden die Begriffe Kraft und Masse bezüglich der Theorie der klassischen Partikelmechanik als theoretische betrachtet, da alle bekannten Methoden der Messung der Masse die klassische Partikelmechanik voraussetzen. Dagegen ist die Ortsfunktion ein nicht-theoretischer Begriff, da es von der Theorie unabhängige Methoden der Längenmessung gibt (z.B. optische Entfernungsmessung).

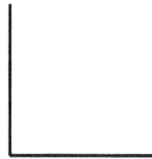

Abbildung 2.5: *Reizsituationen zur Untersuchung der Horizontal-Vertikal-Täuschung: Die Aufgabe der Versuchsperson ist zu entscheiden, ob die vertikale Linie mindestens so lang wie die horizontale Linie ist.*

Das folgende psychologische Beispiel macht deutlich, dass die Frage der Theoretizität auch von der betrachteten Anwendung abhängt.

Beispiel 2.6

Abbildung 2.5 zeigt eine Reizkonfiguration zur Untersuchung der Horizontal-Vertikal-Täuschung (Künnapas, 1955). Bezeichnet a die vertikale Linie und x die horizontale Linie, dann interessiert man sich im Rahmen der Psychophysik (Abschnitt 6.1) für die Wahrscheinlichkeit $p(a, x)$ die vertikale Linie als mindestens so lang wie die horizontale Linie zu beurteilen. Eine psychologische Theorie T zur Erklärung dieser Wahrscheinlichkeit lässt sich durch die Gleichung

$$p(a, x) = F[\varphi(a) - \psi(x)]$$

charakterisieren, die als Bestandteil des Strukturkerns der Theorie aufgefasst werden kann. Dabei werden $\varphi(a)$ und $\psi(x)$ als gesehene Länge der vertikalen bzw. horizontalen Linie interpretiert. Im Rahmen dieser Anwendung ist p ein T-nicht-theoretischer Begriff, da die entsprechende Wahrscheinlichkeit über die relative Häufigkeit bei wiederholter Darbietung geschätzt werden kann, ohne die Theorie vorauszusetzen.

In der Psychodiagnostik ergibt sich eine grundlegend andere Anwendung der Theorie. Dabei bezeichnet a eine Person und x eine Aufgabe. Durch $p(a, x)$ wird die Wahrscheinlichkeit dafür angegeben, dass Person a die Aufgabe x löst. Die durch die obige Gleichung charakterisierte Theorie ist eine spezifische *Item-Response-Theorie*, die das sogenannte *Rasch-Modell* (Rasch, 1960; Fischer & Molenaar, 1995) verallgemeinert. In dieser Anwendung ist eine Schätzung der Lösungswahrscheinlichkeit $p(a, x)$ über eine wiederholte Vorgabe nicht möglich. Die Bestimmung der Wahrscheinlichkeit setzt vielmehr die erfolgreiche Anwendung der Theorie voraus, so dass p hier ein T-theoretischer Begriff ist.

Nebenbedingungen

Nebenbedingungen oder *Querverbindungen* (constraints) sind Einschränkungen, die sich aus teilweise überschneidenden Anwendungen der Theorie ergeben. Beispielsweise muss in verschiedenen Anwendungen der Theorie der klassischen Partikelmechanik, in denen dasselbe Objekt vorkommt, diesem stets die gleiche Masse zugeordnet sein (identity constraint). In der Psychologie hat man eine analoge Situation, wenn eine Versuchsperson in mehreren Experimentalbedingungen untersucht wird, bei denen dieselbe psychologische Größe relevant ist. Für eine gemeinsame Erklärung der Befunde ist häufig vorauszusetzen, dass die betrachtete psychologische Größe bei der Versuchsperson als invariant über die verschiedenen Bedingungen betrachtet werden kann. Jede der Versuchsperson vorgegebene Experimentalbedingung wird dabei als eigene Anwendung einer Theorie angesehen. Da stets dieselbe Versuchsperson beteiligt ist, überschneiden sich diese Anwendungen, woraus sich die Notwendigkeit von Einschränkungen, wie die angesprochene Invarianzannahme, ergeben kann.

Beispiel 2.7

In einer Untersuchung zur Horizontal-Vertikal-Täuschung (Künnapas, 1955) werden einer Versuchsperson mehrere Reizkonfigurationen (wie in Abbildung 2.5) präsentiert, die sich lediglich in der physikalischen Länge der Linien unterscheiden. Es soll die in

Beispiel 2.6 beschriebene Theorie T, die durch die Gleichung

$$p(a, x) = F[\varphi(a) - \psi(x)]$$

charakterisiert wird, zur Erklärung der in allen Bedingungen erhaltenen Daten einge-setzt werden. Dabei wird angenommen, dass die für die Versuchsperson spezifischen Funktionen F, φ und ψ über alle Bedingungen hinweg identisch sind.

Integration der Kuhnschen Thesen

Wie auch (Lakatos, 1974), mit seiner *Methodologie der Forschungsprogramme*, will die struturalistische Theorienkonzeption zeigen, dass sich das von (Kuhn, 1962) beschrie-bene Verhalten der Wissenschaftler als methodisch korrektes Vorgehen charakterisieren lässt. Die von Kuhn konstatierte Immunität von Theorien in Phasen normaler Wis-senschaft kann im Rahmen der strukturalistischen Theorienkonzeption rational erklärt werden. Dabei wirken die spezialisierten Theorie-Elemente als "Schutzgürtel" im Sinne von Lakatos (1974), die das Basiselement vor Widerlegung schützen. Die axiomatische Herangehensweise der strukturalistischen Theorienkonzeption hat aber darüber hinaus den Vorteil, dass die innere Struktur dieses "Schutzgürtels" analysiert werden kann. Gähde (2009) illustriert dies an einem Fallbeispiel aus der Physik, nämlich der von der Vorhersage durch die Newtonschen Gravitationsgesetze (Basislement) abweichen-den Planetenbahn des Merkurs. Er demonstriert dabei, wie die Entwicklung speziali-sierter Theorie-Elemente durch Hinzufügen weiterer theoretischer Annahmen zu einer Immunisierung des entsprechenden Basiselements führt.

Im Rahmen der strukturalistischen Theorienkonzeption wird aber noch weitergehend angenommen, dass eine Theorie überhaupt nicht falsifiziert werden kann. Da die Menge der intendierten Anwendungen prinzipiell offen ist, können missglückte Erweiterungen einfach ausgeschlossen werden. Man spricht von der sogenannten *Autodetermination* (Stegmüller, 1986) des Anwendungsbereichs, d.h. die Theorie legt ihren Anwendungs-bereich gewissermaßen selbst fest. Darüber hinaus wurde bereits deutlich gemacht, dass eine Theorie nicht als Sammlung empirischer Aussagen aufgefasst wird, die wahr oder falsch sein könnten. Diese Sichtweise wurde als *Nicht-Aussagen-Konzeption* (*non-statement view*) bezeichnet. Eine Theorie besteht aus einer Struktur, die in einem Be-reich entweder anwendbar oder nicht anwendbar ist. Sie wird nicht "falsch", nur weil sie in einem bestimmten Bereich nicht anwendbar ist. Stegmüller formuliert das so:

> Eine Theorie ist nicht jene Art von Entität, von der man überhaupt sinnvol-lerweise sagen kann, sie sei falsifiziert (oder verifiziert) worden. (Stegmüller, 1980, S. 23)

Eine Theorie wird in der strukturalistischen Theorienkonzeption als Werkzeug verstan-den, eine Position, die eingangs dieses Kapitels als *Instrumentalismus* bezeichnet wurde. Solange aus einer Theorie neue empirische Hypothesen und Vorhersagen abgeleitet wer-den können, wird sie als nützlich betrachtet.

Zusammenfassung

- Der Abschnitt stellt verschiedene wissenschaftstheoretische Ansätze vor, die in jeweils unterschiedlicher Weise fundamentale Grundsätze formulieren, nach denen Wissenschaft zu betreiben ist.

- Im *logischen Empirismus* beginnt die Erkenntnis mit der sinnlichen Wahrnehmung. Ausgehend von Daten werden nach den Prinzipien der *Verifikation* und *Induktion* daraus Hypothesen bzw. Theorien mit logischen Mitteln abgeleitet.

- Nach dem *kritischen Rationalismus* gründet sich die Erkenntnis auf die Formulierung einer Theorie, aus der mit den Prinzipien der *Deduktion* empirische Vorhersagen abgeleitet werden. Ziel der Wissenschaft ist dann die *Falsifikation* der Theorie anhand der experimentellen Überprüfung dieser Vorhersagen.

- Thomas S. Kuhn kritisiert beide vorgenannten Ansätze aus einer wissenschaftsgeschichtlichen und -soziologischen Sicht. Er prägt den Begriff des *Paradigmas* und unterscheidet zwei Phasen der Wissenschaft: Die *normale Wissenschaft* und die *wissenschaftliche Revolution*. Seine Thesen sehen sich dem Vorwurf ausgesetzt, Wissenschaft als irrationales Unternehmen zu betrachten.

- Im Rahmen der *Methodologie der Forschungsprogramme* und der *strukturalistischen Theorienkonzeption* wird versucht, die Kuhnschen Thesen als methodisch korrektes Vorgehen in die Wissenschaftstheorie zu integrieren.

2.2   Metaphysik

Nach einer gängigen Definition, wie man sie in üblicherweise in Lexikas findet, befasst sich die *Metaphysik* mit dem hinter unserer sinnlichen Erfahrung und Wahrnehmung Liegenden. Dabei rührt die Bezeichnung Metaphysik vermutlich daher, dass die diesbezüglichen philosophischen Abhandlungen von Aristoteles (384-322 v. Chr.) nach den Büchern über die Natur eingeordnet wurden ("nach der Physik").

In Zusammenhang mit der wissenschaftlichen Erkenntnis wurde die Frage gestellt, ob Wissen über die Welt vor jeglicher sinnlicher Erfahrung existiert. Immanuel Kant (1724-1804) bejahte diese Frage mit explizitem Bezug auf Raum, Zeit und Kausalität (Kant, 1781, 1783; Breuer, 1991). Danach könnten wir nicht anders, als uns Ereignisse als raum-zeitliche Ereignisse (also in Raum und Zeit verankert) vorzustellen und wahrgenommene Veränderungen als durch irgendeine Ursache bewirkt. Wie in Abschnitt 2.1.1 bereits dargestellt wurde, verneint der logische Empirismus die Frage nach der Existenz von Wissen vor jeder Erfahrung und will alles Metaphysische aus der Wissenschaft verbannen.

Beispiel 2.8

Albert Michotte (1881-1965) berichtete im Jahr 1946 erstmals über Experimente, die demonstrieren, dass sehr einfache Sequenzen von Ereignissen zur Wahrnehmung von Kausalität führen können (Michotte, 1946). Auf der linken Seite von Abbildung 2.6 werden drei Schnappschüsse aus einer solchen Sequenz gezeigt. Ein dunkler Ball bewegt sich auf einen hellen Ball zu. Berühren sich die beiden, dann bewegt sich der helle Ball weiter und der dunkle bleibt stehen. Die Interpretation dieser Sequenz ist üblicherweise, dass sich der helle Ball bewegt, weil ihn der dunkle Ball angestoßen hat. Dieser Eindruck der Kausalität wird stark reduziert, wenn die Sequenz so verändert wird, dass sich die Bälle nicht mehr berühren (es bleibt ein räumlicher Abstand) oder die Bewegung des hellen Balls erst in merklichem zeitlichen Abstand (z.B. mehr als 500 ms) nach der Berührung einsetzt (Palmer, 1999).

Choi und Scholl (2004, 2006) modifizierten die Sequenz so, dass der helle Ball erst startet, nachdem ihn der dunkle Ball vollständig verdeckt, wie dies auf der rechten Seite von Abbildung 2.6 dargestellt wird. Die meisten Versuchspersonen sehen hier keinen elastischen Stoß, sondern einen Ball, der sich von links nach rechts bewegt und dabei seine Farbe von dunkel nach hell ändert, sowie einen ruhenden Ball, der seine Farbe von hell nach dunkel wechselt. Die Identität der beiden Objekte wird in diesem Fall also durch die Bewegung gestiftet und nicht durch die Farbe. Man kann für diese Sequenz auch den Eindruck des Anstoßens erzeugen, wenn man darunter die ursprüngliche (in der Abbildung links dargestellte) Sequenz von Michotte zeigt. Dies funktioniert selbst dann noch, wenn die Berührung in der unteren Sequenz um bis zu 200 ms nach der Überdeckung stattfindet.

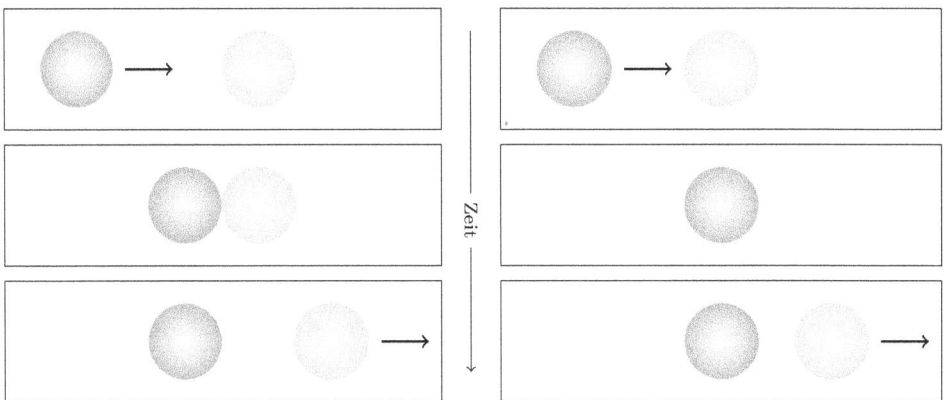

Abbildung 2.6: *Demonstrationen zur Wahrnehmung von Kausalität nach Michotte (1946) (links) und Choi und Scholl (2004, 2006) (rechts).*

Trotz der Unmittelbarkeit des Eindrucks der Kausalität und der Tatsache, dass er sich auch auf Grund von erst nachträglich wirksamen Hinweisreizen einstellt, bleibt es schwer zu entscheiden, ob er ganz ohne Vermittlung von Erfahrung auskommt (Kliegl, 2007), wie von Kant angenommen. Es mehren sich aber die Evidenzen für die Verfügbarkeit eines Begriffs der Kausalität (wie auch anderer Konzepte) vor jeder Erfahrung (vgl. Mausfeld, 2005b, 2005a). Dabei erweist es sich als durchaus nicht einfach, den Begriff der Kausalität aus philosophischer Sicht zu fassen. Theorien der Kausalität kreisen dabei um folgende Fragen:

> Ist Kausalität ein fundamentaler Zug der Welt? Oder ist es etwas, das von anderen, fundamentalen Eigenschaften der Welt abgeleitet ist? (Esfeld, 2009, S. 89).

Im ersten Fall wird angenommen, dass die (voneinander unabhängigen) fundamentalen physikalischen Eigenschaften von Raumzeit-Punkten und ihre geometrischen Relationen zueinander alles sind, was in der Welt existiert. Die Verteilung der physikalischen Eigenschaften über die Raumzeit-Punkte legt dann alles Weitere fest. Dabei auftretende Muster liegen den Naturgesetzen zugrunde und manche dieser Muster sind Kausalbeziehungen. Unter dieser sogenannten *Regularitätstheorie der Kausalität* (die mit David Hume, 1711-1776, verbunden wird) sind folgende Bedingungen hinreichend und notwendig für das Vorliegen einer Ursache-Wirkung Beziehung zwischen den Ereignissen e_1 und e_2 (Esfeld, 2009, S. 92):

1. e_1 liegt zeitlich unmittelbar vor e_2,

2. e_1 liegt räumlich unmittelbar neben e_2,

3. Immer wenn ein Ereignis vom selben Typ wie e_1 eintritt, gibt es ein anderes Ereignis vom selben Typ wie e_2, das zeitlich unmittelbar auf das erste Ereignis folgt und das räumlich unmittelbar mit ihm benachbart ist.

In diesen Bedingungen drückt sich Humes empiristische Position aus, bei der der metaphysische Begriff der Kausalität durch den der Regularität oder Gesetzmäßigkeit ersetzt wird. Diese Auffassung wird häufig in Verbindung mit naturwissenschaftlichen Experimenten genannt.

Im zweiten Fall wird angenommen, dass es notwendig Verbindungen zwischen den Ereignissen in der Welt gibt. Es existieren *Dispositionen*, die als Kräfte verstanden werden, die etwas hervorbringen. Kausalität ist dann der Prozess mit dem ein Ereignis ein anderes hervorbringt. Eine solche Theorie der Kausalität erscheint aus einer psychologischen Perspektive zu folgen, in der es auch mentale Verursachung gibt.

> Die Situation ist somit folgende: wenn wir uns alleine auf die Physik konzentrieren, mag eine Humesche Theorie der Kausalität ausreichen. Wenn wir jedoch funktionale Eigenschaften und insbesondere mentale Verursachung berücksichtigen, dann gewinnen wir ein Argument für eine Theorie der Kausalität, die mit dem Konzept von Kräften (Dispositionen) arbeitet und die Kausalität als eine notwendige Verbindung denkt. (Esfeld, 2009, S. 107)

Mit der Klärung dieser Fragen findet man sich mitten in der Diskussion der meist nicht hinterfragten Vorannahmen wieder, die in grundlegender Weise unsere Sicht der Welt charakterisieren und in die Formulierung wissenschaftlicher Theorien eingehen. Diese im Allgemeinen impliziten Rahmenbedingungen meint man, wenn in der Wissenschaftstheorie von *Metaphysik* gesprochen wird. Eine heute sehr einflussreiche Sichtweise geht zurück auf Collingwood (1940; zit. nach Suppes, 1984). Danach versteht man unter *Metaphysik* die Menge der absoluten Vorannahmen des wissenschaftlichen Denkens einer bestimmten Zeit. Bei dieser Sichtweise ist die Zeitabhängigkeit von entscheidender Bedeutung. Sie widerspricht Kants Ansicht, dass eine Fundierung der Metaphysik ein für alle Mal möglich ist (Kant, 1783).

Im Rückblick auf frühere Jahrhunderte lassen sich diese Vorannahmen leichter erkennen. In der Vorstellung der Antike beispielsweise konnte aus religiös-mythologischen Gründen die Bewegung der Gestirne nur einem Kreis folgen, als einer vollkommenen und daher göttlichen Form. Obwohl sich die Annahme kreisförmiger Planetenbahnen mit der Beobachtung in Widerspruch setzte, wurde die Idee der Kreisbahn nicht verworfen, sondern lediglich modifiziert durch die Annahme einer zunehmend komplexeren Überlagerung von Kreisbewegungen auf diesen Kreisbahnen (die sogenannten *Epizyklen*). Erst Johannes Kepler (1571-1630) ersetzte die metaphysisch begründeten Annahme kreisförmiger Planetenbahnen, durch die den mittlerweile noch präziseren Beobachtungsdaten besser entsprechenden elliptischen Bahnen. Auch die christliche Vorstellung, nach der der Mensch im Mittelpunkt der Schöpfung steht, hatte jahrhundertelang die Ablösung des geozentrischen Weltbildes des Claudius Ptolemäus (um 100-180) durch das von Nikolaus Kopernikus (1473-1543) propagierte heliozentrische Weltbild verhindert.

Die im aktuellen Wissenschschaftsbetrieb vorherrschende Vorannahmen sind deutlich schwerer zu identifizieren. Suppes (1984) kennzeichnet die von ihm so genannte *neotraditionelle Metaphysik*, auf der auch die klassische Physik beruht, durch folgende Thesen:

- Die Zukunft ist durch die Vergangenheit determiniert.

- Jedes Ereignis hat eine hinreichende deterministische Ursache (deterministische Kausalität).

- Wissen ist auf Sicherheit zu gründen.

- Wissenschaftliches Wissen kann grundsätzlich vervollständigt werden.

- Wissenschaftliches Wissen und wissenschaftliche Methoden können prinzipiell vereinheitlicht werden (unified science).

Insbesondere der hier formulierte Determinismus wird in der von den Neurowissenschaften angestoßenen philosophischen Diskussion gelegentlich auch als Argument gegen die Existenz von Willensfreiheit ins Feld geführt. Freies Handeln wäre demnach nur möglich, wenn es Lücken in den naturgesetzlichen Kausalzusammenhängen gäbe und solche Kausallücken wären sehr unwahrscheinlich (Pauen, 2011).

Ausgehend von Erkenntnissen der Quantenphysik, aber auch der Psychologie (insbesondere zur Sprachproduktion und -rezeption), stellt Suppes (1984) dieser neotraditionellen Metaphysik seine Thesen einer *probabilistischen Metaphysik* entgegen. Der am häufigsten genannte Grund für die Notwendigkeit der Annahme, dass physikalische Phänomene keine deterministische, sondern eine probabilistische Natur haben, ist der radioaktive Zerfall. Man geht davon aus, dass es für die Auslösung eines radioaktiven Zerfallsprozesses keine deterministische Ursache gibt. Im Einzelnen formuliert Suppes (1984) folgende Thesen:

– Die fundamentalen Gesetze für natürliche Erscheinungen sind essentiell probabilistisch und nicht deterministisch.

– Kausalität hat probabilistischen und nicht deterministischen Charakter.

– Sicherheit des Wissens ist nicht erreichbar.

– Die wissenschaftliche Entwicklung konvergiert nicht auf einen Zustand vollständigen Wissens.

– Die Wissenschaften sind pluralistisch in Sprache, Gegenstand und Methode.

Es würde zu weit führen, diese Thesen hier ausführlicher zu diskutieren. Die Gegenüberstellung der beiden Sichtweisen macht in jedem Fall deutlich, dass man die Metaphysik nicht aus der Wissenschaft heraushalten kann und dass in diesem Zusammenhang sehr konträre Meinungen vertreten werden.

Abschließend sei nur angedeutet, dass mit einer probabilistischen Sichtweise auch das Problem der Willensfreiheit keineswegs gelöst ist. Freiheit als Fehlen von Determination zu verstehen, ist zu kurz gegriffen. Zufällige Handlungen würde man ebenfalls nicht als frei bezeichnen. Freiheit einer Handlung ist im Wesentlichen durch Autonomie und Urheberschaft gekennzeichnet und kann als Selbstbestimmung verstanden werden (Pauen, 2004, 2011). Damit ist die Frage nach der Willensfreiheit unabhängig davon zu betrachten, ob Naturgesetze und Kausalzusammenhänge deterministisch sind oder nicht.

Zusammenfassung

– Unter *Metaphysik* versteht man die Menge der absoluten Vorannahmen des wissenschaftlichen Denkens einer bestimmten Zeit.

– Wichtige Themen der Metaphysik bilden die Fragen, ob Wissen vor jeglicher Erfahrung existiert, bzw. ob die fundamentalen Gesetzmäßigkeiten deterministisch oder probabilistisch sind.

– Trotz intensiver Bemühungen werden sich metaphysische Thesen nicht gänzlich aus der Wissenschaft verbannen lassen.

2.3   Paradigmen der Psychologie

In diesem Abschnitt sollen wesentliche Strömungen der Psychologie besprochen werden, die man als *Paradigmen* im Sinne von Kuhn (1962) auffassen kann. Diese Paradigmen der Psychologie spiegeln unterschiedliche wissenschaftstheoretische Positionen wieder, die sich in ihrem Selbstverständnis, den entwickelten Theorien und den verwendeten Methoden ausdrücken. Der *Behaviorismus*, der die wissenschaftliche Psychologie in der ersten Hälfte des 20. Jahrhunderts dominierte, wurde entscheidend durch den *logischen Empirismus* geprägt. Die Darstellung der Grundthesen des Behaviorismus in Abschnitt 2.3.1 wird deutlich machen, dass er sich darum bemüht, in der Psychologie das durch die Physik kultivierte Verständnis von Naturwissenschaft zu adaptieren.

> Psychology, as the behaviorist views it, is a purely objective, experimental branch of natural science which needs introspection as little as do the sciences of chemistry and physics. (Watson, 1913, S. 176)

In einer deutschen Übersetzung dieses Zitats wird der Anspruch sogar noch etwas verschärft, indem behauptet wird, dass die Psychologie "den Begriff des *Bewusstseins* ebensowenig braucht wie die Naturwissenschaften Chemie und Physik ihn benötigen" (Capra, 1983, S. 187). Das Weltbild der klassischen Physik, dem Watson (1913) nacheiferte, hat sich aber als zu beschränkt erwiesen. Die folgende, zugegebenermaßen einige Jahrzehnte später formulierte Aussage des Nobelpreisträgers der Physik Eugene P. Wigner (1902-1995) bildet geradezu einen Kontrapunkt zu Watsons Aussage.

> When the province of physical theory was extended to encompass microscopic phenomena through the creation of quantum mechanics, the concept of consciousness came to the fore again. It was not possible to formulate the laws of quantum mechanics in a fully consistent way without reference to the consciousness. (Wigner, 1970)

Wigner konstatiert dabei, dass eine Formulierung der Quantenmechanik ohne Bezugnahme auf das Bewusstsein nicht möglich sei. Wie ist diese Aussage zu verstehen?

Der klassischen Physik, also der klassischen Partikelmechanik nach Isaac Newton (1642-1727), liegt ein ausgeprägter *Realismus* zugrunde, d.h. den beobachtbaren Objekten und Ereignissen werden eine Existenz und bestimmte Eigenschaften zugesprochen, unabhängig von der Beobachtung. Der Bezug auf einen Beobachter erscheint nicht nötig. In diesem Sinne ist die oben zitierte Aussage von Watson (1913) zu verstehen. Der Newtonschen Mechanik liegt die Vorstellung von einem absoluten Raum und einer absoluten Zeit zugrunde. In diesem Raum bewegen sich materielle Objekte, die mechanisch aufeinander einwirken, wobei die wirkenden Kräfte grundsätzlich von der Materie unterschieden werden. Die Bewegung und wechselseitige Einwirkung wird dabei durch deterministisch formulierte Naturgesetze beschrieben (vgl. Abschnitt 2.2).

Von dieser Sichtweise musste sich die moderne Physik, die geprägt ist durch Einsteins Relativitätstheorie und die Entwicklung der Quantenmechanik, jedoch verabschieden. In vielerlei Hinsicht stößt der Realismus der klassischen Physik hier auf Probleme.

Im Folgenden soll zur Veranschaulichung beispielhaft der sogenannte *Welle-Teilchen-Dualismus* kurz dargestellt werden. Der Welle-Teilchen-Dualismus besagt, dass sich bei Quantenphänomenen etwas in einem Moment wie eine Welle verhält und im nächsten wie ein Teilchen. Diese Problematik lässt sich am *Doppelspaltexperiment* demonstrieren, das von Thomas Young (1773-1829) bereits Anfang des 19. Jahrhunderts durchgeführt wurde.

Beispiel 2.9

In einer Versuchsanordnung, wie sie in Abbildung 2.7 schematisch dargestellt ist, werden Lichtquanten (Photonen) emittiert, die eine Abschirmung durch zwei Schlitze (Doppelspalt) passieren können. Auf einem danach platzierten Schirm werden nun die Phänomene beobachtet, die durch die auftreffenden Lichtquanten ausgelöst werden. Ein einzelnes emittiertes Photon wird an einer einzigen Stelle des Schirms auftreffen, wie ein Teilchen. Mit zunehmender Photonenzahl jedoch beginnt sich auf dem Schirm ein Interferenzmuster abzuzeichnen. Dies widerspricht der Annahme, dass das Licht aus Teilchen besteht, denn dann sollten sich lediglich zwei helle Linien auf dem Schirm abzeichnen. Ein Interferenzmuster kann nur entstehen, wenn jedes Photon tatsächlich durch beide Schlitze hindurchgegangen ist, wie eine Welle.

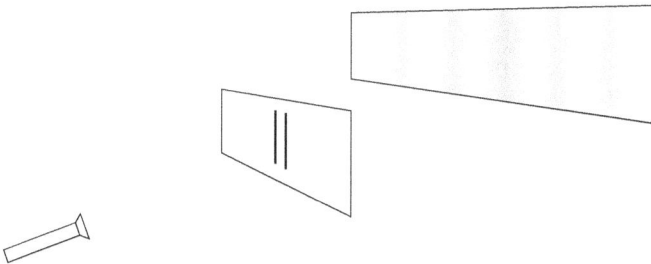

Abbildung 2.7: Doppelspaltexperiment: *Das aus einer Lichtquelle emittierte Licht kann eine Abschirmung nur durch zwei Schlitze passieren und trifft danach auf einem Schirm auf.*

Der Beobachtung kommt in diesem Zusammenhang also eine besondere Rolle zu.

Es scheint, dass Lichtquanten sich wie Wellen verhalten, dass ihnen keine bestimmte Position zukommt, sondern dass sie räumlich verschmiert sind - solange man ihnen eben erlaubt, sich so zu verhalten. Aber in dem Moment, in dem man fragt, wo die Photonen sind (indem man bestimmt, durch welchen Spalt sie hindurch gegangen sind, oder indem man sie auf einen Schirm auftreffen lässt), werden sie plötzlich zu Teilchen. (Horgan, 1996, S. 131)

Quantenphysikalische Objekte werden durch eine Überlagerung ihrer möglichen Zustände charakterisiert. Welcher dieser möglichen Zustände konkret beobachtet wird, hängt dann in entscheidendem Maße von der Art der Beobachtungssituation ab. Die Vorhersage der beobachteten Phänomene kommt daher nicht ohne Bezug auf den Beobachter aus.

Die Sichtweise des Behaviorismus ist jedoch auch in der Psychologie nicht unwidersprochen geblieben. Abschnitt 2.3.2 stellt die grundlegenden Annahmen der *Kognitiven Psychologie* vor, die den Behaviorismus ablöste und die Psychologie in der zweiten Hälfte des letzten Jahrhunderts weitgehend beherrschte. Dieser Übergang wird auch als *kognitive Wende* (cognitive revolution) bezeichnet und kann als Paradigmenwechsel im Sinne einer wissenschaftlichen Revolution betrachtet werden. Aktuell sieht sich die Kognitive Psychologie aber ihrerseits durch eine neurowissenschaftlich orientierte Psychologie herausgefordert. Abschnitt 2.3.3 stellt die grundlegende Vorgehensweise und Argumentation der *Neuropsychologie* dar und diskutiert ihren (offen geäußerten oder auch impliziten) Führungsanspruch innerhalb der Psychologie.

2.3.1   Behaviorismus

Der Behaviorismus war gänzlich von der Wissenschaftsauffassung des logischen Empirismus dominiert. Als dessen Begründer gilt John Broadus Watson (1878-1958), dessen Schrift "Psychology as the behaviorist views it" (Watson, 1913) den Beginn markiert. Die behavioristische Psychologie wird darin folgendermaßen gekennzeichnet:

> Psychology as the behaviorist views it is a purely objective experimental branch of natural science. Its theoretical goal is the prediction and control of behavior. Introspection forms no essential part of its methods, nor is the scientific value of its data dependent upon the readiness with which they lend themselves to interpretation in terms of consciousness. The behaviorist, in his effort to get a unitary scheme of animal response, recognizes no dividing line between man and brute. (Watson, 1913, S. 158)

Der Behaviorismus sieht die Psychologie als einen streng experimentell ausgerichteten Zweig der Naturwissenschaft. Psychologische Daten sollten objektiv, d.h. intersubjektiv nachprüfbar sein, und aus Experimenten stammen. *Introspektion* (Selbstbeobachtung) ist zu vermeiden. Durch den Bezug auf Verhaltensdaten, die sich nicht auf die Registrierung elementarer physiologischer Prozesse beschränken sollten, resultiert eine eigenständige Wissenschaft des Verhaltens. Theoretische Begriffe sind in geeigneter Weise an die Verhaltensdaten anzubinden, z.B. durch operationale Definitionen. Der Behaviorismus lehnt die Annahme vermeintlicher innerer Ursachen ab, sondern betrachtet externe, umweltabhängige Einflussfaktoren auf das Verhalten. Diese Externalisierung erhöht natürlich die Objektivität. In der Lernpsychologie als primärem Anwendungsgebiet des Behaviorismus werden daher Reiz-Reaktions-Zusammenhänge betrachtet. Es resultiert eine sogenannte *S-R Psychologie*, wobei S für *stimulus* (Reiz) und R für *response* (Reaktion) steht. Sie ist streng empiristisch ausgerichtet. Die Verwendung kognitiver oder mentalistischer Begriffe (mental terms), wie Empfindung oder Intention, wird als problematisch erachtet, da sie die Aufmerksamkeit von der Beziehung des Verhaltens zur Umwelt ablenkt (Zuriff, 1985).

Die Entwicklung der behavioristischen Sichtweise vollzog sich in einem historischen Kontext, der diese entscheidend beeinflusste. Der Behaviorismus ist als Gegenbewegung zur bis dahin beherrschenden *Bewusstseinspsychologie* zu sehen, zu deren prominentesten Vertretern auch Wilhelm Wundt (1832-1920) gezählt wird. Die Bewusstseinspsychologie basierte vorwiegend auf Daten aus Introspektion bei hochtrainierten Versuchspersonen. Mit dieser Methode waren lediglich die bewusst reflektierten Aspekte einer Versuchssituation zu erheben, die zudem wenig objektiv waren. Dass diese Filterung durch das Bewusstsein eine tatsächliche Beschränkung darstellt, war vor allem auch durch den von Sigmund Freud (1856-1939) nachgewiesenen Einfluss von Unbewusstem auf das Verhalten offenkundig geworden (Freud, 1989). Durch die Betonung der unmittelbaren Beobachtung von Reiz-Reaktions-Zusammenhängen stellt sich der Behaviorismus auch in die Tradition des *Empirismus*, wie er beispielsweise durch Ernst Mach vertreten wurde (vgl. Abschnitt 2.1.1). Auch das Gedankengut der russischen Schule des Objektivismus fließt in den Behaviorismus ein. Dieser Schule zuzurechnen ist Iwan P. Pawlow (1849-1936), der die *klassische Konditionierung* erstmals beschrieben hat (Pawlow, 1972). Darüberhinaus schließt das behavioristische Verständnis des Lernens, als Reaktion auf externe Umwelteinflüsse, an die von Charles Darwin (1809-1882) propagierte Vorstellung von Evolution, als Anpassung des Organismus an die Umwelt, an (Darwin, 1859).

Einer der Hauptvertreter des Behaviorismus neben Watson war Burrhus Frederick Skinner (1904-1990), dessen Bedeutung über seine wissenschaftlichen Beiträge hinaus auch eine gesellschaftliche Dimension hatte (Skinner, 1948, 1972). Skinner vertrat in der Lernpsychologie einen radikalen Behaviorismus, der die Aufstellung von Theorien gänzlich vermied. Er ließ allenfalls eine formale Repräsentation der Daten, reduziert auf eine minimale Anzahl von Begriffen, als Theorie zu. Bekannt ist Skinner vor allem für die Entwicklung einer Versuchsanordnung, der nach ihm benannten *Skinner-Box* zur Untersuchung der operanten Konditionierung. Hierin kann man hochgradig standardisierte und weitgehend automatisierte Lernversuche mit Tieren durchführen. Die sich darin andeutende konsequente Weiterentwicklung der Experimentalmethodik ist ein bleibendes Verdienst des Behaviorismus.

2.3.2   Kognitive Psychologie

Mitte des 20. Jahrhunderts entwickelt sich ein vom Behaviorismus abweichendes Verständnis von Psychologie. Beeinflusst durch die Theorie der Sprachstruktur von Noam Chomsky (Chomsky, 1957), die Informationstheorie (Shannon & Weaver, 1949) und die Entwicklung der Computerwissenschaft. Es kommt zur sogenannten kognitiven Wende (cognitive revolution), die gerne an der Monographie "Cognitive Psychology" von Neisser (1967) festgemacht wird. Wie bereits angedeutet, kann die kognitive Wende als wissenschaftliche Revolution im Sinne Kuhns betrachtet werden, bei der sich nicht nur die Theorienbildung, sondern auch die verwendeten Methoden grundlegend ändern. Die wissenschaftsphilosophische Ausrichtung ist nicht mehr empiristisch, wie im Behaviorismus, sondern orientiert sich am kritischen Rationalismus. Die *Kognitive Psychologie* baut auf dem Informationsverarbeitungsansatz auf, der im Rahmen einer Computer-Metapher entwickelt wird. Die menschliche Informationsverarbeitung wird darin als analog zur Datenverarbeitung in einem Computer betrachtet. Unter dem Begriff der

Kognition werden dabei alle, auf dem sensorischen Input operierenden Verarbeitungsprozesse gefasst. Die im Behaviorismus negierten Begriffe wie *Empfindung, Wahrnehmung, Vorstellung, Behalten, Erinnerung, Problemlösen* und *Denken* beziehen sich auf hypothetische Stadien oder Aspekte der Kognition. Damit werden alle psychologischen Phänomene zu kognitiven Phänomenen erklärt. Die kognitive Psychologie widersetzt sich der im Behaviorismus selbst auferlegten Beschränkung auf die Betrachtung von Reiz-Reaktions-Zusammenhängen:

> Der Hauptgrund, kognitive Prozesse zu studieren, hat sich als genauso klar herausgestellt wie der Grund für das Studium aller Dinge: weil es sie gibt. Unser Wissen über die Welt muss sich irgendwie vom *stimulus input* aus entwickeln; die Abbildtheorie ist falsch. Kognitive Prozesse existieren mit Sicherheit, und deswegen kann es kaum unwissenschaftlich sein, sie zu erforschen. (Neisser, 1967/1974, S. 21, Hervorhebungen im Original)

Auch die Kognitive Psychologie, diesmal in Übereinstimmung mit dem Behaviorismus, setzt sich gegen physiologische Ansätze ab. Neisser formuliert dies so:

> Die Aufgabe eines Psychologen, der die menschliche Kognition verstehen will, ist analog derjenigen eines Menschen, der entdecken will, wie ein Computer programmiert ist. ... er möchte das Programm verstehen, nicht die *hardware*. ... Vielleicht übertreibt das den Fall ein wenig. Die *hardware* eines Computers kann gewisse indirekte Wirkungen auf das Programmieren haben, und in ähnlicher Weise kann vielleicht das physische Substrat der Organisation psychischen Geschehens Grenzbedingungen setzen. (Neisser, 1967/1974, S. 22, Hervorhebungen im Original)

Diese Vorstellungen sollen am Beispiel des Gedächtnisses illustriert werden. Das Gedächtnis wird dabei als eine Struktur verschiedener Einheiten aufgefasst, die sich hinsichtlich ihrer Funktionen und Eigenschaften unterscheiden lassen. Die Sichtweise der Kognitiven Psychologie ist dabei nicht grundsätzlich neu. Bereits William James (1842-1910) führte eine Unterscheidung zwischen *primärem* und *sekundärem Gedächtnis* ein (James, 1890), die durch funktionelle Eigenschaften begründet ist. Informationen im primären Gedächtnis bleiben stets im Bewusstsein, während dies für das sekundäre Gedächtnis nicht gilt. Die Reproduktion von Gelerntem aus dem primären Gedächtnis ist einfach und mühelos, dagegen ist der Abruf aus dem sekundären Gedächtnis oft durch aktive Suchprozesse gekennzeichnet. Damit ein Item ins sekundäre Gedächtnis gelangt, muss die Stimulation eine gewisse Zeitspanne überschreiten. Die Kognitive Psychologie schließt an diese funktionelle Charakterisierung an, wobei die Computer-Metapher eine zentrale Rolle spielt. Danach wird das Gedächtnis mit verschiedenen Speicherkomponenten eines Computers verglichen. Der Arbeitsspeicher (working memory) stellt die für die Ausführung eines Programms erforderlichen Informationen temporär zur Verfügung. Andere Speichermedien (z.B. die Festplatte) erlauben eine permanente Speicherung von Information. Ein Zugriff darauf wird über den Arbeitsspeicher realisiert. Arbeitsspeicher und permanente Speichermedien sind nicht nur verschiedene Hardware-Komponenten, sondern unterscheiden sich auch durch funktionelle Aspekte. Der Arbeitsspeicher erlaubt einen schnellen Zugriff, verfügt aber über eine vergleichsweise begrenzte Kapazität. Demgegenüber hat eine Festplatte eine viel größere Kapazität, jedoch auch längere Zugriffszeiten.

Lassen sich also analog zur Informationsverarbeitung in einem Computer verschiedene Gedächtnissysteme identifizieren? Die Formulierung einer Theorie des *Kurzzeitgedächtnisses*, als funktionell abgrenzbarer Einheit des Gedächtnisses, ist ein wichtiger Markstein in der Geschichte der Kognitiven Psychologie. Atkinson und Shiffrin (1968) entwickeln die Theorie des Kurzzeitgedächtnisses in systematischer Weise. Obwohl die ursprüngliche Formulierung dieser Theorie heute nicht mehr akzeptiert werden, so finden sich viele der darin enthaltenen grundsätzlichen Überlegungen auch in aktuellen Theorien des Gedächtnisses wieder. Atkinson und Shiffrin (1968) unterscheiden drei verschiedene Gedächtnissysteme

- *Sensorischer Speicher* (sensory memory, sensory register)

- *Kurzzeitgedächtnis* (short-term memory)

- *Langzeitgedächtnis* (long-term memory)

Abbildung 2.8 illustriert diese Gedächtnissysteme als Bestandteile einer kognitiven Architektur, die wesentliche Funktionen lokalisiert und den Informationsfluss beschreibt. Die genannten Gedächtnissysteme unterscheiden sich insbesondere bezüglich der Dauer der Speicherung, sowie bezüglich der Menge und der Art der gespeicherten Information.

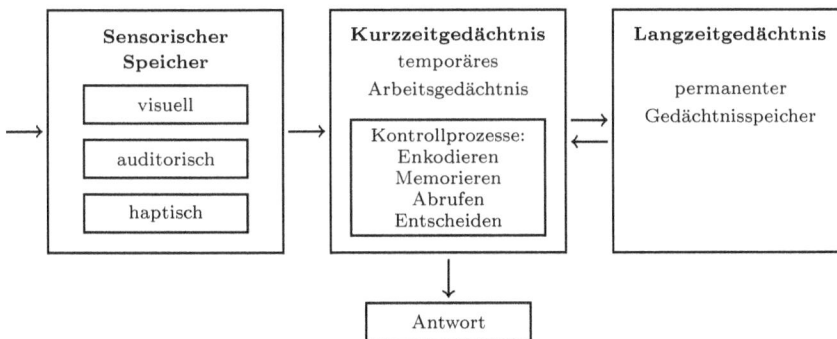

Abbildung 2.8: *Struktur des Gedächtnisses nach Atkinson und Shiffrin (1968).*

Die aus der Umwelt eingehende Information gelangt zunächst in einen modalitätsspezifischen sensorischen Speicher (visuell, auditorisch, haptisch, . . .). Ein Teil der dort äußerst kurzfristig gespeicherten Information wird daraus dann in das Kurzzeitgedächtnis übertragen, wobei Aufmerksamkeitsprozesse eine wichtige Rolle spielen. Wichtige Kontrollprozesse werden als Teil dieses Gedächtnissystems angesehen oder operieren auf dessen Inhalten. Hierzu zählen etwa Prozesse des Enkodierens (Überführen in eine symbolische Repräsentation), des Memorieren (verfügbar halten von Gedächtnisinhalten), des Abrufens von Gedächtnisinhalten (auch aus dem Lanzeitgedächtnis), des Entscheidens zur Vorbereitung einer Antwort. Ebenfalls wiederum nur ein Teil der Inhalte des Kurzzeitgedächtnisses werden in das Langzeitgedächtnis transferiert, wo sie dauerhaft gespeichert und durch entsprechende Abrufprozesse wieder im Kurzzeitgedächtnis verfügbar gemacht werden können. Die Aufdeckung der spezifischen funktionellen Eigenschaften der jeweiligen Gedächtnissysteme durch entsprechende experimentelle Untersuchungen wird am Beispiel des visuell-sensorischen Speichers illustriert.

Beispiel 2.10

Das Experiment von Sperling (1960) kombiniert zwei Bedingungen, um die zeitliche Charakteristik des visuell-sensorischen Speichers zu untersuchen. Dazu wurde ein Feld von 1-3 Zeilen mit maximal 6 Buchstaben pro Zeile für 50 ms dargeboten. Abbildung 2.9 zeigt eine beispielhafte Darbietung von drei Zeilen mit jeweils vier Buchstaben. Die Versuchsperson hatte die Aufgabe nach der Darbietung möglichst viele Buchstaben zu reproduzieren. Diese Methode wird *Ganzbericht* (whole report) genannt, da im Prinzip alle Buchstaben zu berichten sind. Bei 5-12 dargebotenen Buchstaben wurden im Durchschnitt etwa 4.3 Buchstaben korrekt wiedergegeben. Die Leistung war unabhängig von der Anzahl der dargebotenen Elemente, von der Anordnung der Buchstaben (1-, 2- oder 3-zeilig) und von der Darbietungsdauer (in einem Bereich von 15-500 ms). Auf die Frage, warum die Versuchspersonen nicht alle Buchstaben reproduzieren konnten, lassen sich alternative Antworten finden. Eine erste Hypothese besteht darin, dass wegen der kurzen Darbietungszeit gar nicht alle Buchstaben wahrgenommen werden können. Eine zweite Hypothese betrifft die Kapazität des Speichers, in dem die Buchstaben zwischen Aufnahme und Reproduktion gespeichert werden, die zu gering sein könnte. Um zwischen diesen beiden Hypothesen zu unterscheiden, verlangte Sperling (1960) in einer weiteren experimentellen Bedingung nicht, alle Buchstaben wiederzugeben, sondern nur einen Teil, der diese Kapazität nicht überschreitet.

Beim sogenannten *Teilbericht* musste die Versuchsperson aus einer Anordnung, wie in Abbildung 2.9, nur eine der drei dargebotenen Zeilen reproduzieren. Die geniale Idee von Sperling war es, der Versuchsperson erst mitzuteilen, welche der Zeilen berichtet werden soll, nachdem die Buchstabendarbietung bereits beendet war. Als Hinweisreiz wurde ein akustisches Signal verwendet. Ein hoher, mittlerer bzw. tiefer Ton signalisiert, dass die obere, mittlere bzw. untere Zeile wiedergegeben werden soll. Da die Versuchsperson vor der Darbietung des Hinweisreizes nicht weiß, welche der Zeilen reproduziert werden soll, stellt diese Methode eine Art Stichprobenziehung aus der gesamten zur Verfügung stehenden Information dar, bei der die Kapazitätsbegrenzung des Reproduktionsvorganges ausgeschaltet ist (vgl. Irtel, 1993).

Im Unterschied zum Ganzbericht konnten die Versuchspersonen für eine Anordnung von drei Zeilen mit jeweils vier Buchstaben (s. Abbildung 2.9) aus jeder der zu berichtenden Zeilen im Durchschnitt etwas mehr als 3 Buchstaben reproduzieren. Hochgerechnet auf die gesamte Buchstabenmatrix ergab sich daher eine Leistung von 9.1 aus 12 Buchstaben. Daraus kann man schließen, dass unmittelbar nach Ende der Darbietung noch nahezu die vollständige Buchstabenmatrix zur Verfügung stand, um aus ihr die geforderte Zeile auszuwählen und deren Buchstaben wiederzugeben. Wurde der akustische Hinweisreiz noch später dargeboten, so nahm die Leistung mit zunehmender Verzögerung stetig ab, bis sie bei etwa 1 s das Niveau des Ganzberichts erreichte.

```
          K     X     S     D

          M     B     L     P

          R     F     T     G
```

Abbildung 2.9: *Beispiel der Präsentation einer Buchstabenmatrix zur Untersuchung des sensorischen Speichers nach (Sperling, 1960).*

Aus den in Beispiel 2.10 berichteten experimentellen Ergebnissen von Sperling (1960) wurde gefolgert, dass die kurzzeitig dargebotenen Buchstaben auch nach Beendigung der Darbietung einige Zeit in einem visuellen Speicher erhalten bleiben. Die Wiedergabe dieser Buchstaben erfordert nach Abbildung 2.8 eine Übertragung der Information in das Kurzzeitgedächtnis, was Zeit in Anspruch nimmt. Die Persistenz dieses Speichers ist allerdings nur kurz, da der Inhalt nach etwa 1 s zerfallen ist. Inhalte, die bis dahin nicht ins Kurzzeitgedächtnis übertragen wurden, sind verloren und können nicht reproduziert werden. Nach den Ergebnissen des Ganzberichts können die Versuchspersonen in der zur Verfügung stehenden Zeitspanne offenbar nicht mehr als 4-5 Buchstaben im Kurzzeitgedächtnis speichern. Soll im Teilbereich nun lediglich eine einzige Zeile berichtet werden, so kann deren Übertrag ins Kurzzeitgedächtnis nahezu vollständig erfolgen, da sie weniger als fünf Buchstaben enthält.

In weiteren Experimenten wurden die funktionellen Eigenschaften des visuell-sensorischen Speichers näher untersucht. Averbach und Sperling (1961) zeigten, dass dessen Inhalte durch nachfolgende Präsentation eines homogenen Feldes (die als sogenannte Maske fungiert) "überschrieben" werden können. Die Leistungen in Ganz- und Teilbericht unterschieden sich unter diesen Bedingungen nicht. Die Variation der Zeitspanne zwischen Ende der Darbietung und Präsentation der Maske erlaubt eine Schätzung der mittleren Übertragungszeit ins Kurzzeitgedächtnis pro Buchstaben. Für den ersten Buchstaben wurde eine Dauer von 40 ms ermittelt, für alle weiteren eine Dauer von 10 ms (Sperling, 1963). Sperling (1960) und von Wright (1972) konnten darüber hinaus zeigen, dass die Information im visuell-sensorischen Speicher (noch) nicht symbolisch kodiert ist, sondern in bildhafter Form vorliegt. Buchstaben und Ziffern wurden in zwei Zeilen dargeboten und waren entweder rot oder schwarz. Verschiedene Hinweisreize zeigten an, ob die obere oder untere Zeile, die roten oder schwarzen Zeichen, bzw. die Buchstaben oder Ziffern zu berichten waren. Eine Verbesserung der Reproduktionsleistung im Teilbericht fand sich nur bei Hinweisreizen bezüglich der visuell-räumlichen Attribute Farbe und Zeile, nicht aber wenn eine Unterscheidung der Symbole Ziffern

vs. Buchstaben verlangt war. Der visuell-sensorische Speicher wird deshalb auch als
ikonisches Gedächtnis (iconic memory) bezeichnet.

In vergleichbarer Weise lassen sich auch weitere von Atkinson und Shiffrin (1968) getroffenen Annahmen zur Struktur des Gedächtnisses und der ablaufenden mentalen
Prozesse empirisch überprüfen. Die in Abbildung 2.8 dargestellten theoretischen Vorstellungen erlauben eine Deduktion konkreter empirischer Vorhersagen. Widersprechende experimentelle Befunde haben zur Formulierung modifizierter bzw. alternativer Er-
klärungsansätze geführt, wie etwa der Theorie der *Verarbeitungstiefe* (levels of processing) nach Craik und Lockhart (1972), oder der Theorie des *Arbeitsgedächtnisses*
(working memory) nach Baddeley und Hitch (1974). Wesentlich dabei ist, dass eine
Abgrenzung einzelner Gedächtnissysteme und die Charakterisierung ihrer funktionalen
Eigenschaften in diesen Theorien ohne Rückgriff auf die möglicherweise zugrunde liegenden neuronalen Prozesse auskommt. Das gezeigte Verhalten kann im Prinzip vollständig
auf der Grundlage der identifizierten funktionalen Eigenschaften erklärt werden. Das
bedeutet nicht, dass Befunde zur neuronalen Verarbeitung bei Gedächtnisleistungen
nicht hilfreich zur weiteren Differenzierung oder Modifizierung bestehender psychologischer Theorien wären. Sie sind für die Etablierung einer erfolgreichen psychologischen
Theorie aber keineswegs notwendig.

Insgesamt macht die hier beschriebene Vorgehensweise deutlich, dass die Kognitive Psychologie eine rationalistische Position vertritt. Ausgehend von theoretischen Annahmen
über mentale Prozesse werden Hypothesen abgeleitet, die dann mit experimentellen
Befunden konfrontiert werden.

2.3.3   Neuropsychologie

Aktuell scheint sich die *Neuropsychologie* als Teil der *kognitiven Neurowissenschaften* in
der Psychologie als vorherrschendes Paradigma zu etablieren. Im Gegensatz zur Kognitiven Psychologie wird hier betont, dass menschliches Erleben und Verhalten durch neuronale Prozesse erzeugt werde, so dass deren Erklärung die Einbeziehung von Kenntnissen
dieser neuronalen Prozesse notwendig voraussetze. Die Annahme, dass Hirnprozesse die
Grundlage mentaler Vorgänge bilden, ist dabei nicht neu. Sie kann mindestens bis ins
18. Jahrhundert zurückverfolgt werden (z.B. Priestley, 1777). Neu ist allerdings der in
diesem Zusammenhang vertretene *Neuroreduktionismus*, der behauptet, dass mentale
Vorgänge auf neuronaler Ebene zu erklären sind.

> Es ist die (zumeist stillschweigend gemachte) Annahme, dass die eigentliche
> Erklärungsebene für mentale Prozesse auf der Ebene neuraler Prozesse liege
> und dass psychologische Theorien bestenfalls vorübergehende Hilfskonstruk-
> tionen seien, bis man auf neuraler Ebene die eigentliche Erklärung für die
> betrachteten psychologischen Phänomene gefunden habe. (Mausfeld, 2003,
> S. 189)

Mit der Entwicklung einer "Neurophilosophie" wird versucht, die entsprechende philosophische Untermauerung zu liefern. Diese wird teilweise mit vollmundigen Versprechungen verbunden, wie beispielsweise folgendes Zitat deutlich macht.

We are now in a position to explain how our vivid sensory experience arises in the sensory cortex of our brains: how the smell of baking bread, the sound of an oboe, the taste of a peach, and the color of a sunrise are all embodied in a vast chorus of neural activity. ... More centrally, we can now understand how the infant brain slowly develops a framework of concepts with which to comprehend the world. And we can see how the matured brain deploys that framework almost instantaneously: to recognize similarities, to grasp analogies, and to anticipate both the immediate and the distant future. (Churchland, 1995, S. 3)

Zum besseren Verständnis der neuropsychologischen Argumentation werden zunächst einige der verwendeten Methoden kurz erläutert, bevor der aus dem Neuroreduktionismus abgeleitete Führungsanspruch der Neuropsychologie kritisch hinterfragt wird (vgl. Abschnitt 2.3.4).

Neuropsychologische Methoden

Bis in das 20. Jahrhundert hinein war die Neuropsychologie auf die Untersuchung der Ausfallserscheinungen (z.B. Amnesie) bei Personen mit räumlich umschriebenen Hirnverletzungen oder Läsionen im Gehirn angewiesen. Bei der Untersuchung von Tieren wurden derartige Läsionen auch gezielt als experimentelle Manipulationen eingesetzt. Bedingt durch den technischen Fortschritt steht demgegenüber heute ein Arsenal von Methoden bereit, mit denen Daten zur neuronalen Aktivität in direkter und weitgehend nichtinvasiver Weise gewonnen werden können. Da es hier nur um grundsätzliche Erwägungen zur Messung neuronaler Aktivität geht, werden im Folgenden werden beispielhaft die Elektroenzephalographie (EEG) und, als sogenanntes *bildgebenes Verfahren*, die funktionelle Magnetresonanztomographie (fMRT) kurz dargestellt. Für weitergehende Informationen siehe etwa Birbaumer und Schmidt (2006, Kapitel 20).

Bei der Elektroenzephalographie (EEG) werden die durch die Hirnaktivität bedingten elektrischen Potentiale oberflächlich an der Kopfhaut mit Elektroden abgeleitet (relativ zu einer Referenzelektrode). Typischerweise erfolgt diese Ableitung mit einer Abtastrate von 250-500 Hz, es werden also 250-500 Werte pro Sekunde erhoben. Es sind aber auch Abtastraten bis zu 20 kHz möglich. Diese Methode erlaubt eine hohe zeitliche Auflösung, die im Bereich von 1 ms liegt. Durch die Ableitung der elektrischen Potentiale an der Kopfhaut ist die räumliche Auflösung aber eher gering. Bereits von Helmholtz (1853) hatte nachgewiesen, dass es ausgehend von der Verteilung der gemessenen Signale an der Kopfoberfläche grundsätzlich nicht möglich ist, die dafür verantwortliche Konfiguration der Aktivität im Gehirn zu rekonstruieren. Es wird daher versucht, auf der Grundlage zusätzlicher einschränkender Annahmen zu einer Lokalisation der neuronalen Quellen zu gelangen (vgl. hierzu Rüsseler & Münte, 2008).

Um die der Verarbeitung eines externen Reizes zugrunde liegenden neuronalen Prozesse zu untersuchen, betrachtet man die durch den Reiz ausgelöste EEG-Aktivität. Dieses sogenannte ereigniskorrelierte Potential (EKP; event-related potential, ERP) wird auf den Zeitpunkt der Reizpräsentation bezogen. Grundsätzlich hat man es bei der in einem Durchgang gemessenen elektrischen Aktivität mit einem schwachen Signal zu tun, das eingebettet ist in einen hohen Anteil von Rauschen, d.h. Aktivität die mit zufälligen

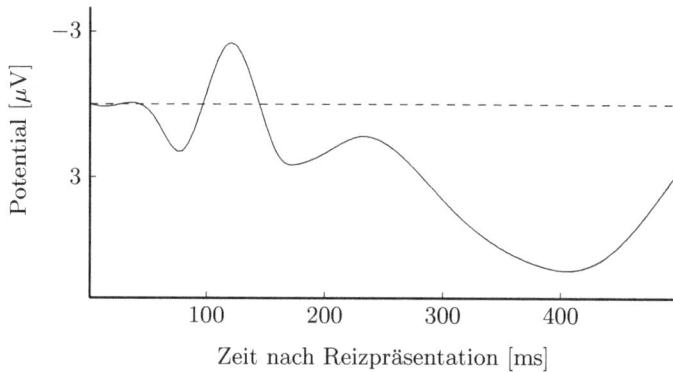

Abbildung 2.10: *Typischer Verlauf eines ereigniskorrelierten Potentials (EKP).*

(weil nicht im Einzelnen vorhersagbaren) Einflüssen einhergeht. Eine Extraktion systematischer Anteile der durch einen Reiz ausgelösten Hirnaktivität erfolgt dann über eine Mittelung der Messungen aus vielfach wiederholten Durchgängen, synchronisiert bezüglich des Zeitpunkts der Reizdarbietung. Abbildung 2.10 zeigt einen aus einer derartigen Mittelung resultierenden typischen Verlauf eines EKPs, wobei konventionell negative Potentiale nach oben abgetragen werden. Die Kurve zeigt einige lokale Minima und Maxima (Potentialgipfel), die als Indikatoren verschiedener neuronaler Verarbeitungsprozesse gewertet werden. Betrachtet werden hierbei vor allem systematische Variationen der Amplituden dieser Potentialgipfel in Abhängigkeit verschiedener experimenteller Bedingungen (Birbaumer & Schmidt, 2006, Abschnitt 20.5).

Die funktionelle Magnetresonanztomographie (fMRT) ist das heute wichtigste bildgebene Verfahren, deren wesentliche Vorteile in der hohen räumlichen Auflösung liegen, mit der die Aktivität des Gehirns abgebildet werden kann. Im Vergleich zu EEG-Messungen weisen sie jedoch eine sehr geringe zeitliche Auflösung auf, die im Bereich mehrerer Sekunden liegt. Im Rahmen der fMRT erzeugen die im Hämoglobin (roter Blutfarbstoff) befindlichen Eisenmoleküle durch Einstrahlung elektromagnetischer Strahlung bestimmter Wellenlänge ein magnetisches Feld, dessen Unterschiede ausgewertet werden. Die Logik des Verfahrens beruht darauf, dass Regionen mit hoher Aktivität durch vermehrten Sauerstoffverbrauch eine erhöhte Hämoglobinkonzentration aufweisen. Man spricht daher vom sogenannten *BOLD-Signal* (blood oxygenation level dependent signal), mit dem der lokale Blutfluss in vielen würfelförmigen Volumeneinheiten gemessen wird, die man als *Voxel* bezeichnet. Je nach Auflösung der verwendeten Apparatur setzen sich die Messungen zu jeweils einem Zeitpunkt aus den Werten von insgesamt zigtausenden bis hunderttausenden Voxeln zusammen, die jeweils eine Kantenlänge im Bereich von 1-5 mm haben (Vul, Harris, Winkielman & Pashler, 2009a, S. 277). Derartige Daten liegen dann üblicherweise für 100 bis 2000 Messzeitpunkte bei verschiedenen Versuchspersonen und eventuell in mehreren Experimentalbedingungen vor. Die bekannten farblichen Darstellungen der Hirnaktivität, die mit einer bestimmten kognitiven Aufgabe in Verbindung gebracht werden, ist dabei das Endprodukt einer Vielzahl von (zum Teil sehr komplexen) Auswertungsschritten. In diese Auswertung gehen kritische theoretische Annahmen ein, etwa über die beteiligten physiologischen Prozesse, oder die mit den kontrastierten experimentellen Bedingungen verbundenen kognitiven Anforderungen. Am Ende steht dann eine farbliche Kodierung der *statistischen Signifikanz* (s. Abschnitt 4.5) der Aktivität bzw. des Aktivitätsunterschieds in den einzelnen Voxeln, die auf ein anatomisches Modell des Gehirns projiziert werden.

Eine detaillierte Darstellung der statistischen Grundlagen der einzelnen Auswertungsschritte findet man bei Lindquist (2008). Im Folgenden sollen lediglich einige wesentliche Punkte angesprochen werden, die zum Teil in späteren Kapiteln noch vertieft werden.

Die Auswertung umfasst eine Vorverarbeitung der Messwerte, die etwa eine Kontrolle von Artefakten (z.B. Effekte von Bewegungen der Versuchsperson), eine räumliche Glättung (d.h. eine Art räumliche Mittelwertsbildung) oder auch eine Projektion der Werte auf ein standardisiertes Referenzgehirn beinhalten. Letzteres soll eine Auswertung über Versuchspersonen hinweg ermöglichen. Wegen der beträchtlichen interindividuellen Unterschiede in der Morphologie des Gehirns, sind damit aber Einbußen bezüglich der räumlichen Auflösung verbunden.

Oftmals wird auch versucht, die Datenmenge zu reduzieren und nur bestimmte Voxel in die Auswertung aufzunehmen. (Vul et al., 2009a; Vul, Harris, Winkielman & Pashler, 2009b) weisen nach, dass hierbei standardmäßig Verfahren zur Auswahl eingesetzt werden, die systematische *Selektionseffekte* (selection bias) bedingen und damit zu einer drastischen Verzerrung der Ergebnisse führen können. Diese Effekte werden in Abschnitt 4.3 eingehender diskutiert, nachdem in Kapitel 4 zuvor die erforderlichen wahrscheinlichkeitstheoretischen Begriffe eingeführt wurden.

Die Identifizierung der mit einer kognitiven Funktion verbundenen Hirnaktivität beruht auf der Kontrastierung von verschiedenen experimentellen Bedingungen. Dabei sollen die Aktivitätsdifferenzen in zwei Aufgaben betrachtet werden, von denen angenommen wird, dass sie sich nur in einer einzigen kognitiven Verarbeitungsstufe unterscheiden. Diese Idee geht auf Donders (1868/1969) zurück und wird als *Methode der Subtraktion* bezeichnet. Die Interpretation der Ergebnisse hängt entscheidend davon ab, ob die konkret verwendeten experimentellen Bedingungen diese Annahme erfüllen. Dazu wäre eine eingehende psychologische Analyse der beiden Aufgaben, vor dem Hintergrund einer fundierten und empirisch bestätigten Theorie erforderlich. In den meisten Anwendungen erfolgt die Auswahl der Aufgaben aber lediglich rein intuitiv (Sartori & Umiltà, 2000). Mehr noch, selbst wenn zwei Aufgaben die geforderte Eigenschaft auf der Ebene der kognitiven Verarbeitungsstufen erfüllen, dann bedeutet das nicht notwendig, dass die Eigenschaft auch auf neuronaler Ebene gelten muss (Friston et al., 1996). Die Logik der Methode der Subtraktion wird daher im Kontext von fMRT-Untersuchungen als nicht anwendbar betrachtet (Friston et al., 1996; Sartori & Umiltà, 2000). Empfohlen wird dagegen die von Sternberg (1967, 1969) entwickelte *Methode der additiven Faktoren*, die beispielsweise bei der Untersuchung kognitiver Verarbeitungsprozesse im Rahmen von Reaktionszeit-Experimenten die Dondersche Logik vollständig ersetzt hat. Die hier zugrunde liegenden Annahmen werden in Abschnitt 6.3.1 ausführlich diskutiert.

2.3.4   Die Psychologie der Zukunft

Der Titel dieses Abschnitts mag auf den ersten Blick etwas anmaßend klingen: Fühlt sich der Autor etwa berufen zu sagen, wohin sich die Psychologie im 21. Jahrhundert entwickelt oder zu entwickeln habe? Die Antwort ist ein klares Nein. Unter diesem so ambitioniert erscheinenden Titel soll lediglich ein Resümee der vorangehenden Darstellung wichtiger Paradigmen der Psychologie gezogen werden. Auf der Grundlage allgemeiner wissenschaftstheoretischer Überlegungen soll aufgezeigt werden, welche Schlussfolgerungen aus den soeben dargelegten Entwicklungslinien des Faches zu ziehen sind und wie diese für die Experimentelle Psychologie nutzbar gemacht werden können.

Der Behaviorismus hat mit seiner objektivistischen Haltung die Experimentelle Psychologie nachhaltig geprägt. Insbesondere auch die in diesem Rahmen durchgeführten tierexperimentellen Untersuchungen haben hohe Standards hinsichtlich der Kontrolle von Störeffekten gesetzt, was als entscheidendes Gütekriterium eines Experiments gilt (vgl. Abschnitte 5.1 und 5.2). Der Behaviorismus hat sich damit erfolgreich gegen eine Psychologie durchgesetzt, die wesentlich auf Daten beruhte, die durch Introspektion gewonnen wurden. Diese konsequente experimentelle Ausrichtung bildet die Grundlage auch des aktuellen naturwissenschaftlichen Zugangs zur Untersuchung mentaler Phänomene. Durch den, teils in radikaler Weise vertretenen Empirismus, fällt der Behaviorismus aus wissenschaftstheoretischer Sicht allerdings hinter die zu diesem Zeitpunkt bereits vorliegende psychologische Theorienbildung zurück. Als Beispiel seien hier nur die bereits durch von Helmholtz (1911, 1910) beschriebenen psychologischen Mechanismen der Wahrnehmung genannt, mit denen die Beziehung zwischen der sensorischen Information und der internen perzeptuellen Repräsentationen hergestellt wird, und die als "unbewusste Schlüsse" bezeichnet wurden. Der Zwang zur unmittelbaren Anbindung psychologischer Begriffe an das empirisch Gegebene lässt eine Weiterentwicklung der Psychologie als ernstzunehmende Wissenschaft nicht zu.

Erst die Kognitive Psychologie hebt diese epistemologische Beschränkung auf und schafft mit der Einführung theoretischer Begriffe – wie z.B. Aufmerksamkeit, Bewusstsein, Kurzzeitgedächtnis, ... – die Voraussetzungen für eine abstrakt-funktionale Erklärung psychologischer Phänomene. Am Beispiel des sensorischen Speichers, als einer im Gedächtnis abgrenzbaren Einheit der Informationsverarbeitung, wurde demonstriert, wie eine derartige abstrakt-funktionale Charakterisierung aussehen kann. Dabei ist deutlich geworden, dass für eine Vorhersage der experimentellen Befunde ein Bezug auf die neuronalen Grundlagen nicht notwendig ist. In diesem Punkt weiß sich die Kognitive Psychologie auch einig mit dem Behaviorismus. Ein weiterer Aspekt einer abstrakt-funktionalen Beschreibung ist jedoch auch, dass damit nicht behauptet wird, dass die postulierten kognitiven Verarbeitungsprozesse "tatsächlich" so ablaufen. Im Rahmen eines in der Kognitiven Psychologie oftmals gepflegten unkritischen Realismus, wird das Fehlschlagen von Falsifikationsversuchen vorschnell als Bestätigung der angenommenen kognitiven Konstrukte und Mechanismen interpretiert. Häufig jedoch lassen sich experimentelle Daten durch grundlegend verschiedene Theorien vorhersagen. Diese Problematik wird in Kapitel 6 wieder aufgegriffen und anhand zweier Beispiele ausführlich diskutiert. Zum einen wird die Frage untersucht, ob sich das Erlernen von Paarassoziationen (also, welche Paare von Elementen einander zugeordnet sind, wie z.B. beim Vokabellernen in einer Fremdsprache) graduell oder in diskreten Schritten vollzieht

(Abschnitt 6.2). Zum anderen wird versucht Mechanismen zu identifizieren, die wir zur Suche nach Gedächtnisinhalten im Kurzzeitgedächtnis nutzen (Abschnitt 6.3). In beiden Fällen wird deutlich werden, dass eine Entscheidung darüber, ob sich verschiedene Theorien durch Daten überhaupt unterscheiden lassen bzw. durch welche Art von Daten dies möglich ist, eine präzise Formulierung der Theorie (etwa durch eine mathematische Modellierung) voraussetzt.

Die kognitive Wende, also der Paradigmenwechsel vom Behaviorismus zur Kognitiven Psychologie, erweist sich damit als ein aus wissenschaftstheoretischer Sicht notwendiger Schritt. Diese Einsicht provoziert natürlich die Frage, ob sich der aktuell abzeichnende Trend zum Paradigma der Neuropsychologie in ähnlicher Weise begründen lässt. Der bereits angesprochene *Neuroreduktionismus*, für den die eigentlichen Erklärungen mentaler Phänomene auf neuronaler Ebene zu finden sind, will eben das nahelegen. Der Titel "From mindless neuroscience and brainless psychology to neuropsychology" eines Essays von Bunge (2001) bringt die scheinbare Notwendigkeit eines Übergangs von geistloser Neurowissenschaft und hirnloser Psychologie hin zur Neuropsychologie auf den Punkt. Daraus leitet die Neuropsychologie einen Führungsanspruch innerhalb der Psychologie ab.

> Ohne ihre biologischen Wurzeln wird aber die *gesamte* Psychologie rasch als Wissenschaft an Bedeutung verlieren und zu einem Studium für fragwürdige Professionalität von Psychotherapeuten und Berufsberatern verkommen. (Birbaumer, 2003, S. 120)

Mausfeld (2003, 2010) liefert überzeugende Argumente gegen eine neuroreduktionistische Auffassung von Psychologie und ein Primat der neuropsychologischen Forschung. Einige der zentralen erkenntnistheoretischen und wissenschaftsgeschichtlichen Argumente werden nachfolgend kurz dargestellt.

Psychologische Erklärungen kognitiver Leistungen sind weitestgehend unabhängig von eventuell möglichen Erklärungen auf neuronaler Ebene. In den Naturwissenschaften sind Erklärungen auf "höherer" Ebene explanatorisch autonom (Mausfeld, 2003). Dies wird deutlich, wenn man andere Naturwissenschaften, wie etwa Chemie oder Biologie, betrachtet. Gesetzmäßigkeiten in der Chemie beispielsweise verlieren nichts von ihrer Gültigkeit, nur weil sie sich nicht auf physikalische Gesetzmäßigkeiten reduzieren lassen. Es ist auch gar nicht das Ziel der Naturwissenschaften Erklärungen auf einer höheren Analyseebene auf solche einer niedrigeren oder basaleren Analyseebene zurückzuführen.

> Das Mentale lässt sich aus der Psychologie so wenig austreiben wie das Biologische aus der Biologie oder das Chemische aus der Chemie. Wo keine Psychologie hineingesteckt wird, wird auch keine Psychologie herauskommen. (Mausfeld, 2003, S. 190)

Im Gegenteil, es gibt Phänomene, die sich einer reduktionistischen Erfassung entziehen. Man spricht von *Emergenz*, wenn sich neue Eigenschaften oder Strukturen eines Systems herausbilden, ohne dass man diese aus den Eigenschaften der dieses System bildenden Elemente vorhersagen kann. Im Rahmen der Philosophie des Geistes wird beispielsweise das *Bewusstsein* als emergentes Phänomen betrachtet. Emergente Phänomene treten auch in der Physik auf. Laughlin (2005/2010) führt als Beispiel die *Phasen* von Wasser an, das in gasförmiger, flüssiger oder fester Phase vorliegen kann.

> Normales Wassereis weist nach letzter Zählung (die Zahl wird aufgrund neuer Entdeckungen ständig größer) elf unterscheidbare kristalline Phasen auf, von denen keine einzige aus grundlegenden Prinzipien heraus vorhergesagt worden ist. (Laughlin, 2005/2010, S. 65)

Bereits diese Überlegungen zeigen, dass sich ein Primat neuropsychologischer Forschung nicht begründen lässt. Gerade im Rahmen einer reduktionistischen Auffassung wäre ja zu klären, warum die neuronale Ebene als Erklärungsebene ausgezeichnet sein sollte. Warum sollte der Reduktionismus an exakt dieser Stelle innehalten und die Erklärung nicht auf noch basaleren Analyseebenen, wie etwa auf atomarer oder subatomarer Ebene, suchen? Neurophysiologische Daten sind in keiner Weise ausgezeichnet.

> Es gibt indes keine Rechtfertigung, neurophysiologischen Daten eine epistemische Superiorität zuzuschreiben oder sie gar als einzig relevante Daten anzusehen. Das Feuern von Neuronen, die Lokalisation metabolischer oder elektrischer Hirnaktivität oder das Verhalten einer Person sind einige von vielen möglichen *Indikatoren*, jedoch keineswegs ein Substitut für innere Prozesse. Eine naturwissenschaftliche Psychologie wird in der Entwicklung explanatorischer Theorien über interne Zustände und mentale Prozesse in gleicher Weise über beobachtbare Größen hinausgehen, wie es andere Naturwissenschaften getan haben, und bereit sein, alles an theoretischen Entitäten einzuführen, was die explanatorische Breite und Tiefe ihrer Theorien vergrößert. Es ist eine völlig unsinnige Einschränkung (wie man sie in analoger Weise in keiner anderen Naturwissenschaft akzeptieren würde), die Theoriebildung in der Psychologie dadurch zu restringieren, dass man sie zwingt, auf die zum jeweiligen historischen Zeitpunkt innerhalb der Neurophysiologie als relevant erachteten Analyseeinheiten Bezug zu nehmen. (Mausfeld, 2003, S. 189; Hervorhebung im Original)

Ein Paradigmenwechsel von der Kognitiven Psychologie zur Neuropsychologie lässt sich damit *nicht* begründen durch ein Primat neuropsychologischer Forschung oder etwaiger erkenntnistheoretischer Beschränkungen der Kognitiven Psychologie. Es verhält sich vielmehr umgekehrt:

> Die Folgen dieses überwältigenden Einflusses neuroreduktionistischer Haltungen sind eine nur mit dem Behaviorismus vergleichbare Monopolisierung und Degeneration des theoretischen Diskurses. (Mausfeld, 2010, S. 188)

Zielsetzung der Psychologie sollte die Entwicklung theoretischer Konzepte sein, die eine Erklärung des Verhaltens und Erlebens erlauben. Das gleichberechtigte Zusammenwirken einer abstrakt-funktionalen und einer physiologisch orientierten Betrachtungsweise kann hierfür nur förderlich sein. Einerseits bilden psychologische Erkenntnisse oftmals den Ausgangspunkt für neurophysiologische Untersuchungen.

... all the important properties of the visual system were first established by psychophysical and psychological observations made on the system working as a whole. ... physiologists need to be told what the visual system does before they can set about the difficult task of finding out how it does it. (Barlow, 1983, S. 11)

Andererseits können neurophysiologische Befunde die Entwicklung theoretischer Begriffe in der Psychologie leiten. Sie können über Verhaltensdaten hinaus zusätzliche Evidenzen für eine Entscheidung zwischen alternativen psychologischen Theorien liefern. Sie können eine psychologische Theorienbildung jedoch nicht ersetzen. Bislang werden die auf der Grundlage von neurophysiologischen Befunden erzielten Fortschritte aber eher nüchtern beurteilt. Für den Bereich Schmerz haben Hardcastle und Stewart (2009) den Beitrag von fMRT-Studien untersucht und ziehen folgendes Fazit:

Thus far, it appears that the imaging technology has not improved our theoretical understanding of cognition; it has merely given us vivid illustrations of the cognitive processes that psychology had already surmised were there. (Hardcastle & Stewart, 2009, S. 192

Es bleibt der Psychologie der Zukunft vorbehalten, die zur Verfügung stehenden technischen Möglichkeiten effizient für eine Weiterentwicklung der psychologischen Theorienbildung zu nutzen.

Zusammenfassung

- Der *Behaviorismus*, die *Kognitive Psychologie*, sowie die *Neuropsychologie* werden als verschiedene Paradigmen der Psychologie im Sinne Kuhns identifiziert.

- Der *Behaviorismus* implementiert die Prinzipien des *logischen Empirismus*. Den Ausgangspunkt bilden experimentell erhobene Verhaltensdaten und eine Einbeziehung mentaler Begriffe, die nicht unmittelbar an die Beobachtung angebunden sind, wird abgelehnt.

- Die *Kognitive Psychologie* fühlt sich dem *kritischen Rationalismus* verbunden. Ausgehend von theoretischen Annahmen zur mentalen Vorgängen im Rahmen eines Informationsverarbeitungsansatzes werden Vorhersagen für das Verhalten abgeleitet und experimentell überprüft.

- Die der *Neuropsychologie* (oft implizit) unterliegende neuroreduktionistische These, nach der sich die für die Psychologie relevanten theoretischen Erklärungen auf neuronaler Ebene finden lassen, wird aus wissenschaftstheoretischer Sicht grundlegend kritisiert.

2.4   Literaturhinweise

Wissenschaftstheorie

Der herausgegebene Band "Wissenschaftstheorie: Ein Studienbuch" (Bartels & Stöckler, 2009) informiert umfassend über den aktuellen Diskussionsstand zu vielen Themen der Wissenschaftsphilosophie und bleibt dabei sehr gut lesbar.

Eine breitere Darstellung zur strukturalistischen Theorienkonzeption im Kontext der Psychologie findet man bei Westermann (2000).

Kognitive Psychologie

Das Lehrbuch von Anderson (2007) bietet eine Einführung in die Kognitive Psychologie und einen Überblick über ihre Ergebnisse in verschiedenen Teilbereichen.

Mit dem Buch "Visual Intelligence: How We Create What We See" von Hoffman (1998) kann man eine spannende Reise in die Welt der Wahrnehmung unternehmen, die die Antworten auf die Frage liefert: Wie konstruieren wir, was wir sehen?

Neuropsychologie

In der psychologischen Fachzeitschrift *Psychologische Rundschau* wurden 2003 und 2010 jeweils Diskussionsforen zu Grundlagen und Perspektiven einer neurowissenschaftlichen Psychologie initiiert. In Born (2003) stellen führende deutsche Vertreter der Biologischen Psychologie ihre "Zukunftsvisionen" vor, die Mausfeld (2003) kritisch diskutiert (s. auch Kaernbach, 2003). In dem 2010 erschienen Heft 4 von Band 61 findet man eine Reihe aktueller Diskussionsbeiträge zur Frage "Wie viel Biologie braucht die Psychologie?", darunter auch Mausfeld (2010) .

3 Grundlagen psychologischer Theorienbildung

Im Folgenden werden einige wesentliche Aspekte der Formulierung psychologischer Theorien betrachtet. Eine wesentliche Zielsetzung ist dabei ein hoher Grad an Präzision der Aussagen einer Theorie, wie sie nur über die Verwendung formaler Sprachen zu erreichen ist. Die klassischen Naturwissenschaften, wie etwa die Physik, demonstrieren das eindrucksvoll. Daher werden in Abschnitt 3.2 einige wichtige Grundlagen aus der Logik und der Mathematik (insbesondere grundlegende mengentheoretische Begriffe) eingeführt, die zum Verständnis des Weiteren nötig sind.

Der Erfolg der Mathematik in den Naturwissenschaften ist wesentlich durch die Erfassung empirischer Phänomene durch Zahlen, insbesondere durch reelle Zahlen, begründet. Ein Teil dieses Erfolgs lässt sich auch dadurch erklären, dass sich die Mathematik teilweise parallel zur Physik entwickelt hat. Ein Beispiel hierfür ist die Entwicklung der Differentialrechnung im 17. Jahrhundert durch Isaac Newton (1642-1727) und seine darauf aufbauende Formulierung der Bewegungsgesetze der klassischen Mechanik. Es sei an dieser Stelle aber auch erwähnt, dass unabhängig davon – und praktisch zeitgleich – Gottfried Wilhelm Leibniz (1646-1716) ebenfalls eine Begründung der Differentialrechnung vorlegte, die rein mathematisch motiviert war. Prinzipiell geht es bei der Anwendung der Mathematik in der Physik um eine Messung empirischer Größen (in Falle der klassischen Mechanik z.B. um Masse, Ort, Zeit) durch reelle Zahlen, auf denen dann nach festgelegten Rechenregeln operiert wird. Die Ergebnisse dieser Berechnungen werden schließlich wieder empirisch interpretiert. Die Physik ist voll von Beispielen, die zeigen, dass derartige Berechnungen auf der Grundlage der Messung physikalischer Größen äußerst erfolgreich sind. Die Beschreibung physikalischer Gesetzmäßigkeiten durch mathematische Formeln gründet sich auf ein hohes Maß an Übereinstimmung der aus Berechnungen abgeleiteten Vorhersagen mit experimentellen Beobachtungen. Dabei ist bei weitem nicht klar, warum diese Vorgehensweise so erfolgreich ist. Eugene P. Wigner, Nobelpreisträger für Physik, drückt dies in einer viel zitierten Publikation bereits im Titel "The unreasonable effectiveness of mathematics in the natural sciences" (Wigner, 1960) aus. Es ist weitgehend ungeklärt, warum die Idealisierung endlicher qualitativer Beobachtungen durch äußerst komplexe, überabzählbare Strukturen (wie etwa die reellen Zahlen) zu einer adäquaten Beschreibung der empirischen Sachverhalte führt, die zudem einfacher zu handhaben ist, als eine direkte Beschreibung durch endliche Strukturen (Narens & Luce, 1990). Abschnitt 3.3 wird dazu beitragen, zumindest einige Aspekte dieses Mysteriums aufzuklären, indem er die qualitativen Grundlagen quantitativer Begriffe erläutert. Es wird sich zeigen, dass dieser formale Rahmen auch Messungen in der Psychologie ermöglicht. Weitere psychologische Anwendungen dieses messtheoretischen Ansatzes werden in Kapitel 6 diskutiert.

3.1   Kriterien wissenschaftlicher Theorien

Seit der Antike gilt die axiomatische Theorie als ideale Form der wissenschaftlichen Theorie. Eine axiomatische Theorie besteht aus einer Liste von Axiomen, den Grundannahmen der Theorie, woraus sich mit den Regeln des logischen Schließens weitere Behauptungen der Theorie gewinnen lassen. Ein Beispiel der axiomatische Methode bildet die nachfolgend in Abschnitt 3.3 eingeführte repräsentationale Theorie des Messens. Es gibt allerdings allgemein in den Naturwissenschaften, und insbesondere in der Psychologie, viele Theorien, die nicht axiomatisch formuliert sind. Die in Abschnitt 2.1.5 dargestellte strukturalistischen Wissenschaftstheorie versucht derartige Theorien im Rahmen einer Axiomatik mit informell-mengentheoretischen Begriffen zu rekonstruieren (Westermann, 2000). Es wurden Rekonstruktionen verschiedener Theorien der Physik (z.B. Sneed, 1971; Moulines, 1975b, 1975a), der Wirtschaftswissenschaften (z.B. Balzer, 1982), aber auch der Psychologie (vgl. Westmeyer, 1989) vorgeschlagen, darunter etwa der Theorie der kognitiven Dissonanz nach Festinger (Westermann, 1987a). Die in Definition 2.1 eingeführte Theorie der schwachen Ordnung kann lediglich als sehr einfaches Beispiel dafür verstanden werden, da sie insbesondere keine theoretischen Begriffe enthält.

Wissenschaftliche Theorien können anhand einer Vielzahl von Kriterien bewertet werden. Im Folgenden sollen einige der wichtigsten Kriterien besprochen werden, die eine Theorie erfüllen sollte. Es sind dies terminologische Exaktheit, Widerspruchsfreiheit und Vollständigkeit, Einfachheit und Generalisierbarkeit, sowie Prüfbarkeit.

Terminologische Exaktheit

Die Präzision der Begriffe und die Genauigkeit der Aussagen einer wissenschaftlichen Theorie sind von zentraler Bedeutung. Sie bestimmen in entscheidendem Maße ihre Nützlichkeit. Nur hinreichend klar formulierte Theorien sind beispielsweise auf innere Widersprüche hin überprüfbar, konkretisieren die Voraussetzungen ihrer Anwendbarkeit und liefern präzise Vorhersagen. Auch die natürliche Sprache, mit der wir uns alltäglich verständigen, baut auf Begriffen auf. Diese können durchaus abstrakt sein und mögen daher prinzipiell für eine wissenschaftliche Theorienbildung geeignet erscheinen. Umgangssprachliche Begriffe sind aber im Allgemeinen sehr vage und nicht eindeutig gegeneinander abgegrenzt. Außerdem tragen sie häufig neben der intendierten Bedeutung zusätzliche, oftmals unerwünschte Bedeutungen.

Daher haben sich in den einzelnen Disziplinen *Fachsprachen* herausgebildet, in denen versucht wird, die grundlegenden Begriffe in wissenschaftlich einwandfreier Weise zu definieren. Die traditionelle Definitionslehre, deren Ursprung bis in die Antike zurückreicht, gibt hierfür Kriterien an: Eine Definition muss das Wesentliche des zu definierenden Begriffs erfassen, sie darf nicht zirkulär und nicht negativ sein, und die definierenden Begriffe müssen hinreichend klar und scharf bestimmt sein (vgl. Kutschera & Breitkopf, 1979, Kapitel 14). Ein Verstoß gegen das Verbot der Zirkularität liegt bei der Aussage "ein Hecht ist ein Fisch, der ein Hecht ist" vor, da hier der zu definierende Begriff auch im definierenden Ausdruck verwendet wird. Ein besonders nettes Beispiel für eine Verletzung der Nichtnegativität findet man bei Kutschera und Breitkopf (1979, S. 140): Ein "Bumerang ist, wenn man ihn wirft, und er kommt nicht zurück, dann ist es keiner".

Beispiel 3.1

Die folgende, häufig zitierte Definition des Begriffs "Lernen" ist prototypisch für weite Bereiche der Psychologie – was nicht bedeutet, dass sie unumstritten wäre.

> Lernen bezieht sich auf die Veränderung im Verhalten oder im Verhaltenspotential eines Organismus hinsichtlich einer bestimmten Situation, die auf wiederholte Erfahrungen des Organismus in dieser Situation zurückgeht, vorausgesetzt, daß diese Verhaltensänderung nicht auf angeborene Reaktionstendenzen, Reifung oder vorübergehende Zustände (wie etwa Müdigkeit, Trunkenheit, Triebzustände, usw.) zurückgeführt werden kann. (Bower & Hilgard, 1983, S. 31)

Der Begriff "Lernen" wird hier einerseits vom Alltagsverständnis abgegrenzt, wo er im Allgemeinen Aktivitäten bezeichnet, die dem Wissenserwerb dienen (wie z.B. in "die Studentin lernt für die Prüfung"). Gleichzeitig erscheint eine Abgrenzung gegenüber anderen Veränderungen eines Organismus notwendig, die nicht auf Lernen zurückgehen. Damit wird aber offensichtlich gegen die in der traditionellen Definitionslehre geforderte Nichtnegativität verstoßen.

Die genannten Definitionskriterien sind allerdings selbst nicht hinreichend präzise formuliert. Daher kann man nicht erwarten, dass die in Übereinstimmung damit definierten Begriffe hinreichend präzise sind. Die erwünschte Präzision der Begriffsbildung wird erst durch die Formulierung wissenschaftlicher Theorien in *formalen Fachsprachen* erreicht. Die formalen Fachsprachen sind künstliche Sprachen, die sich durch ihre klar definierte Syntax auszeichnen. Mit der Syntax wird eindeutig festgelegt, welche Ausdrücke wohlgeformt (also regelkonform gebildet) sind und nach welchen Regeln Ausdrücke umgeformt werden können. Die für die Naturwissenschaften wichtigsten Fachsprachen bilden die Logik und die Mathematik. Der beispielsweise in einem Lehrbuch der Physik enthaltene natürlichsprachliche Text dient lediglich der Erläuterung der physikalischen Theorien, die in den Formeln präzise formuliert werden. Bereits die auftauchenden sprachlichen Begriffe, wie etwa "Kraft", werden nicht in ihrer alltagssprachlichen, sondern in einer fachsprachlichen Bedeutung verwendet (man spricht hier auch von *Jargon*). Insgesamt aber bildet der Text lediglich die "Verpackung" der Theorie. Was unter der pysikalischen Größe "Kraft" zu verstehen ist, wird durch detaillierte Messanweisungen, beziehungsweise durch die in mathematischen Formeln beschriebenen naturgesetzlichen Beziehungen zu anderen physikalischen Größen festgelegt. Dass die empirische Interpretation dieser mathematischen Formulierung der Theorie nicht notwendigerweise unmittelbar daraus folgt, zeigt sich beispielsweise in der Quantentheorie. Obwohl der mathematische Formalismus und seine Anwendung unumstritten ist, gibt es unter Physikern und Philosophen grundlegende Diskussionen über dessen Interpretation (Mittelstaedt, 1989; Stöckler, 2009).

Die Festlegung des Begriffs "Lernen" in Beispiel 3.1 stellt einen in der Psychologie häufig vorkommenden Fall dar, der als *Realdefinition* bezeichnet wird. Eine Realdefinition versucht einen auch in der Umgangssprache benutzten Begriff für eine wissenschaftliche Verwendung präziser zu fassen. Mit ihr ist eine empirische Behauptung verbunden, die wahr oder falsch sein kann. Wie bereits angesprochen, gibt diese Definition ja auch Anlass zu kritischen Diskussionen. Die vorgenommene Präzisierung kann keine völlig freie Konvention sein. In der Psychologie führt die Rücksichtnahme auf die bisherige Verwendung von Begriffen zu einer engen Bindung an alltagspsychologische Konzepte, die der Entwicklung von Theorien mit explanatorischer Breite und Tiefe oftmals im Wege steht (Mausfeld, 2007).

Beispiel 3.2

Mausfeld (2002, 2005b) illustriert die Problematik der Bindung an alltagspsychologische Konzepte am Beispiel des Begriffs der "Wahrnehmungstäuschung". Weithin bekannt sind vor allem sogenannte "optische Täuschungen", wie die in Abbildung 3.1 dargestellte Müller-Lyer Figur.

> Mit der Meßinstrumentkonzeption der Wahrnehmung, der zufolge es Aufgabe des Wahrnehmungssystems sei, eine *physikalisch korrekte* Beschreibung des physikalischen Inputs zu erlauben, hängt wiederum ein weiteres weitverbreitetes Mißverständnis zusammen, nämlich die Auffassung, dass sog. Wahrnehmungstäuschungen von besonderem Interesse für die Wahrnehmungspsychologie seien. Das Konzept der "Wahrnehmungstäuschung" stellt eines der größten Hemmnisse für eine naturwissenschaftliche Theorieentwicklung zur Natur der Wahrnehmung dar. (Mausfeld, 2005b).

Dass es sich bei Phänomenen, wie sie etwa mit der Müller-Lyer Figur verbunden sind, nicht um Täuschungen der Wahrnehmung handelt, war dabei bereits von Helmholtz (1855/1903) bekannt.

> Das Sinnesorgan täuscht uns dabei nicht, es wirkt in keiner Weise regelwidrig, im Gegenteil, es wirkt nach seinen festen, unabänderlichen Gesetzen und es kann gar nicht anders wirken. Aber wir täuschen uns im Verständnis der Sinnesempfindung. (von Helmholtz, 1855/1903, S. 100)

Die Neigung Theorien nach deren Übereinstimmung mit unserem phänomenalen Erleben zu bewerten, führt zu Vorurteilen, die unsere theoretische Einsicht in die tatsächlich vorliegenden Zusammenhänge behindern können (Mausfeld, 2005a).

Von der Realdefinition ist die sogenannte *Nominaldefinition* zu unterscheiden, die eine reine Sprachregelung ist. Einem sprachlichen Ausdruck, der (in diesem Kontext) bislang noch keine Bedeutung hatte, wird die Bedeutung eines definierenden Ausdrucks mit wohlbestimmter Bedeutung zugeordnet. Nominaldefinitionen führen daher lediglich abkürzende Sprechweisen für den definierenden Ausdruck ein, die in allen Kontexten stets eliminierbar, d.h. durch den definierenden Ausdruck ersetzbar sind (Eliminierbarkeit). Aus der Nominaldefinition folgen keine Tatsachenbehauptungen, die nicht schon aus dem definierenden Ausdruck folgen (Nichtkreativität). Definitionen in der Logik

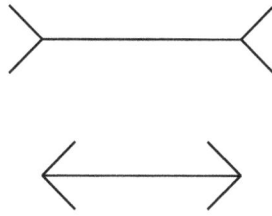

Abbildung 3.1: *Müller-Lyer Figur als Beispiel einer sogenannten "Wahrnehmungstäuschung. Die beiden horizontalen Linien sind physikalisch gleich lang, werden aber als unterschiedlich lang wahrgenommen.*

und der Mathematik sind üblicherweise von diesem Typus. Beispielsweise trifft das auf die Begriffe Konjunktion, Disjunktion, . . . , oder aber auch Relation und Abbildung zu. Die umgangssprachliche Bedeutung der Letzteren ist für die Verwendung in einer mathematischen Argumentation vollkommen unerheblich. Die daraus resultierenden mathematischen Intuitionen können aber natürlich sehr wohl hilfreich sein.

Eine terminologisch exakte wissenschaftliche Theorie kann auf verschiedenen Arten von Begriffen aufgebaut werden. *Klassifikatorische Begriffe* bezeichnen eine Zerlegung der Menge der in einem Gegenstandsbereich betrachteten Objekte in sich nicht überschneidende Klassen. Sie stehen gewissermaßen am Anfang der Wissenschaft, indem sie verschiedene Entitäten auf Grund ihrer Gemeinsamkeiten und unter teilweiser Vernachlässigung ihrer Unterschiede zusammenfassen. Als Standardbeispiel sind hier die klassifikatorischen Begriffe der zoologischen und botanischen Taxonomien zu nennen, wie etwa Säugetier, Vogel, bzw. Lippenblütler oder Nachtschattengewächs. *Komparative Begriffe* erlauben über eine Klassifikation hinausgehend eine Beschreibung des bei einem Vergleich verschiedener Objekte konstatierten unterschiedlichen Ausmaßes der Ausprägung einer Eigenschaft. Sie kennzeichnen daher eine Anordnung, die durch das Vorhandenseins eines "Mehr-oder-Weniger" einer Eigenschaft gebildet wird. *Quantitative Begriffe* enthalten über die Beschreibung eines "Mehr-oder-Weniger" hinausgehende strukturelle Informationen, die durch eine numerische Beschreibung erfasst werden. Als Standardbeispiele gelten die physikalischen Größen Länge, Masse, Zeit und Kraft. Die genannten Arten von Begriffen korrespondieren mit den durch Stevens (1946) in die Wissenschaft eingeführten *Skalenniveaus* (vgl. Tabelle 3.1). Die *repräsentationale Theorie des Messens*, die sich mit der Einführung quantitativer Begriffe in die Wissenschaft befasst, wird in Abschnitt 3.3.1 ausführlich besprochen.

Widerspruchsfreiheit und Vollständigkeit

Eine naturwissenschaftliche Theorie wird als *widerspruchsfrei* oder *konsistent* bezeichnet, wenn aus ihr keine einander widersprechenden Aussagen folgen. Diese syntaktische *Widerspruchsfreiheit* ist eine unabdingbare Voraussetzung für jegliche wissenschaftliche Theorie. Ist sie nicht erfüllt, so lassen sich nach dem Grundsatz der Logik "ex falso quodlibet" beliebige Aussagen daraus ableiten. Der Beweis der Widerspruchsfreiheit einer Theorie wird häufig über den Nachweis der Existenz eines Modells (s. Abschnitt 2.1.5) der Theorie geführt.

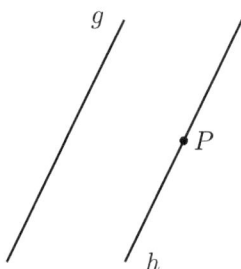

Abbildung 3.2: *Illustration zum Parallelenaxiom der euklidischen Geometrie. Die Gerade durch den Punkt P schneidet die Gerade g nicht.*

Ein wissenschaftshistorisch wichtiges Beispiel hierfür ist das Kleinsche Modell einer nicht-euklidischen Geometrie (Klein, 1871). Es zeigt, dass Entitäten existieren, die alle Axiome der euklidischen Geometrie erfüllen außer dem euklidischen Parallelenaxiom. Das Parallelenaxiom der euklidischen Geometrie besagt, dass zu einer Geraden g und einem nicht auf g liegenden Punkt P genau eine Gerade h durch P existiert, die g nicht schneidet (s. Abbildung 3.2). Die grundlegende Idee von Felix Klein (1849-1925) war es, dem Modell nicht die gesamte, unbeschränkte Zeichenebene zugrunde zu legen. Als Punkte der Geometrie wurden die Punkte im Inneren eines festgelegten Kreises betrachtet, als Geraden diejenigen Teilstücke euklidischer Geraden, die im Inneren des Kreises verlaufen (also die sogenannten Sehnen). Man kann zeigen, dass für dieses Modell alle Axiome der euklidischen Geometrie gelten, nur Euklids Parallelenaxiom nicht. Wie Abbildung 3.3 illustriert, existieren in diesem Modell zu einer gegebenen Geraden g und einem nicht auf g liegenden Punktes P grundsätzlich unendlich viele Geraden, die g nicht schneiden (hyperbolisches Parallelenaxiom).

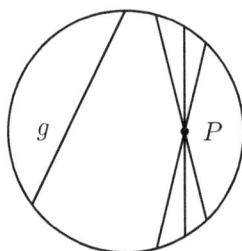

Abbildung 3.3: *Im Kleinschen Modell einer nicht-euklidischen Geometrie bilden die Sehnen im Inneren des Kreises die Geraden. Die Geraden durch den Punkt P schneiden allesamt die Gerade g nicht.*

Damit ist nachgewiesen, dass das euklidische Parallelenaxiom nicht aus den übrigen Axiomen der euklidischen Geometrie ableitbar ist, was Mathematiker über Jahrhunderte vergeblich zu beweisen versucht hatten. In Hinblick auf die hier diskutierte Frage der

Formulierung konsistenter Theorien zeigt das Kleinsche Modell Folgendes: Ersetzt man Euklids Geometrie das Parallelenaxiom durch das hyperbolische Parallelenaxiom, so erhält man ein widerspruchsfreies System geometrischer Grundannahmen. Aus dem Kleinschen Modell lässt sich daher die lange Zeit in Abrede gestellte Existenz nicht-euklidischer Geometrien folgern.

In widerspruchsfreien mathematischen oder logischen Theorien bedeutet (syntaktische) *Vollständigkeit*, dass man für alle Aussagen aus dem Bereich der Theorie entscheiden kann, ob sie wahr oder falsch sind. Die bis dahin vorherrschende Ansicht, dass die Mathematik in diesem Sinne vollständig ist, wurde 1931 durch Kurt Gödel grundlegend erschüttert. Er zeigte, dass es in jeder genügend reichhaltigen Theorie Aussagen gibt, die mit den Mitteln der klassischen Logik nicht entscheidbar sind (Gödel, 1931). Dies gilt bereits für die Arithmetik natürlicher Zahlen mit Addition und Multiplikation, und somit auch für alle Theorien, die diese enthalten. Gemeinhin wird der Gödelsche Unvollständigkeitssatz auch so ausgedrückt: Jedes genügend reichhaltige formale System ist entweder widersprüchlich oder unvollständig.

Eine naturwissenschaftliche Theorie sollte vollständig sein in dem Sinne, dass alle bislang bekannten Phänomene aus ihrem Anwendungsbereich vorhergesagt werden. Eine derartige Vollständigkeit kann lediglich als anzustrebendes Ideal, nicht jedoch als faktisch vorliegende Eigenschaft verstanden werden. Es geht also um die Entwicklung von Theorien mit explanatorischer Breite und Tiefe, wie sie von Mausfeld (2007, 2010) auch für die Psychologie gefordert wird. Wie in Abschnitt 1.2 bereits angedeutet, hat eine Theorie *explanatorische Breite*, wenn sie nicht nur einzelne Phänomene zu erklären vermag, sondern eine Vielzahl von Phänomenen (unter Umständen sogar aus verschiedenen Bereichen). Die lineare Systemtheorie etwa erlaubt in der Physik eine Beschreibung der dynamischen Aspekte sowohl bestimmter mechanischer Systeme, wie auch elektrischer Schaltkreise (z.B. Norman, 1981). Über *explanatorische Tiefe* verfügt eine Theorie dann, wenn sie nicht nur beobachtbare Größen miteinander in Beziehung setzt, sondern die Zusammenhänge aus dem Postulat unterliegender theoretischer Begriffe und Strukturen ableiten kann.

Einfachheit und Generalisierbarkeit

Mit den Begriff der *Einfachheit* wird auf die Forderung Bezug genommen, dass die Formulierung einer Theorie mit einem Minimum an Terminologie auskommen sollte. Es sollen also nicht unnötig viele Begriffe eingeführt werden. Dieser Grundsatz wird William von Ockham (1285-1349) zugeschrieben und oft ausgedrückt durch

> Pluralitas non est ponenda sine necessitate.

Nach Thorburn (1918) hat er diese Worte in seinen Schriften aber nie verwendet. Die grundlegende Idee scheint wesentlich älter zu sein, ihre konkrete Formulierung dagegen wird auf die Mitte des 17. Jahrhunderts datiert. In der Wissenschaftstheorie wird dieses Sparsamkeitsprinzip auch *Ockhams Rasiermesser* genannt, da es dazu dient Platons Bart abzuschneiden. Als praktische Maßgabe zur Entscheidung zwischen alternativen Theorien wird hieraus häufig abgeleitet, dass von zwei Theorien mit gleichem empirischen Gehalt die einfachere zu bevorzugen ist. Dabei beschreibt der *empirische Gehalt* im Wesentlichen was die Theorie zu erklären vermag und lässt sich im Rahmen der Wissenschaftstheorie durchaus formal fassen (vgl. Gadenne, 1994). Im Folgenden wird die Diskussion aber weniger abstrakt, sondern auf einer für die Experimentelle Psychologie relevanten Ebene geführt, bei der es konkret um die Erklärung experimentell erhobener Daten durch eine (formale) psychologische Theorie geht. Der empirische Gehalt drückt sich in diesem Fall darin aus, welche Daten durch die Theorie adäquat beschrieben werden. Die Übereinstimmung zwischen den Vorhersagen der Theorie und den Daten wird allgemein als *Anpassungsgüte* (*goodness of fit*) bezeichnet. Die Einfachheit der Theorie verhält sich dann invers zu dem, was in diesem Zusammenhang als deren *Komplexität* angesehen wird. Traditionell wird die Komplexität einer Theorie mit der Anzahl ihrer freien Parameter (z.B. reelle Konstanten in einer Formel, deren Wert frei gewählt werden kann) in Verbindung gebracht, die (z.B. auch im Rahmen statistischer Entscheidungen) als Freiheitsgrade interpretiert werden. Danach ist eine Theorie umso komplexer, je mehr freie Parameter sie enthält. Die Komplexität hängt aber nicht nur von der Anzahl der Parameter, sondern auch von der funktionalen Form ab, in der sie miteinander kombiniert werden. Dies soll anhand von Abbildung 3.4 erläutert werden.

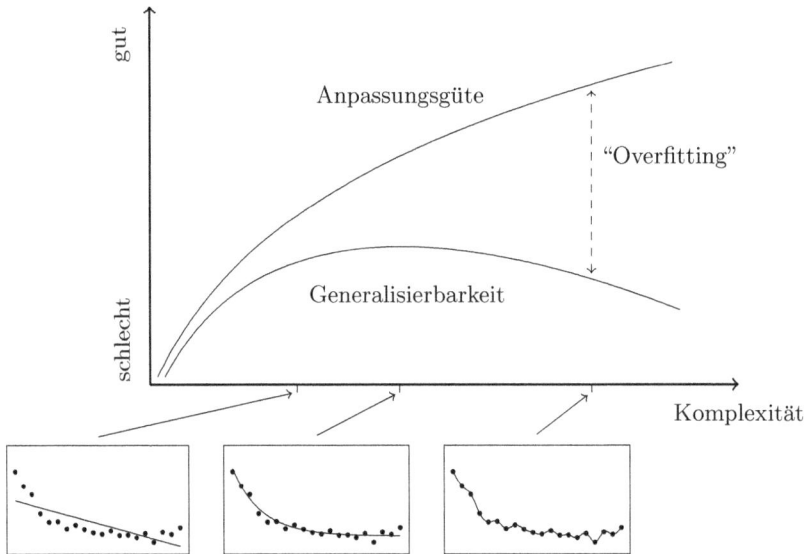

Abbildung 3.4: *Zusammenhang zwischen Anpassungsgüte und Generalisierbarkeit in Abhängigkeit von der Komplexität der Theorie (nach Pitt & Myung, 2002)*

In den drei Diagrammen im unteren Bereich der Abbildung werden jeweils dieselben Datenpunkte dargestellt, zusammen mit deren Vorhersage durch verschiedene Theorien. Daten dieser Art können aus psychologischen Experimenten resultieren. Man kann sich diese beispielsweise als Ergebnis eines Lernexperiments vorstellen, in dem das Vergessen von gelerntem Material untersucht wird. Dargestellt wäre in diesem Fall dann etwa die Wahrscheinlichkeit der korrekten Reproduktion von Elementen aus einer Lernliste (abgetragen an der Ordinate) in Abhängigkeit von der Zeit, die seit dem Lernen der

Liste vergangen ist (abgetragen an der Abszisse). Für die Vorhersage der Datenpunkte wird im linken Diagramm eine Geradengleichung $y = a + b \cdot x$ verwendet. Die Vorhersage im mittleren Diagramm erfolgt durch die Exponentialfunktion $y = a \cdot e^{b \cdot x}$ und die im rechten Diagramm durch kubische Splines, bei denen stückweise Funktionen der Art $y = a + b \cdot x + c \cdot x^2 + d \cdot x^3$ verwendet werden. Offensichtlich enthält die letztgenannte Theorie mehr freie Parameter (die Konstanten a, b, c, d, die auch abschnittsweise verschieden sein können) als die beiden zuerst genannten. Diese verfügen über jeweils genau zwei Parameter (die Konstanten a, b), weisen aber unterschiedliche funktionale Form auf. Das ist auch der Grund, warum die zweite Theorie komplexer als die erste ist. Die Komplexität der Theorie wird dabei identifiziert mit ihrer Flexibilität, möglichst viele verschiedene Datenmuster vorhersagen zu können (Pitt & Myung, 2002). Während die Vorhersage der ersten Theorie nur geradlinige Zusammenhänge umfasst, sind dies bei der zweiten Theorie auch kurvilineare Zusammenhänge (wie im mittleren Diagramm dargestellt).

Abbildung 3.4 illustriert nun die Tatsache, dass die Anpassungsgüte an gegebene Daten monoton mit der Komplexität der Theorie zunimmt. Die Forderung nach einer möglichst einfachen Theorie wirkt also dem Erreichen einer hohen Anpassungsgüte entgegen. Es hängt letztlich von der Gewichtung der beiden Aspekte ab, für welche der angesprochenen Theorien man sich entscheidet. Das Ausmaß der Anpassung an gegebene Daten zu maximieren ist jedoch letztlich nicht das Ziel in den empirischen Wissenschaften, da die Daten nicht nur die unterliegenden Gesetzmäßigkeiten reflektieren, sondern immer auch zufallsbehaftet sind. In Kapitel 4 wird die Erfassung zufälligen Geschehens im Rahmen psychologischer Experimente durch wahrscheinlichkeitstheoretische und statistische Überlegungen ausführlich besprochen. Für den Moment genügt es festzuhalten, dass die Datenpunkte eine Variabilität aufweisen, die als Fehlerstreuung interpretiert werden kann. Die Ursachen für die Variabilität können vielfältig sein. Sie liegen etwa in Messungenauigkeiten der experimentellen Versuchsanordnung, oder in Veränderungen der Versuchperson über die Zeit. Kapitel 5 wird sich mit der Frage befassen, wie derartige Effekte in ihren Auswirkungen möglichst begrenzt werden können. Ausschließen kann man ihre Wirksamkeit jedoch nie vollständig. Eine Theorie, die gegebene Daten praktisch perfekt vorhersagt (vgl. das rechte Diagramm in Abbildung 3.4) wird also auch die darin enthaltenen Fehleranteile mit beschreiben. Auf Grund der zufälligen Natur der Fehler werden sich diese jedoch bei einer Wiederholung des Experiments nicht in derselben Weise manifestieren. Die Vorhersage dieser neuen Daten werden durch eine zu genaue Vorhersage der ursprünglich gegebenen Daten daher beeinträchtigt. Die Eigenschaft einer Theorie, neue Daten (etwa aus einer Wiederholung des zugrunde liegenden Experiments) präzise vorherzusagen wird als *Generalisierbarkeit* bezeichnet. Generalisierbarkeit kann als *erwartete Anpassungsgüte* einer Theorie für neue Datensätze verstanden werden, zu deren Schätzung die Anpassungsgüte an den vorliegenden Datensatz mit der Komplexität verrechnet wird (Pitt & Myung, 2002).

Abbildung 3.4 veranschaulicht den nicht-monotonen Zusammenhang von Generalisierbarkeit und Komplexität. Zunächst steigt auch die Generalisierbarkeit mit der Anpassungsgüte an, bis sie jenseits eines optimalen Werts der Komplexität wieder abnimmt. Die Diskrepanz zwischen Anpassungsgüte und Generalisierbarkeit wird auch "*Overfitting*" (Überanpassung) genannt. Bereits länger bekannte Maße der Generalisierbarkeit bilden AIC (Akaike Information Criterion, Akaike, 1973) und BIC (Bayesian Information Criterion, Schwarz, 1978), bei denen die Komplexität aus der Anzahl der freien Parameter (im letzteren Fall ergänzt durch den Stichprobenumfang) berechnet wird. Neuere Maße, wie BMS (Bayesian Model Selection, Kass & Raftery, 1995) und MDL (Minimum Description Length, Rissanen, 1996), berücksichtigen darüber hinaus die funktionale Form der Theorie.

Prüfbarkeit

Die *Prüfbarkeit* einer naturwissenschaftlichen Theorie beschreibt das Ausmaß, in dem sich die empirische Gültigkeit ihrer Aussagen überprüfen lässt. Sie hängt von verschiedenen Aspekten ab. Beispielsweise spielt die Art der theoretischen Aussagen eine entscheidende Rolle. Naturwissenschaftliche Theorien sind aus Aussagen zu bilden, die in der Logik als *erfüllbare Aussagen* bezeichnet werden. Das sind Aussagen, die nicht stets wahr oder stets falsch sind. Da deren Wahrheitswert unabhängig vom Zustand der Welt ist, können sie keine Aussagen über diese Welt sein. Die Prüfbarkeit hängt darüber hinaus entscheidend auch von der Art der Aussage ab. *Universelle Aussagen* (d.h. Aussagen vom Typ "Für alle x gilt ...") können im Allgemeinen nicht verifiziert werden, da keine Überprüfung aller relevanten Fälle möglich ist. Demgegenüber reicht ein Gegenbeispiel, um solch eine Aussage zu falsifizieren. *Existenzaussagen* (d.h. Aussagen vom Typ "Es gibt ein x für das gilt ...") können nicht falsifiziert werden, da hierfür wiederum alle möglichen Fälle zu betrachten sind. Durch Vorweisen eines Beispiels jedoch können Existenzaussagen verifiziert werden. Eine Formalisierung dieser Arten von Aussagen erfolgt im Rahmen der Prädikatenlogik (vgl. Abschnitt 3.2.2).

Der Vorteil einer axiomatisch formulierten Theorie besteht darin, dass nicht alle ableitbaren Aussagen überprüft werden müssen. Hier genügt es die Grundannahmen, also die Axiome, empirisch zu überprüfen. Das bedeutet aber nicht, dass dazu zwangsläufig jedes Axiom getrennt für sich zu betrachten ist. Gelegentlich lassen sich Axiome nicht direkt empirisch überprüfen, sondern nur indirekt über ihre logischen Konsequenzen, die im Verbund mit anderen Axiomen der Theorie ableitbar sind. Dies wird in Abschnitt 3.3.4 im Kontext axiomatischer Theorien zur Messung psychologischer Größen eingehender erläutert.

Das Standardverfahren zur empirischen Prüfung naturwissenschaftlicher Theorien ist das Experiment. Die Charakterisierung des psychologischen Experiment, sowie seine Anwendung in verschiedenen Bereichen der Psychologie ist Gegenstand der Kapitel 5 und 6.

Zusammenfassung

– Die *terminologische Exaktheit* wissenschaftlicher Theorien, also die Genauigkeit und Präzision ihrer Begriffsbildung wird insbesondere durch die Verwendung formaler Fachsprachen gewährleistet.

- *Widerspruchsfreiheit* bezeichnet die Eigenschaft, dass sich aus einer Theorie keine einander widersprechenden Aussagen ableiten lassen. Sie ist eine unabdingbare Voraussetzung der wissenschaftlichen Theorienbildung. *Vollständigkeit* dagegen bedeutet, dass man für jede Aussage aus dem Bereich der Theorie entscheiden kann, ob sie wahr oder falsch ist. Man kann zeigen, dass jede genügend reichhaltige Theorie entweder widersprüchlich oder unvollständig ist.

- *Einfachheit* (bzw. *Komplexität*) kann bei formalen Theorien über die Anzahl der enthaltenen freien Parameter und ihrer funktionalen Form beschrieben werden. Nach dem *Sparsamkeitsprinzip* der Wissenschaften (auch als *Ockhams Rasiermesser* bekannt) sollten Theorien möglichst einfach sein.

- Während die *Anpassungsgüte* (d.h. die Übereinstimmung der Vorhersagen der Theorie mit vorliegenden Daten) mit steigender Komplexität zunimmt, ist dieser Zusammenhang für ihre *Generalisierbarkeit* (d.h. die Übereinstimmung der Vorhersagen mit neuen Daten) nicht monoton. Zu hohe Komplexität kann die Generalisierbarkeit beeinträchtigen.

- *Prüfbarkeit* einer naturwissenschaftlichen Theorie beschreibt das Ausmaß, in dem sich die empirische Gültigkeit ihrer Aussagen überprüfen lässt. Die empirische Überprüfung axiomatischer Theorien kann sich dabei auf die Axiome beschränken.

3.2   Formale Sprachen

Dieser Abschnitt führt die elementaren Begriffe ein, die einer Formulierung naturwissenschaftlicher Theorien zugrunde liegen. Die geforderte terminologische Exaktheit und Konsistenz der wissenschaftlichen Argumentation ist nur über die Verwendung formaler Sprachen zu erreichen. Daher werden zunächst die Grundlagen der formalen Logik, insbesondere der Aussagenlogik und der Prädikatenlogik, besprochen. Die formale Logik wird als die Schule des korrekten und folgerichtigen Denkens charakterisiert, die eine Grundlegung der Definition von Begriffen und eine Theorie der formal gültigen Schlüsse anbietet (Kutschera & Breitkopf, 1979). Die Formalisierung erlaubt eine klarere Fassung der Prinzipien der traditionellen Definitionslehre, die in Abschnitt 3.1 dargestellt wurden. Ebenso bietet sie Verfahren an, die eine Entscheidung hinsichtlich der formalen Gültigkeit von Schlussfolgerungen erlaubt. Es geht dabei um die Bewertung der Art und Weise wie eine Schlussfolgerung zustande kommt, unabhängig von den konkreten Inhalten (also den betroffenen Objekten oder Gegenständen), auf die sie sich bezieht. Die nachfolgende Darstellung lehnt sich an die leicht zugängliche Einführung in die Logik von Kutschera und Breitkopf (1979) an. Mit der anschließenden Einführung mengentheoretischer Begriffe vollziehen wir den Schritt zur Mathematik. Die Darstellung wird deutlich machen, dass sich hierin die elementaren Begriffbildungen der formalen Logik widerspiegeln.

3.2.1 Aussagenlogik

Die Aussagenlogik untersucht sprachliche Ausdrücke, mit denen sich aus gegebenen Sätzen neue, komplexere Sätze erzeugen lassen. Man betrachtet hierzu Aussagesätze, die entweder wahr oder falsch sind. Dies sind etwa Aussagen der Art "Die Zugspitze ist der höchste Berg Deutschlands", oder auch die Protokollsätze des logischen Empirismus "Die Person X hat zur Zeit t am Ort O dies und jenes wahrgenommen". Derartige Aussagesätze werden nachfolgend durch Großbuchstaben $A, B, \ldots$ symbolisiert. Wichtig dabei ist, dass die Sätze keine Indikatoren enthalten, das sind Ausdrücke wie "ich", "du", "heute" oder "hier". Ob Sätze mit solchen Indikatoren wahr oder falsch sind, hängt nämlich entscheidend vom Kontext ab, in dem sie stehen. Um sich von derartigen Abhängigkeiten frei zu machen, werden Sätze mit Indikatoren von der Betrachtung ausgeschlossen.

Nach dem bereits angesprochenen Prinzip der Zweiwertigkeit wird jedem Satz $A, B, \ldots$ der Wahrheitswert w zugeordnet, wenn er wahr ist, und der Wahrheitswert f, wenn er falsch ist. Es werden nun *Satzoperatoren* vorgestellt, mit denen diese elementaren Sätze zu neuen, komplexeren Sätzen verbunden werden können. Die Definition des entsprechenden Satzoperators erfolgt dabei durch eine *Wahrheitswerttabelle*, mit der die Abhängigkeit des Wahrheitswerts des komplexen Satzes von denen der eingehenden Teilsätze festgelegt wird.

Logische Operatoren

Durch Verneinung eines Satzes A resultiert ein neuer Satz, der als *Negation* von A bezeichnet und durch $\neg A$ notiert wird. Umgangssprachlich erhält man eine Verneinung durch Einfügen von Wörtern, wie beispielsweise "nicht", "keinesfalls", "nie oder "nirgends". Die Abhängigkeit der Wahrheitswerte w und f des Satzes $\neg A$ in Abhängigkeit von denen des Satzes A wird in der folgenden Wahrheitswerttabelle dargestellt. Diese legt fest, dass der Satz $\neg A$ dann und nur dann wahr ist, wenn A falsch ist.

$$
\begin{array}{c|c}
A & \neg A \\
\hline
w & f \\
f & w
\end{array}
$$

Der logische Operator Negation wird also durch die Wahrheitswerttabelle eindeutig definiert. Daraus lässt sich bereits ein erstes logisches Gesetz ableiten, das besagt: Doppelte Verneinung ist Bejahung. Das bedeutet, dass der doppelt verneinte Satz $\neg\neg A$ dieselbe Wahrheitswertverteilung wie der Satz A hat.

Durch Verknüpfung zweier Sätze A und B mittels "und" resultiert ein neuer Satz, der als *Konjunktion* bezeichnet wird und durch $A \wedge B$ notiert wird. Die Abhängigkeit der Wahrheitswerte der Konjunktion $A \wedge B$ von denen der Sätze A und B wird in der nachfolgenden Wahrheitswerttabelle dargestellt. Daraus ersieht man, dass eine Konjunktion $A \wedge B$ dann und nur dann wahr ist, wenn die beiden Teilsätze A und B wahr sind.

$$
\begin{array}{cc|c}
A & B & A \wedge B \\
\hline
w & w & w \\
w & f & f \\
f & w & f \\
f & f & f
\end{array}
$$

Durch Verknüpfung zweier Sätze A und B mittels "oder" resultiert eine sogenannte *Disjunktion* (auch *Adjunktion*), die mit $A \vee B$ bezeichnet wird. Die Disjunktion wird als einschließliches "oder" verstanden, also nicht im Sinne eines "entweder-oder". Die entsprechende Wahrheitswerttabelle macht dies deutlich, indem sie eine Disjunktion $A \vee B$ dann und nur dann als wahr setzt, wenn mindestens einer der beiden Teilsätze A und B wahr ist.

$$
\begin{array}{cc|c}
A & B & A \vee B \\
\hline
w & w & w \\
w & f & w \\
f & w & w \\
f & f & f
\end{array}
$$

Die Unterscheidung zum "Entweder-oder", das in der Logik auch als *Kontravalenz* bezeichnet wird, manifestiert sich in der ersten Zeile der Wahrheitswerttabelle. Im Gegensatz zur Kontravalenz ist die Disjunktion $A \vee B$ wahr, wenn die beiden Teilsätze A und B wahr sind.

Mit diesen Definitionen kann man bereits einen wichtigen Satz der Aussagenlogik beweisen, nämlich den *Satz vom ausgeschlossenen Dritten* (lateinisch auch *tertium non datur*). In der eingeführten Symbolsprache der Logik lautet dieser Satz $A \vee \neg A$. Diese Formulierung nutzt dabei die Vereinbarung, dass die Negation stärker bindet, als die Konjunktion bzw. die Disjunktion. Daher können die Klammern um den Ausdruck $\neg A$ entfallen. Der Beweis, dass dieser Satz immer wahr ist, unabhängig vom Wahrheitswert des Satzes A, erfolgt über die entsprechende Wahrheitswerttabelle.

$$
\begin{array}{c|c|c}
A & \neg A & A \vee \neg A \\
\hline
w & f & w \\
f & w & w
\end{array}
$$

Während Negation, Konjunktion und Disjunktion sprachlich hinreichend präzise beschreibbar waren, gibt es für die *Implikation* kein Äquivalent in der Umgangssprache. Durch die nachfolgend angegebene Wahrheitswerttabelle wird für gegebene Sätze A und B die Satzverbindung $A \Rightarrow B$ definiert, die gelesen wird als "A impliziert B". Eine Implikation $A \Rightarrow B$ ist dann und nur dann falsch, wenn A wahr und B falsch ist.

$$
\begin{array}{cc|c}
A & B & A \Rightarrow B \\
\hline
w & w & w \\
w & f & f \\
f & w & w \\
f & f & w
\end{array}
$$

Die folgenden Beispiele zeigen, dass $A \Rightarrow B$ durch die sprachliche Formulierung "Wenn A, dann B" nur unzureichend ausgedrückt wird.

Beispiel 3.3

Der Satz "$1 + 1 = 2$ impliziert: Die Erde ist keine Scheibe" ist eine sinnvolle und zugleich wahre Implikation. Demgegenüber ist der Satz "Wenn $1 + 1 = 2$ ist, dann ist die Erde keine Scheibe" falsch, denn es besteht keinerlei inhaltliche Beziehung zwischen der mathematischen Aussage "$1 + 1 = 2$" und der astronomischen Aussage "Die Erde ist keine Scheibe". Da eine Implikation $A \Rightarrow B$ nach der obigen Wahrheitswerttabelle immer dann bereits wahr ist, wenn der Satz A falsch ist, sind die beiden Sätze "$1 + 1 = 1$ impliziert: Die Erde ist keine Scheibe" und "$1 + 1 = 1$ impliziert: Die Erde ist eine Scheibe" wahre Implikationen.

Die Festlegung, dass eine Implikation $A \Rightarrow B$ immer wahr ist, wenn der Satz A falsch ist, scheint auf den ersten Blick kontraintuitiv zu sein. Sie soll daher anhand eines psychologischen Beispiels näher erläutert werden.

Beispiel 3.4

Den Ausgangspunkt bildet die J. Dollard und N.E. Miller zugeschriebene "Frustrations-Aggressions-Hypothese" (Dollard, Doob, Miller, Mowrer & Sears, 1939; Miller, 1941). Etwas vereinfachend dargestellt wird darin behauptet, dass jemand, der Aggressionen zeigt, Frustration erlebt hat. Fasst man diese Hypothese als deterministische Beziehung auf, so kann man sie durch die Implikation

Person zeigt Aggression $\Rightarrow$ Person hat Frustration erlebt

formalisieren. Versuchen wir nun folgende Frage zu beantworten: Welche der folgenden Beobachtungen widersprechen dieser Formalisierung der "Frustrations-Aggressions-Hypothese"?

- Eine Person, die Aggression zeigt, hat Frustration erlebt

- Eine Person, die Aggression zeigt, hat keine Frustration erlebt

- Eine Person, die keine Aggression zeigt, hat Frustration erlebt

- Eine Person, die keine Aggression zeigt, hat keine Frustration erlebt

Offensichtlich widerspricht der "Frustrations-Aggressions-Hypothese" nur die zweite Beobachtung einer Person, die Aggression zeigt, obwohl sie keine Frustration erlebt hat. Das ist aber genau der Fall, der die betrachtete Implikation falsch macht, denn der Satz "Person zeigt Aggression" ist wahr, während der Satz "Person hat Frustration erlebt" falsch ist. In allen anderen Fällen, insbesondere also auch wenn der Satz "Person zeigt Aggression" falsch ist, resultiert keine der "Frustrations-Aggressions-Hypothese" widersprechende Beobachtung.

Auch die *Äquivalenz* $A \Leftrightarrow B$ lässt sich, wie die Implikation, umgangssprachlich nicht präzise fassen. Definitionsgemäß ist der Satz $A \Leftrightarrow B$ (gelesen A äquivalent B) genau dann wahr, wenn A und B denselben Wahrheitswert haben:

A	B	$A \Leftrightarrow B$
w	w	w
w	f	f
f	w	f
f	f	w

Mit den Wahrheitswerttabellen der Implikation und der Äquivalenz kann man zeigen, dass $A \Leftrightarrow B$ genau dann wahr ist, wenn die Konjunktion der Sätze $A \Rightarrow B$ und $B \Rightarrow A$ wahr ist.

A	B	$A \Leftrightarrow B$	$A \Rightarrow B$	$B \Rightarrow A$	$(A \Rightarrow B) \wedge (B \Rightarrow A)$
w	w	w	w	w	w
w	f	f	f	w	f
f	w	f	w	f	f
f	f	w	w	w	w

Auf Grund dieser Tatsache kann man die Äquivalenz auch als wechselseitige Implikation auffassen. Die Äquivalenz $A \Leftrightarrow B$ wird daher sprachlich zumeist durch "genau dann, wenn" (oft auch abgekürzt durch "gdw."), oder "dann und nur dann, wenn" ausgedrückt.

Mittels Wahrheitswerttabelle beweist man die Äquivalenz $(A \Rightarrow B) \Leftrightarrow (\neg B \Rightarrow \neg A)$, die als *Kontraposition* bezeichnet wird.

A	B	$\neg B$	$\neg A$	$A \Rightarrow B$	$\neg B \Rightarrow \neg A$
w	w	f	f	w	w
w	f	w	f	f	f
f	w	f	w	w	w
f	f	w	w	w	w

In gewisser Hinsicht ausgezeichnet sind komplexe Sätze, die unter allen Bedingungen stets wahr bzw. stets falsch sind. Ein Satz heißt *Tautologie*, wenn er immer wahr ist, unabhängig davon, welche Wahrheitswerte seine einfachen Teilsätze haben. Ein Satz heißt *Kontradiktion*, wenn er immer falsch ist, unabhängig davon, welche Wahrheitswerte seine einfachen Teilsätze haben. Die folgende Wahrheitswerttabelle liefert jeweils ein Beispiel für eine Tautologie und eine Kontradiktion.

A	$\neg A$	$A \vee \neg A$	$A \wedge \neg A$
w	f	w	f
f	w	w	f

Die Tautologie $A \vee \neg A$ ist gerade der bereits besprochene Satz vom ausgeschlossenen Dritten. Die Kontradiktion $A \wedge \neg A$ ist unter allen möglichen Wahrheitswerten des eingehenden Satzes A stets falsch.

Aussagenlogisch gültige Schlüsse

Die Logik wurde als Theorie der formal gültigen Schlüsse bezeichnet. Daher stellt sich nun die Frage, wie die soeben eingeführten Begriffe der Aussagenlogik für die Grundlegung einer solchen Theorie nutzbar gemacht werden können. Ein Schluss besteht dabei prinzipiell aus einer Reihe von Aussagen $A_1, \ldots, A_n$, die als *Prämissen* bezeichnet werden. Diese bilden den Ausgangspunkt des Schlusses, das Gegebene, von dem aus auf eine Aussage B geschlossen werden soll, die auch *Konklusion* genannt wird. Allgemein wird ein Schluss durch

$$A_1, \ldots, A_n \to B$$

formal notiert. Das folgende klassische Beispiel eines Schlusses, der auch als *Syllogismus* bezeichnet wird, ist vielen Lehrbüchern der Logik zu finden.

A_1	Alle Menschen sind sterblich
A_2	Sokrates ist ein Mensch
B	Sokrates ist sterblich

Die Sätze A_1, A_2 bilden die Prämissen dieses Schlusses und der Satz B dessen Konklusion. Eine Betrachtung dieses Schlusses, in die der Aufbau der einzelnen Sätze mit eingeht, wird erst in der Prädikatenlogik (s. Abschnitt 3.2.2) möglich sein. Im Rahmen der Aussagenlogik interessiert man sich für die Gültigkeit von Schlüssen auf Grund der aussagenlogischen Struktur der Prämissen und der Konklusion. Der Schluss $A_1, \ldots, A_n \to B$ ist dabei genau dann *aussagenlogisch gültig*, wenn der Satz

$$(A_1 \wedge \ldots \wedge A_n) \Rightarrow B$$

wahr ist. Wann immer sämtliche Prämissen $A_1, \ldots, A_n$ wahr sind, muss also auch die Konklusion B wahr sein. Mit den Wahrheitswerttabellen steht ein einfaches Entscheidungsverfahren zur Verfügung, mit dem die aussagenlogische Gültigkeit von Schlüssen beurteilt werden kann. Um zu verdeutlichen, was in diesem Zusammenhang mit aussagenlogischer Struktur gemeint ist, betrachten wir als Beispiel den als *Modus ponens* bekannten Schluss

$$A, A \Rightarrow B \to B.$$

Die Prämissen bestehen hier aus einem Satz A und der diesen Satz ebenfalls enthaltenden Implikation $A \Rightarrow B$. Welche konkreten Aussagen durch die Sätze A und B repräsentiert werden, ist hierbei unerheblich. Anhand der Wahrheitswerttabelle

A	B	$A \Rightarrow B$
w	w	w
w	f	f
f	w	w
f	f	w

sieht man unschwer, dass dieser Schluss aussagenlogisch gültig ist. Es gibt nur einen Fall, bei dem sämtliche Prämissen, also beide Sätze A und $A \Rightarrow B$, wahr sind. In diesem Fall ist aber auch B wahr und daher ist die Implikation $(A \wedge (A \Rightarrow B)) \Rightarrow B$ eine Tautologie, d.h. sie ist unter allen möglichen Wahrheitswertzuweisungen wahr.

Logik-Kalküle

Für die Aussagenlogik, wie auch für die in Abschnitt 3.2.2 dargestellte Prädikatenlogik, lassen sich sogenannte *Kalküle* aufbauen. Die Kalküle formulieren wenige Axiome, aus denen sich mit den ebenfalls angegebenen Schlussregeln in widerspruchsfreier Weise alle wahren Sätze ableiten lassen. Die Kalküle sind also widerspruchsfreie und (semantisch) vollständige axiomatische Theorien der Aussagenlogik (bzw. der Prädikatenlogik). Es zeigt sich, dass man im Falle der Aussagenlogik für die Formulierung eines Kalküls nur die logischen Operatoren der Negation und der Implikation benötigt. Als Axiome wählt man beispielsweise die folgenden Sätze:

(A1) $A \Rightarrow (B \Rightarrow A)$

(A2) $(A \Rightarrow (B \Rightarrow C)) \Rightarrow ((A \Rightarrow B) \Rightarrow (A \Rightarrow C))$

(A3) $(\neg A \Rightarrow \neg B) \Rightarrow (B \Rightarrow A)$

Zusammen mit der bereits angesprochenen Schlussregel des *Modus ponens*

(R1) $A, \ A \Rightarrow B \ \rightarrow \ B$

bilden diese Axiome einen Kalkül der Aussagenlogik (Kutschera & Breitkopf, 1979).

3.2.2 Prädikatenlogik

In der Aussagenlogik wird die Bildung komplexerer Sätze aus einfachen Sätzen betrachtet. Die Struktur der einfachen Sätze wird jedoch nicht hinterfragt und weiter analysiert. Hier geht die Prädikatenlogik einen Schritt weiter und untersucht die Zusammensetzung dieser Sätze. Darüber hinaus erweist sich die Aussagenlogik als nicht leistungsfähig genug, um wissenschaftliche Begriffsbildungen und Beweise (z.B. in der Mathematik) erfassen zu können. Die Prädikatenlogik stellt durch die zusätzliche Einführung von Prädikaten und Quantoren notwendige Voraussetzungen hierfür zur Verfügung.

Bei der Formulierung prädikatenlogischer Sätze unterscheidet man *Gegenstandskonstanten* und *Gegenstandsvariablen*. Gegenstandskonstanten kennzeichnen einzelne Objekte oder Individuen. So ist beispielsweise "Sokrates" in dem Satz "Sokrates ist ein Mensch" eine Gegenstandskonstante. Als Kurzschreibweise für Gegenstandskonstanten werden im Folgenden die Buchstaben $a, b, c, \ldots$ verwendet. Gegenstandsvariablen, die nachfolgend mit $x, y, z, \ldots$ bezeichnet werden, sind Platzhalter bzw. Leerstellen, in die Gegenstandskonstanten eingesetzt werden können. Die Unterscheidung von Konstanten und Variablen ist auch aus der Mathematik geläufig. In der Gleichung $x^2 + y^2 = z^2$ etwa bilden die Symbole x, y, z ebenfalls Platzhalter, in die konkrete Zahlen eingesetzt werden können, die den hier betrachteten Konstanten entsprechen.

Prädikate

Durch *Prädikate* werden Eigenschaften von Gegenstandskonstanten bzw. -variablen, oder deren Beziehungen zueinander, gekennzeichnet. Prädikate können *ein-* oder *mehrstellig* (d.h. n-stellig für eine natürliche Zahl $n = 1, 2, \ldots$) sein. In dem Satz "Sokrates ist ein Mensch" wird der Gegenstandskonstante "Sokrates" die Eigenschaft, also das Prädikat "ist ein Mensch" zugeschrieben. Um eine Standardisierung der Formulierung von derartigen Eigenschaftszuschreibungen zu erhalten, wird die sogenannte *logische Normalform* (Kutschera & Breitkopf, 1979) betrachtet, die für diesen Fall *"ist ein Mensch* (Sokrates)" lautet. Damit wird ausgedrückt, dass das Prädikat "ist ein Mensch" auf die Gegenstandskonstante "Sokrates" zutrifft. Es handelt sich hierbei um ein *einstelliges Prädikat*, da die Eigenschaft jeweils nur einer Gegenstandskonstante zuerkannt wird. Der Satz "Pia liebt Peter" dagegen beschreibt die Beziehung zwischen zwei Gegenstandskonstanten. Das Prädikat "liebt" ist daher *zweistellig*, was in der logischen Normalform *"liebt* (Pia, Peter)" deutlich wird. Die Reihenfolge der Gegenstandskonstanten in der Klammer ist kritisch, da der Ausdruck *"liebt* (Peter, Pia)" für den Satz "Peter liebt Pia" steht. Selbstverständlich gibt es auch dreistellige Prädikate, wie etwa in dem Satz "Pia verweist Peter an Paul". Als logische Normalform ergibt sich hier *"verweist an* (Pia, Peter, Paul)".

Um die Schreibweise noch sparsamer und übersichtlicher zu gestalten, werden die Prädikate durch Großbuchstaben symbolisiert. Die Tabelle

Aussage	logische Normalform	Formalisierung
Sokrates *ist ein Mensch*	*ist ein Mensch* (Sokrates)	$M(a)$
Pia *liebt* Peter	*liebt* (Pia, Peter)	$L(b, c)$
Pia *verweist* Peter *an* Paul	*verweist an* (Pia, Peter, Paul)	$V(b, c, d)$

zeigt den Übergang von einfachen umgangssprachlichen Sätzen über die logische Normalform hin zur prädikatenlogischen Formalisierung für die besprochenen Beispiele. Darin steht M für das einstellige Prädikat *ist ein Mensch*, L für das zweistellige Prädikat *liebt* und V für das dreistellige Prädikat *verweist an*.

Um über die Prädikate sprechen, unabhängig von deren Anwendung auf konkrete Gegenstandskonstanten, streicht man diese aus den Formalisierungen heraus und ersetzt sie durch Gegenstandsvariablen. Beispielsweise kennzeichnet $L(x, x)$ das Prädikat *sich selbst lieben*, da die Gegenstandsvariable x an beiden Positionen in der Klammer auftritt. Beim Einsetzen von Gegenstandskonstanten ergibt sich daraus $L(b, b)$, $L(c, c)$, ..., was Sätzen wie "Pia liebt Pia", "Peter liebt Peter", ... entspricht.

Quantoren

Der entscheidende Schritt im Aufbau der Prädikatenlogik besteht in der Einführung von *Quantoren*, mit denen aus Prädikaten Sätze erzeugt werden (Kutschera & Breitkopf, 1979). Zunächst wird ein Quantor betrachtet, der die Formulierung generalisierter, allgemeingültiger Aussagen, sogenannter *Allaussagen* (auch *universelle Aussagen*) erlaubt. Ein Beispiel hierfür ist der Satz "Alles ist rot". Man kann eine derartige Aussage bilden, indem man vor ein Prädikat den Satz *"für jedes Ding x gilt:"* stellt. Formalisiert wird diese Konstruktion durch den *Allquantor* $\forall$. Bezeichnet R das einstellige Prädikat *"ist rot"*, dann beschreibt

Alles ist rot
Für jedes Ding x gilt: x ist rot
$\forall x\colon R(x)$

den Übergang von der Umgangssprache zur prädikatenlogischen Formalisierung. Entsprechend lässt sich in der Prädikatenlogik die Tatsache formulieren, dass Objekte existieren, auf die ein Prädikat zutrifft. Die sogenannten *Existenzaussagen* resultieren, wenn man vor ein Prädikat den Satz *"es gibt (mindestens) ein Ding x, für das gilt:"* stellt. Formalisiert wird diese Konstruktion durch den *Existenzquantor* $\exists$. Für den Beispielsatz "Etwas ist rot" lässt sich der Übergang zur prädikatenlogischen Formalisierung durch

Etwas ist rot
Es gibt (mindestens) ein Ding x, für das gilt: x ist rot
$\exists x\colon R(x)$

beschreiben.

Prädikatenlogisch gültige Schlüsse

Im Rahmen der Prädikatenlogik kann man nun die den bereits angesprochenen *Syllogismen* zugrunde liegenden Schlüsse formalisieren und auf ihre logische Gültigkeit hin untersuchen. Für das obige Beispiel erhält man folgende Formalisierung:

A_1	Alle Menschen sind sterblich		A_1	$\forall x\colon M(x) \Rightarrow S(x)$
A_2	Sokrates ist ein Mensch		A_2	$M(a)$
B	Sokrates ist sterblich		B	$S(a)$

An dieser Stelle wird nicht im Einzelnen darauf eingegangen, wie im Rahmen der Prädikatenlogik zu entscheiden ist, ob ein Satz wahr oder falsch ist bzw. ob ein Schluss prädikatenlogisch gültig ist. Es sei lediglich angemerkt, dass jeder aussagenlogisch wahre Satz auch prädikatenlogisch wahr ist, aber nicht umgekehrt. Entsprechend ist jeder aussagenlogisch gültige Schluss auch prädikatenlogisch gültig. Auch hier gilt die Umkehrung nicht notwendigerweise (Kutschera & Breitkopf, 1979)

3.2.3   Mengenlehre

Die folgende Charakterisierung von Georg Cantor (1845-1918) ist vermutlich eines der wenigen wörtlichen Zitate, die man in Mathematikbüchern findet.

> Unter einer "Menge" verstehen wir jede Zusammenfassung M von bestimmtem wohlunterschiedenen Objecten m unserer Anschauung oder unseres Denkens (welche die "Elemente" von M genannt werden) zu einem Ganzen. (Cantor, 1895, S. 481)

Dies ist keine exakte Definition, wie dies für eine naturwissenschaftliche Theorienbildung eigentlich gefordert ist (vgl. Abschnitt 3.1). So verwundert es nicht, dass sich im Rahmen der auf diese Begriffsbestimmung aufgebauten *naiven Mengenlehre* Widersprüche konstruieren lassen, die auch als *Antinomien* bezeichnet werden. Hier ist vor allem die sogenannte *Russellsche Antinomie* (Russell, 1903) zu nennen, in der die Menge R betrachtet wird, die aus allen Mengen besteht, die sich nicht selbst als Element enthalten.

Angenommen R ist in R enthalten, dann hat die Menge die genannte Eigenschaft und enthält sich damit nicht als Element, ein Widerspruch. Nimmt man umgekehrt an, dass R nicht Element von R ist, dann hat R wiederum die angegebene Eigenschaft und ist daher in R enthalten, erneut ein Widerspruch. Russell (1918) hat selbst eine anschauliche Variante dieser Antinomie vorgeschlagen, die als *Barbier-Paradoxon* bekannt geworden ist. Danach wird ein Barbier definiert als jemand, der alle diejenigen und nur diejenigen rasiert, die sich nicht selbst rasieren. Der Widerspruch resultiert dann aus der Beantwortung der Frage, ob sich der Barbier selbst rasiert.

Der nach Cantor eingeführte naive Mengenbegriff kann daher nicht sicherstellen, dass die darauf aufgebaute Mengentheorie widerspruchsfrei ist. Es existieren aber auch axiomatische Ansätze zur Grundlegung der Mengenlehre, wie sie etwa die Axiomatik von Zermelo-Fraenkel (Zermelo, 1930) anbietet. Als Konsequenz des Gödelschen Unvollständigkeitssatzes kann man die Widerspruchsfreiheit dieser Axiomatik nicht grundsätzlich beweisen. Es ließen sich aber bislang keine Widersprüche ableiten und so ist die Ansicht weitgehend akzeptiert, dass das Axiomensystem von Zermelo-Fraenkel eine Grundlegung der Mathematik erlaubt. Im Folgenden werden wir uns auf die Darstellung des naiven Mengenbegriffs nach Cantor beschränken. Unter Vermeidung von Konstruktionen die zu Widersprüchen führen (z.B. durch die Festlegung, dass es keine Menge gibt, die sich selbst als Element enthält), können wir diese als Ausgangspunkt für die im Weiteren eingeführten mathematischen Konzepte wählen.

Für eine geordnete Verwendung des naiven Mengenbegriffs ist es zunächst erforderlich, dass die Eigenschaften *Element sein* und *Gleichheit von Elementen* eindeutig bestimmt sind. Für beliebige Objekte x muss sich also entscheiden lassen, ob gilt x ist ein Element der Menge M (in Kurzschreibweise $x \in M$), oder x ist kein Element der Menge M (kurz $x \notin M$). Diese Dichotomie ist in Korrespondenz zu der in der Logik getroffene Annahme zu sehen, dass betrachtete Aussagen entweder wahr oder falsch sind. Bezüglich der Eigenschaft der Gleichheit von Elementen muss für alle $x, y \in M$ eindeutig festgelegt sein, ob x und y identisch sind, d.h. das gleiche Element bezeichnen (in Kurzschreibweise $x = y$), oder nicht (kurz $x \neq y$).

Mengen können in verschiedener Weise angegeben werden. Eine Möglichkeit ist die Aufzählung sämtlicher Elemente der Menge in geschweiften Klammern, wie z.B. in

$$M = \{x, y, z, v, w\}.$$

Offensichtlich eignet sich diese Art der Spezifizierung nur für Mengen mit einer überschaubaren Anzahl von Elementen. Wichtig hierbei ist auf jeden Fall, dass die Reihenfolge der Aufzählung der Elemente unerheblich ist. Es hat auch keine Bedeutung, wenn einzelne Elemente mehrmals aufgeführt sind. So sind beispielsweise die Mengen $\{x, y\}$, $\{y, x\}$ und $\{x, x, y\}$ allesamt identisch. Entscheidend ist nur, welche Elemente in der Menge enthalten sind bzw. welche Elemente nicht in der Menge enthalten sind. Die Gleichheit von Mengen in diesem Sinne wird im nachfolgenden Abschnitt explizit eingeführt. Eine alternative Möglichkeit der Spezifizierung einer Menge besteht in der Angabe ihrer definierenden Eigenschaft, wie etwa in

$$M = \{x \,|\, x \text{ ist eine gerade ganze Zahl}\}.$$

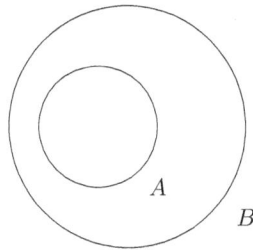

Abbildung 3.5: *Venn-Diagram der Teilmengenrelation $A \subseteq B$.*

Die Elemente x der so definierten Menge M sind also die geraden ganzen Zahlen. Eine besondere Rolle spielt die sogenannte *leere Menge*, die keine Elemente enthält. Die leere Menge wird üblicherweise durch die Symbole $\emptyset$ oder $\{\}$ bezeichnet.

Mengenrelationen und -operationen

Aus der Elementrelation $\in$ lassen sich die elementaren Beziehungen zwischen Mengen (man spricht auch von *Mengenrelationen*) und die *Mengenoperationen* (auch *Mengen-verknüpfungen*) mit Hilfe der logischen Junktoren und Quantoren definieren, die in den Abschnitten 3.2.1 und 3.2.2 eingeführt wurden. Daraus ergibt sich eine unmittelbare Korrespondenz zwischen formaler Logik und Mengentheorie. Im Folgenden bezeichnen A und B beliebige Mengen.

Die durch das Symbol $\subseteq$ bezeichnete *Teilmengenrelation* stellt fest, dass die Elemente einer Menge sämtlich auch Elemente einer anderen Menge sind. Die Definition

$$A \subseteq B \text{ gdw. für alle } a \text{ gilt: } a \in A \text{ impliziert } a \in B$$
$$\text{gdw. } \forall a\colon a \in A \Rightarrow a \in B$$

macht deutlich, dass die Teilmengenrelation mit der logischen Implikation korrespondiert. Abbildung 3.5 illustriert diese Beziehung in einem sogenannten *Venn-Diagramm*. Dabei werden die Elemente einer Menge als Punkte im Innern einer geschlossenen Kurve (z.B. eines Kreises, oder eines Rechtecks) dargestellt. Die Teilmengenrelation $A \subseteq B$ wird in der Abbildung dadurch veranschaulicht, dass der die Menge A repräsentierende Kreis vollständig innerhalb des die Menge B repräsentierenden Kreises liegt. Auch die nachfolgend definierten Mengenoperationen lassen sich durch Venn-Diagramme grafisch darstellen (s. Abbildung 3.6).

In Abschnitt 3.2.1 wurde anhand von Wahrheitwerttabellen gezeigt, dass die logische Äquivalenz von Aussagen als wechselseitige Implikation verstanden werden kann. Es ist daher nicht verwunderlich, dass auch die *Mengengleichheit* über das Vorliegen wechselseitiger Teilmengenrelationen definiert wird:

$$A = B \text{ gdw. } A \subseteq B \wedge B \subseteq A.$$

Diese Definition bedeutet, dass die Mengen A und B dieselben Elemente enthalten. Die Mengen in diesem Fall als identisch zu betrachten, folgt zwangsläufig aus der anfangs

(a) $A \cup B$

(b) $A \cap B$

(c) $A \setminus B$

(d) $A \triangle B$

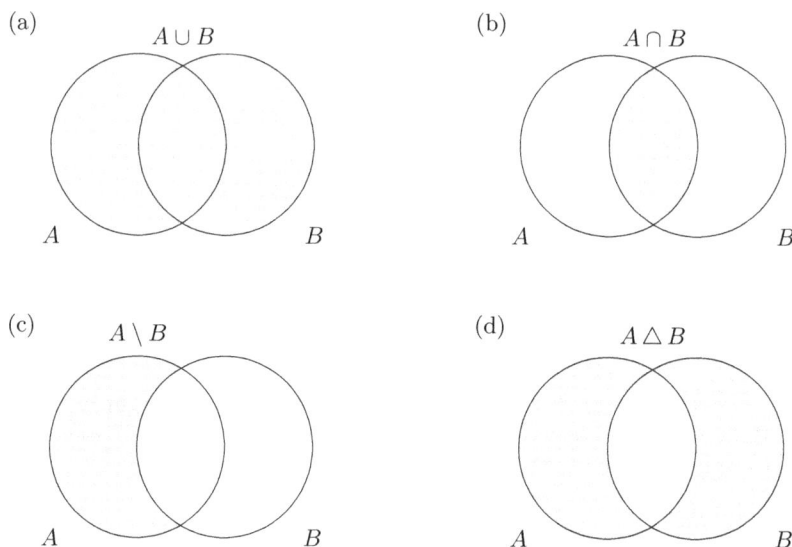

Abbildung 3.6: *Die grau schattierten Bereiche in den Venn-Diagrammen repräsentieren (a) die Mengenvereinigung $A \cup B$, (b) den Mengendurchschnitt $A \cap B$, (c) die Mengendifferenz $A \setminus B$ und (d) die symmetrische Mengendifferenz $A \triangle B$.*

getroffenen Grundannahme, dass eine Menge ausschließlich über die in ihr enthaltenen Elemente definiert ist.

Die *Mengenvereinigung* $\cup$ ist eine Mengenoperation, die zwei gegebenen Mengen wiederum eine Menge zuordnet. Wie die Definition

$$A \cup B = \{c \mid c \in A \vee c \in B\}$$

zeigt, repräsentiert sie dabei die logische Disjunktion. Das Element x liegt genau dann in $A \cup B$, wenn es in der Menge A oder der Menge B, oder in beiden Mengen enthalten ist. Abbildung 3.6 (a) illustriert die Mengenvereinigung in einem Venn-Diagramm. Die Menge $A \cup B$ wird darin durch den grau schattierten Bereich repräsentiert.

Die Operation des *Mengendurchschnitts* $\cap$, definiert durch

$$A \cap B = \{c \mid c \in A \wedge c \in B\},$$

repräsentiert in analoger Weise die logische Konjunktion. Abbildung 3.6 (b) zeigt das zur Bildung des Durchschnitts $A \cap B$ gehörige Venn-Diagramm. Gilt $A \cap B = \emptyset$, so heißen die beiden Mengen A und B *disjunkt* oder *elementfremd*.

Die *Mengendifferenz* wird durch das Symbol $\setminus$ bezeichnet. Mit der Definition

$$A \setminus B = \{c \mid c \in A \wedge c \notin B\}$$

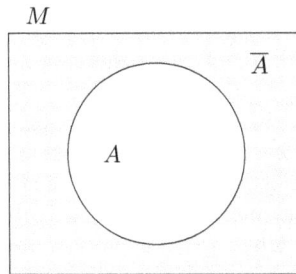

Abbildung 3.7: *Der grau schattierte Bereich im dargestellten Venn-Diagramm repräsentiert das Komplement der Teilmenge $A \subseteq M$ bezüglich M.*

sind in $A \setminus B$ alle Elemente x enthalten, die in A aber nicht in B liegen. Das Venn-Diagramm zur Mengendifferenz $A \setminus B$ findet sich in Abbildung 3.6 (c). In Abgrenzung zur nachfolgend eingeführten symmetrischen Mengendifferenz sei darauf hingewiesen, dass $A \setminus B$ im Allgemeinen von $B \setminus A$ verschieden ist.

Die *symmetrische Mengendifferenz* $\triangle$ lässt sich in verschiedener Weise definieren, nämlich durch die Gleichungen

$$A \triangle B = (A \cup B) \setminus (A \cap B) = (A \setminus B) \cup (B \setminus A).$$

In $A \triangle B$ sind damit gerade alle x enthalten, die Element von genau einer der Mengen A oder B sind. Sie liegen also entweder in A oder in B, aber nicht in beiden Mengen. Die symmetrische Mengendifferenz korrespondiert daher mit der exklusiven Disjunktion, das mit dem "entweder-oder" der Umgangssprache korrespondiert. Die Gleichwertigkeit der beiden angegebenen Definitionen lässt sich anhand der Venn-Diagramme in Abbildung 3.6 unmittelbar einsehen. Den grau schattierten Bereich in (d) erhält man zum einen, wenn man aus dem grau schattierten Bereich in (a) den aus (b) heraus nimmt. Zum anderen ergibt er sich aus der Vereinigung des in (c) dargestellten Bereichs mit dem entsprechenden Bereich für die Mengendifferenz $B \setminus A$.

Das *(mengentheoretische) Komplement* einer Teilmenge $A \subseteq M$ bezüglich M ist definiert durch

$$\overline{A} = M \setminus A.$$

Hierbei betrachtet man also alle Elemente von M, die nicht in A sind. Damit korrespondiert die Bildung des Komplements mit der logischen Negation. Abbildung 3.7 veranschaulicht das mengentheoretische Komplement durch ein Venn-Diagramm.

Mengensysteme

In den verschiedensten Zusammenhängen betrachtet man nicht nur eine Zusammenfassung von beliebigen Elementen zu Mengen, sondern eine Zusammenstellung von Teilmengen einer gegebenen Menge M.

Beispiel 3.5

Ist M eine Menge von Aufgaben, so interessiert man sich für die Zusammenstellung der Teilmengen, die aus den von einzelnen Personen gelösten Aufgaben bestehen, also die auftretenden "Lösungsmuster". Sei $M = \{x, y, z, v, w\}$ eine Menge von fünf Aufgaben, die vier Personen zur Bearbeitung vorgelegt werden. Es werde registriert, ob die Aufgaben korrekt gelöst wurden, oder nicht. Angenommen, die erste Person löst die Aufgaben x, y, z, nicht aber die Aufgaben v, w, dann lässt sich diese Beobachtung durch die Teilmenge $\{x, y, z\}$ von M beschreiben. Die entsprechenden Teilmengen der übrigen Personen seien $\{v, w\}$, M (die Person konnte alle Aufgaben lösen), sowie $\emptyset$ (keine der Aufgaben wurde gelöst). Diese Formalisierung der gemachten empirischen Beobachtungen liegt der Theorie der Wissensstrukturen nach (Doignon & Falmagne, 1985, 1999) zugrunde.

Ein weiteres wichtiges Beispiel, die Zusammenstellung der Ereignisse eines Zufallsexperiments, wird später noch eingehend besprochen (s. Kapitel 4). In diesem Abschnitt sollen zunächst die wesentlichen Voraussetzungen hierfür geschaffen werden.

Eine Zusammenstellung der in Beispiel 3.5 aufgelisteten Teilmengen der Aufgabenmenge kann wiederum durch eine Menge erfolgen. Diese Menge hat dann gerade die angegeben Teilmengen als Elemente. Dabei betrachtet man also gewissermaßen eine Menge von Mengen. Diese Konstruktion ist im Allgemeinen nicht unproblematisch, da sie zu Widersprüchen führen kann, wie etwa bei der Russellschen Antinomie. Dabei wird die Menge aller Mengen mit einer bestimmten Eigenschaft gebildet. Die folgende Begriffsbildung, die explizit nicht von "Mengen von Mengen" spricht, macht deutlich, dass man sich von derartigen Widersprüchen fern hält.

Eine Menge $\mathcal{A}$ von Teilmengen einer gegebenen Menge M bezeichnet man als *Mengensystem* über der Menge M, oder auch als *Familie von Teilmengen* der Menge M.

Beispiel 3.6

Für $M = \{x, y, z, v, w\}$ kann man beispielsweise folgende Mengensysteme betrachten

$$\mathcal{A}_1 = \emptyset,$$
$$\mathcal{A}_2 = \{\emptyset\},$$
$$\mathcal{A}_3 = \{\emptyset, M\},$$
$$\mathcal{A}_4 = \{\{x, y, z\}, \{z, v, w\}\},$$
$$\mathcal{A}_5 = \{\emptyset, \{x, y, z\}, \{v, w\}, M\}.$$

Hierbei ist zu beachten, dass die Mengensysteme $\mathcal{A}_1$ und $\mathcal{A}_2$ voneinander zu unterscheiden sind. Während $\mathcal{A}_1$ keine Teilmenge von M als Element enthält (also ein leeres Mengensystem ist), enthält $\mathcal{A}_2$ ein Element (nämlich die leere Menge $\emptyset$). Man beachte ebenfalls, dass das für Beispiel 3.5 resultierende Mengensystem der beobachteten Lösungsmuster gerade dem Mengensystem $\mathcal{A}_5$ entspricht.

Oftmals stellt man spezifische strukturelle Anforderungen an die betrachteten Mengensysteme. Repräsentieren die Teilmengen A, B zwei Lösungsmuster einer Aufgabenmenge

M wie in Beispiel 3.5, dann macht es Sinn zu fordern, dass auch $A \cup B$ ein mögliches Lösungsmuster ist. Man nimmt dabei an, dass es eine Person gibt, die über genau das Wissen verfügt, das die beiden Personen mit den Lösungsmustern A und B zusammen haben (eine stringente Begründung für diese Annahme liefern Cosyn & Uzun, 2009). Allgemein möchte man also auf den in einem Mengensystem als Elemente enthaltenen Teilmengen logisch operieren können. Abschnitt 3.2.3 hat deutlich gemacht, dass dies mit der Durchführbarkeit der Mengenoperationen im Mengensystem korrespondiert. Für die betrachteten Mengensysteme ist also zu fordern, dass sie abgeschlossen sind bezüglich der Bildung der Mengenvereinigung, des Mengendurchschnitts, sowie des Komplements. Das bedeutet, dass mit den Teilmengen A, B auch die Vereinigung $A \cup B$, der Durchschnitt $A \cap B$ und das Komplement $\overline{A}$ im Mengensystem enthalten sind. In der Mathematik wird eine Struktur, die derartige Berechnungen erlaubt allgemein als Algebra bezeichnet.

Eine *Mengenalgebra* $\mathcal{A}$ über einer endlichen Menge M ist ein Mengensystem über M mit folgenden Eigenschaften:

(MA1) $M \in \mathcal{A}$,

(MA2) $A \in \mathcal{A}$ impliziert $\overline{A} \in \mathcal{A}$,

(MA3) $A, B \in \mathcal{A}$ impliziert $A \cup B \in \mathcal{A}$.

Der Begriff der Mengenalgebra wird also axiomatisch definiert. Das Axiom (MA1) stellt sicher, dass eine Mengenalgebra $\mathcal{A}$ mindestens eine Teilmenge als Element enthält, nämlich die betrachtete Grundmenge M. Die Axiome (MA2) und (MA3) fordern die Abgeschlossenheit bezüglich der Bildung von Komplementen und der Mengenvereinigung.

Beispiel 3.7

Von den Mengensystemen aus Beispiel 3.6 sind $\mathcal{A}_1$, $\mathcal{A}_2$ und $\mathcal{A}_4$ keine Mengenalgebren, da in diesen Fällen die Menge M nicht als Element enthalten ist und also Axiom (MA1) nicht erfüllt ist. Die Mengensysteme $\mathcal{A}_3$ und $\mathcal{A}_5$ dagegen erfüllen alle drei Axiome (MA1)-(MA3) und bilden daher Mengenalgebren.

Will man die Vereinigung bzw. den Durchschnitt aller Teilmengen in einem Mengensystem $\mathcal{A}$ über einer Menge M bilden, so verwendet man zur Bezeichnung die Schreibweisen

$$\bigcup_{A \in \mathcal{A}} A \quad \text{und} \quad \bigcap_{A \in \mathcal{A}} A.$$

Kartesisches Produkt

Bei der Aufzählung der Elemente einer Menge in geschweiften Klammern war die Reihenfolge unerheblich. Kommt es auf die Reihenfolge von n Elementen an, so verwendet man den Begriff des *n-Tupels* und schreibt

$$(x_1, x_2, \ldots, x_n).$$

Auch hier ist zu klären, wann zwei gegebene Tupel identisch sind. Es ist unmittelbar ersichtlich, das eine grundlegende Voraussetzung dafür ist, dass die Tupel aus gleich vielen Komponenten bestehen. Darüber hinaus müssen aber auch die Einträge komponentenweise identisch sein, d.h. die Tupel stimmen in der ersten, zweiten, ... Position überein. Etwas formaler kann man also definieren, dass die Gleichheit $(x_1, \ldots, x_n) = (y_1, \ldots, y_m)$ zweier Tupel gilt genau dann, wenn $n = m$ und $x_i = y_i$ für alle $i = 1, \ldots, n$ ist. Bei 2-Tupeln spricht man auch von (geordneten) Paaren, bei 3-Tupeln von Tripeln, bei 4-Tupeln von Quadrupeln.

Für zwei Mengen A und X versteht man unter dem *kartesischen Produkt* $A \times X$ (auch *Kreuzprodukt*) als die Menge aller geordneten Paare (a, x), wobei a Element von A ist und x Element von X. Man definiert also

$$A \times X = \{(a, x) \mid a \in A, \, x \in X\}.$$

Beispiel 3.8

Für die Mengen $A = \{a, b, c, d\}$ und $X = \{x, y, z\}$ ergeben sich die kartesischen Produkte

$$A \times X = \{(a, x), (a, y), (a, z), (b, x), (b, y), (b, z),$$
$$(c, x), (c, y), (c, z), (d, x), (d, y), (d, z)\}$$

und

$$X \times A = \{(x, a), (x, b), (x, c), (x, d), (y, a), (y, b), (y, c), (y, d),$$
$$(z, a), (z, b), (z, c), (z, d)\}.$$

Das Beispiel zeigt auch, dass im Allgemeinen $A \times X \neq X \times A$ gilt.

Es sei ausdrücklich angemerkt, dass man selbstverständlich auch das kartesische Produkt einer Menge mit sich selbst bilden kann.

In Verallgemeinerung des kartesischen Produkts zweier Mengen ist das n-fache kartesische Produkt der Mengen $M_1, M_2, \ldots, M_n$ definiert durch

$$M_1 \times M_2 \times \ldots \times M_n = \{(x_1, \ldots, x_n) \mid x_i \in M_i, \, i = 1, 2, \ldots, n\}.$$

Es bezeichnet also die Menge aller n-Tupel, bei denen die i-te Komponente für $i = 1, 2, \ldots, n$ jeweils ein Element von M_i ist. Statt des n-fachen Produkts

$$\underbrace{M \times M \times \ldots \times M}_{n\text{-mal}}$$

schreibt man auch M^n.

Abbildung 3.8: *Der Zahlenstrahl als grafische Repräsentation der Menge der reellen Zahlen* $\mathbb{R}$.

Beispiel 3.9

Die Menge der reellen Zahlen $\mathbb{R}$, kann man durch eine gerichtete Gerade veranschaulichen (den sogenannten Zahlenstrahl), wie er in Abbildung 3.8 dargestellt ist. Dabei entspricht jedem Punkt der Geraden genau eine reelle Zahl.

Die Veranschaulichung des kartesischen Produktes $\mathbb{R} \times \mathbb{R} = \mathbb{R}^2 = \{(x,y) \mid x, y \in \mathbb{R}\}$ ist dann die reelle Ebene. Jedem Punkt dieser Ebene entspricht genau ein geordnetes Paar reeller Zahlen (x, y). Abbildung 3.9 illustriert, wie die reelle Ebene durch zwei orthogonale Zahlenstrahlen aufgespannt wird, die als Koordinatenachsen fungieren. Der zu einem Punkt (x, y) gehörige x-Wert wird dabei am horizontal orientierten Zahlenstrahl (Abszisse) abgelesen, der zugehörige y-Wert am vertikal ausgerichteten Zahlenstrahl (Ordinate).

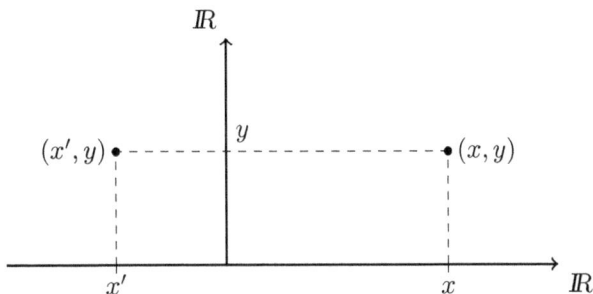

Abbildung 3.9: *Die Zeichenebene als grafische Repräsentation des kartesischen Produktes* $\mathbb{R}^2$.

Beispiel 3.10

Für Mengen $A = \{a, b, c, \ldots\}$ und $X = \{x, y, z, w, \ldots\}$ kann man das kartesische Produkt $A \times X$ in Matrixform darstellen, so dass die Elemente der Menge A die Zeilen und die Elemente von X die Spalten bezeichnen, wobei die Elemente von $A \times X$ dann gerade die Zellen dieser Matrix sind.

$$
\begin{array}{c|ccccc}
 & \multicolumn{5}{c}{X} \\
 & x & y & z & w & \ldots \\
\hline
a & (a,x) & (a,y) & (a,z) & (a,w) & \ldots \\
A \quad b & (b,x) & (b,y) & (b,z) & (b,w) & \ldots \\
c & (c,x) & (c,y) & (c,z) & (c,w) & \ldots \\
\vdots & \vdots & \vdots & \vdots & \vdots &
\end{array}
$$

Relationen

Die Einführung des Begriffs der Relation erlaubt die Beschreibung von Beziehungen von Mengenelementen zueinander. Er bildet damit die Grundlage der Charakterisierung von Strukturen, einem zentralen Ziel der Wissenschaft.

Die Definition erfolgt dabei ohne Bezug auf inhaltliche Aspekte der Relation auf rein formale Art und Weise. Hierzu wird definiert: Jede Teilmenge $R \subseteq M_1 \times M_2 \times \ldots \times M_n$ eines n-fachen kartesischen Produkts von Mengen heißt *n-stellige Relation*. Durch die Auffassung der Relation als Teilmenge eines kartesischen Produktes, können beliebig komplizierte Relationen sehr einfach, nämlich als Teilmengen, dargestellt werden. Die Teilmenge enthält dabei genau diejenigen Elemente, für die die Relation gilt.

Bei zweistelligen (oder *binären*) Relationen $R \subseteq A \times X$ gibt es mehrere Möglichkeiten auszudrücken, dass ein Element $a \in A$ in Relation R zu einem Element $x \in X$ steht. Man schreibt statt $(a,x) \in R$ oft auch $a\,R\,x$ oder verwendet spezielle Symbole, wie beispielsweise $=$ oder auch $<$. Bei einer binären Relation $R \subseteq A \times A$ wird auch davon gesprochen, dass R eine *Relation auf der Menge A* ist.

Beispiel 3.11

Die Symbole $=$ und $<$ bezeichnen binäre Relationen auf der Menge der reellen Zahlen und man notiert das Bestehen der Relation für $x, y \in \mathbb{R}$ durch $x = y$ bzw. $x < y$. Die entsprechenden Teilmengen des kartesischen Produktes $\mathbb{R}^2$ lauten

$$
\begin{aligned}
R_= &= \{(x,y) \mid x, y \in \mathbb{R} \text{ und } x = y\}, \\
R_< &= \{(x,y) \mid x, y \in \mathbb{R} \text{ und } x < y\}.
\end{aligned}
$$

Die grafische Veranschaulichung der Relationen $R_=$ und $R_<$ als Teilmengen der das kartesische Produkt $\mathbb{R}^2$ repräsentierenden Ebene zeigt Abbildung 3.10. Die Relation $=$ wird durch die in das Koordinatensystem eingezeichnete Gerade dargestellt. Für alle Punkte (x,y) auf dieser Geraden gilt $x = y$. Die Relation $<$ wird durch die in der Abbildung schattierte Halbebene über dieser Geraden repräsentiert, denn für alle Punkte (x,y) dieser Halbebene gilt $x < y$.

Die nachfolgenden Beispiele verdeutlichen, dass die Betrachtung von Relationen selbstverständlich nicht auf Zahlenmengen beschränkt ist.

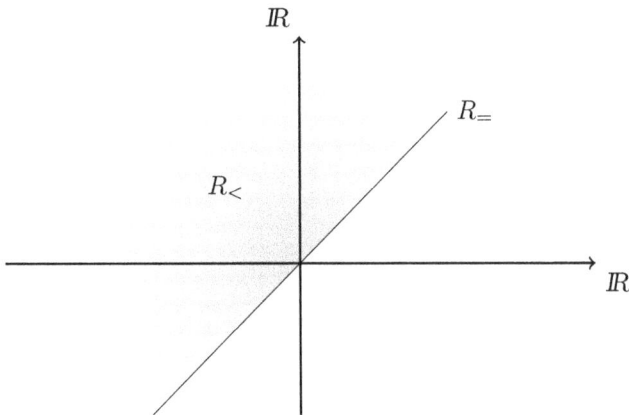

Abbildung 3.10: *Illustration der Relationen $R_=$ und $R_<$ in der Ebene $\mathbb{R}^2$.*

Beispiel 3.12

Auf der Menge A von Personen mit Wohnsitz in Tübingen (mit Stichtag 01.01.2011, 0.00 Uhr) betrachten wir die Relation

$$R_\infty = \{(p,q) \mid p, q \in A, \ p \text{ ist verheiratet mit } q\}$$

Die Relation R_∞ ist damit eine Teilmenge von A^2.

Beispiel 3.13

In einem Experiment nach der Methode des vollständigen Paarvergleichs werden einer Versuchsperson alle (geordneten) Paare eine Menge G von Gewichten (also das komplette kartesische Produkt G^2) präsentiert. Die Versuchsperson beurteilt dabei die paarweise dargebotenen Reize nach ihrer Schwere. Bei Darbietung des Paares (g, h) aus G^2 erhält die Versuchsperson die Frage "Ist g schwerer als h?", die sie entweder mit "Ja" oder mit "Nein" beantworten kann. Wir setzen $g \succ h$ genau dann, wenn die Versuchsperson mit "Ja" antwortet. Aus dem gesamten kartesischen Produkt wählt die Versuchsperson auf diese Weise diejenigen Paare aus, für die die betrachtete Beziehung gilt. Durch diese Festsetzung wird eine binäre Relation $\succ$ auf der Menge G der Gewichte definiert, die offensichtlich eine Teilmenge von G^2 ist. Die Wahl des Symbols $\succ$ deutet einerseits an, dass die Relation eine "größer als"-Beziehung formalisiert, die andererseits aber von der auf Zahlenmengen definierten numerischen Relation $>$ streng zu unterscheiden ist.

In der Psychologie sind auch n-stellige Relationen mit $n > 2$ von Interesse, wie die folgenden Beispiel zeigen.

Beispiel 3.14

Eine dreistellige (ternäre) Relation auf einer Menge P von Personen sei definiert durch

$$R_{\text{symp}} = \{(p, q, r) \mid p, q, r \in P, \ p \text{ findet } q \text{ sympathischer als } r\}.$$

Ein Tripel (p, q, r) ist genau dann in der Relation R_{symp} enthalten, wenn die Person p die Person q als sympathischer als die Person r bezeichnet. Auf diese Relation kann man die Beschreibung der Struktur von Kleingruppen stützen, wie sie in der Sozialpsychologie betrachtet wird.

Beispiel 3.15

In Abschnitt 6.1.2 wird im Rahmen der Stevenschen Psychophysik folgende ternäre Relation E eingehend betrachtet, mit der die Ergebnisse eines psychophysischen Experiments zur Größenschätzung bzw. Größenherstellung beschrieben werden. Einer Versuchsperson werden dabei zwei Reize x und s dargeboten mit der Instruktion das Verhältnis der durch x ausgelösten Empfindung zu der entsprechenden des Referenzreizes s durch Nennung eines Zahlworts $\mathbf{p}$ (z.B. "zweimal so intensiv") auszudrücken. Es gilt also

$(x, \mathbf{p}, s) \in E$ gdw. Die Versuchsperson schätzt x

als $\mathbf{p}$-mal so intensiv wie s ein.

Die so definierte Relation E ist dann eine Teilmenge des kartesischen Produkts $X \times Z \times X$, wobei X eine Menge von Reizen ist und Z eine Menge von Zahlwörtern (die grundsätzlich von den dadurch bezeichneten Zahlen zu unterscheiden sind). Sie wird grundlegend für eine Klärung der Frage sein, wie man im Rahmen der Stevensschen Psychophysik Empfindungen messen kann.

Beliebige binäre Relationen $R \subseteq A \times X$ lassen sich anschaulich darstellen, wenn die Mengen A und X nicht zu viele Elemente haben. Diese Veranschaulichungen nutzen die im vorangehenden Abschnitt eingeführten Möglichkeiten der grafischen Darstellungen kartesischer Produkte. Hierzu werden etwa in der Matrixdarstellung des kartesischen Produktes $A \times X$ genau diejenigen Elemente gekennzeichnet, die zur Relation $R \subseteq A \times X$ gehören. Für die Relation R wird genau dann in Zeile x und Spalte y das Symbol $\times$ eingetragen, wenn das Paar (x, y) in R enthalten ist, also $(x, y) \in R$ gilt. Ansonsten bleibt die entsprechende Zelle leer. Für die Relation $R = \{(a, a), (b, b), (d, d), (a, b), (b, c), (a, c), (c, d)\}$ auf der Menge $A = \{a, b, c, d\}$ hat man beispielsweise

R	a	b	c	d
a	$\times$	$\times$	$\times$	
b		$\times$	$\times$	
c				$\times$
d				$\times$

In einer graphentheoretischen Darstellung werden die Elemente der Mengen A und X durch Punkte in der Zeichenebene dargestellt und ein Pfeil von Punkt $a \in A$ nach $x \in X$ wird genau dann eingezeichnet, wenn $(a, x) \in R$ gilt (siehe Abbildung 3.11).

Für eine gegebene Relation $R \subseteq M_1 \times M_2 \times \ldots \times M_n$ kann man auch diejenigen Tupel des grundlegenden kartesischen Produkt $M_1 \times M_2 \times \ldots \times M_n$ betrachten, die nicht in der Relation enthalten sind. Formal definiert man

$$\overline{R} = (M_1 \times M_2 \times \ldots \times M_n) \setminus R$$

als die *Negation* von R.

Eine weitere wichtige Konstruktion erzeugt aus einer gegebenen binären Relation eine weitere, indem sie die Richtung der damit beschriebenen Beziehung umkehrt. Für eine binäre Relation $R \subseteq A \times X$ betrachtet man die Relation $R^{-1} \subseteq X \times A$, definiert durch

$$R^{-1} = \{(b, a) \,|\, (a, b) \in R\},$$

und bezeichnet sie als die *zu R inverse Relation*.

Eigenschaften von Relationen

Obwohl grundsätzlich jede Teilmenge eines kartesischen Produkts eine Relation ist, sind praktisch bedeutsame Relationen häufig durch bestimmte Eigenschaften charakterisiert. Die Relation R_∞ "ist verheiratet mit" etwa weist für eine Menge von Personen P aus unserem Kulturkreis gewisse Regelmäßigkeiten auf, die nicht zufällig zustande kommen, sondern in der Bedeutung dieser Relation begründet sind. Zu den grundlegenden Eigenschaften der Relation R_∞ zählen: Jede Person darf höchstens einen Ehepartner haben; Niemand ist mit sich selbst verheiratet; Ist Person p mit Person q verheiratet, dann auch q mit p. Derartige Eigenschaften lassen sich auch formal beschreiben, unabhängig von der jeweiligen inhaltlichen Bedeutung. Die letztgenannte Eigenschaft lässt sich etwa mit Hilfe des soeben eingeführten Begriffs der inversen Relation auch durch die Beziehung $R_\infty^{-1} = R_\infty$ beschreiben. Im Folgenden werden verschiedene bedeutsame Eigenschaften binärer Relationen formal eingeführt und die Überprüfung von deren Vorliegen bei einer konkret vorgegebenen Relation anhand ihrer Matrixdarstellung besprochen. nachfolgend eingeführten Eigenschaften beziehen sich auf eine Relation $R \subseteq A \times A$, also einer binären Relation auf einer Menge A.

Eine Relation $R \subseteq A \times A$ heißt *reflexiv* genau dann, wenn für alle $a \in A$ gilt

$$a \, R \, a.$$

Ist die Eigenschaft der Reflexivität erfüllt, so stehen *alle* Element zu sich selbst in Relation. Für die Überprüfung der Reflexivität betrachtet man die Diagonale in der Matrixdarstellung der Relation. Bei einer reflexiven Relation gehören alle Paare auf der Diagonalen zur Relation. Die Relationen R_1, R_2 und R_3 auf der Menge $X = \{a, b, c, d\}$ werden nachfolgend über Matrixdarstellungen definiert. Die Relation R_1 erweist sich nach den angegebenen Kriterien als reflexiv, während dies für die Relationen R_2 und R_3 nicht zutrifft.

R_1	a	b	c	d
a	×	×	×	
b		×		×
c	×	×		
d				×

R_2	a	b	c	d
a		×	×	
b				×
c	×			
d				

R_3	a	b	c	d
a	×	×	×	
b		×		×
c		×		
d				×

Eine Relation $R \subseteq A \times A$ heißt *symmetrisch* genau dann, wenn für alle $a, b \in A$ gilt

$a\,R\,b$ impliziert $b\,R\,a$.

Eine empirische Überprüfung der Symmetrie für eine gegebene Relation lässt sich unmittelbar anhand der Matrixdarstellung vornehmen. Bei einer symmetrischen Relation gilt dabei für alle symmetrisch zur Diagonalen liegenden Paare, dass jeweils entweder keines der beiden oder aber beide zur Relation gehören. Die folgenden Matrixdarstellungen liefert sowohl ein Beispiel, als auch ein Gegenbeispiel für Symmetrie.

R_1	a	b	c	d
a	×		×	
b		×		
c	×			×
d			×	×

R_2	a	b	c	d
a	×		×	
b		×		
c	×			
d			×	×

Eine Relation $R \subseteq A \times A$ heißt *antisymmetrisch* genau dann, wenn für alle $a, b \in A$ gilt

$(a\,R\,b$ und $b\,R\,a)$ impliziert $a = b$.

Wenn also für $a, b \in A$ sowohl $a\,R\,b$ und auch $b\,R\,a$ gilt, so bezeichnen a und b dasselbe Element aus A. Durch Kontraposition dieser Definition erhält man eine dazu äquivalente Aussage (s. Abschnitt 3.2.1), mit der die Bedeutung der Eigenschaft noch deutlicher wird. Für alle $a, b \in A$ gilt dann

$a \neq b$ impliziert $(a\,\overline{R}\,b$ oder $b\,\overline{R}\,a)$.

Die Antisymmetrie fordert danach, dass für zwei voneinander verschiedene Elemente a und b aus A nicht gleichzeitig $a\,R\,b$ und $b\,R\,a$ gelten kann. Bei einer antisymmetrischen Relation gilt in der Matrixdarstellung für alle symmetrisch zur Diagonalen liegenden Paare, dass jeweils höchstens eines der beiden zur Relation gehört. Ein Beispiel und ein Gegenbeispiel für die Erfüllung der Eigenschaft der Antisymmetrie bilden die nachfolgend definierten Relationen R_1 und R_2.

R_1	a	b	c	d
a	×			
b		×		
c	×			×
d				×

R_2	a	b	c	d
a	×			
b		×		
c	×			×
d			×	×

Die Relation $R \subseteq A \times A$ heißt *konnex* genau dann, wenn für alle $a, b \in A$ gilt

$a \, R \, b$ oder $b \, R \, a$.

Die Konnexität fordert, dass je zwei beliebige Elemente a, b aus der Grundmenge A zueinander in Relation stehen. Es muss also a in Relation zu b stehen, oder b in Relation zu a, oder sogar beides. Das bedeutet, dass beliebige Elemente bezüglich der Relation vergleichbar sind. Für die Überprüfung dieser Vergleichbarkeit ist zu beachten, dass in der Definition der Eigenschaft auch $a = b$ gewählt werden darf. Daraus folgt dann, dass für alle $a \in A$ in jedem Fall $a \, R \, a$ gelten muss, die Relation R also zwangsläufig reflexiv ist. Bei einer konnexen Relation gilt in der Matrixdarstellung daher, dass für alle symmetrisch zur Diagonalen liegenden Paare jeweils mindestens eines der beiden zur Relation gehört und die Diagonale vollständig besetzt ist. Diese Kriterien sind für die nachfolgend dargestellte Relation R_1 erfüllt, während die Relation R_2 nicht konnex ist.

R_1	a	b	c	d
a	×	×		×
b	×	×	×	
c	×		×	×
d		×		×

R_2	a	b	c	d
a	×	×		×
b	×		×	
c	×		×	×
d		×		×

Die Relation $R \subseteq A \times A$ heißt *transitiv* genau dann, wenn für alle $a, b, c \in A$ gilt

$(a \, R \, b$ und $b \, R \, c)$ impliziert $a \, R \, c$.

Die Überprüfung der Transitivität einer Relation ist aufwändiger als die bisher betrachteten Tests. Die entsprechenden Eigenschaften bezogen sich höchstens auf Paare von Elementen, die in der Matrixdarstellung jeweils mit einzelnen Zellen korrespondieren. Man konnte daher unmittelbar an der Matrixdarstellung ablesen, ob die Eigenschaft erfüllt ist, oder nicht. Die Transitivität dagegen macht Aussagen über Tripel von Elementen und die dadurch ausgezeichneten Teilmatrizen mit drei Zeilen und drei Spalten. Eine explizite Überprüfung der Transitivität kann von Hand daher nur in sehr übersichtlichen Fällen durchgeführt werden. Ansonsten empfiehlt es sich eine Überprüfung mit Hilfe von Computerprogrammen. Es lässt sich aber eine notwendige Bedingung für Transitivität angeben, die einfach zu überprüfen ist. Ist eine Relation transitiv, dann lassen sich in der Matrixdarstellung Zeilen und Spalten derart vertauschen, dass die zur Relation gehörigen Paare eine "Treppe" bilden. Es gilt also: Transitivität impliziert Treppenform. Als Kontraposition dieser Implikation erhält man daher die Aussage: Lässt sich die Matrixdarstellung einer Relation nicht in Treppenform bringen, so ist sie nicht transitiv. Die in der linken Tabelle definierte Relation R auf der Menge $A = \{a, b, c, d\}$ lässt sich in Treppenform (vgl. rechte Tabelle). Aus dieser Tatsache lässt sich jedoch nicht schließen, dass Transitivität gilt, obwohl die Relation R tatsächlich transitiv ist.

R	a	b	c	d
a	×		×	
b	×		×	×
c				
d	×		×	×

R	b	d	a	c
b		×	×	×
d		×	×	×
a			×	×
c				

Gibt es Reize a, b, c aus der Grundmenge A für die die Transitivität verletzt ist, so spricht man auch vom Vorliegen einer *Intransitivität*, bzw. von einem *zirkulären Tripel*. Ein Kinderspiel besteht in der Relation "Papier schlägt Stein", "Stein schlägt Schere" und "Schere schlägt Papier" auf der Menge $A = \{$Stein, Papier, Schere$\}$. Man sieht leicht ein, dass die binäre Relation "schlägt" nicht transitiv auf A ist. Abbildung 3.11 zeigt eine grafische Darstellung dieser Relation, die deutlich macht, warum man hier von einem zirkulären Tripel spricht. Die dargestellte Intransitivität bildet dabei die zentrale Grundlage des Spiels.

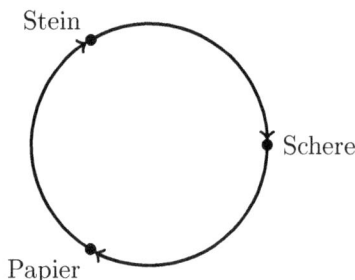

Stein

Schere

Papier

Abbildung 3.11: *Beispiel eines zirkulären Tripels.*

Auch in der Psychologie treten systematische Verletzungen der Transitivität auf. In Paarvergleichsexperimenten zur Präferenz von Reizen resultiert diese häufig aus einem sogenannten "Aspektwechsel". Resultieren die Urteile $a\,R\,b$ und $b\,R\,c$ beispielsweise aus einem Vergleich der Reize bezüglich eines Attributs und wird zum Vergleich von a und c ein anderer Reizaspekt herangezogen, so ergibt sich möglicherweise das Urteil $a\,\overline{R}\,c$. Ein anderes wichtiges Beispiel bildet die Intransitivität der Indifferenzrelation, die aus der Existenz einer (Wahrnehmungs- oder Entscheidungs-) "Schwelle" folgt. Versuchspersonen können oft Reize, die sich physikalisch sehr ähnlich sind, nicht unterscheiden. Das gelingt erst, wenn der Unterschied einen bestimmten (Schwellen-)Wert übersteigt (vgl. Abschnitt 6.1.1). Sind die physikalischen Unterschiede zwischen den Reizen a und b bzw. zwischen den Reizen b und c unterschwellig, so resultieren die Indifferenzurteile $a \sim b$ und $b \sim c$. Der physikalische Unterschied zwischen den Reizen a und c kann aber über dem kritischen Schwellenwert liegen, so dass diese als nicht indifferent beurteilt werden (also $a \not\sim c$ gilt).

Die Bedingung der Transitivität einer Relation ist grundlegend für eine gerichtete Anordenbarkeit der entsprechenden Elemente. Daher werden transitive Relationen allgemein als *Ordnungsrelationen* bezeichnet. Wir haben bereits die Struktur der *schwachen Ordnung* kennengelernt (s. Definition 2.1), deren Relation konnex und transitiv ist. Wird zusätzlich Antisymmetrie gefordert, so resultiert eine *totale Ordnung* (s. Definition 2.2). Letztere lässt sich durch Verzicht auf die paarweise Vergleichbarkeit zu einer *Halbordnung* (auch *partielle Ordnung*) abschwächen, mit einer reflexiven, antisymmetrischen und transitiven Relation (vgl. Beispiel 2.3).

Abbildungen und Operationen

Eine *Abbildung* $f: A \to X$ von A nach X ordnet jedem Element a aus dem *Definitionsbereich* A genau ein Element x aus dem *Wertebereich* (oder *Bildbereich*) X zu. Wird dem Element $a \in A$ durch die Abbildung f das Element $x \in X$ zugeordnet, so schreibt man auch $f(a) = x$, oder aber auch $a \mapsto x$, wenn klar ist auf welche Abbildung man sich bezieht. Die Zuordnung $x \mapsto x^2$, die jeder reellen Zahl x ihr Quadrat x^2 zuweist, definiert eine Abbildung $f: \mathbb{R} \to \mathbb{R}$, für die $f(x) = x^2$ gilt.

Spezielle Abbildungen erfüllen weitere Eigenschaften. Eine Abbildung $f: A \to X$ heißt *injektiv* (oder *eineindeutig*), wenn für alle $a, b \in A$ aus $f(a) = f(b)$ die Gleichung $a = b$ folgt. Sie heißt *surjektiv*, wenn für alle $x \in X$ ein $a \in A$ existiert, so dass $f(a) = x$. Ist die Abbildung $f: A \to X$ sowohl injektiv als auch surjektiv, so wird sie auch als bijektiv bezeichnet.

Da jede Abbildung $f: A \to X$ als binäre Relation aufgefasst werden kann, so können wir die inverse Relation f^{-1} bilden. Diese ist aber nur dann eine Abbildung von X nach A, wenn f eine bijektive Abbildung ist. Dann heißt $f^{-1}: X \to A$ die *Umkehrabbildung* (oder auch *inverse Abbildung*) von f.

Ist der Wertebereich einer Abbildung mit dem Definitionsbereich einer zweiten Abbildung identisch, so kann man beide Abbildungen hintereinander ausführen. Seien also $f: A \to B$ und $g: B \to C$ Abbildungen. Dann heißt die Abbildung $g * f: A \to C$, definiert durch

$$g * f(a) = g[f(a)]$$

für alle $a \in A$, die *Komposition* der Abbildungen f und g. Die Komposition wird notiert durch $g * f$ und gelesen "g nach f".

Beispiel 3.16

Für die Abbildungen $f: \mathbb{R} \to \mathbb{R}$ mit $f(x) = x^2$ und $g: \mathbb{R} \to \mathbb{R}$ mit $g(x) = x + 2$ können die Kompositionen $g * f$ und $f * g$ gebildet werden, für die man $g * f(x) = x^2 + 2$ und $f * g(x) = (x + 2)^2$ berechnet. Dieses Beispiel zeigt, dass im Allgemeinen $g * f \neq f * g$ gilt.

Eine Abbildung $f: A^n \to A$ heißt *n-stellige Operation* (oder *Verknüpfung*) auf der Menge A. Zur Kennzeichnung zweistelliger (binärer) Operationen werden häufig spezielle Symbole verwendet, wie etwa $\circ$ oder $*$. Für eine binäre Operation $\circ$ auf einer Menge A schreibt man anstatt $\circ(a, b) = c$ zumeist $a \circ b = c$. Ein vertrautes Beispiel ist die Addition $+$, die als binäre Operation auf der Menge der reellen Zahlen betrachtet werden kann.

Mengentheoretische Kennzeichnung klassifikatorischer Begriffe

Klassifikatorische Begriffe wurden in Abschnitt 3.1 als Zerlegung der Menge der in einem Gegenstandsbereich betrachteten Objekte in sich nicht überschneidende Klassen beschrieben. Zerlegungen lassen sich als spezielle Mengensysteme kennzeichnen.

Ist $\mathcal{Z}$ ein Mengensystem über der nichtleeren Menge A. Dann ist $\mathcal{Z}$ eine *Zerlegung* von A, wenn die folgenden Bedingungen erfüllt sind:

1. Alle Teilmengen in $\mathcal{Z}$ sind nicht leer, d.h. $\forall Z \in \mathcal{Z}: Z \neq \emptyset$;

2. Die Teilmengen in $\mathcal{Z}$ sind paarweise disjunkt, d.h. $\forall Y, Z \in \mathcal{Z}: Y \cap Z = \emptyset$;

3. Die Vereinigung aller Teilmengen in $\mathcal{Z}$ ergibt A, d.h. $\bigcup_{Z \in \mathcal{Z}} Z = A$.

Dabei legt Eigenschaft 2. fest, dass jedes Element von A in höchstens einer der Teilmengen in $\mathcal{Z}$ liegt. Demgegenüber folgt aus Eigenschaft 3., dass jedes Element von A in mindestens einer der Teilmengen in $\mathcal{Z}$ liegt. Zusammengenommen bedeutet dies, dass jedes Element von A in genau einer der Teilmengen in $\mathcal{Z}$ liegt.

In gleichwertiger Weise kann man eine Zerlegung einer Menge A aber auch durch eine binäre Relation $\sim$ auf A charakterisieren, die reflexiv, symmetrisch und transitiv ist. Eine Relation $\sim$ mit diesen Eigenschaften wird als *Äquivalenzrelation* bezeichnet.

Man kann zeigen, dass ein eineindeutiger Zusammenhang zwischen den Äquivalenzrelationen auf einer Menge A und den Zerlegungen dieser Menge existiert. Das bedeutet, dass jeder gegebenen Äquivalenzrelation eine Zerlegung zugeordnet ist und umgekehrt jeder Zerlegung eine Äquivalenzrelation. Führt man beide Schritte hintereinander aus, so erhält man als Ergebnis die Äquivalenzrelation bzw. die Zerlegung von der man ausgegangen ist. Für eine Äquivalenzrelation $\sim$ auf A betrachtet man zu jedem Element $a \in A$ die Teilmenge

$$[a] = \{b \in A \mid a \sim b\},$$

die sogenannte *Äquivalenzklasse* aller zu a äquivalenten Elemente. Die Familie aller dieser Teilmengen bildet ein Mengensystem über A, für das man zeigen kann, dass es die Eigenschaften einer Zerlegung aufweist. Umgekehrt definiert man für eine gegebenen Zerlegung $\mathcal{Z}$ von A dann $a \sim b$ genau dann, wenn es eine Teilmenge in $\mathcal{Z}$ gibt, in der die beiden Elemente $a, b \in A$ gemeinsam liegen. Die so definierte Relation $\sim$ ist eine Äquivalenzrelation.

Zusammenfassung

- Terminologische Exaktheit und Konsistenz der wissenschaftlichen Argumentation wird über die Verwendung formaler Sprachen erreicht, wie sie durch Logik und Mathematik zur Verfügung gestellt werden.

- Die formale Logik bietet eine Grundlegung der Definition von Begriffen und eine Theorie der formal gültigen Schlüsse an.

- Mit den im Rahmen der *Aussagenlogik* eingeführten *logischen Operatoren* lassen sich aus gegebenen Sätzen neue, komplexere Sätze erzeugen, und hinsichtlich ihres Wahrheitswertes bewerten.

- Die *Prädikatenlogik* erweitert die Aussagenlogik durch die Einführung von *Prädikaten* und *Quantoren* und ermöglicht so eine Beschreibung der Struktur einfacher Sätze.

- Die *Mengenlehre* bildet das Fundament der Mathematik. *Mengenoperationen, Mengensysteme, Relationen* mit ihren Eigenschaften, oder auch *Abbildungen*, bilden die Begriffe, die grundlegend für eine Formulierung psychologischer Theorien sind, die naturwissenschaftlichen Standards genügen.

3.3 Qualitative Grundlagen quantitativer Begriffe

In der Naturforschung sind Wissenschaftlichkeit und wissenschaftlicher Fortschritt seit jeher eng mit der Verwendung von Zahlen und darauf aufbauender Berechnungen verbunden. Die folgende Aussage des Physikers William Thomson Kelvin (1824-1907) bringt diese innige Verflechtung von Naturwissenschaft und Mathematik zum Ausdruck.

> ...when you can measure what you are speaking about, and express it in numbers, you know something about it; but when you cannot measure it, when you cannot express it in numbers, your knowledge is of a meagre and unsatisfactory kind; it may be the beginning of knowledge, but you have scarcely in your thoughts advanced to the state of Science, whatever the matter may be. (Kelvin, 1889, S. 73)

Es ist unstrittig, dass die großen Erfolge etwa der Physik ganz wesentlich auf der Messung beobachteter Phänomene und der auf dieser zahlenmäßigen Erfassung aufbauenden Anwendung mathematischer Operationen beruhen. Ausgehend von ihrem Selbstverständnis als Naturwissenschaft will daher auch die Psychologie diese Herangehensweise für sich nutzbar machen. Die nachfolgend zitierten einleitenden Sätze aus der klassischen Monographie "Psychometric Methods" von Guilford (1936/1954) bringen dies zum Ausdruck.

> The progress and maturity of a science are often judged by the extent to which it has succeeded in the use of mathematics. The 'psychometric methods' are procedures for psychological measurement. Measurement means the description of data in terms of numbers and this, in turn, means taking advantage of the many benefits that operations with and mathematical thinking provide. (Guilford, 1936/1954, S. 1)

Guilford will Verfahren der psychologischen Messung zur Verfügung stellen, die über eine quantitative, also zahlenmäßige Beschreibung von Daten eine Benutzung mathematischer Operationen und Schlussweisen in der Psychologie erlaubt. Er war sich dabei bewusst, dass ernst zu nehmende Kritiker die Durchführung von Messungen, wie sie in der Physik etabliert sind, in der Psychologie als nicht möglich erachteten (Campbell, 1920). Sie vertraten den Standpunkt, dass die von Psychologen vielfach benutzten Verfahren nicht als Messung gelten könnten. Guilford entgegnet dieser Kritik, dass der abstrakte Begriff der *Messung* nicht auf die in der klassischen Physik zugrunde gelegte Konzeption der Messung eingeengt werden darf.

> Measurement in the physical sciences has come so naturally that in that connection little thought has had to be given to what measurement really is. There are some physical scientists who maintain that what is called measurement in psychology is not measurement at all. It is true that the term *measurement* is sometimes defined in such a way that it does not apply to most of the operations in psychology commonly known as measurement. Definition of an abstract term such as *measurement* is an arbitrary matter, however, and psychologists will either define it to cover what they are doing under that concept or they will invent a new term for what they are doing with numbers and arithmetical operations. Fortunately, measurement can be defined sufficiently broadly to include the operations known as psychological measurement. (Guilford, 1936/1954, S. 1)

Die Argumentation von Guilford, die Kritik der psychologischen Verfahren gehe von einem zu restriktiven Begriff der Messung aus, ist durchaus zutreffend. Es fehlt zu dieser Zeit eine allgemeine Theorie des Messens für die Naturwissenschaften, oder generell für die empirischen Wissenschaften. Die *British Association for the Advancement of Science* hatte bereits 1932 eine Kommission von Wissenschaftlern eingesetzt, die sich mit dem Problem der Messung in empirischen Disziplinen befassen sollte. Insbesondere sollte geklärt werden, ob eine Messung von Empfindungen möglich ist, die beispielhaft für die Messung psychologischer Größen steht. Die Kommission konnte aber keine Einigung erzielen. Eine im Abschlussbericht (Ferguson et al., 1940) vertretene Sichtweise sah es als eine unabdingbare Voraussetzung für die Messung von Empfindungen an, dass eine empirische Entsprechung für die Addition von Zahlen angegeben werden kann. Diese Forderung bezieht sich auf eine Grundlegung der Messung physikalischer Größen durch H. von Helmholtz (von Helmholtz, 1887). In seiner Schrift *Zählen und Messen erkenntnistheoretisch betrachtet* untersucht er die Frage:

> "Was ist der objective Sinn davon, dass wir Verhältnisse reeller Objecte durch benannte Zahlen ausdrücken, und unter welchen Bedingungen können wir dies thun?" (von Helmholtz, 1887, S. 20)

Helmholtz strebte eine Grundlegung des Messens von sogenannten *extensiven Größen* (beispielsweise der physikalischen Attribute der Länge oder der Masse) an, die durch Erfahrung zu bestätigen oder zu widerlegen ist. Hierzu stellte er der Addition eine physikalische Verknüpfung (etwa das geradlinige Aneinanderlegen von Stäben bei der Längenmessung) gegenüber und der mathematischen Gleichheit zweier Zahlen eine Methode der "physikalischen Vergleichung". Hölder (1901) präzisierte diese Ideen und entwickelte sie mathematisch im Rahmen eines axiomatischen Ansatzes weiter.

Dieser restriktiven, an der Physik orientierten Interpretation von Messung setzt Guilford eine äußerst liberale Definition des Begriffs entgegen, die alles umfasst was Psychologen als Messung bezeichnen. Die Zweckmäßigkeit eines derart beliebigen Begriffs muss aber bezweifelt werden. Stevens (1946) fasst Messung etwas spezifischer auf als eine Zuordnung von Zahlen, die durch die Angabe einer konsistenten Menge von Regeln bestimmt wird. In seinen Arbeiten werden diese Regeln jedoch nicht in einer Weise präzisiert, dass davon ausgehend eine Messung in der Psychologie begründet werden könnte. Die Frage, was Messung allgemein und in der Psychologie insbesondere ist, bleibt also weiter offen. Der folgende Abschnitt 3.3.1 geht dieser Frage nach.

3.3.1 Eine Theorie des Messens

Anknüpfend an die bereits angesprochenen Arbeiten von von Helmholtz (1887) und Hölder (1901), initiieren Scott und Suppes (1958) eine Auseinandersetzung mit den Grundlagen einer allgemeinen Messtheorie, die zur Entwicklung der *repräsentationalen Theorie des Messens* geführt hat. In dem dreibändigen Standardwerk "Foundation of Measurement" (Krantz, Luce, Suppes & Tversky, 1971; Suppes, Krantz, Luce & Tversky, 1989; Luce, Krantz, Suppes & Tversky, 1990) werden die Prinzipien dargestellt, die grundlegend sind für die Etablierung einer Messung nicht nur für die Physik, sondern prinzipiell für alle empirischen Wissenschaften und damit auch für die Psychologie. Die repräsentationale Messtheorie identifiziert die qualitativen Beobachtungen, die eine Einführung quantitativer Begriffe rechtfertigen. Die folgenden Abschnitte werden deutlich machen, dass in diesem Rahmen die kritischen Experimente spezifiziert werden, anhand derer man dann entscheiden kann, ob die betrachtete Eigenschaft messbar ist. Die repräsentationale Theorie des Messens stellt daher, insbesondere für die Psychologie, ein wichtiges Bindeglied zwischen Theorie und Experiment dar.

Die grundlegenden Begriffe lassen sich am einfachsten anhand der physikalischen Messung extensiver Größen, wie Länge oder Masse, einführen. Allgemein umfasst die Frage nach der Messbarkeit von Eigenschaften oder Attributen von Objekten zwei Problemstellungen:

1. Das *Repräsentationsproblem* behandelt die Frage, unter welchen (qualitativen) Voraussetzungen an die empirischen Beobachtungen die Messbarkeit gegeben ist.

2. Im Rahmen des *Eindeutigkeitsproblems* wird untersucht, wie verschiedene Messergebnisse zusammenhängen.

Das Repräsentationsproblem

Eine *Repräsentation* ist die Zuordnung von theoretischen Größen (z.B. Zahlen, Vektoren, ...) zu empirischen Objekten derart, dass die Beziehungen zwischen den theoretischen Größen bestimmte qualitative, prinzipiell beobachtbare Eigenschaften der Objekte widerspiegeln. Man sagt, die Zuordnung ist *strukturerhaltend*. Es geht also darum, eine qualitative Struktur adäquat durch eine zugeordnete theoretische Struktur zu beschreiben, die dann die Grundlage weiteren Theoretisierens über den empirischen Gegenstandsbereich bilden kann. Häufig werden als Grundmenge der theoretischen Struktur die reellen Zahlen (oder Teilmengen davon) verwendet. Man spricht dann auch von einer *numerischen Struktur* bzw. einer *numerischen Repräsentation*. Das Theoretisieren mit Zahlen ist das aus der Arithmetik vertraute Rechnen.

Den Ausgangspunkt bildet eine Menge empirischer Objekte, die Träger der zu messenden Eigenschaft sind, die wiederum in unterschiedlichen Ausprägungen vorliegt. In dem so festgelegten Gegenstandsbereich auf der Menge der empirischen Objekte resultiert eine qualitative Struktur aus der Inbeziehungsetzung bzw. der Möglichkeit der Verknüpfung dieser Objekte. Beispiele für qualitative Strukturen, wie sie bei Messung extensiver Größen in der Physik auftreten, sind:

– Messen der physikalischen Länge von Stäben (ohne Meterstab): Die qualitative Struktur ergibt sich durch paarweisen Längenvergleich (s. Abbildung 3.12) und einer Verknüpfung, die durch geradliniges Aneinanderlegen der Stäbe realisiert wird (s. Abbildung 3.13). Dieses Beispiel wird nachfolgend noch näher erläutert.

– Messen des physikalischen Gewichts von Objekten (ohne Benutzung von Standardgewichten): Die qualitative Struktur resultiert aus einem paarweisen Gewichtsvergleich mittels einer Balkenwaage (s. Abbildung 2.4) und einer Verknüpfung, die dadurch realisiert wird, dass verschiedene Objekte gemeinsam in eine Waagschale gelegt werden.

Mit Hilfe der in den vorangegangenen Abschnitten eingeführten mengentheoretischen Begriffe kann man eine qualitative Struktur formal beschreiben durch die Angabe eines *empirischen Relativs*. Ein empirisches Relativ besteht aus einer Grundmenge X und darauf definierter Relationen bzw. Operationen. Für die oben genannten Beispiele extensiver Größen notiert man das entsprechende empirische Relativ als $\mathcal{X} = \langle X, \succcurlyeq, \circ \rangle$, wobei $\succcurlyeq \subseteq X \times X$ eine binäre Relation auf X ist und $\circ : X \times X \rightarrow X$ eine binäre Operation auf X. Diese Bestandteile des empirischen Relativs werden auch als *Primitiva* bezeichnet, da sie als gegebene Grundelemente betrachtet werden, die sich nicht auf andere Elemente zurückführen lassen. Umgekehrt lassen sich basierend auf den Primitiva aber weitere Relationen oder Operationen definieren.

Am Beispiel der physikalischen Längenmessung wird im folgenden die Formalisierung der grundlegenden, qualitativen Beobachtungen durch die Primitiva $\succcurlyeq$ und $\circ$ des empirischen Relativs veranschaulicht. Die Menge X bestehe hierbei aus einer Menge von Stäben. Die Relation $\succcurlyeq$ auf X beschreibt den paarweisen Längenvergleich, bei dem jeweils zwei Stäbe linksbündig nebeneinander angeordnet werden. Es gilt dann $a \succcurlyeq b$ für $a, b, \in X$ genau dann, wenn eine der in Abbildung 3.12 dargestellten Beobachtungen vorliegt. Zur Bestimmung der Relation $\succcurlyeq$ sind sämtliche (geordneten) Paare (a, b) von Objekten $a, b \in X$ zu betrachten. Eine derartige Versuchsanordnung wird auch als *(vollständiges) Paarvergleichsexperiment* bezeichnet. Die Wahl des Symbols $\succcurlyeq$ deutet an, dass die Relation einerseits eine gewisse Ähnlichkeit zur numerischen Relation $\geq$ aufweist, andererseits als Relation zwischen empirischen Objekten aber grundsätzlich davon zu unterscheiden ist. Die Beziehung $a \succcurlyeq b$ für $a, b, \in X$ gibt eine schwache Bevorzugung wieder, die man allgemein "a empirisch mindestens so groß wie b" liest, bzw. im vorliegenden Fall "a mindestens so lang wie b".

Aus dem Primitivum $\succcurlyeq$ des empirischen Relativs lassen sich durch formale Definition weitere Relationen ableiten: Man setzt beispielsweise $a \succ b$ genau dann, wenn $a \succcurlyeq b$

a

b

a

b

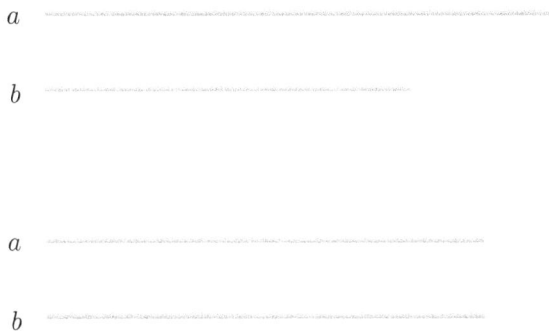

Abbildung 3.12: *Interpretation der Relation $\succcurlyeq$ bei der physikalischen Messung der Länge von Stäben als paarweisen Vergleich nach der Maßgabe "mindestens so lang wie".*

und nicht $b \succcurlyeq a$ ist. Die Relation $\succ$ definiert eine strenge Bevorzugung, die zur Beobachtung in der oberen Grafik der Abbildung 3.12 korrespondiert und durch die Beziehung "empirisch größer als" beschrieben werden kann. Weiter definiert man $a \sim b$ genau dann, wenn $a \succcurlyeq b$ und $b \succcurlyeq a$ gilt, wenn also die Eigenschaft bei den beiden Objekten a und b im selben Ausmaß vorhanden ist, wie in der unteren Grafik der Abbildung 3.12 dargestellt. Die Relation $\sim$ wird daher auch als *Indifferenzrelation* interpretiert.

Die binäre Operation $\circ$ ordnet je zwei Elementen $a, b \in X$ ein Element $a \circ b \in X$ zu, das aus dem geradlinigen Aneinanderlegen der Elemente a und b hervorgeht (s. Abbildung 3.13). Geradliniges Aneinanderlegen erzeugt also eine Länge, die als Verknüpfung zweier gegebener Längen interpretiert wird. Den Ausdruck $a \circ b$ für $a, b \in X$ liest man üblicherweise "a verknüpft (mit) b".

a b

$a \circ b$

Abbildung 3.13: *Interpretation der binären Operation $\circ$ bei der physikalischen Messung der Länge von Stäben als geradliniges Aneinanderlegen.*

Das empirische Relativ soll nun repräsentiert werden durch eine numerische Struktur über der Menge der reellen Zahlen $\mathbb{R}$, bzw. einer Teilmenge davon, wie etwa der Menge der positiven reellen Zahlen $\mathbb{R}^+ = \{r \in \mathbb{R} \mid r > 0\}$. Die Struktur ist dabei gegeben durch die numerische Relation "mindestens so groß wie", symbolisiert durch $\geq$, und die Addition $+$. Bezieht man sich auf die dadurch bestimmte numerische Struktur über der Menge der positiven reellen Zahlen, so geschieht dies durch Angabe des *numerischen Relativs* $\mathcal{N} = \langle \mathbb{R}^+, \geq, + \rangle$.

Das *Repräsentationsproblem* besteht nun in der Frage, unter welchen Bedingungen eine strukturerhaltende Abbildung des empirischen Relativs $\mathcal{X}$ in das numerische Relativ $\mathcal{N}$ existiert. Etwas präziser formuliert lautet die Fragestellung: Welche Eigenschaften müssen die Relation $\succeq$ und die Operation $\circ$ aufweisen, damit es eine Abbildung $\varphi\colon X \to I\!\!R^+$ gibt, mit

$$a \succeq b \text{ gdw. } \varphi(a) \geq \varphi(b) \qquad\qquad\qquad \text{(Isotonie)}$$

und

$$\varphi(a \circ b) = \varphi(a) + \varphi(b) \qquad\qquad\qquad \text{(Additivität)}$$

für alle $a, b \in X$?

Die Messung erfolgt also durch die Abbildung φ, die jedem Objekt aus X eine positive reelle Zahl zuordnet. Diese Zuordnung ist nicht beliebig, sondern erfolgt so, dass die durch die Relation $\succeq$ und die Operation $\circ$ gegebene qualitative Struktur des empirischen Relativs in die Zahlen übertragen wird. Die Abbildung φ wird auch als *Homomorphismus* (oder auch *homomorphe Abbildung*) vom empirischen Relativ in das numerische Relativ bezeichnet. Die beiden Bedingungen der *Isotonie* und der *Additivität* geben hierbei an, in welcher Weise der Homomorphismus Struktur erhält. Sie werden auch als *Repräsentationsbedingungen* bezeichnet. Die Isotonie stellt sicher, dass die durch die Relation $\succeq$ gegebene empirische Anordnung der Objekte durch die zugeordneten Zahlen widergespiegelt wird. Sie besagt, dass die Relation $a \succeq b$ für zwei Objekte $a, b, \in X$ genau dann besteht, wenn für die zugeordneten Zahlen $\varphi(a)$ und $\varphi(b)$ die Beziehung $\varphi(a) \geq \varphi(b)$ gilt. Die Additivität fordert, dass die Zahl $\varphi(a \circ b)$, welche die Ausprägung der Eigenschaft der Verknüpfung $a \circ b$ repräsentiert, gerade die Summe der beiden Zahlen $\varphi(a)$ und $\varphi(b)$ ist. Die empirische Operation $\circ$ auf X wird durch den Homomorphismus φ durch die Addition auf den (positiven) reellen Zahlen repräsentiert. Für die aus $\succeq$ abgeleiteten Relationen $\succ$ und $\sim$ (vgl. die beiden Fälle in Abbildung 3.12) und eine isotone Abbildung $\varphi : X \to I\!\!R^+$ gilt dann $a \succ b$ gdw. $\varphi(a) > \varphi(b)$ und $a \sim b$ gdw. $\varphi(a) = \varphi(b)$ für alle $a, b \in X$.

Die Lösung des Repräsentationsproblems wird durch einen *Repräsentationssatz* geleistet. Er formuliert qualitative Anforderungen, die sogenannten *Axiome*, die es erlauben die Existenz eines Homomorphismus φ vom empirischen Relativ $\mathcal{X}$ in das numerische Relativ $\mathcal{N}$ zu beweisen. Man spricht auch davon, dass die Axiome *hinreichende Bedingungen* für die Existenz des Homomorphismus formulieren. Für den betrachteten Fall der extensiven Messung werden in der folgenden Definition die Anforderungen angegeben, die an die Relation $\succeq$ und die Verknüpfung $\circ$ zu stellen sind, um die Existenz einer isotonen und additiven Abbildung φ in die positiven reellen Zahlen zu gewährleisten.

Definition 3.1

Sei X eine nicht-leere Menge, $\succeq$ eine binäre Relation auf X und $\circ$ eine binäre Operation auf X. Das Relativ $\langle X, \succeq, \circ \rangle$ heißt *extensive Struktur* wenn es folgende Axiome erfüllt:

1. *Schwache Ordnung*: Die Relation $\succeq$ ist konnex und transitiv auf X.

2. *Schwache Assoziativität*: Für alle $a, b, c \in X$ gilt $a \circ (b \circ c) \sim (a \circ b) \circ c$.

3. *Monotonie*: Für alle $a, b, c, d \in X$ gilt ($a \succcurlyeq b$ und $c \succcurlyeq d$) impliziert $a \circ c \succcurlyeq b \circ d$.

4. *Positivität*: Für alle $a, b \in X$ gilt $a \circ b \succ a$ und $a \circ b \succ a$.

5. *Archimedische Eigenschaft*: Für alle $a, b \in X$ existiert eine natürliche Zahl $n \in \mathbb{N}$, so dass $na \succcurlyeq b$, wobei na induktiv definiert ist durch $1a = a$ und $(n+1)a = na \circ a$.

6. *Eingeschränkte Lösbarkeit*: Wenn $a \succ b$ für $a, b \in X$, dann gibt es ein Element $c \in X$ mit $a \succcurlyeq b \circ c$.

Die Operation $\circ$ einer extensiven Struktur $\langle X, \succcurlyeq, \circ \rangle$ wird gelegentlich auch als *extensive Operation* bezeichnet.

Im Folgenden soll die Bedeutung der einzelnen Axiome näher erläutert werden. Das erste Axiom fordert, dass das Relativ $\langle X, \succcurlyeq \rangle$ eine *schwache Ordnung* im Sinne der Definition 2.1 in Abschnitt 2.1.5 ist. Es bezieht sich also ausschließlich auf die Relation $\succcurlyeq$ und besagt, dass je zwei Reize vergleichbar bezüglich $\succcurlyeq$ sind (Konnexität) und dass die Relation konsistent im Sinne der Transitivität ist. Diese Bedingungen garantieren letztlich die "eindimensionale" Anordenbarkeit der Elemente aus X. Ist X eine endliche Menge, so lässt sich aus den Anforderungen der schwachen Ordnung bereits ableiten, dass eine isotone Abbildung $\varphi \colon X \to \mathbb{R}^+$ existiert. Man spricht in diesem Fall davon, dass das empirische Relativ $\langle X, \succcurlyeq \rangle$ *ordinal messbar* ist (s. Abschnitt 3.3.2). Die Möglichkeit einer ordinalen Messung ist also Voraussetzung für eine extensive Messung.

Die *schwache Assoziativität* formuliert eine Abschwächung der für die Addition geltenden Bedingung der Assoziativität, bei der für die Operation $\circ$ anstatt der Gleichheit lediglich eine Indifferenz $\sim$ gefordert wird. Bei der Verknüpfung der Elemente a, b, c auf die beiden angegebenen Weisen muss also nicht dasselbe Element aus X resultieren. Es wird aber gefordert, dass die beiden Ergebnisse bezüglich der Relation $\succcurlyeq$ nicht zu unterscheiden sind. Abbildung 3.14 veranschaulicht die im Rahmen der schwachen Assoziativität zu bildenden Verknüpfungen am Beispiel der physikalischen Messung der Länge von Stäben. Die obere Grafik illustriert das geradlinige Anlegen des Stabes c von rechts an die Verknüpfung $a \circ b$, was $(a \circ b) \circ c$ liefert. Entsprechend zeigt die untere Grafik das Anlegen des Stabes a von links an die Verknüpfung $b \circ c$ mit dem Ergebnis $a \circ (b \circ c)$. Für dieses physikalische Beispiel ist anschaulich klar, dass in beiden Fällen dieselbe Länge resultiert und die schwache Assoziativität daher erfüllt ist. Die Formulierung des Axioms liefert gewissermaßen die unmittelbare Anleitung zur Durchführung des (hier physikalischen) Experiments zu seiner empirischen Überprüfung, dessen Umsetzung in Abbildung 3.14 angedeutet wird.

Die *Monotonie* formuliert eine Verträglichkeitsbedingung zwischen der Relation $\succcurlyeq$ und der Operation $\circ$. Etwas unscharf formuliert bedeutet die Bedingung, dass die Verknüpfung von bezüglich der Relation größeren Elementen größer ist als die Verknüpfung von diesbezüglich kleineren Elementen. Die Verknüpfung $\circ$ respektiert also die Relation $\succcurlyeq$.

Die Forderung der *Positivität* spiegelt die Tatsache wider, dass in empirischen Anwendungen, wie der physikalischen Messung der Länge und der Masse, kein Objekt mit verschwindender Länge bzw. verschwindender Masse existiert.

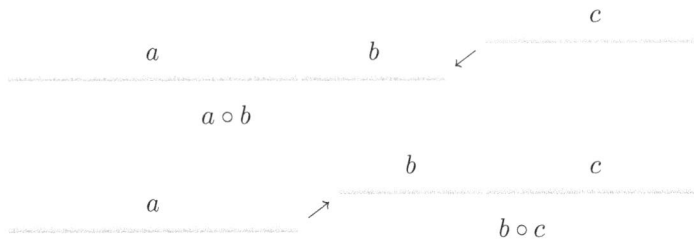

Abbildung 3.14: *Illustration der im Rahmen der schwachen Assoziativität zu bildenden Verknüpfungen $(a \circ b) \circ c$ (oben) und $a \circ (b \circ c)$ (unten) am Beispiel der physikalischen Messung der Länge von Stäben.*

Die *Archimedische Eigenschaft* stellt sicher, dass die Menge X bezüglich $\succcurlyeq$ weder unendlich große Elemente enthält, noch infinitesimal kleine Elemente. Jedes Element $a \in X$ kann als Einheit der Messung dienen, um jedes andere Element $b \in X$ mit der dadurch hergestellten Standardfolge $a, 2a, 3a, \ldots, na$ "auszumessen". Dabei bezeichnet na die n-fache (also endliche) Verknüpfung des Elements a mit sich selbst. Abbildung 3.15 veranschaulicht die Forderung der Archimedischen Eigenschaft am Beispiel der physikalischen Messung der Länge von Stäben. Jeder Stab a, wie klein er auch immer gewählt wird, kann als Einheit eines Maßstabes dienen. Die Standardfolge $a, 2a, 3a, \ldots, na$ entspricht der Folge 1mm, 2mm, 3mm, ... von 1 Millimeter-Einheiten auf einem Meterstab. Die Grafik zeigt, wie die mit der Einheit a gebildete Standardfolge ganz konkret benutzt wird, um die Länge des Stabes b zu messen. Wegen $16a \succcurlyeq b \succcurlyeq 15b$ würde man dem Stab b hier die Länge 15 zuweisen. Der dabei auftretende Fehler (es gilt ja $b \succ 15a$) lässt sich durch Wahl einer kleineren Einheit vermindern.

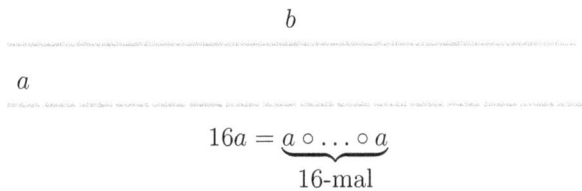

$$16a = \underbrace{a \circ \ldots \circ a}_{\text{16-mal}}$$

Abbildung 3.15: *Rolle der Archimedischen Eigenschaft bei der physikalischen Messung der Länge von Stäben.*

Mit der *eingeschränkten Lösbarkeit* wird gefordert, dass die Menge X genügend reichhaltig ist, so dass zu jedem Unterschied $a \succ b$ zwischen den beiden Elementen $a, b \in X$ ein drittes Element $c \in X$ existiert, das höchstens so groß wie dieser Unterschied ist. Bildet man also die Verknüpfung $b \circ c$, dann ist das Ergebnis nicht größer wie a, d.h. es gilt $a \succcurlyeq b \circ c$.

Ein Repräsentationssatz der extensiven Messung ist in Satz 3.1 wiedergegeben (Narens & Luce, 1986; Niederée & Narens, 1996). Er hat die Form einer Implikation und behauptet, dass die Aussage "das Relativ $\langle X, \succcurlyeq, \circ \rangle$ erfüllt die Axiome 1.-6." die Aussage "es existiert eine isotone und additive Abbildung $\varphi \colon X \to I\!\!R^+$" impliziert. Der Beweis des Repräsentationssatzes zeigt, dass die qualitativen Axiome der extensiven Struktur $\mathcal{X}$ (Definition 3.1) hinreichend für die Existenz eines Homomorphismus in numerische Relativ $\mathcal{N}$ sind.

Satz 3.1

Sei X eine nicht-leere Menge, $\succcurlyeq$ eine binäre Relation auf X und $\circ$ eine binäre Operation auf X. Wenn das Relativ $\langle X, \succcurlyeq, \circ \rangle$ eine extensive Struktur ist, dann existiert eine Abbildung $\varphi : X \to I\!\!R^+$, so dass für alle $a, b \in X$ gilt

$$a \succcurlyeq b \text{ gdw. } \varphi(a) \geq \varphi(b) \quad \text{und} \quad \varphi(a \circ b) = \varphi(a) + \varphi(b).$$

Das Eindeutigkeitsproblem

Die Lösung des Repräsentationsproblems zeigt, dass (mindestens) eine homomorphe Abbildung φ des empirischen Relativs $\mathcal{X}$ in das numerische Relativ $\mathcal{N}$ existiert. Es stellt sich jedoch die Frage, ob es noch weitere Homomorphismen φ' von $\mathcal{X}$ nach $\mathcal{N}$ gibt, d.h. es stellt sich die Frage nach der Eindeutigkeit der Repräsentation. Mit dieser Problemstellung sind zwei, streng genommen voneinander verschiedene Fragen verbunden:

1. Seien φ und φ' zwei Homomorphismen von $\mathcal{X}$ nach $\mathcal{N}$ Wie hängen φ und φ' zusammen, d.h. von welcher Art muss eine Abbildung $f \colon I\!\!R^+ \to I\!\!R^+$ sein, so dass $\varphi' = f * \varphi$ ist? Die Komposition von Abbildungen $f * \varphi$ bezeichnet dabei die Umrechnung der mit φ erhaltenen Messwerte mit der Transformation f in die mit φ' erhaltenen Messwerte.

2. Sei φ ein Homomorphismus von $\mathcal{X}$ nach $\mathcal{N}$. Auf welche Weise erhält man daraus einen weiteren Homomorphismus von $\mathcal{X}$ nach $\mathcal{N}$, d.h. von welcher Art muss eine Abbildung $g \colon I\!\!R^+ \to I\!\!R^+$ sein, so dass $g * \varphi$ ebenfalls ein Homomorphismus von $\mathcal{X}$ nach $\mathcal{N}$ ist? Die mit der Transformation g umgerechneten Messwerte von φ sollen also wiederum eine Zahlenzuweisung bilden, für die die Bedingungen des Repräsentationssatzes gelten.

In vielen Fällen erfüllt eine Abbildung die Anforderungen von Problemstellung 1. genau dann, wenn sie auch die Anforderungen von Problemstellung 2. erfüllt. Dies trifft auf die extensive Messung zu. Für derartige Repräsentationen ist das Eindeutigkeitsproblem dann gelöst, wenn man eine Klasse von Abbildungen angeben kann, die die Anforderungen beider Problemstellungen erfüllt. Diese Abbildungen werden dann als *zulässige Transformationen* bezeichnet. Aufgrund der jeweils zulässigen Transformationen werden sogenannte *Skalenniveaus* unterschieden, ein Begriff der durch Stevens (1946) in die Wissenschaft eingeführt wurde. Tabelle 3.1 ordnet den Skalenniveaus die zugehörigen zulässigen Transformationen zu.

Die Skalenniveaus lassen sich anhand der jeweils zugehörigen Klassen von zulässigen Transformationen linear anordnen. Von der Nominalskala bis hin zur Absolutskala werden die zulässigen Transformationen zunehmend weiter eingeschränkt. Die streng monoton steigenden Abbildungen der Ordinalskala sind spezielle injektive Abbildungen, die

Skalenniveau	zulässige Transformationen	Beispiele
Nominalskala	injektive Abbildungen $f(x) = f(y) \Rightarrow x = y$	numerische Kodierung von Äquivalenzklassen
Ordinalskala	streng monoton steigende Abbildungen $x > y \Rightarrow f(x) > f(y)$	Härteskala für Mineralien
Intervallskala	affine Abbildungen $f(x) = p \cdot x + q,\, p > 0$	Temperatur in Celsius bzw. Fahrenheit
Verhältnisskala	Ähnlichkeitsabbildungen $f(x) = p \cdot x,\, p > 0$	Länge, Masse, Zeit
Absolutskala	identische Abbildung $f(x) = x$	Anzahl, Wahrscheinlichkeit

Tabelle 3.1: *Skalenniveau und zulässige Transformationen.*

affinen Abbildungen der Intervallskala sind streng monoton steigend, usw.. Diese Einschränkungen sind Ausdruck der Tatsache, dass bei den Skalenniveaus von der Nominal- hin zur Absolutskala mehr und mehr Struktur vorhanden ist. Man spricht daher auch von einem zunehmend höheren Skalenniveau. Um die jeweils zugrunde liegende numerische Struktur unter den zulässigen Transformationen zu erhalten, sind die Abbildungen entsprechend restriktiv zu wählen.

Die zulässigen Transformationen einer *Nominalskala* sind *injektive Abbildungen*, bei deren Anwendung Gleichheit bzw. Ungleichheit der zugewiesenen Zahlen erhalten bleibt. Das ist essentiell für jede zahlenmäßige Erfassung eines kategorialen Begriffs, also für jede numerische Kodierung einer Zerlegung in Äquivalenzklassen (vgl. Abschnitt 3.2.3). Die Kategorisierung einer Menge von Personen nach Geschlecht etwa kann durch die Zahlenzuweisung 0 für "männlich" und 1 für "weiblich" erfolgen. Zwei Personen, denen dieselbe Zahl zugeordnet ist, haben also dasselbe Geschlecht, während zwei Personen mit unterschiedlicher Zahl verschiedenen Geschlechts sind. Nach Anwendung einer injektiven Abbildung bleibt diese Eigenschaft erhalten, die daher als grundlegende und unter den zulässigen Transformation invariante Struktur der Nominalskala ausgezeichnet ist.

Die zulässigen Transformationen der *Ordinalskala* sind *streng monoton steigende Abbildungen*. Sie erhalten neben der Gleichheit bzw. Ungleichheit auch die Anordnung der Zahlen nach ihrer Größe. Gilt für zwei Zahlen $x > y$, so resultiert nach Anwendung der einer solchen Abbildung f dann $f(x) > f(y)$. Daher lassen sich im Rahmen einer Ordinalskala komparative Begriffe zahlenmäßig erfassen. Die Härte von Mineralien nach Mohs (Mohs, 1822) ist ein physikalisches Beispiel einer Ordinalskala. Hier werden die Zahlen 1 bis 10 zugewiesen, wobei eine größere Zahl bedeutet, dass das entsprechende Mineral härter als eines mit kleinerer Zahl ist. Empirisch bedeutet das, dass das härtere Mineral das weniger harte ritzt, was keine Aussage über das Ausmaß des Unterschieds der Härte macht. Die Gleichheit bzw. Ungleichheit von Differenzen, wie auch deren größenmäßige Anordnung werden unter den zulässigen Transformationen einer Ordinalskala nicht erhalten.

Bei der *Intervallskala* werden die zulässigen Transformationen durch die sogenannten *affinen Abbildungen* gebildet, die durch die Zuordnungsvorschrift $x \mapsto p \cdot x + q$ mit $p > 0$ definiert sind. Wegen der letztgenannten Eigenschaft findet man gelegentlich auch die Bezeichnung *positiv affine Abbildung*. Um die Verwirrung zu komplettieren, wird häufig (auf Grund der Tatsache, dass $p \cdot x + q$ eine Geradengleichung repräsentiert), auch von einer *(positiv) linearen Abbildung* gesprochen. Das ist aber streng genommen falsch, da diese Abbildung die Eigenschaft der Linearität gar nicht besitzt. Eine affine Abbildung wird durch Wahl der beiden Parameter $p > 0$ und q bestimmt, wobei p eine Änderung der Einheit bzw. des Maßstabs bewirkt, während q für eine Verschiebung des Nullpunkts verantwortlich ist. Physikalische Beispiele einer Intervallskala sind die Messung der Temperatur in Grad Celsius (°C) und in Grad Fahrenheit (°F). Deren Spezifikation erfordert, wie eben dargestellt, die Festlegung eines Nullpunkt und einer Einheit. Anders Celsius (1701-1744) wählte dafür die Temperaturen des Schmelzpunkts und des Siedepunkts des Wassers (bei Normaldruck). Die erste Temperatur wurde als 0 °C festgelegt, die zweite als 100 °C und in hundert gleiche Teile unterteilt. Dass diese Festlegungen vollkommen willkürlich sind, wird anhand der von Daniel G. Fahrenheit (1686-1736) vorgenommenen noch deutlicher. Er wählte als Nullpunkt die tiefste in Danzig gemessene Temperatur im Winter 1708/1709 und definierte die Einheit indem er die Körpertemperatur des Menschen auf den Wert 96 °F setzte (Fahrenheit, 1724/1894). Die Umrechnung von Grad Celsius in Grad Fahrenheit erfolgt über die affine Abbildung

$$t \,°\mathrm{C} \mapsto \frac{9}{5} \cdot t + 32 \,°\mathrm{F}.$$

Neben der Gleichheit bzw. Ungleichheit und der Anordnung der Zahlen nach ihrer Größe erhalten die affinen Abbildungen als zulässige Transformationen auch die Verhältnisse von Differenzen der Messwerte, also Quotienten von Intervallen von Messwerten, was diesem Skalenniveau auch den Namen gibt. Dies wird bei der Besprechung des Begriffs der Bedeutsamkeit in Abschnitt 3.3.2 noch eingehender erläutert.

Die *Ähnlichkeitsabbildungen* $x \mapsto p \cdot x$ mit $p > 0$ bilden die zulässigen Transformationen der *Verhältnisskala*. Hier kann mit dem Parameter p lediglich die Einheit frei gewählt werden, der Nullpunkt liegt fest. Die Messung vieler physikalischer Größen führt auf Verhältnisskalen, wie beispielsweise bei Länge, Masse, oder Zeit. Dabei unterscheiden sich die verschiedenen Messungen etwa der Länge nur durch die Wahl der Einheit (Meter, Fuß, Zoll, ...). Auch die Messung der Temperatur in Kelvin liefert Verhältnisskalenniveau, wobei die Existenz eines empirisch bestimmten absoluten Nullpunkts angenommen wird. Die Ähnlichkeitsabbildungen erhalten Verhältnisse von Messwerten, was die Bezeichnung des Skalenniveaus begründet.

Die *Absolutskala* lässt keine Veränderung der gegebenen Werte zu. Anzahlen bilden mit die wichtigsten Beispiele hierfür. An der Angabe der Anzahl der Geschwister einer Person lässt sich eben nicht rütteln. Die einzige zulässige Transformation ist daher die *identische Abbildung*, die jede Zahl auf sich selbst abbildet. Auch Wahrscheinlichkeiten können als auf einer Absolutskala gemessen betrachtet werden. Diese Eigenschaft folgt unmittelbar aus der Bedingung der Normiertheit, die in ihrer Definition (vgl. Definition 4.2 in Abschnitt 4.1.2) gefordert wird.

Der folgende Eindeutigkeitssatz zu der in Satz 3.1 etablierten extensiven Messung zeigt, dass diese auf Verhältnisskalenniveau führt.

Satz 3.2

Erfüllen die Abbildungen φ und φ' von X nach $\mathbb{R}^+$ die Repräsentationsbedingungen der Isotonie und Additivität aus Satz 3.1, dann gibt es eine reelle Konstante $p > 0$, so dass $\varphi'(a) = p \cdot \varphi(a)$ für alle $a \in X$.

Neuere Ergebnisse der Messtheorie zeigen, dass die in Tabelle 3.1 aufgeführten Skalenniveaus für genügend reichhaltige empirische Strukturen, bis auf einzelne Ausnahmen, die einzig möglichen sind (z.B. Narens, 1981a, 1981b; Alper, 1985, 1987). Insbesondere gibt es kein weiteres Skalenniveau, das zwischen Ordinal- und Intervallskala liegen würde. Im Unterschied zur Kennzeichnung der Skalenniveaus (ab der Ordinalskala) nach Stevens (1946) wird der im Rahmen dieses Ansatzes eingeführte Begriff des Skalentyps rein qualitativ, durch Eigenschaften der empirischen Struktur definiert. Für das empirische Relativ $\mathcal{X} = \langle X, \succsim, \circ \rangle$ der extensiven Messung betrachtet man hierzu bijektive Abbildungen $\alpha \colon X \to X$ der Menge X auf sich selbst, für die gilt $a \succsim b$ gdw. $\alpha(a) \succsim \alpha(b)$ und $\alpha(a \circ b) = \alpha(a) \circ \alpha(b)$ für alle $a, b \in X$. Es handelt sich bei den Abbildungen α also um bijektive Homomorphismen, die allgemein als *Isomorphismen* bezeichnet werden und, weil sie $\mathcal{X}$ auf sich selbst abbilden, im Speziellen als *Automorphismen*. Eigenschaften der für ein empirischen Relativ $\mathcal{X}$ existierenden Automorphismen legen dann dessen *Skalentyp* fest, der durch ein Zahlenpaar (M, N) gekennzeichnet wird. Dabei gibt M die maximale Zahl von streng (also bzgl. *succ*) geordneten Elementen aus X an, für die ein Automorphismus existiert, der diese in M andere streng geordnete Elemente von X abbildet. Demgegenüber ist N die minimale Zahl von voneinander verschiedenen Elementen aus X, für die gilt: Stimmen zwei Automorphismen in diesen N Punkten überein, dann sind sie insgesamt identisch. Die Ordinal-, Intervall bzw. Verhältnisskalen korrespondieren dann mit den Skalentypen (∞, ∞), $(2, 2)$ bzw. $(1, 1)$. Die Tatsache, dass für eine Intervallskala $N = 2$ gilt, war bei der Messung der Temperatur durch Grad Celsius bzw. Grad Fahrenheit dafür verantwortlich, dass die Zahlenzuweisung für zwei Punkte (interpretiert als Einheit und Nullpunkt) vorgenommen werden musste, um sie eindeutig zu machen. Entsprechend gilt für eine Verhältnisskala $N = 1$ und es reicht die Zahlenzuweisung nur für einen Punkt anzugeben (z.B. die Einheit), wie bei der Messung der Temperatur durch Kelvin.

3.3.2   Können Psychologen messen?

Die beiden vorangegangenen Abschnitte haben die Grundlegung der Messung extensiver Größen als Repräsentation einer extensiven Struktur $\mathcal{X} = \langle X, \succsim, \circ \rangle$ durch das numerische Relativ $\mathcal{N} = \langle \mathbb{R}^+, \geq, + \rangle$ erläutert. Dabei ist deutlich geworden, was Campbell (1920) meint, wenn er Messen an das Vorhandensein einer empirischen Entsprechung der Addition als Voraussetzung knüpft. Die Beispiele der physikalischen Messung der Länge und Masse zeigen, dass die empirische Operation ∘ dort naheliegende Interpretationen hat. Die Psychologie aber tut sich offenbar schwer, psychologische Interpretation für ∘ zu finden. Können also Psychologen nicht messen? Jedenfalls können sie nicht in offensichtlicher Weise extensiv messen.

Die repräsentationale Messtheorie erlaubt es aber, den Begriff der Messung von dem der extensiven Messung zu trennen und zu verallgemeinern. Unter einer Messung versteht sie die numerische Repräsentation der in einem Gegenstandsbereich vorliegenden qualitativen Struktur. Der Begriff der Messung wird also mit dem Begriff der Repräsentation gleichgesetzt, der die Existenz eines Homomorphismus (d.h. einer strukturerhaltenden Abbildung) von einem empirischen Relativ in ein numerisches Relativ voraussetzt. Insofern wird die von Guilford (1936/1954) und Stevens (1946) geäußerte Skepsis gegenüber der Beschränkung des Begriffs der Messung auf die Verfügbarkeit einer additiven Operation bestätigt. Im Folgenden wird gezeigt, dass in der Psychologie verschiedene Arten von Messung möglich sind, die auch auf Intervallskalenniveau führen können.

Ordinale Messung

Die *ordinale Messung* (auch *Ordinalskalierung*, oder *ordinale Repräsentation*) stellt sicher, dass eine psychologische Größe grundsätzlich auf einem eindimensionalen Kontinuum repräsentierbar ist. Sie führt zu einer Rangordnung der verschiedenen Ausprägungen der psychologischen Größe und etabliert somit einen komparativen Begriff. Für den Fall, dass die betrachtete Menge X von Objekten endlich ist, ergibt sich folgender Repräsentations- und Eindeutigkeitssatz:

Satz 3.3

Sei X eine endliche Menge und $\succcurlyeq$ eine binäre Relation auf X. Es existiert eine Abbildung $\varphi\colon X \to \mathbb{R}$, so dass für alle $a, b \in X$ gilt

$$a \succcurlyeq b \text{ gdw. } \varphi(a) \geq \varphi(b),$$

genau dann, wenn $\langle X \succcurlyeq \rangle$ eine schwache Ordnung (s. Definition 3.1, Axiom 1) ist.

Ist $\varphi'\colon X \to \mathbb{R}$ eine weitere Abbildung, die diese Eigenschaft erfüllt, dann gibt es eine streng monoton steigende Funktion $f\colon \mathbb{R} \to \mathbb{R}$, so dass für alle $a \in X$ gilt $\varphi'(a) = f[\varphi(a)]$.

Die Formulierung des Repräsentationsteils des Satzes als Äquivalenz bringt zum Ausdruck, dass das Vorliegen einer schwachen Ordnung hinreichend und notwendig für die Existenz der angegebenen ordinalen Repräsentation ist. Der Eindeutigkeitsteil von Satz 3.3 zeigt, dass ordinale Messung eine Ordinalskala liefert.

Die binäre Relation $\succcurlyeq$ auf einer Menge X von Reizen lässt sich psychologisch interpretieren als Ergebnis eines vollständigen Paarvergleichsexperiments, in dem eine Versuchsperson die Reize paarweise beurteilt. Für eine ordinale Messung der Attraktivität der Gesichter von Frauen (gerne können es auch die von Männern sein) gibt man einer

Versuchsperson entsprechende Fotos paarweise und horizontal nebeneinander angeordnet vor, zusammen mit der Frage: "Ist das linke Gesicht mindestens so attraktiv, wie das rechte Gesicht?" Die Ja-Antworten definieren dann die Relation $\succsim$.

Wie aber konstruiert man bei einer gegebenen schwachen Ordnung auf einer endlichen Menge X eine ordinale Repräsentation? Diese Frage ist leicht zu beantworten. Sind die Eigenschaften der Konnexität und Transitivität für eine Relation $\succsim$ auf X erfüllt, so bildet die folgende Abbildung eine ordinale Repräsentation

$$\varphi(a) = |\{b \in X \mid a \succsim b\}|$$
$$= \text{Anzahl aller } b \in X \text{ über die } a \text{ bevorzugt wird}$$

für alle $a \in X$. In der Matrixdarstellung der Relation $\succsim$ entspricht dies einem zeilenweisen Zählen der Einträge (Bildung der "Zeilensummen"). Sämtliche weiteren Repräsentationen φ' von $\succsim$ sind dann durch eine streng monoton wachsende Abbildung als zulässige Transformation mit φ verbunden.

Beispiel 3.17

Für die durch die linke Matrixdarstellung gegebene binäre Relation $\succsim$ auf der Menge $X = \{a, b, c, d\}$ überprüft man leicht die Bedingungen der Konnexität und Transitivität (vgl. Abschnitt 3.2.3). Durch Bildung der "Zeilensummen" und entsprechendes Umsortieren ergibt sich die rechte Matrixdarstellung, die eine Treppenform aufweist.

$\succsim$	a	b	c	d	φ
a	$\times$		$\times$		2
b	$\times$	$\times$	$\times$	$\times$	4
c			$\times$		1
d	$\times$	$\times$	$\times$	$\times$	4

$\succsim$	b	d	a	c	φ
b	$\times$	$\times$	$\times$	$\times$	4
d	$\times$	$\times$	$\times$	$\times$	4
a			$\times$	$\times$	2
c				$\times$	1

Jede streng monoton wachsende Transformation der Zuweisung $\varphi(a) = 2$, $\varphi(b) = 4$, $\varphi(c) = 1$ und $\varphi(d) = 4$ ist wiederum eine ordinale Repräsentation von $\succsim$, z.B. auch $\varphi'(a) = 100$, $\varphi'(b) = 1002$, $\varphi'(c) = 5$ und $\varphi'(d) = 1002$.

Sind die Eigenschaften der Konnexität oder der Transitivität für eine Relation $\succsim$ auf X *nicht* erfüllt, so liefert die Bildung der "Zeilensummen" eine Zahlenzuweisung, die keine ordinale Repräsentation von $\succsim$ bildet. Mehr noch, der Repräsentationssatz macht eindeutig klar, dass in diesem Fall grundsätzlich *keine* ordinale Repräsentation existieren kann. Es gibt somit keine Zahlenzuweisung, aus der sich die durch die Relation $\succsim$ beschriebenen Urteile der Versuchsperson vollständig rekonstruieren ließen. Die vorliegenden Verletzungen der Konnexität bzw. der Transitivität geben Aufschluss darüber, welche Gründe für das Scheitern einer ordinalen Messung verantwortlich sind. Für das oben angesprochene Beispiel mag es durchaus plausibel sein, dass sich Gesichter von Frauen (respektive von Männern) hinsichtlich ihrer Attraktivität nicht auf einem eindimensionalen Kontinuum anordnen lassen. Attraktivität könnte ein "mehrdimensionales" Attribut sein. Entschieden wird diese Frage in jedem einzelnen Fall empirisch, also indem man das beschriebene Paarvergleichsexperiment durchführt.

Obwohl die Existenz einer ordinalen Repräsentation also bereits einige Informationen über die untersuchte psychologische Größe liefert, würden Psychologen natürlich gerne auf Intervall- oder Verhältnisskalenniveau messen, wie dies Physiker tun. Im Rahmen der repräsentationalen Messtheorie wurden Messstrukturen entwickelt, die – ohne die Existenz einer extensiven Verknüpfung vorauszusetzen – eine Messung auf Intervallskalenniveau etablieren (Krantz et al., 1971). Einige dieser Messstrukturen werden im Folgenden vorgestellt.

Bisymmetriestruktur: Mittenbildung

Der belgische Wissenschaftler J. Plateau (Plateau, 1872, in deutscher Übersetzung 1873; siehe auch Laming & Laming, 1996) führte um 1840 ein klassisches Experiment durch, mit dem die Mittenbildung bei achromatischen (unbunten) Farben als Methode in die Wissenschaft eingeführt wurde. Plateau gab acht Künstlern jeweils eine weiße und eine schwarze Farbscheibe, zu denen sie in ihren Ateliers ein genau in der Mitte dazwischen liegendes Grau ermischen sollten. Trotz der wohl sehr unterschiedlichen Beleuchtungsbedingungen in den einzelnen Ateliers waren die resultierenden grauen Farbscheiben, so berichtet Plateau, praktisch nicht unterscheidbar. Das Ergebnis dieses klassischen Experiments legt nahe, dass die beschriebene Mittenbildung achromatischer Farben von verschiedenen Personen in weitgehend vergleichbarer Weise durchgeführt wird und außerdem auch unabhängig von der vorherrschenden Beleuchtung zu sein scheint.

Obwohl eine extensive Operation häufig nicht etabliert werden kann, sind Versuchspersonen offenbar durchaus in der Lage zu zwei vorgegebenen Reizen a und b einen weiteren Reiz $a \circ b$ anzugeben, der bezüglich der betrachteten Empfindung genau in der Mitte zwischen a und b liegt. Es resultiert hieraus eine *intensive Operation* $\circ$. Diese Bezeichnung ist dadurch begründet, dass das Ergebnis $a \circ b$ der Mittenbildung bezüglich der Relation $\succcurlyeq$ zwischen a und b liegt und nicht, wie im Falle einer extensiven Operation, größer als a und b ist (vgl. das Axiom der Positivität in Definition 3.1). Für das empirische Relativ $\langle X, \succcurlyeq, \circ \rangle$ werden dann hinreichende Bedingungen für die Existenz einer isotonen Abbildung $\varphi \colon X \to \mathbb{R}$ mit

$$\varphi(a \circ b) = \frac{\varphi(a) + \varphi(b)}{2}$$

für alle $a, b \in X$ gesucht. Diese Gleichung beschreibt formal die Instruktion der Mittenbildung nach Plateau (1872). Die Versuchsperson soll einen Reiz $a \circ b \in X$ angeben, dessen Empfindung – beschrieben durch $\varphi(a \circ b)$ – genau in der Mitte zwischen den Empfindungen der Reize a und b aus X liegt, die durch $\varphi(a)$ und $\varphi(b)$ bezeichnet werden.

Die den von Plateau (1872) untersuchten achromatischen Farben zugrunde liegende Reize lassen sich physikalisch charakterisieren durch das fotometrische Maß Leuchtdichte. Die Menge der Reize X kann daher über die zugehörigen Leuchtdichten als Zahlenmenge, also beispielsweise als reelles Intervall, aufgefasst werden. Die Leuchtdichte der von der Versuchsperson angegebenen empfindungsmäßigen Mitte $a \circ b$ der Reize a und b wird dabei im Allgemeinen systematisch von der physikalisch definierten Mitte abweichen, die durch das arithmetische Mittel der Leuchtdichten von a und b gegeben ist. Diese Abweichung hängt von der konkreten Form der Funktion φ ab, die in dieser Anwendung als *psychophysische Funktion* zu interpretieren ist (s. auch Abschnitt 6.1). Abbildung 3.16 illustriert den Zusammenhang für eine Funktion φ, wie sie typischerweise als psychophysische Funktion für die Wahrnehmung achromatischer Farben resultiert.

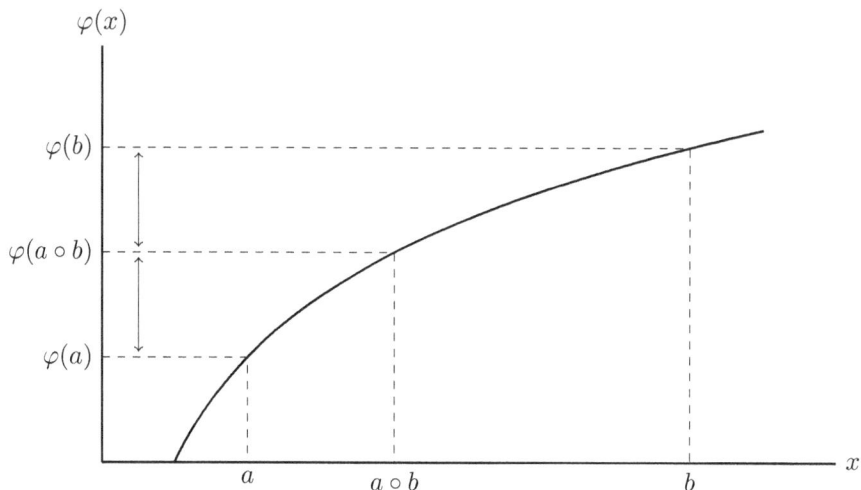

Abbildung 3.16: *Grafische Darstellung der Mittenbildung bei gegebener psychophysischer Funktion φ.*

Krantz et al. (1971, Abschnitt 6.9) liefern hinreichende Bedingungen für das empirische Relativ $\langle X, \succsim, \circ \rangle$, die eine sogenannte *Bisymmetriestruktur* definieren und die Existenz der oben angegebenen Repräsentation der Mittenbildung beweisen lassen. Der Homomorphismus φ der Bisymmetriestruktur ist dabei eindeutig bis auf affine Transformationen bestimmt. Neben Bedingungen wie schwache Ordnung, Monotonie, eingeschränkte Lösbarkeit und Archimedische Eigenschaft bildet die *Bisymmetrie* das zentrale Axiom für diese Repräsentation. Sie fordert für alle $a, b, c, d \in X$

$$(a \circ b) \circ (c \circ d) \sim (a \circ c) \circ (b \circ d).$$

Die Bisymmetrie verallgemeinert die Bedingung der schwachen Assoziativität aus der extensiven Messung. Die darin geforderte Bildung der "Mitten von Mitten" und wird in Abbildung 3.17 veranschaulicht. Ein Experiment zur empirischen Überprüfung der Bisymmetrie für die Mittenbildung bei achromatischen Farben wird in Beispiel 3.18 dargestellt.

Beispiel 3.18: *Mittenbildung bei achromatischen Farben*

Heller (2001) führte eine experimentelle Überprüfung der Eigenschaft der Bisymmetrie für die Mittenbildung bei achromatischen Farben (Plateau, 1872) durch. In einem vollständig abgedunkelten Laborraum wurden auf einem Monitor kreisförmige Reize präsentiert, die als grau in verschiedenen Abstufungen wahrgenommen werden.

$$(a \circ b) \circ (c \circ d)$$

$$a \circ b \qquad\qquad c \circ d$$

$$\xrightarrow{} x$$

$$a \qquad b \qquad c \qquad d$$

$$a \circ c$$

$$b \circ d$$

$$(a \circ c) \circ (b \circ d)$$

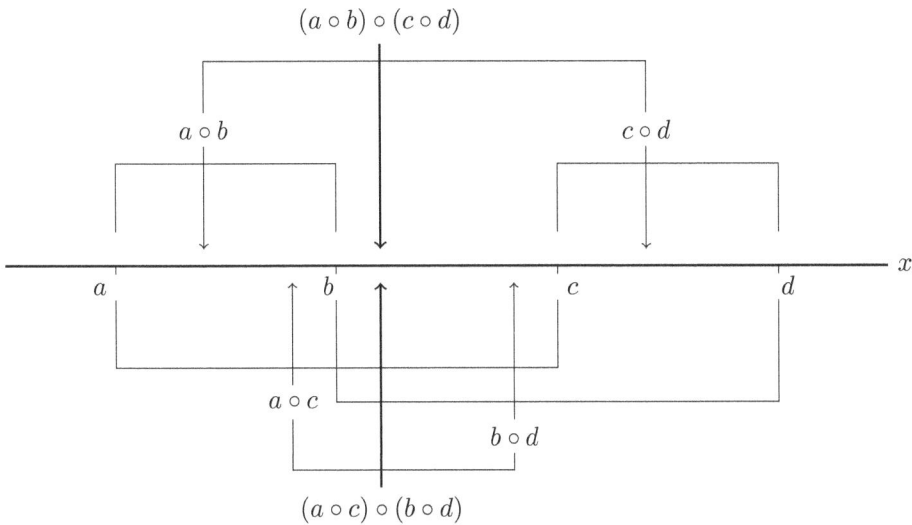

Abbildung 3.17: *Grafische Darstellung der Bildung der "Mitten von Mitten" im Rahmen der Bisymmetrie.*

Es wurden vier Ausgangsreize a, b, c, d mit bestimmter Reizintensität (die durch die sogenannte Leuchtdichte beschrieben wird) ausgewählt. Zur Bestimmung der Mitte $a \circ b$ wurde eine Reizsituation dargeboten, wie sie in Abbildung 3.18 dargestellt ist. Die Versuchsperson hatte zu entscheiden, ob der in der Mitte zusätzlich präsentierte Reiz x ähnlicher zu a oder zu b ist. Im Rahmen eines adaptiven Verfahrens (siehe Abschnitt 6.1.1) wurde dann die Reizintensität von x so bestimmt, dass beide Antworten gleich wahrscheinlich sind. Der resultierende Reiz wurde als die empfindungsmäßige Mitte $a \circ b$ betrachtet. Die empirische Überprüfung der Bisymmetrie erfolgte in zwei Schritten. In einem ersten Schritt wurden zunächst die Mitten $a \circ b$ und $c \circ d$, sowie $a \circ c$ und $b \circ d$ erhoben. Diese Ergebnisse nutzend, wurden in einem zweiten Schritt dann die "Mitten der Mitten" $(a \circ b) \circ (c \circ d)$ und $(a \circ c) \circ (b \circ d)$ gebildet. Die Bisymmetrie fordert, dass die resultierenden "Mitten von Mitten" nicht unterscheidbar sind. Die individuell ausgewerteten Daten von neun aus zwölf Versuchspersonen sprachen für die Gültigkeit der Bisymmetrie.

Differenzenstruktur

Der Erstellung einer Mittenbildungsoperation liegt im Wesentlichen der Abgleich zweier wahrgenommener Unterschiede zwischen Reizen zugrunde, wie dies in der in Abbildung 3.18 dargestellten Reizsituation deutlich wird. Hier wird der Reiz x so gewählt, dass der empfundene Unterschied von a nach x genauso groß ist, wie der entsprechende Unterschied von x nach b. Häufig können Versuchspersonen allgemeiner wahrgenommene Unterschiede zwischen Reizen ordnen, d.h. für Reizpaare a, b und c, d kann angegeben

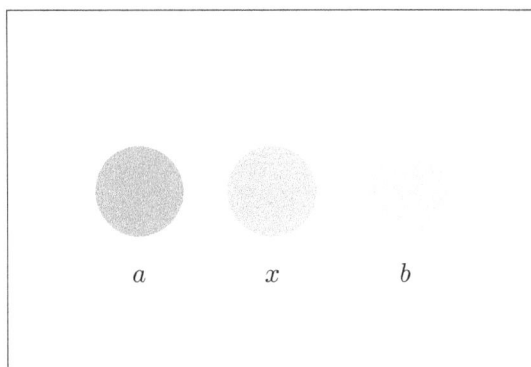

Abbildung 3.18: *Reizsituation zur Bestimmung der Mitte a ∘ b in Heller (2001): Aufgabe der Versuchsperson war es zu entscheiden, ob der Reiz x ähnlicher zu a oder zu b ist.*

werden, ob der empfundene Unterschied von a zu b mindestens so groß wie der von c zu d ist oder nicht.

Die Primitiva der sogenannten *(positiven) Differenzenstruktur* $\langle X \times X, \succcurlyeq \rangle$ bilden die Menge $X \times X$ aller Paare von Elementen aus X und eine binäre Relation $\succcurlyeq$ auf der Menge der Paare $X \times X$. Krantz et al. (1971, Abschnitt 4.2) geben die für die Existenz einer Abbildung $\varphi\colon X \to \mathbb{R}$ mit

$$(a, b) \succcurlyeq (c, d) \text{ gdw. } \varphi(a) - \varphi(b) \geq \varphi(c) - \varphi(d)$$

für alle $a, b, c, d \in X$ hinreichenden Bedingungen an. Das neben den Forderungen nach schwacher Ordnung, eingeschränkter Lösbarkeit und der Archimedischen Eigenschaft dabei zentrale Axiom lautet

$$(a, b) \succcurlyeq (a', b') \text{ und } (b, c) \succcurlyeq (b', c') \text{ impliziert } (a, c) \succcurlyeq (a', c')$$

für alle $a, b, c, a', b', c' \in X$. Die grafische Veranschaulichung dieser Bedingung in Abbildung 3.19 zeigt, dass bei der Differenzenstruktur eine Verknüpfung von Unterschieden etabliert werden kann. Der durch das Paar (a, b) hervorgerufene Unterschied wird mit dem durch (b, c) gegebenen zum Unterschied (a, c) verknüpft. Das angegebene Axiom fordert dann, dass diese Verknüpfung von Unterschieden verträglich mit der Relation $\succcurlyeq$ ist (vgl. die Bedingung der Monotonie in Definition 3.1).

Ohne im empirischen Relativ explizit die Existenz einer Verknüpfung zu fordern, kann eine solche also trotzdem definiert werden. Damit lässt sich die Repräsentation einer Differenzenstruktur letztlich auf die extensive Messung (von Unterschieden) zurückführen. Der Homomorphismus φ der Differenzenstruktur ist eindeutig bis auf affine Transformationen bestimmt und liefert somit eine Messung auf dem Niveau einer Intervallskala.

Eine Anwendung der Differenzenstruktur im Rahmen eines probabilistischen Ansatzes wird bei der Darstellung der Fechnerschen Psychophysik (Abschnitt 6.1.1) besprochen.

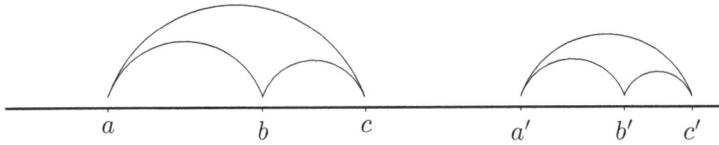

Abbildung 3.19: *Grafische Darstellung der zentralen Bedingung der Differenzenstruktur.*

Verbundene Messung

In der Psychologie kommt es häufig vor, dass eine Empfindung von mehreren Reizattributen oder Reizkomponenten abhängt, die kompensatorisch zusammenwirken. Dies trifft beispielsweise auf die empfundene Schwere von Objekten zu, die sowohl von deren Masse als auch von deren Volumen abhängt. Die erstmalige Beschreibung des sogenannten *Volumen-Gewichts-Effekts*, nach dem das größere von zwei Objekten mit derselben Masse als leichter empfunden wird, wird Charpentier (1891) zugeschrieben. Das kompensatorische Zusammenwirken der beiden Reizkomponenten Masse und Volumen drückt sich darin aus, dass eine Vergrößerung der Volumens durch eine Erhöhung der Masse derart ausgeglichen werden kann, dass das resultierende Objekt als genauso schwer wie das Ausgangsobjekt empfunden wird. Die Empfindung der Lautheit bildet ein weiteres Beispiel für eine derartige Abhängigkeit einer Empfindung von verschiedenen Reizattributen.

Beispiel 3.19: *Lautheit von Sinustönen*

Auch die Frequenz und der Schalldruck von Sinustönen tragen kompensatorisch zur Empfindung der Lautheit bei. Abbildung 3.20 zeigt Kurven gleicher Lautheit (nach Suzuki & Takeshima, 2004), sogenannte *Isophone*, in Abhängigkeit von der Frequenz und dem *Schalldruckpegel* (SPL, sound pressure level). Der Schalldruckpegel ist ein logarithmisches Maß für den Schalldruck, das in Dezibel (dB) angegeben wird. Für eine Definition siehe Gleichung 6.2 in Abschnitt 6.1.1. Je zwei auf einer der eingezeichneten Kurven liegenden Sinustöne, die jeweils durch eine auf der Abszisse angegebene Frequenz und einen auf der Ordinate abgetragenen Schalldruckpegel gekennzeichnet sind, werden bezüglich ihrer Lautheit nicht unterschieden. Kurven dieser Art werden allgemein auch als *Indifferenzkurven* bezeichnet. Der bei den durchgezogenen Kurven jeweils angegebene Parameter bedeutet, dass sämtliche auf der Kurve liegenden Reize als gleich laut zu einem Sinuston einer Frequenz von 1000 Hertz (Hz) bei einem Schalldruckpegel von 20, 40, 60, 80 dB SPL beurteilt werden. Die gestrichelt eingezeichnete Kurve kennzeichnet die absolute *Wahrnehmungsschwelle*. Für die einzelnen Frequenzen wird derjenige Schalldruckpegel angegeben, der für eine Wahrnehmung des Reizes (man spricht von Detektion) mindestens erforderlich ist. Das kompensatorische Zusammenwirken der Reizattribute Frequenz und Schalldruckpegel äußert sich darin, dass die etwa durch eine Veränderung der Frequenz von 1000 Hz auf 100 Hz bedingte Verminderung der Lautheit, durch eine an der jeweiligen Kurve ablesbare Veränderung des Schalldrucks kompensiert werden kann.

Abbildung 3.20 zeigt beispielsweise, dass bei einem Ausgangspegel von 60 dB SPL hierfür eine Erhöhung auf rund 78.6 dB SPL erforderlich ist.

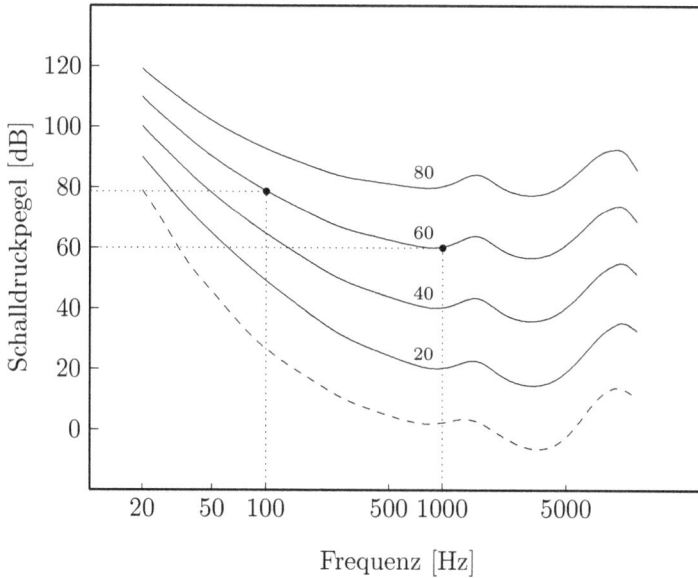

Abbildung 3.20: *Kurven gleicher Lautheit von Sinustönen in Abhängigkeit von deren Frequenz und Schalldruckpegel (nach Suzuki & Takeshima, 2004). Die gestrichelt eingezeichnete Kurve gibt die absolute Wahrnehmungsschwelle an. Sämtliche auf einer Kurve liegenden Reize werden als gleich laut zu einem Sinuston von 1000 Hz und dem als Kurvenparameter angegebenen Schalldruckpegel von 20, 40, 60, 80 dB SPL beurteilt.*

Eine theoretische Erfassung des beschriebenen kompensatorischen Zusammenwirkens mehrerer Reizattribute kann im Rahmen der verbundenen Messung (Krantz et al., 1971) erfolgen, die von Luce und Tukey (1964) entwickelt wurde. Im einfachsten Fall hat man zwei Reizkomponenten X_1 und X_2. Im Beispiel der Lautheit von Sinustönen sind dies etwa die Frequenz des Sinustons und dessen Schalldruckpegel. Ein Reiz ist dann ein Paar (a, u) mit Frequenz a und Schalldruckpegel u als Element des kartesischen Produkts $X_1 \times X_2$. Das zu beobachtende empirische Datum ist eine binäre Relation $\succcurlyeq$ auf der Reizmenge $X_1 \times X_2$. Das bedeutet, dass die Versuchsperson lediglich ordinale Urteile abgibt. Die Relation $(a, u) \succcurlyeq (b, v)$ beschreibt die Situation, dass der Reiz (a, u) als "mindestens so laut wie" der Reiz (b, v) empfunden wird. Das empirische Relativ der *(additiv) verbundenen Messung* lautet daher $\langle X_1, X_2, \succcurlyeq \rangle$. Es lassen sich hinreichende Bedingungen für die Existenz von Abbildungen $\varphi_1 \colon X_1 \to \mathbb{R}$ und $\varphi_2 \colon X_2 \to \mathbb{R}$ angeben, so dass

$$(a, u) \succcurlyeq (b, v) \text{ gdw. } \varphi_1(a) + \varphi_2(u) \geq \varphi_1(b) + \varphi_2(v)$$

für alle $a, b \in X_1$ und $u, v \in X_2$. Die Abbildungen φ_1 und φ_2 geben den additiv zusammenwirkenden Beitrag der Reizkomponenten X_1 bzw. X_2 zur betrachteten Empfindung an. Für Beispiel 3.19 spezifiziert φ_1 den Beitrag der Frequenz zur Lautheit und φ_2 entsprechend den Beitrag des Schalldrucks eines Reizes zur Lautheit. Insbesondere sind die durch φ_1 dem Reizattribut Frequenz zugeordneten Zahlen grundsätzlich zu unterscheiden von einer Messung der durch die Reize ebenfalls ausgelösten Empfindung der Tonhöhe, die durch die Versuchsperson ja gar nicht beurteilt wird. Es werden hier also nicht "Äpfel und Birnen" zusammengezählt, sondern die jeweiligen Beiträge von Frequenz und Schalldruckpegel zu der psychologischen Größe Lautheit.

Zu den notwendigen Voraussetzungen für die Repräsentation einer additiv verbundenen Messung zählen die nachfolgend betrachteten Eigenschaften. Es sei hier ausdrücklich erwähnt, dass die Relation $\succcurlyeq$ auf $X_1 \times X_2$ eine schwache Ordnung sein muss. Das macht deutlich, dass es hier um die Messung einer eindimensionalen psychologischen Größe (z.B. Schwere, Lautheit, ...) geht, auch wenn diese von mehr als einem Reizattribut abhängt.

Ein zentrales notwendiges Axiom der additiv verbundenen Repräsentation bildet die Zerlegbarkeit der Ordnung $\succcurlyeq$ auf dem kartesischen Produkt $X_1 \times X_2$ in Teilordnungen $\succcurlyeq_1$ auf X_1 bzw. $\succcurlyeq_2$ auf X_2. Die Bedingung der *Unabhängigkeit* fordert

$$(a, u) \succcurlyeq (b, u) \text{ gdw. } (a, v) \succcurlyeq (b, v)$$

und

$$(a, u) \succcurlyeq (a, v) \text{ gdw. } (b, u) \succcurlyeq (b, v)$$

für alle $a, b \in X_1$ und $u, v \in X_2$. Wenn also $(a, u) \succcurlyeq (b, u)$ gilt für *ein* $u \in X_2$, dann gilt $(a, u) \succcurlyeq (b, u)$ für *alle* $v \in X_2$. Die Anordnung der Paare (a, u) und (b, u) ist also unabhängig von der Wahl des Elements u aus X_2. Daher kann man eine binäre Relation $\succcurlyeq_1$ auf X_1 einführen durch $a \succcurlyeq_1 b$ gdw. $(a, u) \succcurlyeq (b, u)$ für ein $u \in X_2$. Entsprechend erhält man auf Grund der Unabhängigkeit eine binäre Relation $\succcurlyeq_2$ auf X_2 durch $u \succcurlyeq_2 v$ gdw. $(a, u) \succcurlyeq (a, v)$ für $u, v \in X_2$ und ein $a \in X_1$.

Für die in Beispiel 3.19 beschriebene Lautheit von Sinustönen mit den Reizkomponenten Frequenz X_1 und Schalldruckpegel X_2 ist die Gültigkeit einer der beiden Unabhängigkeitsbedingungen offensichtlich. Da für beliebige feste Frequenz a die Lautheit des Reizes (a, u) monoton mit dem Schalldruckpegel u anwächst, fällt hier $\succcurlyeq_2$ mit der physikalischen Ordnung $\geq$ auf den Schalldruckpegeln X_2 zusammen. Der andere Fall ist komplexer und hat mit der Form der in Abbildung 3.20 dargestellten Indifferenzkurven zu tun, die im Wesentlichen für alle Schalldruckpegel des 1000 Hz Referenztons identisch ist. Für beliebigen Schalldruckpegel u ist dann etwa stets der Reiz $(1000, u)$ lauter als der Reiz $(100, u)$, was der Forderung der Unabhängigkeit entspricht.

Die empirische Überprüfung der Unabhängigkeit erfolgt am einfachsten durch Betrachtung der Tabelle der Rangplätze der Reize bezüglich einer gegebenen schwachen Ordnung $\succcurlyeq$ auf $X_1 \times X_2$. Die folgende Tabelle auf der linken Seite zeigt ein Beispiel für $X_1 = \{a, b, c, d, e\}$ und $X_2 = \{u, v, w, x\}$.

	X_2			
Rangplatz	u	v	w	x
a	12	16	8	20
b	7	13	3	17
X_1 c	2	5	1	11
d	9	14	4	18
e	10	15	6	19

$\xrightarrow{\text{umsortieren}}$

	X_2			
Rangplatz	w	u	v	x
c	1	2	5	11
b	3	7	13	17
X_1 d	4	9	14	18
e	6	10	15	19
a	8	12	16	20

Dem Reiz (c, w) wird dabei der Rangplatz 1 zugeordnet, was bedeutet, dass dieser gegenüber allen anderen Reizen als "empirisch mindestens so groß" beurteilt wird. Entsprechend werden alle Reize gegenüber dem Reiz (a, x) als "empirisch mindestens so groß" beurteilt, was die Zuordnung des letzten Rangplatzes 20 zur Folge hat. Die schwache Ordnung $\succcurlyeq$ erfüllt die Eigenschaft der Unabhängigkeit bezüglich X_1 und X_2 genau dann, wenn sich die Zeilen und Spalten der Tabelle derart umsortieren lassen, dass die Rangplätze über alle Zeilen und Spalten hinweg ansteigen (bzw. gleich bleiben, wenn mehrere Reize identische Rangplätze haben). Für das Beispiel ergibt sich die auf der rechten Seite dargestellte Tabelle. Für jede einzelne Zeile steigen die Rangplätze über die Spalten hinweg von links nach rechts an und dasselbe gilt für jede Spalte über die Zeilen hinweg von oben nach unten. Daher ist die Unabhängigkeit für diesen Datensatz erfüllt.

Eine weitere zentrale notwendige Eigenschaft für verbundene Messung ist die sogenannte *Thomsen-Bedingung*, die für alle $a, b, c \in X_1$ und $u, v, w \in X_2$ fordert

$$\big((a, v) \sim (b, u) \;\text{ und }\; (b, w) \sim (c, v)\big) \;\text{ impliziert }\; (a, w) \sim (c, u).$$

Ersetzt man die Indifferenzen in der Thomsen-Bedingung durch die Relation $\succcurlyeq$, so resultiert eine stärkere Bedingung, die als *Doppelaufhebung* bezeichnet wird und oftmals anstatt der Thomsen-Bedingung empirisch überprüft wird.

Die Notwendigkeit dieser Eigenschaft ersieht man unmittelbar, indem man die entsprechenden Repräsentationen betrachtet. Unter Annahme der Gültigkeit einer additiv verbundenen Messung erhält man für die Prämisse der Thomsen-Bedingung die beiden Gleichungen $\varphi_1(a) + \varphi_2(v) = \varphi_1(b) + \varphi_2(u)$ und $\varphi_1(b) + \varphi_2(w) = \varphi_1(c) + \varphi_2(v)$. Addiert man diese Gleichungen (d.h. man setzt die Summe der beiden linken Seiten gleich der Summe der beiden rechten Seiten) und kürzt $\varphi_1(b) + \varphi_2(v)$, so erhält man $\varphi_1(a) + \varphi_2(w) = \varphi_1(c) + \varphi_2(u)$, was über die Repräsentationsbedingung mit der Konklusion der Thomsen-Bedingung korrespondiert.

Die Eindeutigkeit der additiv verbundenen Messung lässt sich folgendermaßen beschreiben: Die Abbildungen φ_1 und φ_2 sind eindeutig bestimmt bis auf affine Transformationen mit gleichem multiplikativen Koeffizienten. Sind also $\varphi_1' \colon X_1 \to \mathbb{R}$ und $\varphi_2' \colon X_2 \to \mathbb{R}$ weitere Abbildungen, die die Repräsentationsbedingung erfüllen, dann gilt mit reellen Konstanten $p > 0$ und q, r

$$\varphi_1'(a) = p \cdot \varphi_1(a) + q \;\text{ und }\; \varphi_2'(x) = p \cdot \varphi_2(x) + r.$$

Die Abbildungen φ_1 und φ_2 etablieren somit jeweils eine Messung der Beiträge der Reizkomponenten zur Attraktivität der entsprechenden Reize auf dem Niveau einer

Intervallskala. In Beispiel 3.19 wären dies der Beitrag der Frequenz und der Beitrag des Schalldruckpegels zur Lautheit von Sinustönen. Dabei könnte der jeweilige Nullpunkt der Beiträge unabhängig gewählt werden (beliebige Wahl von q und r), nicht aber die gemeinsam fest zu setzende Einheit (die Konstante $p > 0$).

Die Bedeutung der verbundenen Messung für die psychologische Theorienbildung soll noch an weiteren Beispielen zur sensorischen Integration deutlich gemacht werden. Beim beidäugigen Sehen und beim Hören mit zwei Ohren liegt der letztlich resultierenden Wahrnehmung eine Integration von Informationen aus beiden Augen bzw. Ohren zugrunde. Mit einer Anwendung der additiv verbundenen Messung kann man entscheiden, ob sich die binokulare bzw. binaurale Wahrnehmung durch eine Addition unabhängiger Beiträge beider Augen bzw. Ohren beschreiben lässt.

Beispiel 3.20:   *Binokular gesehene Distanz*

Heller (1997, 2004) schlägt eine additiv verbundene Repräsentation der binokular gesehen Distanz vom Beobachter vor. Dabei werden unter weitgehendem Ausschluss der Wirksamkeit monokularer Tiefenkriterien (wie Verdeckung, Bewegungsparallaxe, ...) und kognitiver Einflussfaktoren (wie z.B. Wissen um bzw. Vertrautheit mit den Reizen) in einem ansonsten dunklen Raum Lichtpunkte in Augenhöhe des Beobachters präsentiert. In einem Paarvergleichsexperiment werden diese hinsichtlich des gesehenen Abstands vom Beobachter beurteilt und so eine Relation $\succcurlyeq$ etabliert, die als "mindestens so weit entfernt wie" zu interpretieren ist. Die Reizkomponenten X_1 bzw. X_2 werden dabei durch die monokularen Richtungen α und β bezüglich des rechten bzw. linken Auges gebildet (vgl. Abbildung 3.21). Die Winkel α und β entsprechen der Abweichung der Sehstrahlen von der Richtung Geradeaus bei Fixation des Punktes in der Ebene in Augenhöhe des Beobachters. Das Koordinatenpaar (α, β) spezifiziert bei fixierter Kopfstellung die Lage dieses Punktes eindeutig. Abbildung 3.21 zeigt die Gültigkeit der Unabhängigkeit für feste Koordinate $\alpha \in X_1$, was bedeutet, dass das rechte Auge lediglich einen Punkt "sieht" und die binokular gesehene Distanz monoton mit der Koordinate $\beta \in X_2$ wächst. Es ist also $(\alpha, \beta) \succcurlyeq (\alpha, \beta')$ genau dann, wenn $\beta \geq \beta'$ unabhängig von α gilt. Die in Abbildung 3.21 dargestellte Situation ist in der Wahrnehmungspsychologie als *Panumscher Grenzfall* (Howard & Rogers, 1995) bekannt. Heller (2004) überprüft eine Bedingung, die äquivalent zur Thomsen-Bedingung ist, in einem Experiment mit sieben Versuchspersonen. Die Ergebnisse sprechen für die empirische Gültigkeit dieser Bedingung und stützen daher die in der dargestellten verbundenen Messung der binokular gesehenen Distanz vom Beobachter angenommene additive Integration der monokularen Informationen.

Beispiel 3.21:   *Binaurale Lautheit*

Im Rahmen der binauralen Lautheit stellt sich folgende Frage: Ergibt sich die binaurale Lautheit eines Schallreizes aus der additiven Kombination der sensorischen Information beider Ohren? Bei dieser Anwendung der verbundenen Messung betrachtet man Paare $(a, u) \in X_1 \times X_2$, wobei $a \in X_1$ den Schalldruckpegel am linken Ohr und $u \in X_2$ den Schalldruckpegel am rechten Ohr bezeichnet. Entsprechend kennzeichnet dann φ_1 den Beitrag des linken Ohres und φ_2 den Beitrag des rechten

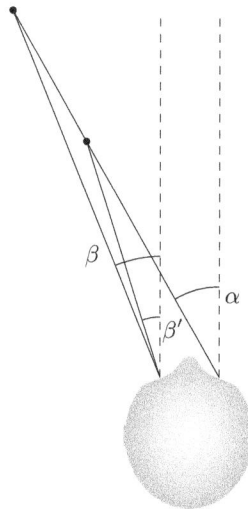

Abbildung 3.21: *Illustration der Unabhängigkeit der binokular gesehenen Distanz vom Beobachter in der Ebene in Augenhöhe. Die Lage der beiden dargestellten Punkte wird durch die Koordinatenpaare (α, β) und (α, β') beschrieben, wobei die Winkel α bzw. β, β' die monokularen Richtungen bezüglich des rechten bzw. linken Auges angeben. Nähere Einzelheiten siehe Text.*

Ohres zur binauralen Lautheit. Die Ergebnisse einer in Levelt, Riemersma und Bunt (1972) berichteten experimentellen Überprüfung der Axiome der verbundenen Messung werden als Bestätigung von deren Anwendbarkeit interpretiert. Die Autoren bejahen also die eingangs gestellte Frage. Demgegenüber schließen Gigerenzer und Strube (1983) aus den Ergebnissen ihrer Experimente, dass die binaurale Additivität der Lautheit nur im Falle von nicht zu großen Unterschieden der monauralen Intensitäten gilt. Sie weisen nach, dass bei Vorliegen einer extremen Schallintensität an einem Ohr, ein am anderen Ohr applizierter Schall von deutlich geringerer Intensität keinen Beitrag zur binauralen Lautheit leistet. Dieser Befund ist als klare und systematische Verletzung der geforderten Unabhängigkeit zu werten, da die Beiträge des linken bzw. rechten Ohres nicht unabhängig von der dem jeweils anderen Ohr dargebotenen Reizintensität sind. Während sich also die binaurale Lautheit bei geringen bis mittleren Schallintensitäten aus einer unabhängigen Kombination der sensorischen Information beider Ohren (im Sinne einer Addition) ergibt, dominiert bei der Beteiligung hoher Schallintensitäten die sensorische Information eines Ohres.

Es gibt weitere wichtige Anwendungen der verbundenen Messung, etwa im Zusammenhang mit der Formulierung einer Theorie der *Größenkonstanz* (Lukas, 1987, 1996), die jedoch hier nicht ausführlich besprochen werden können. Der entscheidende Vorzug, der die verbundene Messung für die Psychologie so attraktiv macht, ist die Tatsache, dass sie (wie auch die Differenzenstruktur) auf der Grundlage ausschließlich ordinaler Urteile eine additive Repräsentation etabliert. Die Psychologie ist somit in der Lage zu messen und kann, wie andere Naturwissenschaften auch, quantitative Begriffe in begründeter Weise einführen.

3.3.3 Bedeutsamkeit

Unter dem Schlagwort *(empirische) Bedeutsamkeit* (meaningfulness) wird auf einer formalen Grundlage der empirische Gehalt quantitativer Begriffe diskutiert. Dies umfasst einerseits die Kennzeichnung von Aussagen über die Objekte der Grundmenge des empirischen Relativs $\mathcal{X}$, die auf Grund der vorliegenden qualitativen Struktur möglich sind. Andererseits betrifft es auch theoretische Aussagen, die mit den im Rahmen einer Repräsentation zugeordneten Zahlen formuliert sind. Die wohl umfassendste Auseinandersetzung mit Theorien der Bedeutsamkeit liefert Narens (2002). Darin werden zwei verschiedene Zugänge zu einer formalen Charakterisierung empirisch bedeutsamer Aussagen vorgestellt und deren wechselseitige Beziehung untersucht. Ein erster Zugang kennzeichnet zunächst die unmittelbar mit den Primitiva des empirischen Relativs formulierten Aussagen als empirisch bedeutsam. Im Weiteren wird dann gezeigt, dass sich dieses Prädikat auch auf Aussagen ausdehnen lässt, die in bestimmter Art und Weise auf den Primitiva definiert werden. Ein zweiter Zugang identifiziert Bedeutsamkeit mit der Invarianz von Aussagen unter einer bestimmten Menge von Transformationen. Auch diese Kennzeichnung kann wiederum rein qualitativ erfolgen, als Invarianz von auf der Basis des empirischen Relativs formulierter Aussagen unter dessen Automorphismen. Traditionell steht in der Literatur aber häufig ein anderer Ansatz im Vordergrund, der sich im Umfeld des logischen Empirismus entwickelt hat und die Klärung des empirischen Gehalts klassifikatorischer, komparativer und quantitativer Begriffe zum Ziel hatte (vgl. Niederée & Mausfeld, 1996). Darin betrachtet man die Invarianz des Wahrheitswerts von quantitativen Aussagen unter den zulässigen Transformationen. Da der Homomorphismus φ von $\mathcal{X}$ nach $\mathcal{N}$ im Allgemeinen nicht eindeutig festgelegt ist, kann sich der Wahrheitswert einer quantitativen Aussage ändern, wenn man von φ zu einem anderen solchen Homomorphismus φ' übergeht. Ist dies der Fall, so wird der entsprechenden Aussage kein empirischer Gehalt zuerkannt, da ihr Wahrheitswert von der willkürlichen Auswahl eines bestimmten Homomorphismus abhängt. Als *empirisch bedeutsam* werden daher die quantitativen Aussagen ausgezeichnet, deren Wahrheitswert unabhängig davon ist, welcher der möglichen Homomorphismen zugrunde gelegt wird. Das sind genau diejenigen Aussagen, deren Wahrheitswert invariant ist unter den zulässigen Transformationen.

Beispiel 3.22

Wenn die Tageshöchsttemperatur gestern 10 °C betrug und heute 20 °C, dann könnte man aufgrund der Zahlenwerte folgende Behauptung aufstellen:

"Heute ist es doppelt so warm wie gestern."

Ist der Wahrheitswert dieser Aussage invariant unter den zulässigen Transformationen? Die angegebenen Werte in Grad Celsius stellen eine Repräsentation der Temperatur dar, die eine Messung auf Intervallskalenniveau etabliert, mit den affinen

Abbildungen als zulässigen Transformationen. Die Umrechnung von Grad Celsius in Grad Fahrenheit, gegeben durch $t\,°\mathrm{C} \mapsto \frac{9}{5}{\cdot}t{+}32\,°\mathrm{F}$, ist eine derartige affine Transformation. Neben der Celsius-Repräsentation ist also die Fahrenheit-Repräsentation ein weiterer möglicher Homomorphismus. Werden die Zahlenwerte 10 °C und 20 °C in die entsprechenden Fahrenheit-Werte transformiert, so ergibt sich dabei 50 °F bzw. 68 °F, wobei der zweite Wert offensichtlich nicht doppelt so groß ist, wie der erste. Die mittels der Celsius-Werte formulierte Aussage ist nach einer zulässigen Transformation, unter Zugrundelegen der Fahrenheit-Repräsentation, also nicht mehr wahr. Die Aussage ist daher *nicht* empirisch bedeutsam.

Im Folgenden werden beispielhaft einige Aussagen betrachtet und geklärt, ab welchem Skalenniveau ihr Wahrheitswert invariant unter den zulässigen Transformationen sind.

Ist φ ein Homomorphismus eines empirischen Relativs $\mathcal{X}$ auf einer Menge X in ein numerisches Relativ $\mathcal{N}$, so ist für $a, b \in X$ beispielsweise die Aussage "$\varphi(a)$ ist größer als $\varphi(b)$", bzw. $\varphi(a) > \varphi(b)$, invariant ab Ordinalskalenniveau. Die Formulierung "ab Ordinalskalenniveau" bedeutet hier für Ordinalskalenniveau und höhere Skalenniveaus, also auch für Intervall-, Verhältnis- und Absolutskalenniveau.

Wie Beispiel 3.22 gezeigt hat, ist die Aussage $\varphi(a) = k \cdot \varphi(b)$ für $a, b, \in X$ und eine reelle Konstante k nicht invariant auf Intervallskalenniveau. Sie ist aber invariant ab Verhältnisskalenniveau, d.h. der Quotient $\varphi(a)/\varphi(b)$ ist unabhängig von der Wahl des Homomorphismus φ, wenn die Ähnlichkeitsabbildungen die zulässigen Transformationen bilden. Nach Anwendung einer Ähnlichkeitstransformation gilt für den Homomorphismus $\varphi'(a) = p \cdot \varphi(a)$ für alle $a \in X$ nämlich

$$\frac{\varphi'(a)}{\varphi'(b)} = \frac{p \cdot \varphi(a)}{p \cdot \varphi(b)} = \frac{\varphi(a)}{\varphi(b)} = k$$

Wie bereits erwähnt, gibt die Invarianz der Verhältnisse von Messwerten unter den zulässigen Transformationen diesem Skalenniveau den Namen.

Die Aussage $[\varphi(a) - \varphi(c)]/[\varphi(b) - \varphi(c)] = k$ für $a, b, c \in X$ und $k \in \mathrm{I\!R}$ ist bedeutsam ab Intervallskalenniveau, d.h. der Quotient von Differenzen von Messwerten bleibt unter affinen Transformationen invariant. Betrachten wir einen Homomorphismus $\varphi'(a) = p \cdot \varphi(a) + q$ für alle $a \in X$ mit reellen Konstanten $p > 0$ und q, der aus der Anwendung einer affine Abbildung auf φ resultiert. Dann folgt

$$\begin{aligned}
\frac{\varphi'(a) - \varphi'(c)}{\varphi'(b) - \varphi'(c)} &= \frac{p \cdot \varphi(a) + q - (p \cdot \varphi(c) + q)}{p \cdot \varphi(b) + q - (p \cdot \varphi(c) + q)} \\
&= \frac{\varphi(a) - \varphi(c)}{\varphi(b) - \varphi(c)} \\
&= k
\end{aligned}$$

Auch die Namensgebung bei der Intervallskala rührt von dieser Invarianz der Verhältnisse von Intervallen, also von Differenzen, her.

Beispiel 3.23

Betrugen die Tageshöchsttemperatur vorgestern 5 °C, gestern 10 °C und heute 20 °C, dann könnte man aufgrund der Zahlenwerte folgende Behauptung aufstellen:

"Die Erwärmung von gestern auf heute ist doppelt so groß, wie die von vorgestern auf gestern."

Der Wahrheitswert dieser Aussage bleibt unter den zulässigen Transformationen der Intervallskala invariant. Nach Transformation in Grad Fahrenheit ergeben sich beispielsweise die Werte 41 °F, 50 °F und 68 °F.

Abschließend sei nochmal festgehalten, dass die soeben dargestellte Invarianz unter zulässigen Transformationen lediglich ein Aspekt des Begriffs der empirischen Bedeutsamkeit ist. Aktuelle formale Charakterisierungen der Bedeutsamkeit beziehen sich auf Betrachtungen der Invarianz (unter Automorphismen) und der Definierbarkeit auf der qualitativen Ebene des empirischen Relativs (Narens, 2002). Aber auch diese Ansätze können einen so vielschichtigen Begriff, wie den der empirischen Bedeutsamkeit, nicht vollständig abdecken. Insbesondere muss eine Aussage, die als empirisch bedeutsam qualifiziert wurde, nicht zwangsläufig im Kontext des aktuellen Standes der Wissenschaft von inhaltlicher Bedeutung sein (Niederée & Mausfeld, 1996).

3.3.4 Die Axiome und ihre experimentelle Überprüfung

Status der Axiome

Die Axiome eines Repräsentationssatzes (z.B. die in Definition 3.1 für Satz 3.1 angegeben) formulieren üblicherweise *minimale* und *unabhängige* Anforderungen an das empirische Relativ, die zum Beweis der Repräsentation erforderlich sind. Minimal bedeutet in diesem Zusammenhang, dass empirische Bedingungen, die sich aus den angegebenen Axiomen ableiten lassen, nicht aufgeführt werden. Für die extensive Messung ist dies beispielsweise die *schwache Kommutativität*, die für alle $a, b \in X$ fordert, dass $a \circ b \sim b \circ a$. Die schwache Kommutativität lässt sich aus den in Definition 3.1 angegebenen Axiomen ableiten. Unabhängig sind zwei Axiome dann, wenn aus der Gültigkeit bzw. Nicht-Gültigkeit eines der Axiome nicht auf die Gültigkeit bzw. Nicht-Gültigkeit des anderen Axioms geschlossen werden kann. Nachgewiesen wird die Unabhängigkeit dadurch, dass man für jedes Axiom ein Beispiel einer Struktur angibt, in der außer dem betrachteten Axiom alle anderen Bedingungen erfüllt sind. Im Speziellen sind also Modelle (vgl. Abschnitt 2.1.5) einer extensiven Struktur gesucht, die alle bis auf ein Axiom erfüllen. Krantz et al. (1971, S. 77) geben derartige Modelle an.

Die in einem Repräsentationssatz angegebenen hinreichenden Bedingungen (Axiome) zerfallen im Allgemeinen in zwei Klassen, die *notwendigen Axiome* und die *nicht-notwendigen Axiome*. Ein Axiom ist notwendig, falls es aus der Repräsentation folgt. Im Falle der extensiven Messung bedeutet das, dass es sich aus der Annahme ableiten lässt, es existiere eine isotone und additive Abbildung $\varphi \colon X \to \mathbb{R}^+$. Die übrigen Axiome der

Definition 3.1 heißen nicht-notwendig. Für den Repräsentationssatz der extensiven Messung (vgl. Satz 3.1) sind außer der eingeschränkten Lösbarkeit alle Axiome notwendig. Die Notwendigkeit der Transitivität der Relation $\succcurlyeq$ ergibt sich etwa auf folgende Weise: Angenommen es gilt $a \succcurlyeq b$ und $b \succcurlyeq c$ für $a, b, c \in X$ und es existiert eine extensive Repräsentation φ, dann ergibt sich wegen Isotonie

$$a \succcurlyeq b, \; b \succcurlyeq c \text{ gdw. } \varphi(a) \geq \varphi(b), \; \varphi(b) \geq \varphi(c).$$

Da die Relation $\geq$ transitiv ist, folgt aus der rechten Seite der Äquivalenz $\varphi(a) \geq \varphi(c)$, was wiederum wegen Isotonie gleichbedeutend ist mit $a \succcurlyeq c$. Aus $a \succcurlyeq b$ und $b \succcurlyeq c$ für $a, b, c \in X$ haben wir somit unter Annahme der Existenz einer extensiven Repräsentation die Gültigkeit der Relation $a \succcurlyeq c$ abgeleitet, d.h. $\succcurlyeq$ muss transitiv auf X sein. Notwendige Bedingungen müssen in jedem Repräsentationssatz als Axiome genannt werden, oder aber aus den angegebenen Axiomen ableitbar sein. Sie sind für die jeweilige Repräsentation unverzichtbar.

Gelegentlich werden *testbare Axiome* von *nicht-testbaren Axiomen* unterschieden. Zu den Letzteren werden üblicherweise Lösbarkeitsaxiome (wie beispielsweise die eingeschränkte Lösbarkeit in Definition 3.1) und die Archimedische Eigenschaft gezählt. Diese Unterteilung ist aber problematisch, da sich auch aus den sogenannten nicht-testbaren Axiome zusammen mit anderen Bedingungen empirisch prüfbare Konsequenzen ergeben können. Bei der extensiven Messung kann man etwa aus der Archimedischen Eigenschaft zusammen mit den als testbar geltenden Bedingungen schwache Ordnung, schwache Assoziativität und Monotonie die schwache Kommutativität folgern. Ergibt die empirische Überprüfung der Eigenschaften schwache Ordnung, schwache Assoziativität und Monotonie in einer konkreten Anwendung deren Gültigkeit und ist die schwache Kommutativität nicht erfüllt, so lässt sich darauf schließen, dass die Archimedische Eigenschaft verletzt ist. Die Archimedische Eigenschaft ist daher nicht direkt, wohl aber indirekt empirisch testbar.

Experimentelle Überprüfung

Anhand der in Abschnitt 3.3.2 dargestellten Beispiele wird deutlich, wie die Verwendung quantitativer Begriffe in der Psychologie durch die repräsentationale Theorie des Messens auf ihre qualitativen Grundlagen zurückgeführt wird. Die in den einzelnen Messstrukturen formulierten zentralen strukturellen Axiome sind unmittelbar empirisch interpretierbar. Mehr noch, sie identifizieren gerade die kritischen Experimente, die darüber entscheiden lassen, ob eine Repräsentation in einem bestimmten Kontext tatsächlich anwendbar ist. Beispiel 3.18 illustriert das etwa für die Bedingung der Bisymmetrie im Rahmen der Mittenbildung bei achromatischen Farben. Die Gültigkeit der Axiome ist grundsätzlich in jedem Einzelfall empirisch zu prüfen. Liegen Verletzungen einzelner Axiome vor, so ist die angestrebte Repräsentation nicht möglich. Gelegentlich wird für einen solchen Fall empfohlen, eine Zahlenzuweisung zu wählen, die die Daten nur näherungsweise beschreibt. Beispielsweise wird eine Zahlenzuweisung angegeben, die eine möglichst große Anzahl von Urteilen korrekt vorhersagt. Gegen eine routinemäßige Anwendung einer solchen Vorgehensweise sprechen grundlegende Bedenken. Die empirisch vorgefundenen Verletzungen der Axiome können nicht zufälliger, sondern systematischer Art sein. Eine Verletzung der Konnexität kann eine mangelnde

Vergleichbarkeit der vorgegebenen Reize anzeigen, während eine Verletzung der Transitivität etwa durch Aspektwechsel bedingt sein kann. Beides deutet auf eine "Mehrdimensionalität" der betrachteten psychologischen Größe hin.

Grundsätzlich bedenklich sind vor diesem Hintergrund auch alle Methoden der Datenerhebung, die etwa das Vorliegen einer schwachen Ordnung erzwingen. Beispiele hierfür sind die Bildung einer "Rangordnung" der Reize, die Nennung einer Zahl zur Charakterisierung der psychologischen "Attraktivität" der Reize, oder die Verwendung von Rating-Skalen mit total geordneten Kategorien. Werden alle Reize vorgegeben und besteht die Aufgabe darin, diese hinsichtlich eines psychologischen Kriteriums in eine Rangordnung zu bringen, so wird eine kooperative Versuchsperson dies auch tun. Eventuell vorliegende systematische Verletzungen der Konnexität oder Transitivität werden hierbei nicht erkannt. Diese werden erst im Rahmen eines Paarvergleichsexperiments offensichtlich. Auftretende Verletzungen von Axiomen sind daher stets dahingehend zu überprüfen, ob sie in systematischer Weise den darin formulierten strukturellen Anforderungen widersprechen. Beispiel 3.21 zeigt, dass dies bei der binauralen Lautheit der Fall ist, wenn Reize hoher physikalischer Intensität beteiligt sind. Systematischen Verletzungen von Axiomen kann man unter Umständen durch eine Verallgemeinerung oder Abschwächung existierender Messstrukturen Rechnung tragen.

Die Axiome der extensiven Messung sind streng deterministisch formuliert und könnten daher prinzipiell durch eine einzige Beobachtung empirisch widerlegt werden. Sie werden aber nicht als Beobachtungsprädikate im naiven Sinne verstanden, sondern als wohlbegründete Idealisierung des empirisch Beobachtbaren:

> A relational statement, such as $a \succcurlyeq b$, is not considered to be the record of a particular observation or experiment but is a theoretical assertion inferred from the data. (Suppes et al., 1989, S. 300)

Die empirische Überprüfung der deterministisch formulierten Axiome ist daher ein grundsätzliches, nicht triviales Problem. Eine Lösung dieses Problem hat mindestens zwei Aspekte zu berücksichtigen. Erstens ist durch versuchsplanerische Maßnahmen sicher zu stellen, dass die Urteile der Versuchspersonen im jeweiligen Experiment möglichst präzise und reliabel erhoben werden. Kapitel 5 wird hierzu geeignete Verfahren an die Hand geben. Zweitens benötigt man einen statistischen Rahmen, der begründete Entscheidungen über die Gültigkeit bzw. die Verletzung einzelner Axiome zulässt. Derartige statistische Verfahren zur empirischen Überprüfung deterministischer Axiome wurden in neueren Arbeiten vorgeschlagen, die auf der Grundlage zweier unterschiedlicher Traditionen der Statistik formuliert werden (vgl. Kapitel 4). Karabatsos (2001, 2005) entwickelt ein Entscheidungsverfahren auf der Grundlage der Bayesschen Statistik, während Davis-Stober (2009) auf dem klassischen, frequentistischen Wahrscheinlichkeitsbegriff aufsetzt.

Psychologische oder psychophysische Messung

Ob eine qualitative Struktur, wie beispielsweise $\mathcal{X} = \langle X, \succcurlyeq, \circ \rangle$, im Rahmen einer physikalischen, einer psychologischen, oder einer psychophysischen Messung repräsentiert wird, hängt entscheidend von der empirischen Interpretation der darin enthaltenen Relationen und Operationen ab. Werden diese Primitiva sämtlich physikalisch interpretiert, so resultiert eine physikalische Messung. Werden sie sämtlich psychologisch interpretiert, so resultiert eine psychologische Messung. Sind sowohl physikalisch wie auch psychologisch interpretierte Primitiva in der qualitativen Struktur enthalten, so hat man einen Fall psychophysischer Messung.

Beispiele einer physikalischen extensiven Messung zusammen mit der jeweiligen Interpretation der Primitiva wurden für die Messung von Länge und Masse angegeben. Nachfolgend werden daher Beispiele für eine psychologische bzw. eine psychophysische extensive Messung angegeben.

Beispiel 3.24

Angewendet auf eine Messung der Helligkeit achromatischer Farben ist X eine Menge von Reizen, eben jene Spektren elektromagnetischer Schwingungen, die wir als unbunte Farben wahrnehmen. Die Relation $\succeq$ resultiert aus der Durchführung eines Paarvergleichsexperiments. Es gilt $a \succeq b$ für $a, b \in X$, wenn die Versuchsperson bei Darbietung der Reize a und b die Frage "Ist a mindestens so hell wie b?" positiv beantwortet. Eine *psychologische Interpretation* der Verknüpfung $\circ$ erhält man etwa folgendermaßen: Der Versuchsperson wird neben den Reizen a und b ein dritter Reiz präsentiert, dessen physikalische Intensität sie manipulieren kann. Sie wird dann aufgefordert diesen Reiz so einzustellen, dass er genauso hell ist, wie a und b zusammen. Der resultierende Reiz wird dann als Ergebnis der Verknüpfung $a \circ b$ interpretiert. Erweisen sich ausgehend von dieser Interpretation der Primitiva die Axiome von Definition 3.1 als erfüllt, so erhält man eine *psychologische* extensive Messung der Helligkeit achromatischer Farben. Eine *psychophysische* extensive Messung derselben Empfindung ergibt sich dagegen, wenn anstatt der angegebenen psychologischen Interpretation der Verknüpfung $\circ$ eine physikalische Interpretation gewählt wird, wenn etwa $a \circ b$ aus dem Übereinanderprojizieren der Reize a und b auf den gleichen physikalischen Ort resultiert.

Fundamentale und abgeleitete Messung

Ist die Grundmenge X der qualitativen Struktur $\mathcal{X}$ eine Menge empirischer Entitäten (z.B. physikalische Längen) und werden die darauf bestehenden Relationen unmittelbar empirisch beobachtet, so spricht man von *fundamentaler Messung*. Damit wird also der soeben beschriebene Zugang der Charakterisierung der qualitativen Grundlagen quantitativer Begriffe beschrieben. Ist X jedoch eine Zahlenmenge und wird somit bereits die Existenz einer anderen Messung vorausgesetzt, so spricht man von *abgeleiteter Messung* (Suppes & Zinnes, 1963; Roberts, 1979). In der Psychologie häufig auftretende Fälle abgeleiteter Messung beziehen sich auf eine numerische Charakterisierung des Verhaltens, wie sie beispielsweise durch Reaktionswahrscheinlichkeiten oder Reaktionszeiten gegeben ist. Ein Beispiel abgeleiteter Messung wird in Abschnitt 6.1.1 behandelt. Beim sogenannten *Fechnerschen Problem* bildet eine Beschreibung der empfindungsmäßigen Unterscheidbarkeit von Reizen durch eine Wahrscheinlichkeit den Ausgangspunkt der Messung der dadurch ausgelösten Empfindungen.

Zusammenfassung

- Die *repräsentationale Messtheorie* versteht unter Messung die numerische *Repräsentation* der in einem Gegenstandsbereich vorliegenden qualitativen Struktur, die die Existenz eines *Homomorphismus* (d.h. einer strukturerhaltenden Abbildung) von einem *empirischen Relativ* in ein *numerisches Relativ*, zumeist über (einer Teilmenge) der Menge der reellen Zahlen, fordert.

- Die für die Existenz der Repräsentation hinreichenden, in einem *Repräsentationssatz* formulierten *Axiome*, legen die Experimente fest, mit denen die Voraussetzungen für die angestrebte Messung empirisch überprüft werden können.

- Anhand der *Eindeutigkeit* der Repräsentation werden verschiedene Arten von Messung unterschieden, die weitestgehend mit den in Tabelle 3.1 aufgelisteten *Skalenniveaus* identifiziert werden können.

- Die Entwicklung verschiedener Messstrukturen (wie beispielsweise der *Bisymmetriestruktur*, der *Differenzenstruktur*, oder der *verbundenen Messung*) zeigt, dass unterschiedliche empirische Beobachtungen (wie z.B. ordinale Urteile) zu einer Messung führen können. Die Anwendung dieser Messstrukturen in der Psychologie wurde anhand von Beispielen demonstriert.

3.4 Mathematische Modellierung

In weiten Bereich der Psychologie dominieren heute verbal formulierte Theorien. Diese Theorien haben zweifellos ihren Nutzen, beispielsweise erleichtern sie die Kommunikation der Wissenschaftler untereinander. Genauso unzweifelhaft haben diese Theorien aber auch ganz klare Beschränkungen. Die Vagheit natürlichsprachlicher Äußerungen lässt differenzierte Vorhersagen, die dann empirisch überprüft werden könnten, nicht zu. Die Formulierung psychologischer Theorien in mathematischen Begriffen, d.h. *mathematische Modellierung*, ermöglicht dagegen sowohl präzise Vorhersagen, wie auch strenge empirische Tests. Selbst wenn diese Tests negativ ausfallen sollten, befördert die Konstatierung systematischer Abweichungen zwischen Vorhersagen und Daten die Weiterentwicklung der Theorien. Diese Stärke mathematischer Theorien wird im Wissenschaftsbetrieb der Psychologie aber gelegentlich eher als Nachteil empfunden: Vage Theorien können nur schwer zurückgewiesen werden und halten sich daher länger in der Diskussion als präzise Theorien, deren Grenzen der Anwendung vergleichsweise leicht aufzuzeigen sind. Man kann das Ziel der Psychologie als Wissenschaft aber in genau demselben Maße als Suche nach Struktur und Gesetzmäßigkeiten im Verhalten auffassen, wie das auch für andere Naturwissenschaften, wie etwa die Physik, in ihrem

jeweiligen Phänomenbereich gilt. Bereits am Anfang des Kapitels wurde darauf hingewiesen, dass die Beschreibung von Strukturen gerade die Domäne der Mathematik ist.
Die Darstellung der repräsentationalen Theorie des Messens hat durch die Strukturen
des empirischen und des numerischen Relativs Beispiele dafür geliefert. Der Ansatz der
Messtheorie ist jedoch in verschiedener Hinsicht spezifisch und es existieren viele weitere Arten der mathematischen Modellierung, die in der Psychologie verwendet werden.
Im Folgenden werden einige Gesichtspunkte diskutiert, nach denen diese mathematisch
formulierten psychologischen Theorien unterschieden werden können.

Die repräsentationale Theorie des Messens basiert ausschließlich auf Annahmen über
das beobachtbare Verhalten. Sie hat damit eine klare empiristische Ausrichtung. Theorien dieser Art werden auch als "*black-box theories*" bezeichnet (Ulrich, 2009), da sie
keine Annahmen über die dem Verhalten unterliegenden psychologischen Verarbeitungsmechanismen machen. Diese Vorgehensweise wurde im Rahmen der Besprechung des
Behaviorismus (Abschnitt 2.3.1) als *S-R Psychologie* bezeichnet.

Psychologische Theorien, die auch Annahmen über die (nicht unmittelbar beobachtbare) mentale Verarbeitung machen, sind sogenannte *Prozessmodelle*. Beispiele, die im
Weiteren noch besprochen werden, sind multinomiale Modelle, die als "*processing tree
models*" bezeichnet werden (Batchelder & Riefer, 1999; Erdfelder et al., 2009). Abbildung 5.6 illustriert die einer Anwendung dieser Modelle auf Speicher- und Abrufprozesse
beim Lernen zugrunde liegenden Annahmen. Auch das *lineare Modell* (Bush & Mosteller, 1955) und das *Alles-oder-Nichts Modell* des Paarassoziationslernens (Estes, 1959;
Suppes & Atkinson, 1960; Bower, 1961; Abschnitt 6.2.2) sind derartige Prozessmodelle. In beiden Modellen werden dabei konkrete Annahmen darüber gemacht, wie der
Lernprozess vonstatten geht. Im letzteren Fall wird dabei für ein zu lernendes Element
angenommen, dass sich die Person diesbezüglich in einem von nur zwei (unbeobachtba-
ren) kognitiven Zuständen befindet: Entweder hat sie keinerlei Kenntnis darüber, oder
es ist vollständig gelernt. Prozessmodelle werden auch als Ansätze beschrieben, mit denen die "black-box" geöffnet wird (Luce, 1995), sodass man sie auch "*glass-box theories*"
nennt (Ulrich, 2009). Aus wissenschaftstheoretischer Sicht sind die Annahmen zur mentalen Verarbeitung mit der Einführung theoretischer Begriffe verbunden (auch im Sinne
der T-theoretischen Begriffe der strukturalistischen Theorienkonzeption; vgl. Abschnitt
2.1.5). Die angesprochenen kognitiven Zustände sind solche theoretischen Begriffe.

Bei *axiomatischen Modellen* lassen sich alle Aussagen der Theorie aus basalen Annahmen, den sogenannten *Axiomen*, ableiten. Neben den bereits dargestellten Ansätzen
der Messtheorie, ist auch das Alles-oder-Nichts Modell hier einzuordnen, nicht aber
das lineare Modell. Die genannten axiomatischen Theorien unterscheiden sich jedoch
auch grundlegend. Da sich die Axiome der messtheoretischen Strukturen ausschließlich
auf empirische Größen beziehen, kann sich die empirische Überprüfung der Theorie auf
einen Test der einzelnen Axiome beschränken, so wie das in Abschnitt 3.3.4 dargestellt
wurde. Da sich die Axiome des Alles-oder-Nichts Modells auch auf unbeobachtbare,
theoretische Größen beziehen, ist ein solcher Test der einzelnen Axiome nicht möglich.
Zur empirischen Überprüfung der Theorie müssen aus dieser daher Vorhersagen über
beobachtbares Verhalten abgeleitet werden, die dann mit den Beobachtungen konfrontiert werden. Diese Vorgehensweise wird am Beispiel des Alles-oder-Nichts Modells in
Abschnitt 6.2.2 ausführlich erläutert.

Eine weitere Klasse mathematischer Theorien resultiert aus der Annahme von Restriktionen, die zunächst unbekannte Funktionen erfüllen sollen. Damit werden Gleichungen definiert, die im Gegensatz zu den in der Schule betrachteten Gleichungen, keine unbekannten Variablen enthalten, sondern unbekannte Funktionen. Man spricht von *Funktionalgleichungen* (Aczél, 1966). Genauso, wie man die üblichen Gleichungen unter bestimmten Bedingungen lösen kann (d.h. man findet Zahlen, die für die Variablen eingesetzt die Gleichung erfüllen), so kann man das auch für die Funktionalgleichungen. Dabei wird die mögliche Form der Funktion eingeschränkt. *Differentialgleichungen* sind spezielle Funktionalgleichungen, in denen neben den unbekannten Funktionen auch ihre Ableitungen vorkommen. Ein Beispiel einer derartigen Differentialgleichung ist die von Fechner (1860) vorgenommene Verallgemeinerung des *Weberschen Gesetzes* (s. Gleichung (6.1) in Abschnitt 6.1.1). Die dort betrachtete *psychophysische Funktion* φ, die die von einer bestimmten Reizintensität ausgelöste Empfindungsstärke beschreibt, soll demnach die Gleichung

$$\frac{d\,\varphi(x)}{d\,x} = c$$

erfüllen (x kennzeichnet die Reizintensität und liegt in einem geeignet gewählten reellen Intervall, $c > 0$ ist eine reelle Konstante). Die Gleichung fordert also, dass die Ableitung der Funktion konstant sein muss. Diese sehr einfache Art von Differentialgleichung kann (unter gewissen Rahmenbedingungen, die in der vorliegenden Anwendung als erfüllt betrachtet werden können) durch beidseitige Integration gelöst werden und man erhält als einzige Lösung

$$\varphi(x) = c \cdot \log x + C$$

mit dem natürlichen Logarithmus log und einer additiven Konstante C. Eine Funktion, die die angegebene Differentialgleichung erfüllt, muss also zwangsläufig eine logarithmische Funktion sein (s. Abschnitt 6.1.1).

Myung und Pitt (2002) beschreiben noch weitere Arten mathematischer psychologischer Theorien, die aber hier nicht im Einzelnen dargestellt werden sollen. Wie bereits angedeutet, wird die konkrete Anwendung der in diesem Abschnitt diskutierten mathematischen Theorien in Kapitel 6 anhand beispielhafter Experimente aus verschiedenen Bereichen der Psychologie illustriert.

Zusammenfassung

– Es lassen sich verschiedene Arten mathematisch formulierter psychologischer Theorien unterscheiden.

– Von Theorien, die sich nur auf das beobachtbare Verhalten beziehen (*black-box theories*) sind *Prozessmodelle* abzugrenzen, die Annahmen über die (unbeobachtbare) mentale Verarbeitung machen (*glass-box theories*).

– Spezifische mathematische Theorien können auch aus der Formulierung von Restriktionen für funktionale Zusammenhänge folgen, die über *Funktionalgleichungen* die mögliche Form der jeweiligen Funktionen einschränken.

3.5   Literaturhinweise

Kriterien zur Bewertung von Theorien

Eine sehr lesenswerte, weil ohne große Formalismen geschriebene Einführung in die Beschreibung der Komplexität einer Theorie und ihren Zusammenhang mit deren Generalisierbarkeit findet man bei Pitt und Myung (2002).

Aussagen- und Prädikatenlogik

Kutschera und Breitkopf (1979) bietet eine gut verständliche Einführung in die moderne Logik, von der auch die vorliegende knappe Darstellung profitiert hat.

Repräsentationale Theorie des Messens

Einen guten Überblick über das Thema, sowie auch weiterführende Literaturhinweise, findet man in den kompakten Darstellungen von Luce und Suppes (2002) oder (Luce & Krumhansl, 1988), sowie in deutscher Sprache in Niederée und Narens (1996), Niederée und Mausfeld (1996).

Eine ausführlichere Darstellung mit vielen Anwendungen im Bereich der psychologischen Entscheidungstheorie findet man in Roberts (1979). Dort werden auch die grundlegenden Begriffe, wie etwa die der Relationen und ihrer Eigenschaften, sehr behutsam eingeführt.

Das dreibändige Standardwerk "Foundations of Measurement" (Krantz et al., 1971; Suppes et al., 1989; Luce et al., 1990) liefert eine sehr umfassende und tiefgehende Darlegung der Messtheorie. Es enthält insbesondere auch die Beweise zu den Repräsentations- und Eindeutigkeitssätzen der verschiedenen Messstrukturen.

Mathematische Modellierung

Ulrich (2009) bietet eine Einführung in das Thema mit weiteren Beispielen mathematisch formulierter psychologischer Theorien. Weitergehende Informationen findet man in Luce (1995) und Myung und Pitt (2002).

4 Wahrscheinlichkeitstheorie und Statistik

Empirische Beobachtungen sind mit Unsicherheit behaftet. Dies drückt sich einerseits darin aus, dass wiederholte Beobachtungen, unter im Wesentlichen identischen Bedingungen, nicht zum selben Ergebnis führen müssen. Andererseits kann der Ausgang zukünftiger Beobachtungen nicht mit Sicherheit vorhergesagt werden. Diese Phänomene sind nicht spezifisch für die Psychologie, sondern sind kennzeichnend für alle Naturwissenschaften. Dementsprechend lassen sich auch in der Physik und der Biologie viele Beispiele finden:

- Als Radioaktivität wird die Eigenschaft mancher Atomkerne bezeichnet, ohne äußere Einwirkung ihre Zusammensetzung zu ändern, d.h. unter Abgabe von Energie zu zerfallen. Dabei kann man nicht mit Sicherheit vorhersagen, ob ein derartiger Atomkern in einem begrenzten Zeitintervall zerfällt, oder nicht.

- Es ist eine allgemeine Erfahrung, dass die Vorhersage des Wetters unsicher ist. Welche Tageshöchsttemperatur die Wetterstation auf der Zugspitze morgen messen wird, lässt sich mal mehr, mal weniger genau vorhersagen. Dies ist umso bemerkenswerter, als man davon ausgeht, dass sich das Wettergeschehen auf der Grundlage physikalischer Gesetzmäßigkeiten deterministisch entwickelt.

- Zur Vererbung von Merkmalen lassen sich in vielen Fällen keine eindeutigen Vorhersagen für einzelne Individuen machen. Beispielsweise kann nach dem als dominant-rezessiv bezeichneten Erbgang für einen spezifischen Nachkommen einer Kreuzung mischerbiger (heterozygoter) Individuen die Ausprägung des entsprechenden Merkmals nicht mit Sicherheit vorhergesagt werden.

Folgende Beispiele aus der Psychologie werden in diesem Kapitel immer wieder unter neuen Gesichtspunkten betrachtet.

Beispiel 4.1: *Einfache Reaktionszeit*

In einem psychologischen Experiment zur einfachen Reaktionszeit wird in einem Durchgang nach der Beendigung der Präsentation eines *Warnreiz* und einer anschließenden (konstanten oder variablen) Wartezeit (wird auch als *Vorperiode* bezeichnet) ein Reiz dargeboten. Auf die Darbietung dieses Reizes soll die Versuchsperson so schnell wie möglich eine bestimmte motorische Reaktion zeigen, beispielsweise soll sie eine Reaktionstaste drücken. Die in wiederholten Durchgängen bei gleichen

physikalischen Randbedingungen (gleicher Warnreiz, gleiche Vorperiode, ...) beobachteten Reaktionszeiten, also die Zeitintervalle zwischen dem Beginn der Reizdarbietung und dem Tastendruck, werden sich im Allgemeinen – teilweise sogar deutlich
– unterscheiden.

Beispiel 4.2: *Detektionsexperiment*

In einem Detektionsexperiment wird einer Versuchsperson ein schwaches akustisches
Signal dargeboten, das in ein Störgeräusch eingebettet ist bzw. das Störgeräusch
ohne das Signal. Die Versuchsperson soll entscheiden, ob im dargebotenen Reiz
ein Signal enthalten war oder nicht. Auch hier kann man (bei geeignet gewählten
Reizausprägungen) nicht davon ausgehen, dass die Versuchsperson in wiederholten
Durchgängen derselben Reizsituation identische Antworten gibt.

Man bezeichnet das in den Beispielen beschriebene Geschehen als "zufällig". Das bedeutet nicht, dass hier vollkommene Regellosigkeit herrscht, oder völliges Chaos obwaltet.
Es wird mit dieser Bezeichnung lediglich zum Ausdruck gebracht, dass das Geschehen nicht mit Sicherheit vorhergesagt werden kann. Der radioaktive Zerfall etwa lässt
sich durch die sogenannte Halbwertszeit beschreiben, die spezifisch für die jeweils betrachteten instabilen Atomkerne ist. Sie gibt die Zeitspanne an, nach der durchschnittlich die Hälfte der Atomkerne einer Anfangsmenge zerfallen sind. Für einen einzelnen
Atomkern kann aber nicht mit Sicherheit vorhergesagt werden, ob er in diesem Zeitraum zerfällt oder nicht. Auch für die Vererbung eines Merkmals im Rahmen eines
dominant-rezessiven Erbgangs stehen die erwarteten Häufigkeiten, mit denen die einzelnen Merkmalsausprägungen beobachtet werden, in einem festgelegten Verhältnis zueinander. Über die einzelne Beobachtung hinaus lässt sich in diesen Fällen also durchaus
eine gewisse Regelhaftigkeit des zufälligen Geschehens konstatieren. Um diese Regelhaftigkeit theoretisch erfassen zu können, wird in der Wissenschaft der Begriff der Wahrscheinlichkeit (bzw. des Wahrscheinlichkeitsmaßes) verwendet. Unabhängig von der Art
des unterliegenden Zufallsgeschehens wird hiermit eine quantitative Charakterisierung
der nicht nur mit empirischen Beobachtungen verbundenen Unsicherheit zur Verfügung
gestellt.

Es werden zunächst allgemeine Randbedingungen betrachtet, die einer wahrscheinlichkeitstheoretischen Erfassung des Zufallsgeschehens zugrunde liegen. Diese betreffen die
Art der empirischen Beobachtung, die als Zufallsexperiment bezeichnet wird. Die Definition des Begriffs der Wahrscheinlichkeit erfolgt dann darauf aufbauend im Rahmen der
Einführung eines sogenannten Wahrscheinlichkeitsraums. Die Darstellung in den ein-
schlägigen Statistikbüchern ist häufig sehr verkürzt. Oftmals wird die Einführung der
Wahrscheinlichkeit im Rahmen einer *frequentistischen*, oder auch *objektivistischen* Betrachtung auf die Beschreibung relativer Häufigkeiten (gegebenenfalls im Grenzübergang
bei unendlich vielen Beobachtungen) beschränkt. Es wird sich aber zeigen, dass die in
Abschnitt 4.1 formulierten Eigenschaften des Wahrscheinlichkeitsbegriffs auch für *subjektive* Wahrscheinlichkeiten grundlegend sind, wie sie etwa im Kontext der *Bayesschen
Statistik* betrachtet werden.

Die mit empirischen Beobachtungen verbundene Unsicherheit und Zufälligkeit kann also eine wahrscheinlichkeitstheoretische Betrachtung erfordern. Der Wahrscheinlichkeitsraum bildet die Grundlage für deren theoretische Erfassung und die Bereitstellung des in Zusammenhang mit Experimenten zentralen Konzepts der *stochastischen Unabhängigkeit*, sowie aller weiteren statistischen Analysen. Hierzu sind die interessierenden wissenschaftlichen Hypothesen in statistische Hypothesen zu übersetzen und zufallskritisch zu bewerten. Abschnitt 4.5 wird hierzu verschiedene Ansätze vorstellen. Neben den klassischen statistischen Tests nach Fisher (Fisher, 1925, 1935) und Neyman-Pearson (Neyman & Pearson, 1928a, 1928b, 1933), werden auch Bayessche Verfahren und sogenannte Randomisierungstests dargestellt und diskutiert.

4.1 Wissenschaftliche Erfassung von Zufall und Unsicherheit

4.1.1 Zufallsexperiment

Eine Beobachtungssituation, deren Ausgang (oder Ergebnis) nicht mit Sicherheit vorhergesagt werden kann, deren grundsätzlich mögliche Ausgänge aber bekannt sind, wird als *Zufallsexperiment* bezeichnet. Neben der Tatsache, dass dessen Ausgang nicht von vornherein feststeht, besteht ein entscheidendes Kriterium für das Vorliegen eines Zufallsexperiments also in der expliziten Auflistung aller prinzipiell möglichen Ausgänge. Bei jeder Durchführung des Zufallsexperiments wird dann genau einer der möglichen Ausgänge tatsächlich beobachtet. Andernfalls läge keine Durchführung des entsprechenden Zufallsexperiments vor. Die Notwendigkeit der Spezifikation aller möglichen Ausgänge bedeutet nicht, dass nur endlich viele Ausgänge betrachtet werden könnten.

Beispiel 4.3: *Werfen eines Würfels*

Ein Standardbeispiel eines Zufallsexperiments ist das einmalige Werfen eines Würfels, bei dem die möglichen Ausgänge durch das jeweils oben liegende Punktmuster ⚀, ⚁, ⚂, ⚃, ⚄, bzw. ⚅ bestimmt sind. Vor jedem Wurf des Würfels ist nicht sicher, welcher der angegebenen Ausgänge dann tatsächlich beobachtet wird. Bliebe der Würfel bei dem Wurf auf einer Kante liegen, so würde das Zufallsexperiment des einmaligen Werfens eines Würfels als nicht durchgeführt gelten.

Auch psychologische Experimente können Zufallsexperimente in diesem Sinn sein, nämlich dann, wenn neben den möglichen Ausprägungen der unabhängigen Variablen auch die der abhängigen Variablen vorab festgelegt sind. Häufig lassen sich psychologische Experimente als Sequenz mehrerer, hintereinander durchgeführter Zufallsexperimente auffassen. In vielen Fällen wird beispielsweise zunächst in zufälliger Weise eine aus mehreren vorab definierten Reizsituationen ausgewählt, nach deren Darbietung eine Versuchsperson mit einer von mehreren vorher festgelegten Verhaltensalternativen reagiert. Sowohl die Auswahl der Reizsituation, wie auch die Reaktion der Versuchsperson bei gegebener Reizsituation kann als Zufallsexperiment betrachtet werden. Gegebenenfalls kann auch die vorgeschaltete Auswahl der Versuchsperson als Zufallsexperiment beschrieben werden.

Beispiel 4.4: *Einfache Reaktionszeit*

Die Bestimmung der einfachen Reaktionszeit im Rahmen des in Beispiel 4.1 beschriebenen psychologischen Experiments kann als Zufallsexperiment aufgefasst werden. Im Allgemeinen wird ein Zeitintervall fest vorgegeben, innerhalb dessen die Reaktionszeit erhoben wird. Das Setzen einer unteren Grenze soll verhindern, dass die Versuchsperson antizipatorisch, bereits vor Darbietung des Reizes reagiert. Die Einführung einer Obergrenze hat den ganz pragmatischen Grund, dass das Experiment ja irgendwie weitergehen muss, auch wenn die Versuchsperson nicht reagiert. Oftmals soll sie aber auch verspätete Reaktionen auf verpasste Reizdarbietungen ausschließen. Man beachte, dass in diesem Fall die Menge der möglichen Ausgänge, also aller im definierten Zeitintervall liegenden Reaktionszeiten, prinzipiell unendlich ist.

4.1.2 Wahrscheinlichkeitsraum

Der Wahrscheinlichkeitsraum bildet die Grundlage der theoretischen Erfassung des Geschehens in einem Zufallsexperiment. Er setzt sich aus drei Bestandteilen zusammen, nämlich aus einer Ergebnismenge Ω, einer σ-Algebra $\mathcal{A}$ von Ereignissen und einem Wahrscheinlichkeitsmaß $\mathbb{P}$. Diese drei Bestandteile werden nachfolgend eingeführt und anhand von Beispielen erläutert. Sowohl der Begriff der σ-Algebra, wie auch der des Wahrscheinlichkeitsmaßes sind dabei axiomatisch definiert.

Ergebnismenge

Die theoretische Beschreibung eines Zufallsexperiments setzt voraus, dass dessen sämtliche mögliche Ausgänge bekannt sind und formal erfasst werden. Dies geschieht in einer Menge Ω, die als *Ergebnismenge* (oder *Ergebnisraum*) bezeichnet wird. Ein Element $\omega \in \Omega$ heißt *Ergebnis*. In der Literatur findet man eine gewisse Sprachverwirrung, was die Bezeichnung von Ω angeht. Gelegentlich wird Ω auch als Ereignisraum bezeichnet. Mit diesem Begriff wird aber der im folgenden Abschnitt noch eingehend diskutierte grundlegende Unterschied zwischen Ergebnissen und Ereignissen missachtet. Daher sollte dieser Begriff nicht verwendet werden.

Die Wahrscheinlichkeitstheorie legt nicht fest, welche Menge Ω konkret als Ergebnismenge eines Zufallsexperiments zu wählen ist. Dies hängt entscheidend auch von der Zielsetzung ab, die mit der Durchführung des Zufallsexperiments verbunden ist. Um als Ergebnismenge geeignet zu sein, sollte Ω allerdings bestimmte formale Randbedingungen erfüllen. So sollte jedem Ausgang des Zufallsexperiments genau in Element aus Ω zugeordnet sein. Idealerweise wählt man die Menge Ω so, dass jedes Element, also jedes Ergebnis, einen möglichen Ausgang des Experiments bezeichnet und jedem Ausgang des Experiments genau ein Ergebnis entspricht. Die Wahl einer Ergebnismenge wird in folgenden Beispielen illustriert.

Beispiel 4.5: *Werfen eines Würfels*

Die möglichen Ausgänge beim einmalige Werfen eines Würfels sind durch das jeweils oben liegende Punktmuster bestimmt. Als Ergebnismenge dieses Zufallsexperiments eignet sich

$$\Omega = \{\omega_1, \omega_2, \omega_3, \omega_4, \omega_5, \omega_6\}.$$

wobei die Ergebnisse $\omega_1, \omega_2, \ldots, \omega_6$ in umkehrbar eindeutiger Weise den möglichen Ausgängen ⊡, ⊡, $\ldots$, ⊞ des Experiments entsprechen.

Obwohl das Werfen eines Würfels kein psychologisches Experiment ist, kann es, zumindest was die Festlegung einer Ergebnismenge angeht, als prototypisch für Zufallsexperimente in der Psychologie angesehen werden. Eine analoge Charakterisierung erhält man etwa für eine experimentelle Situation, in der eine Versuchsperson nach Darbietung einer Reizsituation mit einer von mehreren vorher festgelegten Verhaltensalternativen reagieren kann (z.B. Ja/Nein-Antworten, oder auch Graduierungen wie etwa in den Antwortkategorien "sicher Nein — eher Nein — eher Ja — sicher Ja", $\ldots$).

Das Beispiel macht außerdem deutlich, dass die Ergebnismenge die Grundlage einer qualitativen Charakterisierung des Zufallsexperiments bildet. Die entsprechenden Ausgänge werden durch die Elemente einer abstrakten Menge gekennzeichnet, die im Allgemeinen *keine* Zahlenmenge ist. Dies reflektiert die Tatsache, dass das beobachtete Zufallsgeschehen selbst rein qualitativer Natur ist. Um im Rahmen der Wahrscheinlichkeitstheorie zu einer numerischen Charakterisierung der Ergebnisse zu gelangen, wird später der Begriff der Zufallsvariablen eingeführt. Selbstverständlich wird dadurch nicht ausgeschlossen, dass auch eine Zahlenmenge die Ergebnismenge eines Zufallsexperiments bilden kann.

Beispiel 4.6: *Einfache Reaktionszeit*

Wird die Reaktionszeit in Millisekunden (ms) gemessen und als untere bzw. obere Grenze 0 ms bzw. 4000 ms gesetzt (vgl. Beispiel 4.4), so eignet sich als Ergebnismenge das reelle Intervall

$$\Omega = \{x \in I\!R \,|\, 0 < x < 4000\}.$$

Das folgende Beispiel zeigt, dass die konkrete Wahl einer geeigneten Ergebnismenge nicht nur das Zufallsexperiment als solches berücksichtigen muss. Sie hat sich auch nach der mit der Durchführung des Zufallsexperiments verbundenen Fragestellung zu richten.

Beispiel 4.7: *Detektionsexperiment*

Für das in Beispiel 4.2 beschriebene Detektionsexperiment werde die Darbietung eines schwachen akustischen Signals, das in ein Störgeräusch eingebettet ist, mit S bezeichnet und die Darbietung des Störgeräuschs ohne das Signal mit N. Entscheidet die Versuchsperson, dass im dargebotenen Reiz ein Signal enthalten war, so werde dies mit $+$ bezeichnet, andernfalls werde $-$ gesetzt. Wir betrachten einen Durchgang des Detektionsexperiments, der sich aus zwei aufeinanderfolgenden Zufallsexperimenten zusammensetzt. Zunächst wird zufällig eine der beiden Reizsituationen ausgewählt und dargeboten, dann wird die Antwort der Versuchsperson beobachtet.

Ist man daran lediglich daran interessiert, in welchem Maße die Versuchsperson die Reizsituationen richtig identifiziert, so kann man dem zusammengesetzten Zufallsexperiment die Ergebnismenge

$$\Omega_1 = \{r, f\}$$

zugrunde legen. Den beiden Ausgängen, dass die Versuchsperson bei Darbietung von Reiz S mit $+$ antwortet bzw. bei Reiz N mit $-$, ist dabei das Ergebnis r zugeordnet, den übrigen Ausgängen das Ergebnis f. Häufig will man aber weitergehende Aussagen machen. So kann beispielsweise von Interesse sein, ob sich die Anteile positiver versus negativer Antworten in beiden Reizsituationen unterscheiden. Derartige Fragestellungen werden im Rahmen der *Theorie der Signalentdeckung* (Green & Swets, 1966; Wickens, 2002) untersucht. In diesem Fall empfiehlt sich die Wahl von

$$\Omega_2 = \{S, N\} \times \{+, -\} = \{(S, +), (S, -), (N, +), (N, -)\}$$

als Ergebnismenge. Die Ergebnisse kennzeichnen vier verschiedene Fälle, für die sich folgende Bezeichnungen eingebürgert haben: $(S, +)$ ist ein *Treffer* (hit), $(S, -)$ ein *Verpasser* (miss), $(N, +)$ ein *falscher Alarm* (false alarm) und $(N, -)$ eine *korrekte Zurückweisung* (correct rejection).

Häufig tritt in der Psychologie der Fall auf, dass dasselbe Zufallsexperiment mehrmals wiederholt wird. Das trifft zum Beispiel sowohl auf auf das Experiment zur einfachen Reaktionszeit, wie auch auf das Detektionsexperiment zu. Beschreibt die Ergebnismenge Ω das mit einer einzigen Darbietung der Reizsituation verbundene Zufallsexperiment, dann erhält man durch Bildung des kartesischen Produktes eine Ergebnismenge für das gesamte Zufallsexperiment der wiederholten Darbietung. Bei n-facher Wiederholung ist dann

$$\Omega^n = \underbrace{\Omega \times \ldots \times \Omega}_{n-mal}$$

eine geeignete Ergebnismenge.

Da die Ergebnisse als Elemente der Ergebnismenge unmittelbar mit den im Zufallsexperiment gemachten Beobachtungen korrespondieren, ist zwar eine erste Formalisierung des Zufallsgeschehens erreicht, dessen theoretische Erfassung geht aber noch einen Schritt weiter.

σ-Algebra der Ereignisse

Im Unterschied zu Ergebnissen, die Elemente der Ergebnismenge Ω eines Zufallsexperiments sind, werden *Ereignisse* formal als Teilmengen von Ω aufgefasst. Diese Festlegung bedeutet, dass Ereignisse *nicht* direkt beobachtbar sind. Ereignisse sind Mengen und daher theoretische, nämlich mathematische Objekte. Das zeigt sich auch daran, dass man mit Mengen "rechnen" kann (vgl. Abschnitt 3.2.3). Mit der Betrachtung von Ereignissen wird daher den Übergang von der bloßen Beobachtung des Zufallsgeschehens hin zu seiner theoretischen Erfassung vollzogen.

Ereignisse sind also grundsätzlich von den empirischen Beobachtungen zu unterscheiden, sie sind aber natürlich mit diesen in Beziehung zu setzen. Dies geschieht durch folgende Definition, die festlegt, wann ein Ereignis eintritt:

Ein Ereignis $A \subseteq \Omega$ *tritt ein* genau dann, wenn im Zufallsexperiment ein Ergebnis $\omega \in \Omega$ beobachtet wird, das in A enthalten ist, für das also $\omega \in A$ gilt.

Beispiel 4.8: *Werfen eines Würfels*

Für das Zufallsexperiment des einmaligen Werfens eines Würfels betrachten wir die Ergebnismenge $\Omega = \{\omega_1, \omega_2, \omega_3, \omega_4, \omega_5, \omega_6\}$ (vgl. Beispiel 4.5). Das Ereignis "eine gerade Zahl würfeln" wird dann durch die Teilmenge $A = \{\omega_2, \omega_4, \omega_6\}$ von Ω beschrieben und das Ereignis "eine Zahl größer gleich 4 würfeln" durch die Teilmenge $B = \{\omega_4, \omega_5, \omega_6\}$. Angenommen, wir beobachten bei Durchführung des Zufallsexperiments das Punktmuster ⊡ und somit das Ergebnis ω_2. Dann ist das Ereignis A eingetreten, während das Ereignis B *nicht* eingetreten ist.

Weitere Beispiele für mögliche Ereignisse sind etwa

$$\{\omega_3\}, \{\omega_1, \omega_5, \omega_6\}, \emptyset, \Omega.$$

Beispiel 4.9: *Detektionsexperiment*

Ausgehend von den für ein Detektionsexperiment in Beispiel 4.7 eingeführten Ergebnismengen

$$\Omega_1 = \{r, f\}$$

und

$$\Omega_2 = \{S, N\} \times \{+, -\} = \{(S, +), (S, -), (N, +), (N, -)\}$$

betrachten wir das Ereignis "richtige Antwort". Bezüglich der Ergebnismenge Ω_1 ist dieses Ereignis identisch mit der Teilmenge $\{r\}$. Auf der Grundlage der Ergebnismenge Ω_2 ergibt sich für dieses Ereignis die Teilmenge $\{(S, +), (N, -)\}$.

Beispiel 4.8 zeigt, dass eine Teilmenge von Ω nicht notwendig inhaltlich in kompakter Weise charakterisierbar sein muss, um als Ereignis betrachtet werden zu können. Der Begriff des Ereignisses als Teilmenge der Ergebnismenge beruht auf einer lediglich formalen Festlegung, was der Beschreibung des zu beobachtenden Zufallsgeschehens ein hohes Maß an Flexibilität sichert.

Besondere Ereignisse sind die Ergebnismenge Ω selbst und die leere Menge $\emptyset$. Bei jeder Durchführung des Zufallsexperiments wird genau ein Ergebnis aus Ω beobachtet. Daher tritt das Ereignis Ω stets ein und wird als das *sichere Ereignis* bezeichnet. Demgegenüber tritt das Ereignis $\emptyset$ nie ein, da ja immer ein Ergebnis beobachtet wird und dieses nicht in der leeren Menge enthalten ist. Die Teilmenge $\emptyset$ wird deswegen auch als das *unmögliche Ereignis* bezeichnet. Ein Ereignis $\{\omega\} \subseteq \Omega$, das nur ein Ergebnis ω enthält, heißt *Elementarereignis*. Wie bereits angedeutet, ist klar zu unterscheiden zwischen dem Ergebnis $\omega \in \Omega$, das einen beobachtbaren Ausgang des Zufallsexperiments beschreibt, und dem mathematischen Objekt (Elementar-)Ereignis $\{\omega\} \subseteq \Omega$.

Es stellt sich die Frage, welche Teilmengen der Ergebnismenge Ω eines Zufallsexperiments als Ereignisse betrachtet werden sollten. Die Wahrscheinlichkeitstheorie formuliert hier minimale Anforderungen, die diese Menge von Ereignissen zu erfüllen hat. Diese Anforderungen haben das Ziel sicher zu stellen, dass man auf der Menge von Ereignissen logisch operieren kann. Sind beispielsweise zwei Teilmengen $A, B \subseteq \Omega$ Ereignisse, so möchte man auch darüber sprechen können, dass beide Ereignisse A und B gleichzeitig eintreten bzw. dass das Ereignis A oder das Ereignis B eintritt. Wegen der bereits angesprochenen Korrespondenz zwischen logischen Operatoren und mengentheoretischen Operationen (vgl. Abschnitt 3.2.3) sollte die Menge der betrachteten Ereignisse mit den Teilmengen A und B also auch die Teilmengen $A \cap B$ und $A \cup B$ enthalten. Ebenso sollte es auch möglich sein, davon zu sprechen, dass das Ereignis A nicht eintritt, d.h. dass das Komplement $\overline{A} = \Omega \setminus A$ ein Ereignis ist. Salopp gesprochen, soll man durch Anwendung der mengentheoretischen Vereinigung, Durchschnitts- und Komplementbildung nicht aus der Menge der Ereignisse "heraus fallen". Die folgende Definition führt den entsprechenden, zur Begründung der Wahrscheinlichkeitstheorie erforderlichen Begriff der σ-Algebra (sprich Sigma-Algebra) ein.

Definition 4.1

Eine Familie $\mathcal{A}$ von Teilmengen einer Menge Ω heißt σ-*Algebra* (*in* Ω), wenn folgende Eigenschaften erfüllt sind:

1. $\Omega \in \mathcal{A}$

2. $A \in \mathcal{A}$ impliziert $\overline{A} \in \mathcal{A}$

3. Für jede Folge $A_1, A_2, \ldots, A_i, \ldots$ von Mengen aus $\mathcal{A}$ liegt auch

$$\bigcup_{i=1}^{\infty} A_n = A_1 \cup A_2 \cup \ldots \cup A_i \cup \ldots$$

   in $\mathcal{A}$

Bedingung 1 formuliert die naheliegende Forderung, dass das sichere Ereignis Ω, das bei jeder Durchführung des Zufallsexperiments eintritt, in der Familie der betrachteten Ereignisse enthalten ist. Bedingung 2 fordert die Abgeschlossenheit bezüglich mengentheoretischer Komplementbildung. Aus diesen beiden Bedingungen folgt, dass auch das unmögliche Ereignis $\emptyset$ (als Komplement von Ω) ein Element der σ-Algebra ist. In Bedingung 3 wird die Abgeschlossenheit bezüglich der Bildung der Mengenvereinigung gefordert, woraus in Verbindung mit Bedingung 2 auch die Abgeschlossenheit bezüglich der Bildung des Mengendurchschnitts folgt. Die Formulierung der letzten Bedingung mutet etwas technisch an, da sich diese auf potentiell unendlich viele Ereignisse bezieht (präziser, auf abzählbar viele Ereignisse). Ist die Ergebnismenge Ω endlich, so genügt es zu fordern, das mit $A, B \in \mathcal{A}$ auch $A \cup B \in \mathcal{A}$ ist.

Beispiel 4.10

Jede σ-Algebra muss sowohl die Ergebnismenge Ω, wie auch die leere Menge $\emptyset$ als Ereignisse enthalten. Da die Mengenfamilie

$$\{\emptyset, \Omega\}$$

auch abgeschlossen bezüglich Vereinigungsbildung ist, bildet sie die "kleinstmögliche" σ-Algebra in Ω. Man überprüft leicht, dass auch die Familie

$$\{\emptyset, A, \overline{A}, \Omega\}$$

mit einer Teilmenge $A \subseteq \Omega$ eine σ-Algebra in Ω ist. Die "größtmögliche" σ-Algebra in Ω ist die Potenzmenge $\mathcal{P}(\Omega)$. Da $\mathcal{P}(\Omega)$ alle Teilmengen von Ω enthält, kann keine der in Definition 4.1 formulierten Bedingungen verletzt sein.

Für endliche (bzw. abzählbar unendliche) Ergebnismengen Ω kann man als Ereignisalgebra stets auch die Potenzmenge $\mathcal{P}(\Omega)$ als σ-Algebra wählen. Dies ist für Ergebnismengen mit überabzählbar vielen Elementen jedoch nicht in jedem Fall möglich. Hier lassen sich Teilmengen konstruieren, denen nicht in konsistenter Weise ein Wahrscheinlichkeitsmaß zugeordnet werden kann. Solche, "nicht messbare" Teilmengen sind daher auszuschließen. Um dies zu erreichen beschränkt man sich bei der Einführung des Wahrscheinlichkeitsraumes auf bestimmte Familien von Teilmengen einer Ergebnismenge, eben auf die oben definierten σ-Algebren.

Wahrscheinlichkeitsmaß

Formal wird die Wahrscheinlichkeit als reellwertige Abbildung definiert, die auf einer σ-Algebra $\mathcal{A}$ definiert ist. Jedem Ereignis A aus der σ-Algebra $\mathcal{A}$ wird also eine reelle Zahl zugeordnet, die eine numerische Charakterisierung der Eintretenssicherheit des Ereignisses A liefert. Die in Definition 4.2 wiedergegebene axiomatische Einführung des Begriffs der Wahrscheinlichkeit geht zurück auf Kolmogorow (1933). Sie formuliert drei Bedingungen, die ein Wahrscheinlichkeitsmaß auszeichnen.

Definition 4.2

Sei Ω eine Ergebnismenge und $\mathcal{A}$ eine σ-Algebra in Ω. Eine Abbildung $\mathbb{P}\colon \mathcal{A} \to \mathbb{R}$ heißt *Wahrscheinlichkeitsmaß* (oder kurz *Wahrscheinlichkeit*), wenn gilt:

1. $\mathbb{P}(\Omega) = 1$

2. Für alle $A \in \mathcal{A}$ ist $I\!\!P(A) \geq 0$

3. Für Folgen $A_1, \ldots, A_i, \ldots$ paarweise disjunkter Mengen aus $\mathcal{A}$ gilt

$$I\!\!P(A_1 \cup \ldots \cup A_i \cup \ldots) = I\!\!P(A_1) + \ldots + I\!\!P(A_i) + \ldots,$$

oder kompakter

$$I\!\!P\left(\bigcup_{i=1}^{\infty} A_i\right) = \sum_{i=1}^{\infty} I\!\!P(A_i).$$

Aufgrund der in Definition 4.2 geforderten Eigenschaften wird ein Wahrscheinlichkeitsmaß auch als *normiertes, nichtnegatives, σ-additives (abzählbar additives) Maß* auf einer σ-Algebra $\mathcal{A}$ bezeichnet. Das Maß $I\!\!P$ heißt normiert, da mit dem ersten Axiom die Wahrscheinlichkeit des sicheren Ereignisses Ω auf den Wert 1 gesetzt wird. Nach dem zweiten Axiom können als Wahrscheinlichkeiten keine negativen Zahlen zugeordnet werden. Die im dritten Axiom geforderte Eigenschaft weist die Wahrscheinlichkeit als additive Repräsentation der Eintretenssicherheit aus und macht sie daher vergleichbar zu den bereits besprochenen extensiven Repräsentationen der physikalischen Länge, Masse usw. (vgl. Abschnitt 3.3.1, bzw. Krantz et al., 1971, Kapitel 5). Das Wahrscheinlichkeitsmaß ist additiv für paarweise disjunkte Ereignisse. Hierbei ist zu beachten, dass die Forderung nach paarweiser Disjunktheit strenger ist als die Forderung disjunkter Ereignisse. Betrachtet man etwa die Teilmengen $A = \{\omega_1, \omega_2\}$, $B = \{\omega_1, \omega_3\}$ und $C = \{\omega_2, \omega_3\}$ einer Menge $\Omega = \{\omega_1, \omega_2, \omega_3\}$, so gilt $A \cap B \cap C = \emptyset$. Die Teilmengen A, B und C sind also disjunkt. Sie sind jedoch nicht paarweise disjunkt, denn beispielsweise gilt $A \cap B = \{\omega_1\}$.

Aus den genannten Axiomen lassen sich alle übrigen Eigenschaften von Wahrscheinlichkeiten ableiten. Beispielsweise hat man für das zu einem Ereignis $A \in \mathcal{A}$ komplementäre Ereignis $\overline{A} = \Omega \setminus A$

$$I\!\!P(\overline{A}) = 1 - I\!\!P(A).$$

Das ist leicht einzusehen, da A und $\overline{A}$ disjunkt sind, also $A \cap \overline{A} = \emptyset$ gilt. Wegen $A \cup \overline{A} = \Omega$ folgt mit der Normiertheit und der Additivität dann $1 = I\!\!P(\Omega) = I\!\!P(A \cup \overline{A}) = I\!\!P(A) + I\!\!P(\overline{A})$. Insbesondere gilt daher $I\!\!P(\emptyset) = I\!\!P(\overline{\Omega}) = 1 - 1 = 0$. Eine weitere wichtige Folgerung aus den Axiomen ist folgende Implikation: Für Ereignisse $A, B \in \mathcal{A}$ gilt

$$A \subseteq B \text{ impliziert } I\!\!P(A) \leq I\!\!P(B).$$

Da alle Ereignisse Teilmengen von Ω sind, gilt also $0 \leq I\!\!P(A) \leq 1$ für alle $A \in \mathcal{A}$. Wahrscheinlichkeiten liegen also im abgeschlossenen Intervall von 0 bis 1.

Das Tripel $\langle \Omega, \mathcal{A}, I\!\!P \rangle$ heißt *Wahrscheinlichkeitsraum*. Ein Wahrscheinlichkeitsraum bildet stets die Grundlage jeglicher wahrscheinlichkeitstheoretischer Betrachtung eines Zufallsexperiments. In Definition 4.2 sind aber wiederum nur die formalen Eigenschaften eines Wahrscheinlichkeitsmaßes festgelegt. Die Wahrscheinlichkeitstheorie beschreibt insbesondere nicht, wie für ein konkretes Zufallsexperiment ein adäquates Wahrscheinlichkeitsmaß zu konstruieren ist. Das nachfolgende Beispiel zeigt, wie sich ein Wahrscheinlichkeitsmaß für bestimmte Zufallsexperimente, sogenannte Laplace-Experimente, definieren lässt.

Beispiel 4.11

Ein Zufallsexperiment mit endlicher Ergebnismenge $\Omega = \{\omega_1, \omega_2, \ldots, \omega_n\}$ und gleicher Wahrscheinlichkeit $I\!P(\{\omega_i\})$ für alle Elementarereignisse $\{\omega_i\}$ ($i = 1, 2, \ldots, n$) wird als *Laplace-Experiment* bezeichnet. Der Wahrscheinlichkeitsraum $\langle \Omega, \mathcal{A}, I\!P \rangle$ eines Laplace-Experiments ergibt sich aus den Festlegungen: Als σ-Algebra wählt man $\mathcal{A} = \mathcal{P}(\Omega)$, die Potenzmenge von Ω, und als Wahrscheinlichkeitsmaß $I\!P$ definiert man für $A \in \mathcal{A}$

$$I\!P(A) = \frac{|A|}{|\Omega|}$$

wobei $|M|$ die Anzahl der Elemente einer Teilmenge $M \subseteq \Omega$ bezeichnet. Die in Definition 4.2 geforderten Eigenschaften eines Wahrscheinlichkeitsmaßes sind für $I\!P$ leicht nachzuweisen. Das in den Beispielen 4.5 und 4.8 dargestellte einmalige Werfen eines (idealen) Würfels kann als Laplace-Experiment aufgefasst werden.

Darüber hinaus bestehen aber grundlegend verschiedene Ansichten darüber, wie der Begriff der Wahrscheinlichkeit zu interpretieren ist. Im Wesentlichen existieren zwei verschiedene Lager, deren jeweils vertretene Auffassungen auch tiefgreifende Implikationen für darauf aufbauende statistische Anwendungen und Schlussweisen haben.

Eine als *frequentistisch* bezeichnete Sichtweise, sieht den Wahrscheinlichkeitsbegriff anwendbar auf Zufallsexperimente, die in unabhängiger Weise wiederholt durchführbar sind. Auch viele psychologische Experimente können als derartige Zufallsexperimente angesehen werden. Dies trifft beispielsweise auf Experimente zur Reizunterscheidung zu, wie sie in der Psychophysik durchgeführt werden (s. Abschnitt 6.1). Es ist die Aufgabe der in Kapitel 5 besprochenen versuchsplanerischen Maßnahmen sicher zu stellen, dass die wiederholte Präsentation eines Reizpaares (etwa mit der Frage, ob diese als unterschiedlich wahrgenommen werden) als unabhängige Replikation desselben Zufallsexperiments betrachtet werden kann. Die *frequentistische Wahrscheinlichkeit* (auch *objektive Wahrscheinlichkeit*) eines zufälligen Ereignisses wird dann mit der relativen Häufigkeit des Auftretens des Ereignisses identifiziert, vorausgesetzt, das zugrunde liegende Zufallsexperiment wird unendlich oft wiederholt. Diese Definition der Wahrscheinlichkeit als Grenzwert relativer Häufigkeiten (von Mises, 1931) bezieht sich aber nicht nur auf eine Situation, die praktisch nicht herstellbar ist, sie weist auch grundlegende theoretische Probleme auf (vgl. Bosch, 2006, S. 7). Die frequentistische Sichtweise liegt insbesondere dem in Abschnitt 4.5 dargestellten Ansatz der statistischen Hypothesentests nach Neyman-Pearson (Neyman & Pearson, 1928a, 1928b, 1933) zugrunde.

Grundlegend zu unterscheiden von der frequentistischen Position ist eine Interpretation des Wahrscheinlichkeitsbegriffs, die als *Bayessche Wahrscheinlichkeit* (nach Thomas Bayes, 1702-1761), oder auch als *subjektive Wahrscheinlichkeit* bezeichnet wird. Hiernach wird Wahrscheinlichkeit als Grad der (persönlichen) Überzeugung interpretiert, dass eine getroffene Aussage wahr ist.

> Personalistic views hold that probability measures the confidence that a particular individual has in the truth of a particular proposition, for example, the proposition that it will rain tomorrow. (Savage, 1954, S. 3)

Das Zitat macht deutlich, dass die Anwendung des Wahrscheinlichkeitsbegriffs hier nicht notwendigerweise beschränkt ist auf sich bei wiederholter Beobachtung als zufällig erweisende Ereignisse. Für das angesprochene Beispiel der Aussage, dass es morgen regnen werde, steht jedenfalls eine Beschreibung durch Häufigkeiten nicht zur Diskussion. Subjektive Wahrscheinlichkeit umfasst aber auch die persönliche Einschätzung der Eintretenssicherheit von zufälligen Ereignissen, etwa auch im Rahmen eines paarweisen Vergleichs von Ereignissen bezüglich der Relation "mindestens so wahrscheinlich wie". Es konnte gezeigt werden, dass unter hierfür formulierten plausiblen Annahmen, die eine rationale bzw. konsistente Verwendung dieser Relation betreffen, die Axiome der Definition 4.2 der Wahrscheinlichkeit nach Kolmogorow (1933) erfüllt sind. Letztere wird dabei als Repräsentationsproblem, analog zur additiven Repräsentation der extensiven Messung (Satz 3.1) betrachtet. Es überrascht daher nicht, dass die für die Relation "mindestens so wahrscheinlich wie" geforderten Bedingungen ähnlich zu denen der extensiven Struktur (Definition 3.1) sind, wie etwa die Forderung einer schwache Ordnung, oder der Monotonie bezüglich disjunkter Vereinigung (z.B. de Finetti, 1937; Krantz et al., 1971; Roberts, 1979; Fishburn, 1986). Definition 4.2 kann also auch als grundlegend für subjektive Wahrscheinlichkeiten angesehen werden, auf denen die Bayessche Statistik aufbaut. Die wesentlichen Unterschiede zu der klassischen Statistik nach Fisher (1925, 1935) und Neyman und Pearson (1928a, 1928b, 1933), sowohl was die prinzipielle Vorgehensweise wie auch die Interpretation der erhaltenen Ergebnisse betrifft, wird in Abschnitt 4.5 ausführlich diskutiert.

4.1.3   Bedingte Wahrscheinlichkeit und stochastische Unabhängigkeit

Mit Hilfe der *bedingten Wahrscheinlichkeit* kann man den Einfluss von Vorinformation auf die Eintretenswahrscheinlichkeit noch ausstehender Ereignisse angeben. Der hierauf beruhende Begriff der *stochastischen Unabhängigkeit* spielt eine zentrale Rolle in der wahrscheinlichkeitstheoretischen Beschreibung und der statistischen Analyse psychologischer Experimente. Die Formel von Bayes schließlich ist der entscheidende Grundbaustein der Bayesschen Statistik.

Definition 4.3

Seien $\langle \Omega, \mathcal{A}, I\!\!P \rangle$ ein Wahrscheinlichkeitsraum und $B \in \mathcal{A}$ mit $I\!\!P(B) > 0$. Dann heißt für alle $A \in \mathcal{A}$

$$I\!\!P(A \mid B) = \frac{I\!\!P(A \cap B)}{I\!\!P(B)}$$

die *bedingte Wahrscheinlichkeit von A unter der Bedingung B*.

Nicht für alle Ereignisse $A, B \in \mathcal{A}$ führt die Kenntnis, dass das Ereignis B eingetreten ist, tatsächlich zu einer Veränderung der Eintretenswahrscheinlichkeit für das Ereignis A. Es gilt also $I\!\!P(A \mid B) = I\!\!P(A)$ oder äquivalent dazu $I\!\!P(A \cap B) = I\!\!P(A) \cdot I\!\!P(B)$.

Definition 4.4

Sei $\langle \Omega, \mathcal{A}, \mathbb{P} \rangle$ ein Wahrscheinlichkeitsraum. Zwei Ereignisse $A, B \in \mathcal{A}$, für die

$$\mathbb{P}(A \cap B) = \mathbb{P}(A) \cdot \mathbb{P}(B)$$

gilt, heißen *stochastisch unabhängig*.

Über den Zusammenhang der Begriffe disjunkt und stochastisch unabhängig herrschen oftmals falsche Vorstellungen. So schreiben etwa Steyer und Eid (2001, S. 336) beide Begriffe hätten nichts miteinander zu tun, da Disjunktheit ein Begriff der Mengenlehre und stochastische Unabhängigkeit ein Begriff der Wahrscheinlichkeitstheorie sei. Disjunkte Ereignisse sind im Allgemeinen aber *nicht* stochastisch unabhängig. Sei $\langle \Omega, \mathcal{A}, \mathbb{P} \rangle$ ein Wahrscheinlichkeitsraum und seien $A, B \in \mathcal{A}$ disjunkte Ereignisse, d.h. es ist $A \cap B = \emptyset$. Dann folgt aus der Annahme der stochastischen Unabhängigkeit dieser Ereignisse wegen

$$\mathbb{P}(A) \cdot \mathbb{P}(B) = \mathbb{P}(A \cap B) = \mathbb{P}(\emptyset) = 0$$

dass $\mathbb{P}(A) = 0$ oder $\mathbb{P}(B) = 0$ sein muss. Disjunkte Ereignisse $A, B \in \mathcal{A}$ mit $\mathbb{P}(A) > 0$ und $\mathbb{P}(B) > 0$ sind also nicht stochastisch unabhängig.

Beispiel 4.12: *Werfen eines Würfels*

Die beiden Ereignisse $A = \{\omega_2, \omega_4, \omega_6\}$ eine gerade Zahl von Punkten und $B = \{\omega_1, \omega_2, \omega_3\}$ höchstens drei Punkte zu würfeln sind nicht stochastisch unabhängig. Da es sich hier um ein Laplace Experiment handelt (Beispiel 4.11), gilt $\mathbb{P}(A) = 1/2$ und

$$\mathbb{P}(A \mid B) = \frac{\mathbb{P}(A \cap B)}{\mathbb{P}(B)} = \frac{\mathbb{P}(\{\omega_2\})}{\mathbb{P}(\{\omega_1, \omega_2, \omega_3\})} = \frac{\frac{1}{6}}{\frac{1}{2}} = \frac{1}{3}.$$

Ein nicht nur für die experimentelle Psychologie, sondern auch beispielsweise für die Testtheorie der psychologischen Diagnostik wichtiges Konzept, ist das der bedingten stochastischen Unabhängigkeit. Hierin wird die stochastische Unabhängigkeit von Ereignissen betrachtet, gegeben ein weiteres Ereignis ist bereits eingetreten. Das heißt, die Definition der stochastischen Unabhängigkeit wird hier angewendet nicht auf die unbedingten Wahrscheinlichkeiten von Ereignissen (wie in Definition 4.4), sondern auf bedingte Wahrscheinlichkeiten. Sei $\langle \Omega, \mathcal{A}, \mathbb{P} \rangle$ ein Wahrscheinlichkeitsraum und seien $A, B, C \in \mathcal{A}$ Ereignisse mit $\mathbb{P}(C) > 0$. Dann heißen die Ereignisse $A, B \in \mathcal{A}$ *bedingt stochastisch unabhängig bezüglich* C, wenn gilt

$$\mathbb{P}(A \cap B \mid C) = \mathbb{P}(A \mid C) \cdot \mathbb{P}(B \mid C).$$

In der Psychologie wird diese Eigenschaft auch als *lokale stochastische Unabhängigkeit* bezeichnet.

Für Ereignisse $A, B \in \mathcal{A}$ mit $\mathbb{P}(A), \mathbb{P}(B) > 0$ erhält man unmittelbar aus der Definition der bedingten Wahrscheinlichkeit (Definition 4.3) die Gleichung

$$\mathbb{P}(B \mid A) = \frac{\mathbb{P}(A \mid B) \cdot \mathbb{P}(B)}{\mathbb{P}(A)}, \tag{4.1}$$

die als *Formel von Bayes* (gelegentlich auch als *Satz von Bayes*) bekannt ist. Varianten dieser Gleichung bilden die Grundlage der Bayesschen Statistik. Für eine dieser Varianten betrachtet man eine Situation, in der die Ereignisse $B_1, \ldots, B_m \in \mathcal{A}$ eine *Ereignisdisjunktion* bilden (also eine Zerlegung von Ω; vgl. S. 83f.). Für ein Ereignis $A \in \mathcal{A}$ gilt dann

$$\mathbb{P}(A) = \sum_{j=1}^{m} \mathbb{P}(A \cap B_j) = \sum_{j=1}^{m} \mathbb{P}(A \mid B_j) \cdot \mathbb{P}(B_j).$$

Diese Gleichung wird als *Satz von der totalen Wahrscheinlichkeit* bezeichnet. Einsetzen in die Formel von Bayes liefert für alle $j = 1, \ldots, m$

$$\mathbb{P}(B_j \mid A) = \frac{\mathbb{P}(A \mid B_j) \cdot \mathbb{P}(B_j)}{\sum_{j=1}^{m} \mathbb{P}(A \mid B_j) \cdot \mathbb{P}(B_j)}.$$

Zusammenfassung

– Psychologische Experimente können als *Zufallsexperimente* betrachtet werden, deren konkreter Ausgang nicht mit Sicherheit vorhergesagt werden kann, deren grundsätzlich mögliche Ausgänge aber bekannt sind.

– Die Erfassung des im Rahmen eines Zufallsexperiments auftretenden Zufallsgeschehens erfolgt über einen *Wahrscheinlichkeitsraum* $\langle \Omega, \mathcal{A}, \mathbb{P} \rangle$, bestehend aus einer *Ergebnismenge* Ω, einer *σ-Algebra* $\mathcal{A}$ der Ereignisse und einem *Wahrscheinlichkeitsmaß* $\mathbb{P}$.

– Der Wahrscheinlichkeitsraum bildet die Grundlage aller weiteren wahrscheinlichkeitstheoretischen und statistischen Begriffsbildungen, wie etwa der Definition des zentralen Begriffs der *stochastischen Unabhängigkeit*.

4.2   Zufallsvariable

Zufallsexperimente werden durch die Angabe einer Ergebnismenge Ω und einer darauf definierten σ-Algebra $\mathcal{A}$ von Ereignissen qualitativ charakterisiert. Zufallsvariable leisten eine Übertragung des auf der Grundlage dieser qualitativen Charakterisierung eingeführten Begriffs der Wahrscheinlichkeit in die reellen Zahlen.

Für einen gegebenen Wahrscheinlichkeitsraum $\langle \Omega, \mathcal{A}, \mathbb{P} \rangle$ ist eine Abbildung

$$X : \Omega \to \mathbb{R}$$

genau dann eine *(reelle) Zufallsvariable*, wenn für alle $x \in \mathbb{R}$ gilt

$$\{\omega \in \Omega \mid X(\omega) \leq x\} \in \mathcal{A}.$$

Es wird also gefordert, dass die Menge aller Ergebnisse $\omega \in \Omega$, für die $X(\omega)$ höchstens den Wert x annimmt, ein Ereignis der σ-Algebra $\mathcal{A}$ bildet. Man kann daher eine Wahrscheinlichkeit dafür angeben, dass die Zufallsvariable X einen Wert von höchstens x annimmt, indem man setzt

$$I\!\!P(X(\omega) \leq x) = I\!\!P(\{\omega \in \Omega \mid X(\omega) \leq x\}).$$

Diese Kennzeichnung verwendet folgende, in der Statistik übliche Konvention: Zufallsvariablen werden durch Großbuchstaben $X, Y, \ldots$ bezeichnet und die konkreten Werte, die diese annehmen (deren *Realisierungen*), durch entsprechende Kleinbuchstaben $x, y, \ldots$.

Die Bezeichnung Zufallsvariable mag als irreführend betrachtet werden, da X eine (deterministische) Funktion ist. Die Zuweisung der Zahlen zu den Ergebnissen ist eindeutig festgelegt und nicht etwa "variabel". Die Bezeichnung ist aber nicht wirklich kontraintuitiv, da X zufallsbedingt verschiedene Werte annehmen kann. In jedem Fall ist die durch die Definition einer Zufallsvariable vorgenommene Zuordnung reeller Zahlen zu qualitativen Gegebenheiten klar von dem Begriff der Messung im Sinne der repräsentationalen Messtheorie zu unterscheiden, wie er in Abschnitt 3.3.1 eingeführt wurde. Die Zufallsvariable berücksichtigt keine auf den Ergebnissen gegebene Struktur, wie sie durch ein empirisches Relativ festgelegt wird.

4.2.1 Diskrete Zufallsvariable

Es wird unterschieden, ob die Zufallsvariable höchstens endlich oder abzählbar unendlich viele (verschiedene) Werte annehmen kann, oder nicht. Im ersten Fall spricht man von einer *diskreten Zufallsvariablen*.

Beispiel 4.13

Eine diskrete Zufallsvariable für das Laplace-Experiment des Werfens eines Würfels mit der Ergebnismenge $\Omega = \{\omega_1, \ldots, \omega_6\}$ und der σ-Algebra $\mathcal{A} = \mathcal{P}(\Omega)$ ist gegeben durch die Abbildung

$$X(\omega_i) = i$$

für alle $i = 1, 2, \ldots, 6$.

Eine für Anwendungen in psychologischen Experimenten wichtige diskrete Zufallsvariable ist die sogenannte Indikatorfunktion, die anzeigt, dass ein bestimmtes Ereignis eingetreten ist.

Beispiel 4.14: *Detektionsexperiment*

Dem oben beschriebenen Detektionsexperiment legen wir den Wahrscheinlichkeitsraum $\langle \Omega_2, \mathcal{P}(\Omega_2), I\!\!P \rangle$ mit $\Omega_2 = \{S, N\} \times \{+, -\} = \{(S, +), (S, -), (N, +), (N, -)\}$ zugrunde. Für das Ereignis $A = \{(S, +), (N, -)\}$, das die richtigen Antworten umfasst, definieren wir eine Abbildung $I_A \colon \Omega \to \{0, 1\}$ durch

$$I_A(\omega) = \begin{cases} 1 & \text{falls } \omega \in A, \\ 0 & \text{sonst.} \end{cases}$$

Dann ist I_A eine diskrete Zufallsvariable, die anzeigt, ob das Ereignis A eingetreten ist, oder nicht. Sie nimmt bei einer richtigen Antwort den Wert 1 an und ansonsten den Wert 0. Die Zufallsvariable I_A wird daher auch als *Indikatorfunktion* bezeichnet.

Hat man auf einem Wahrscheinlichkeitsraum $\langle \Omega, \mathcal{A}, I\!P \rangle$ eine diskrete Zufallsvariable X gegeben, so schreibt man häufig $I\!P(X = x)$ für $I\!P(\{\omega \in \Omega \,|\, X(\omega) = x\})$ bzw. $I\!P(X \leq x)$ für $I\!P(\{\omega \in \Omega \,|\, X(\omega) \leq x\})$. Auf diesem Wege ist eine Charakterisierung der Wahrscheinlichkeit $I\!P$ als Verteilung möglich. Unter der *Verteilung der diskreten Zufallsvariablen* X versteht man dabei die Gesamtheit der Paare $(x, I\!P(X = x))$ für alle Werte der Zufallsvariablen X.

Beispiel 4.15

> Für die in Beispiel 4.13 eingeführte Zufallsvariable X für das Laplace-Experiment des Werfens eines Würfels hat man die Verteilung $\{(i, \frac{1}{6}) \,|\, i = 1, \ldots, 6\}$.

Häufig interessiert man sich dafür, dass eine diskrete Zufallsvariable X Werte annimmt, die nicht größer als ein fest vorgegebener Wert x sind. Man betrachtet in diesem Fall also Wahrscheinlichkeiten der Art $I\!P(X \leq x)$. Lässt man x ganz $I\!R$ durchlaufen, so kann man eine Abbildung $F: I\!R \to I\!R$ definieren durch

$$F(x) = I\!P(X \leq x) = \sum_{x_i \leq x} I\!P(X = x_i)$$

mit $X(\Omega) = \{x_1, \ldots, x_i, \ldots\}$. Die Funktion F heißt *(kumulative) Verteilungsfunktion* der diskreten Zufallsvariablen X.

Jede diskrete Zufallsvariable besitzt als Verteilungsfunktion eine Treppenfunktion F, die nur an den Stellen x_i aus dem Wertebereich $X(\Omega)$ Sprünge der Höhe $I\!P(X = x_i)$ hat. Darüber hinaus ist F eine monoton nicht-fallende Funktion, d.h. für $x < x'$ gilt $F(x) \leq F(x')$. Das asymptotische Verhalten von F, also wenn x gegen $-\infty$ oder ∞ strebt, lässt sich dann beschreiben durch $\lim_{x \to -\infty} F(x) = 0$ und $\lim_{x \to \infty} F(x) = 1$. Mit Hilfe der der Verteilungsfunktion F lässt sich in einfacher Weise die Wahrscheinlichkeit dafür berechnen, dass die Zufallsvariable X Werte aus einem Intervall annimmt. Es gilt

$$I\!P(a \leq X \leq b) = F(b) - \lim_{x \to a-} F(x).$$

Dabei ist $\lim_{x \to a-} F(x)$ der linksseitige Grenzwert von F an der Stelle a. Dieser Grenzwert ist gleich $F(a)$, wenn a keine Sprungstelle der Treppenfunktion ist, und sonst gleich dem Wert der Treppenstufe unmittelbar links von a.

Der *Erwartungswert* der diskreten Zufallsvariablen X mit der Verteilung $(x, I\!P(X = x))$ für alle $x \in X(\Omega)$ gibt den im Mittel erwarteten Wert an und berechnet sich (im Falle der Existenz, also wenn die nachfolgend angegebene Summe einen endlichen Wert annimmt)

$$\mathcal{E}(X) = \sum_{x \in X(\Omega)} x \cdot I\!P(X = x).$$

Der Erwartungswert ist damit ein Kennwert, der die Lage der Verteilung angibt. Die Streuung der Werte wird durch die Varianz von X charakterisiert. Sie betrachtet die im Mittel erwarteten quadrierten Abweichungen vom Erwartungswert und ist definiert durch $\text{var}(X) = \mathcal{E}[X - \mathcal{E}(X)]^2$.

Wichtige diskrete Verteilungen

Aus der Durchführung von Laplace-Experimenten (vgl. Beispiel 4.11) resultieren diskret gleichverteilte Zufallsvariablen. Dabei hat eine diskrete Zufallsvariable X auf einem Wahrscheinlichkeitsraum $\langle \Omega, \mathcal{A}, I\!P \rangle$ eine *diskrete Gleichverteilung*, wenn Folgendes gilt: Der Wertevorrat ist endlich, d.h. $X(\Omega) = \{x_1, \ldots, x_n\}$, und die Wahrscheinlichkeit $I\!P(X = x_i)$ ist für jede Realisierung x_i mit $i = 1, \ldots, n$ identisch, d.h.

$$I\!P(X = x) = \begin{cases} \frac{1}{n} & \text{für } x = x_i \text{ und } i = 1, \ldots, n \\ 0 & \text{sonst} \end{cases}$$

Beispiel 4.16

Gibt die Zufallsvariable X die Augenzahl beim Werfen eines Würfeln an, so gilt $X(\Omega) = \{1, 2, 3, 4, 5, 6\}$ und X ist diskret gleichverteilt. Für den Erwartungswert gilt $\mathcal{E}(X) = \frac{1}{6} \cdot (1 + 2 + 3 + 4 + 5 + 6) = 3.5$ und für die Varianz $\text{var}(X) = \frac{1}{6} \cdot \left[(1 - 3.5)^2 + \ldots (6 - 3.5)^2\right] = 2.92$.

Bei einem Zufallsexperiment das zwei mögliche Ausgänge hat (z.B. Münzwurf), spricht man von einem *Bernoulli-Experiment*. Für eine darauf definierte Indikatorfunktion resultiert dann folgende diskrete Verteilung. Eine Zufallsvariable X auf einem Wahrscheinlichkeitsraum $\langle \Omega, \mathcal{A}, I\!P \rangle$ hat eine *Bernoulli-Verteilung* mit dem Parameter p, wenn gilt: Es ist $X(\Omega) = \{0, 1\}$ mit $I\!P(X = 1) = p$ und $I\!P(X = 0) = 1 - p$, was sich kompakt schreiben lässt als

$$I\!P(X = x) = p^x \cdot (1 - p)^{1-x}.$$

Erwartungswert und Varianz sind gegeben durch $\mathcal{E}(X) = p$ und $\text{var}(X) = p \cdot (1 - p)$.

Die *Binomialverteilung* gibt die Wahrscheinlichkeit für die Anzahl k der Fälle an, mit der ein Ereignis, das die Auftretenswahrscheinlichkeit p hat, bei der n-fach wiederholten, stochastisch unabhängigen Durchführung eines Bernoulli-Experiments eintritt (Ziehung mit Zurücklegen). Eine diskrete Zufallsvariable X auf einem Wahrscheinlichkeitsraum $\langle \Omega, \mathcal{A}, I\!P \rangle$ heißt *binomialverteilt* mit den Parametern n und p, wenn gilt: Es ist $X(\Omega) = \{0, 1, \ldots, n\}$ und für $k = 0, 1, \ldots, n$ ist

$$I\!P(X = k) = \binom{n}{k} p^k (1 - p)^{n-k}.$$

Erwartungswert und Varianz sind gegeben durch $\mathcal{E}(X) = n \cdot p$ und $\text{var}(X) = n \cdot p \cdot (1-p)$.

4.2.2   Stetige Zufallsvariable

Im Folgenden betrachten wir nun den Fall, dass eine Zufallsvariable überabzählbar viele Werte annimmt. Ihr Wertebereich enthält dann ganze Intervalle reeller Zahlen. Eine Zufallsvariable $X \colon \Omega \to \mathbb{R}$ heißt *stetig*, wenn eine nichtnegative, integrierbare Funktion $f \colon \mathbb{R} \to \mathbb{R}$ existiert, so dass für ihre Verteilungsfunktion $F(x) = \mathbb{P}(X \le x)$ gilt

$$F(x) = \int_{-\infty}^{x} f(u) \, du.$$

Die Funktion f heißt *Wahrscheinlichkeitsdichte* (kurz *Dichte*) der stetigen Zufallsvariablen X. Die gesamte Fläche unter der Dichte ist dabei 1, d.h. es ist $\int_{-\infty}^{\infty} f(u) \, du = 1$. Die durch die Verteilungsfunktion beschriebene Wahrscheinlichkeit $F(a) = \mathbb{P}(X \le a)$ ist gleich der Fläche, welche die Kurve f links vom Punkt a mit der Abszisse einschließt (grau hinterlegte Fläche in Abbildung 4.1).

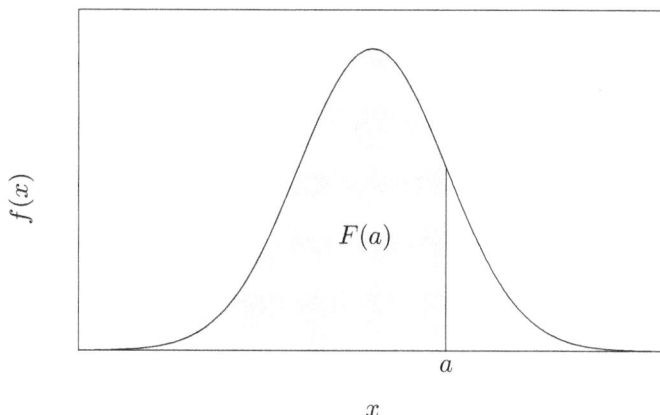

Abbildung 4.1: *Beispiel der Dichte f einer stetigen Zufallsvariablen und grafische Darstellung der Wahrscheinlichkeit $F(a) = \int_{-\infty}^{a} f(x) \, dx$ als Fläche unter der Dichte.*

Wie im diskreten Fall ist auch die Verteilungsfunktion F einer stetigen Zufallsvariablen X eine monoton nicht-fallende Funktion und zeigt ebenfalls dasselbe asymptotische Verhalten. Sie ist jedoch eine stetige Funktion und somit gilt

$$\mathbb{P}(a \le X \le b) = F(b) - F(a),$$

woraus man für $a = b$ unmittelbar die Eigenschaft $\mathbb{P}(X = a) = 0$ erhält. Die Wahrscheinlichkeit, dass die stetige Zufallsvariable X einen bestimmten Wert a annimmt, ist also Null. Aus dieser Tatsache folgt jedoch *nicht*, dass der Wert a von der Zufallsvariablen X nicht angenommen wird. Als Konsequenz dieser Eigenschaft kann man bei der Berechnung der Wahrscheinlichkeit dafür, dass X Werte aus einem Intervall annimmt, die Intervallgrenzen hinzunehmen oder weglassen.

Der *Erwartungswert* der stetigen Zufallsvariablen X mit der Dichte f gibt wiederum den im Mittel erwarteten Wert an und berechnet sich (im Falle der Existenz, also wenn das angegebene Integral einen endlichen Wert annimmt)

$$\mathcal{E}(X) = \int_{-\infty}^{\infty} x \cdot f(x)\, d\,x.$$

Die Varianz von X wird basierend auf dieser Festlegung genauso definiert, wie im diskreten Fall.

Wichtige stetige Verteilungen

Die *gleichmäßige Verteilung* über einem abgeschlossenen reellen Intervall kann als "stetiges Pendant" der diskreten Gleichverteilung aufgefasst werden. Dabei heißt die auf einem Wahrscheinlichkeitsraum $\langle \Omega, \mathcal{A}, I\!\!P \rangle$ definierte Zufallsvariable X *gleichmäßig verteilt* in $[a, b]$, wenn sie die Dichte f bzw. die Verteilungsfunktion F

$$f(x) = \begin{cases} \frac{1}{b-a} & \text{für } x \in [a,b],\ a < b \\ 0 & \text{sonst} \end{cases} \quad , \quad F(x) = \begin{cases} 0 & \text{für } x < a \\ \frac{x-a}{b-a} & \text{für } a \leq x \leq b \\ 1 & \text{für } x > b \end{cases}$$

besitzt. Erwartungswert und Varianz sind gegeben durch $\mathcal{E}(X) = (a+b)/2$ und $\mathrm{var}(X) = (b-a)^2/12$.

Bei der *Exponentialverteilung* betrachtet man die Wartezeit (Zeitintervall, stetige Zeit) für einen Zustandübergang, der in jedem Zeitintervall derselben Länge gleich wahrscheinlich ist ("gedächtnislos"). Es gibt viele praktische Anwendungen, die – zumindest näherungsweise – durch eine Exponentialverteilung beschrieben werden können. Dazu gehören die Dauer von Telefongesprächen bzw. Zeit bis zum nächsten Telefongespräch, die Fehler- bzw. Überlebenszeiten (Lebensdauer von Glühbirnen, Abstinenz bei Alkoholikern nach Therapie, . . .), die Zeitspanne bis zum Zerfall eines radioaktiven Partikels, der Abstand zwischen Mutationen auf einem DNS-Strang, oder auch die Wartezeit zwischen Kunden an einem Service-Schalter. Die auf einem Wahrscheinlichkeitsraum $\langle \Omega, \mathcal{A}, I\!\!P \rangle$ definierte Zufallsvariable X heißt *exponentiell verteilt* mit dem Parameter $\lambda > 0$, wenn sie die Dichte f bzw. die Verteilungsfunktion F

$$f(x) = \begin{cases} 0 & \text{für } x \leq 0 \\ \lambda e^{-\lambda x} & \text{für } x > 0 \end{cases} \quad , \quad F(x) = \begin{cases} 0 & \text{für } x \leq 0 \\ 1 - e^{-\lambda x} & \text{für } x > 0 \end{cases}$$

besitzt. Für Erwartungswert und Varianz gilt $\mathcal{E}(X) = 1/\lambda$ und $\mathrm{var}(X) = 1/\lambda^2$. Abbildung 4.2 zeigt die Dichte und Verteilungsfunktion einer exponentiell verteilten Zufallsvariablen mit den Parameterwerten $\lambda = 0.3, 1.0, 3.0$.

Beispiel 4.17:   *Einfache Reaktionszeit*

Bei Experimenten zur einfachen Reaktionszeit, wie in Beispiel 4.1 beschrieben, muss sichergestellt sein, dass die Versuchsperson das Erscheinen des Reizes, auf den sie

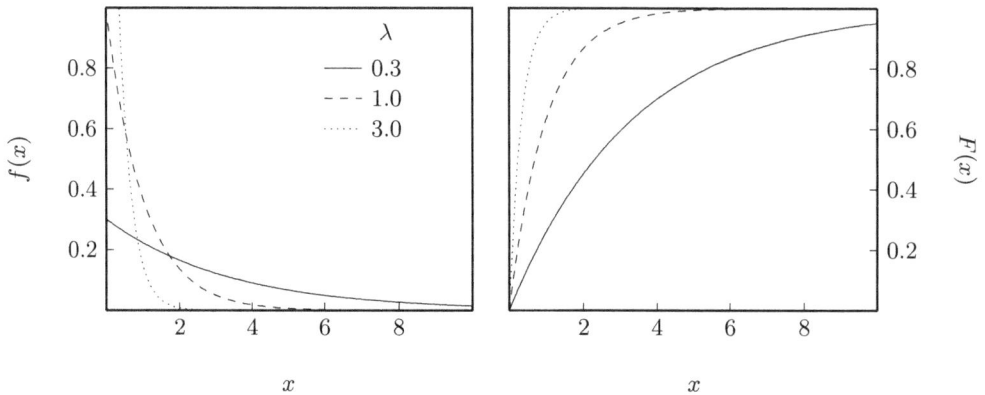

Abbildung 4.2: *Dichte f und Verteilungsfunktion F der Exponentialverteilung mit den Parameterwerten $\lambda = 0.3, 1.0, 3.0$.*

reagieren soll, nicht antizipieren kann. Dazu muss die Vorperiode, also die Zeit zwischen der Beendigung der Darbietung eines Warnreizes und dem Beginn der jeweiligen Reizpräsentation, in geeigneter Weise variabel gewählt werden. Bezeichnet die Zufallsvariable S die Dauer der Vorperiode, dann gibt

$$\mathbb{P}(t \leq S < t + dt \mid S \geq t)$$

die Wahrscheinlichkeit an, dass die Reizpräsentation im Zeitintervall von t bis $t + dt$ stattfindet, gegeben sie ist bis zum Zeitpunkt t noch nicht erfolgt. Diese Wahrscheinlichkeit lässt sich berechnen durch $h(t) \cdot dt$, mit der sogenannten *Hazardfunktion h*, die definiert ist durch

$$h(t) = \frac{f(t)}{1 - F(t)},$$

wobei f und F die Wahrscheinlichkeitsdichte bzw. Verteilungsfunktion der Zufallsvariablen T bezeichnen. Es hat sich gezeigt, dass die mittlere Reaktionszeit mit Anstieg der Wahrscheinlichkeit für die Reizpräsentation monoton abnimmt (Luce, 1986; Stilitz, 1972). Daher sollte die Verteilung von S so gewählt werden, dass diese Wahrscheinlichkeit zu jedem Zeitpunkt konstant ist.

Werden die Vorperioden jeweils aus einem Intervall etwa von 500 bis 5000 ms gezogen, so dass jede Dauer stets die gleiche Wahrscheinlichkeit hat ausgewählt zu werden, dann ist T gleichmäßig verteilt auf $[500, 5000]$. Für die entsprechende Hazardfunktion berechnet man dann $h(t) = 1/(5000 - t)$. Abbildung 4.3 zeigt, dass $h(t)$ monoton ansteigt und daher die Wahrscheinlichkeit, dass die Reizpräsentation im Zeitintervall von t bis $t + dt$ stattfindet (gegeben sie ist bis zum Zeitpunkt t noch nicht erfolgt) mit zunehmender Dauer der Vorperiode ansteigt. Das oben angesprochene Artefakt erschwert daher die Interpretation der erhobenen Reaktionszeiten. Eine konstante Hazardfunktion $h(t) = \lambda$ ergibt sich, wenn die Vorperioden T einer Exponentialverteilung folgen.

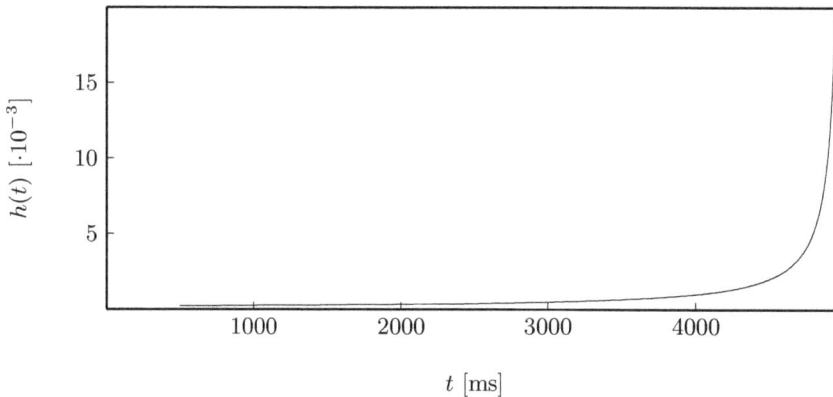

Abbildung 4.3: *Die Hazardfunktion $h(t)$ für gleichmäßig verteilte Vorperioden auf dem Intervall von 500 bis 5000 Millisekunden steigt monoton an und geht bei Annäherung an die obere Grenze gegen ∞.*

Die *Normalverteilung* spielt in Wahrscheinlichkeitstheorie, Statistik und psychologischer Theorienbildung eine zentrale Rolle, obwohl sie mathematisch nicht einfach zu handhaben ist. Für eine normalverteilte Zufallsvariable X lässt sich die Wahrscheinlichkeit $P(X \leq x)$, dass X höchstens den Wert x annimmt, nicht durch eine explizite Formel bzw. elementare Stammfunktion angeben. Die Verteilungsfunktion einer normalverteilten Zufallsvariablen X erhält man nur durch Integration ihrer Dichtefunktion. Die Normalverteilung erweist sich als Grenzverteilung verschiedener diskreter oder stetiger Verteilungen. Lässt man beispielsweise in der Binomialverteilung die Anzahl der betrachteten Fälle n bei festem p gegen ∞ gehen, dann nähert sie sich der Normalverteilung mit den entsprechenden Werten für Erwartungswert und Varianz an. Ihre Eigenschaften machen sie zur wichtigsten Verteilung in der Inferenzstatistik.

Die Dichte f einer auf einem Wahrscheinlichkeitsraum $\langle \Omega, \mathcal{A}, I\!\!P \rangle$ definierten *normalverteilten* Zufallsvariable X hängt von den beiden Parametern μ und $\sigma^2 > 0$ ab und ist gegeben durch

$$f(x) = \frac{1}{\sigma\sqrt{2\pi}} \exp\left(-\frac{(x-\mu)^2}{2\sigma^2}\right)$$

Man spricht daher auch von einer $N(\mu, \sigma^2)$-verteilten Zufallsvariable. Der Erwartungswert und die Varianz sind dabei durch die Parameter gegeben, d.h. es ist $\mathcal{E}(X) = \mu$ und $\mathrm{var}(X) = \sigma^2$. Die kumulative Verteilungsfunktion hat eine *sigmoidale Form*, die gelegentlich auch als *Normal-Ogive* bezeichnet wird.

Eine zentrale Rolle spielt die Verteilungsfunktion der *Standardisierten* einer $N(\mu, \sigma^2)$-verteilten Zufallsvariable X. Wir betrachten also eine Zufallsvariable $Z = (X-\mu)/\sigma$, für die dann $Z \sim N(0,1)$ gilt. Die Normalverteilung $N(0,1)$ wird als *Standardnormalverteilung* bezeichnet. Wegen ihrer Bedeutung werden die Dichte und die Verteilungsfunktion einer standardnormalverteilten Zufallsvariable mit eigenen Symbolen, nämlich φ bzw. Φ, bezeichnet.

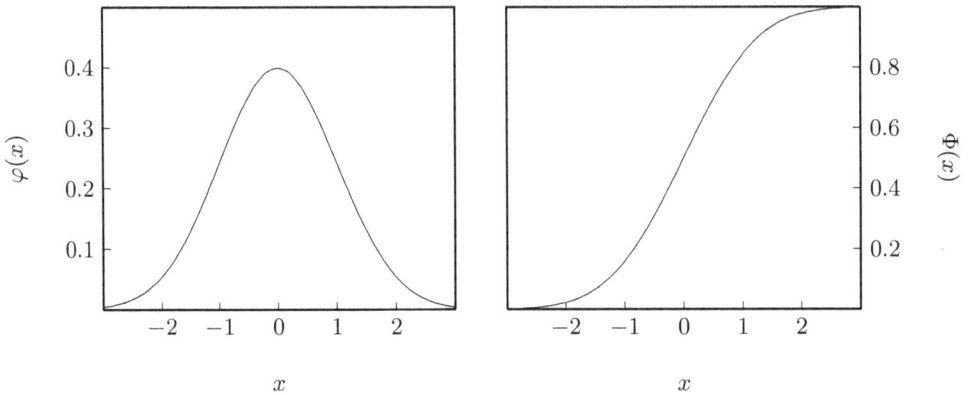

Abbildung 4.4: *Dichte φ und Verteilungsfunktion Φ der Standardnormalverteilung $N(0,1)$.*

Allgemeiner noch als dieses Ergebnis ist der sogenannte *zentrale Grenzwertsatz*. Für jedes n seien die Zufallsvariablen $X_1, X_2, \ldots, X_n$ stochastisch unabhängig mit Erwartungswerten $\mathcal{E}(X_i)$ und Varianzen $\text{var}(X_i)$. Unter sehr allgemeinen Bedingungen (die im Wesentlichen besagen, dass jede Zufallsvariable bei der Summenbildung nur einen kleinen Einfluss hat) ist dann die Summe

$$S_n = X_1 + X_2 + \ldots + X_n$$

asymptotisch (d.h. für $n \to \infty$)normalverteilt mit $\mu = \mathcal{E}(S_n) = \sum_{i=1}^{n} \mathcal{E}(X_i)$ und $\sigma^2 = \text{var}(S_n) = \sum_{i=1}^{n} \text{var}(X_i)$. Der zentrale Grenzwertsatz ist ein fundamentales Ergebnis der Wahrscheinlichkeitstheorie, das eine wesentliche Begründung für die Verwendung der Normalverteilung in den empirischen Wissenschaften liefert. Seine Kernaussage lässt sich folgendermaßen formulieren: Ein (quasi-)stetiges Merkmal, dessen Ausprägung durch sehr viele voneinander unabhängige Einflüsse bestimmt wird (Summation) und von denen keiner die übrigen dominiert, kann als näherungsweise normalverteilt angenommen werden. Als Beispiele für derartige Merkmale werden häufig Körpergröße, Intelligenz, ... genannt.

Zusammenfassung

- Mit Hilfe von *Zufallsvariablen* wird die qualitative Erfassung des Zufallsgeschehens durch die Ergebnismenge Ω eines Wahrscheinlichkeitsraums $\langle \Omega, \mathcal{A}, I\!\!P \rangle$ in die reellen Zahlen übertragen.

- Man unterscheidet *diskrete Zufallsvariablen*, die nur abzählbar viele Werte annehmen können, von *stetigen Zufallsvariablen*, die sich durch eine *Dichte* charakterisieren lassen.

4.3   Stichprobe und Population

Die Klärung der Begriffe *Stichprobe* und *Population* (oder *Grundgesamtheit*) hat auf zwei verschiedenen Ebenen zu erfolgen, nämlich auf einer inhaltlichen Ebene und auf der formalen Ebene. Möglicherweise entgegen der ersten Intuition, ist eine inhaltliche Festlegung weitaus schwieriger, als die formale Definition im Rahmen der Wahrscheinlichkeitstheorie.

Die in den vorangehenden Abschnitten eingeführten wahrscheinlichkeitstheoretischen Konzepte bilden die Grundlage der Modellierung der Population, sowie der Definition des Begriffs der Stichprobe. Formal betrachtet beziehen sich die Annahmen zur Population auf die Verteilung des interessierenden Merkmals in der Grundgesamtheit von Untersuchungseinheiten. Das Merkmal wird dabei durch eine Zufallsvariable X (oder einen Vektor von Zufallsvariablen) erfasst, deren Verteilung spezifiziert wird. Die Annahmen können sich lediglich auf die Form der Verteilung (z.B. normalverteilt), oder auch auf bestimmte Parameterwerte beziehen, mit denen die Verteilung weiter festgelegt wird. Statistische Inferenzen hinsichtlich der Population, also Aussagen über die Zufallsvariable X, erfolgen über die Ziehung einer (einfachen) Zufallsstichprobe (random sampling). Will man diese für ein konkretes Experiment realisieren, dann muss für den jeweiligen Einzelfall geklärt werden, was in diesem Zusammenhang aus inhaltlicher Sicht unter der zugrunde liegenden Population zu verstehen ist, und wie eine Zufallsstichprobe daraus zu ziehen ist.

Aus formaler Sicht ist die Sache klar. Damit man mit Hilfe von empirisch erhobenen Werten Aussagen über die Population machen kann, müssen die Werte durch Zufallsexperimente gewonnen werden. Die derartig erhobenen Werte $x_1, \ldots, x_n$ heißen *Zufallsstichprobe* bzw. *Stichprobe*. Mit n wird der *Stichprobenumfang* bezeichnet. Die Zufallsvariable, die bei Durchführung des Zufallsexperiments den Stichprobenwert x_i als Realisierung liefert, wird mit X_i ($i = 1, \ldots, n$) bezeichnet. Eine *Stichprobe* heißt *einfach*, wenn die Zufallsvariablen $X_1, X_2, \ldots, X_n$ stochastisch unabhängig sind und alle dieselbe Verteilung besitzen. Man spricht in diesem Fall auch von unabhängig identisch verteilten Zufallsvariablen (independent and identically distributed, i.i.d.).

Beispiel 4.18:   *Werfen eines Würfels*

Beim n-fach wiederholten Werfen eines Würfels kennzeichne die Indikatorvariable X_i das Eintreten des Ereignisses, dass beim i-ten Wurf ($i = 1, \ldots, n$) eine gerade Zahl von Punkten oben liegt. Um die Erfüllung der Bedingungen einer einfachen Stichprobe sicher zu stellen, ist das Zufallsexperiment in geeigneter Weise durchzuführen. Beispielsweise sollte der Würfel vor jedem Wurf ausreichend lange in einem Würfelbecher geschüttelt werden, um Abhängigkeiten zwischen den einzelnen Würfen zu vermeiden. Außerdem sollte immer derselbe Würfel verwendet werden, um die Konstanz der Wahrscheinlichkeit des betrachteten Ereignisses zu gewährleisten.

Inhaltlich repräsentiert die Population in der Psychologie häufig die Grundgesamtheit der Personen, auf die sich die Aussagen einer Theorie erstrecken sollen. Oftmals bilden

Studierende des Faches Psychologie in den Anfangssemestern die Versuchspersonen psychologischer Experimente, einfach weil sie sich leicht rekrutieren lassen (vielfach dank entsprechender Prüfungsordnungen). Diese Gruppe von Personen wird aber in den seltensten Fällen auch die interessierende Population darstellen. Die Ergebnisse sollen in vielen Fällen für alle (jungen) Erwachsenen unseres Kulturkreises gelten, oder sogar darüber hinaus. Sie sollen eventuell nicht nur Schlussfolgerungen für die heute lebenden Personen, sondern auch für zukünftig lebende Personen erlauben. Experimente zur Wahrnehmungspsychologie werden häufig nur mit einer einzigen Versuchsperson durchgeführt, oder mit einer vergleichsweise kleinen Zahl von Versuchspersonen, deren Daten getrennt ausgewertet werden. Die hierbei interessierende Grundgesamtheit kann als die Menge der relevanten Verhaltensäußerungen einer Versuchsperson gelten, aus der für das Experiment dann eine Stichprobe gezogen wird. Aus statistischer Sicht ist das Ziel der Inferenz die einzelne Versuchsperson. Natürlich will man die erhaltenen Ergebnisse auch hier, wie gerade dargestellt, auf möglichst große Personengruppe verallgemeinern. Das ist aber keine Frage der statistischen Inferenz, sondern der externen Validität des Experiments (vgl. Abschnitt 5.2). Eine derartige Verallgemeinerung erfordert Sachwissen aus dem betreffenden Forschungsbereich und kann nicht allein aufgrund statistischer Überlegungen erfolgen (z.B. Keppel & Wickens, 2004). In vielen neuropsychologischen Experimenten, deren Daten zur neuronalen Aktivität im Allgemeinen über verschiedene Versuchspersonen hinweg aggregiert werden, hat man die Gesamtheit der Neuronen in den Gehirnen der Personen aus einer interessierenden Grundgesamtheit (z.B. Gesamtbevölkerung, Personen mit beschriebenen neurologischen Ausfällen in bestimmten Hirnarealen, Personen mit diagnostizierter Schizophrenie, ...) als Population zu betrachten.

Die in all diesen Beispielen anklingende Offenheit, oder Unbestimmtheit der Population stellt ein grundsätzliches Problem für die Ziehung einer Zufallsstichprobe dar, bei der jedes Element der Grundgesamtheit unabhängig von den übrigen die gleiche Wahrscheinlichkeit haben soll, in die Stichprobe aufgenommen zu werden.

> Häufig sind nicht alle Untersuchungsobjekte, die zu einer Population gehören, bekannt, so dass die Ziehung einer "echten" Zufallsstichprobe unmöglich oder doch zumindest mit einem unzumutbaren Aufwand verbunden ist. Man begnügt sich deshalb gelegentlich mit sog. "anfallenden" oder "ad hoc"-Stichproben (...) in der Hoffnung, auch so zu aussagefähigen Resultaten zu gelangen. Vor dieser Vorgehensweise sei nachdrücklich gewarnt. (Bortz & Schuster, 2010, S. 81)

Besonders im Kontext sozialwissenschaftlicher Untersuchungen sind Verfahren zur Stichprobenziehung entwickelt worden, die dem mit der Auswahl anhand einer Gleichverteilung verbundenen Anspruch an eine Repräsentativität hinsichtlich der Population gerecht werden können. Diese spielen im Rahmen der naturwissenschaftlichen Perspektive dieses Buches aber eine untergeordnete Rolle, sodass hierfür auf die Literatur verwiesen wird (Bortz & Schuster, 2010). Um dem geschilderten Problem zu begegnen, könnte man aber auch auf die Idee kommen, einfach die Population geeignet zu definieren, so dass die tatsächlich gezogene Stichprobe bezüglich dieser Population eine Zufallsstichprobe ist. Doch dies ist ebenfalls kein gangbarer Weg.

> ... letztlich lässt sich für jede "Stichprobe" eine fiktive Population kon-
> struieren, für die diese "Stichprobe" repräsentativ erscheinen mag. Die Schlüsse,
> die aus derartigen Untersuchungen gezogen werden, beziehen sich jedoch
> nicht auf real existierende Populationen und können deshalb wertlos sein.
> (Bortz & Schuster, 2010, S. 81)

Obwohl die Kriterien für die Ziehung einer einfachen Zufallsstichprobe sehr klar und
eindeutig formuliert scheinen, kann ihre konkrete Implementierung im Rahmen psychologischer Experimente in fehlerhafter Weise erfolgen, was dann zu systematischen
Effekten führen kann. Vul et al. (2009a) beschreiben eine Problematik, die nach ihrer
Einschätzung bei der Datenauswertung in vielen neuropsychologischen Untersuchungen vorliegt, die extrem hohe Korrelationen zwischen der durch bildgebende Verfahren gemessenen Hirnaktivität und Verhaltensmaßen aus Bereichen, wie etwa Emotion,
Persönlichkeit, oder sozialer Kognition berichten. Ausgehend von der Messgenauigkeit,
mit der die Hirnaktivität und die Verhaltensmaße bestimmt werden können, sind diese
hohen Korrelationen eigentlich nicht zu erreichen, es sei denn, die Stichprobenziehung
verletzt die Kriterien der stochastischen Unabhängigkeit und der Gleichverteilung. Um
dieser Frage nachzugehen, erstellten Vul et al. (2009a) zunächst eine Literaturübersicht
und führten eine Befragung der Autoren der relevanten Arbeiten zu den verwendeten
Methoden durch, da diese oft nicht hinreichend präzise dargestellt werden.

Im Rahmen der funktionellen Bildgebung wird die Hirnaktivität zumeist mit dem sogenannten BOLD-Signal identifiziert, mit dem der lokale Blutfluss gemessen wird. Das resultierende Bild setzt sich zusammen aus zigtausend bis hunderttausend würfelförmigen
Volumeneinheiten (Voxel), in denen die mit komplexen Verfahren aufbereiteten Messungen des BOLD-Signals dargestellt werden (vgl. Abschnitt 2.3.3). Im vorliegenden
Zusammenhang ist nicht diese Vorverarbeitung der Daten entscheidend, sondern ihre
weitere statistische Analyse. Vul et al. (2009a) fanden als Ergebnis ihrer Befragung in
mehr als der Hälfte der betrachteten Arbeiten folgende grundsätzliche Vorgehensweise:

1. Für jedes Voxel wird die jeweilige Aktivität (die eventuell auch eine Differenz
   zwischen zwei Bedingungen sein kann) über die Versuchspersonen hinweg mit
   dem Verhaltensmaß korreliert. Die Anzahl der Korrelation ist gleich der Anzahl
   der gemessenen Voxels.

2. Aus allen Voxeln werden diejenigen ausgewählt, die ein hinreichend große Korrelation mit dem Verhaltensmaß zeigen, also über einem festgelegten Schwellenwert
   liegen. Die Argumentation hierbei ist, dass es notwendig ist aus allen Voxeln diejenigen zu bestimmen, die einen Zusammenhang mit dem Verhaltensmaß aufweisen.

3. Die Korrelation der mittleren Aktivität, der im vorhergehenden Schritt bestimmten Regionen mit dem Verhaltensmaß wird berichtet.

Die generelle Vorgehensweise besteht also in der Selektion einer Teilstichprobe, für die
dann statistische Kenngrößen berechnet werden. Entscheidend dabei ist, dass die Auswahl der Teilstichprobe hierbei nicht unabhängig vom untersuchten Kriterium (der Korrelation mit dem betrachteten Verhaltensmaß) durchgeführt wird. Vul und Kanwisher

(2010) charakterisieren die die geforderte Unabhängigkeit der Selektion in wahrscheinlichkeitstheoretischen Begriffen folgendermaßen: Ist $f(x)$ die Dichtefunktion des durch
die Zufallsvariable X bezeichneten Merkmals (z.B. bestimmt durch die einem statistischen Test zugrunde liegende Verteilung unter der Nullhypothese) und repräsentiert das
Ereignis C die Auswahlkriterien für die Teilstichprobe, dann fordert die Unabhängigkeit
der Selektion von der nachfolgenden statistischen Auswertung $f(x \mid C) = f(x)$. Ist diese
Unabhängigkeit verletzt, so resultiert ein *Selektionseffekt* (selection bias), der zu einer
verzerrten Schätzung der wahren Zusammenhänge (im Allgemeinen zu einer systematischen Überschätzung) über die berechneten statistischen Kenngrößen führt.

Die Veröffentlichung des Artikels von Vul et al. (2009a) hat hohe Wellen geschlagen. In
einer Reihe von Kommentaren hierzu wird etwa argumentiert, dass die Vorgehensweise bei der statistischen Datenauswertung in den kritisierten Arbeiten tatsächlich nicht
den oben dargestellten Schritten folgt (z.B. Lieberman, Berkman & Wager, 2009). In
einer Replik auf die Kommentare weisen Vul et al. (2009b) diese Einwürfe zurück und
bekräftigen die gezogenen Schlussfolgerungen. Diese Diskussion zeigt, dass sich Selektionseffekte in sehr subtiler Weise manifestieren können. Abschnitt 6.2.1 wird ein weiteres
Beispiel hierfür liefern, in Zusammenhang mit einem von Rock (1957) durchgeführten
klassischen Experiment zum Paarassoziationslernen.

Zusammenfassung

– Die statistische Analyse von Experimenten basiert auf Annahmen zur
  Verteilung des untersuchten Merkmals in der interessierenden Population.

– Im Rahmen einer Stichprobenziehung werden einzelne Untersuchungseinheiten aus der Population zufällig ausgewählt. Eine *einfache Stichprobe*
  liegt vor, wenn die Zufallsvariablen, die die einzelnen Untersuchungseinheiten repräsentieren, *stochastisch unabhängig* und *identisch verteilt* sind.

– Sind diese Bedingungen bei der konkreten Durchführung einer Stichprobenziehung nicht gegeben, dann können *Selektionseffekte* die Ergebnisse
  statistischer Analysen drastisch beeinflussen.

4.4   Parameterschätzung

Verfahren zur Parameterschätzung verfolgen die allgemeine Zielsetzung aus vorliegenden
Daten Informationen über den Wert der Parameter eines unterliegenden statistischen
Modells zu gewinnen. Es gibt verschiedene Methoden, um *Schätzfunktionen* für die Parameter zu gewinnen. Diese geben Prinzipien zur Konstruktion von Schätzfunktionen
vor, mit denen die Übereinstimmung zwischen den beobachteten Daten und der Vorhersage des statistischen Modells optimiert werden soll. Als wichtigste Verfahren werden
hier die *Maximum-Likelihood-Schätzung*, sowie *Bayessche Schätzverfahren* besprochen.

Maximum-Likelihood-Schätzung

Das sogenannte *Maximum-Likelihood-Prinzip* wurde durch R.A. Fisher (1890-1962) vorgeschlagen und zeichnet sich gegenüber anderen Verfahren hinsichtlich vieler Aspekte aus. Die resultierenden Schätzfunktionen haben beispielsweise viele wünschenswerte Eigenschaften, die als Gütekriterien für Schätzfunktionen verstanden werden. Das Maximum-Likelihood-Prinzip wird nachfolgend für den Fall der Schätzung eines allgemeinen Parameters ϑ betrachtet. Das Verfahren lässt sich auch auf Situationen verallgemeinern, in denen ϑ ein Vektor von Parametern ist (z.B. $\vartheta = (\mu, \sigma)$, wie im Falle der Normalverteilung).

Den Ausgangspunkt bildet als statistisches Modell der Population eine Zufallsvariable X, deren Verteilung von einem unbekannten Parameter ϑ abhänge. Es liege eine einfache Zufallsstichprobe $X_1, \ldots, X_n$ (also unabhängig identisch verteilte Zufallsvariablen) vom Umfang n vor, sowie zugehörige Realisierungen $x_1, \ldots, x_n$. Hierzu betrachtet man im stetigen Fall die Wahrscheinlichkeitsdichte und im diskreten Fall die Wahrscheinlichkeit, eben die gegebenen Daten $x_1, \ldots, x_n$ zu erhalten, unter der Bedingung, dass der Parameter den Wert ϑ annimmt.

Beispiel 4.19

Sind die Zufallsvariablen $X_1, \ldots, X_n$ stochastisch unabhängig und Bernoulli-verteilt mit dem Parameter p, dann bezeichnet

$$
\begin{aligned}
f(x_1, \ldots, x_n \,|\, p) &= I\!P(x_1, \ldots, x_n \,|\, p) \\
&= p^{x_1} \cdot (1-p)^{1-x_1} \cdot \ldots p^{x_n} \cdot (1-p)^{1-x_n} \\
&= p^{x_1 + \ldots + x_n} \cdot (1-p)^{n-(x_1 + \ldots + x_n)}
\end{aligned} \tag{4.2}
$$

die Wahrscheinlichkeit die Daten $x_1, \ldots, x_n$ zu erhalten, gegeben der zugrunde liegende Parameter ist p. Betrachtet für den Stichprobenumfang $n = 5$ konkret die Daten $x_1 = 1, x_2 = 0, x_3 = 1, x_4 = 1, x_5 = 0$, so erhält man

$$
f(1, 0, 1, 1, 0 \,|\, p) = p^{1+0+1+1+0} \cdot (1-p)^{5-(1+0+1+1+0)} = p^3 \cdot (1-p)^2
$$

Es zeigt sich, dass die Funktion f in Abhängigkeit vom Parameter p unterschiedliche Werte annimmt. Abbildung 4.5 zeigt, dass sich die Wahrscheinlichkeiten die Daten zu beobachten deutlich unterscheiden, je nach dem Parameterwert p, der dem statistischen Modell der Population zugrunde gelegt wird.

Allgemein betrachtet man eine Funktion $f(x_1, \ldots, x_n \,|\, \vartheta)$. Sie gibt die Wahrscheinlichkeitsdichte (bzw. im diskreten Fall die Wahrscheinlichkeit) an, mit der die beobachteten Daten $x_1, \ldots, x_n$ resultieren, gegeben der zugrunde liegende Parameter ist ϑ. Da die Daten $x_1, \ldots, x_n$ ja gegeben und daher fest sind, kann f als Funktion mit dem Argument ϑ angesehen werden. Man bezeichnet jede zu f proportionale Funktion

$$
\mathcal{L}(\vartheta) = c \cdot f(x_1, \ldots, x_n \,|\, \vartheta)
$$

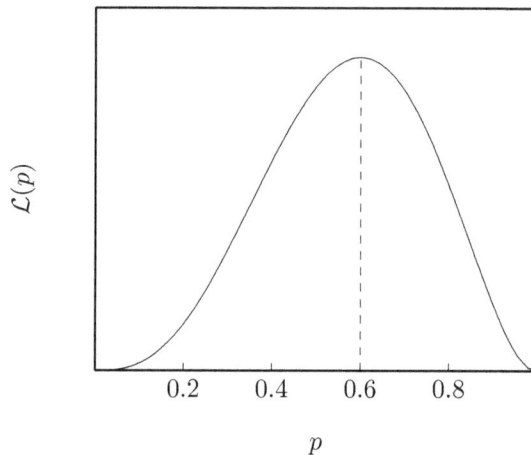

Abbildung 4.5: *Likelihood $\mathcal{L}(p)$ der Daten $(1, 0, 1, 1, 0)$ aus einem fünffach wiederholten Bernoulli-Experiment. Die gestrichelte Linie kennzeichnet das Maximum der Likelihood bei $\hat{p} = 3/5$.*

(mit einer beliebigen Konstante $c > 0$) als *Likelihood*. Es ist sinnvoll den unbekannten Parameter so zu wählen, dass die Wahrscheinlichkeitsdichte bzw. die Wahrscheinlichkeit der beobachteten Daten gegeben den Parameterwert möglichst groß wird. Das ist der Inhalt des sogenannten Maximum-Likelihood Prinzips. Wegen der stochastischen Unabhängigkeit der zu den Realisierungen $x_1, \ldots, x_n$ gehörigen Zufallsvariablen $X_1, \ldots, X_n$ gilt für die Likelihood

$$\mathcal{L}(\vartheta) \propto \prod_{i=1}^{n} f(x_i \mid \vartheta),$$

wobei $\propto$ die oben angegebene Proportionalität kennzeichnet. Das *Maximum-Likelihood Prinzip* besagt dann

> Wähle für gegebene Daten $x_1, \ldots, x_n$ als Schätzung denjenigen Parameterwert $\hat{\vartheta}$, für den die Likelihood maximal ist, d.h. $\mathcal{L}(\hat{\vartheta}) = \max_\vartheta \mathcal{L}(\vartheta)$.

Der so bestimmte Wert $\hat{\vartheta}$ wird auch *Maximum-Likelihood-Schätzer* (ML-Schätzer) für den Parameter ϑ genannt. Zur Bestimmung eines ML-Schätzers sind prinzipiell folgende Schritte zu absolvieren:

Schritt 1 Bildung der logarithmierten Likelihood $\log \mathcal{L}(\vartheta)$;

Schritt 2 Ableitung $\frac{d \log \mathcal{L}(\vartheta)}{d\vartheta}$ der log-Likelihood nach dem Parameter ϑ;

Schritt 3 Nullsetzen der Ableitung und Auflösen der resultierenden Gleichung nach dem Schätzer $\hat{\vartheta}$.

Die direkte Berechnung der Ableitung der Likelihood $\mathcal{L}$ wird dadurch erschwert, dass sie ein Produkt darstellt, was die Anwendung der "Produktregel" der Ableitung erfordert. Zur rechentechnischen Vereinfachung wird daher zunächst der (natürliche) Logarithmus der Likelihood $\log \mathcal{L}(\vartheta)$ gebildet, der auch als *log-Likelihood* bezeichnet wird. Die Produktdarstellung geht dabei in eine Summe über, in der jeder Summand getrennt abgeleitet werden kann (wobei die Konstante $\log c$ wegfällt). Die Bildung der Log-Likelihood ist zulässig, da der (natürliche) Logarithmus eine streng monoton steigende Transformation ist. Dadurch ist der größte Wert der Likelihood auch der größte Wert der log-Likelihood.

Beispiel 4.20

In Fortsetzung von Beispiel 4.19 lautet die log-Likelihood für die Bernoulli-Verteilung

$$\log \mathcal{L}(p) = \log p \cdot \sum_{i=1}^{n} x_i + \log(1-p) \cdot \left(n - \sum_{i=1}^{n} x_i \right).$$

Für die Bildung der Ableitung schlägt man in der mathematischen Formelsammlung die Formeln $\frac{d \log p}{d p} = \frac{1}{p}$ und $\frac{d \log(1-p)}{d p} = \frac{1}{1-p} \cdot (-1)$ nach. Damit erhält man für die Ableitung der log-Likelihood

$$\frac{d \ln \mathcal{L}(p)}{d p} = \frac{1}{p} \cdot \sum_{i=1}^{n} x_i + \frac{1}{1-p} \cdot (-1) \cdot \left(n - \sum_{i=1}^{n} x_i \right).$$

Nullsetzen der Ableitung (wobei die Variable p durch den festen Wert $\hat{p}$ ersetzt wird) und Auflösen der Gleichung nach $\hat{p}$ liefert dann die relative Häufigkeit $\hat{p} = \frac{1}{n} \sum_{i=1}^{n} x_i$ als Maximum-Likelihood Schätzer für den Parameter p einer Bernoulli-Verteilung.

Die Anwendung des Maximum-Likelihood Prinzip ist in vielen Fällen erstrebenswert, da man allgemein zeigen kann, dass die Maximum-Likelihood Schätzfunktionen für einen Parameter ϑ folgende wünschenswerte Eigenschaften haben. Ein ML-Schätzer ist

- asymptotisch erwartungstreu, d.h. der Erwartungswert der Schätzfunktion stimmt mit wachsendem Stichprobenumfang $n \to \infty$ mit dem Parameterwert ϑ überein (es gibt also für große Stichprobenumfänge keine systematische Über- oder Unterschätzung des Parameters);

- asymptotisch effizient, d.h. für $n \to \infty$ gibt es keine erwartungstreue Schätzfunktion mit kleinerer Varianz (also mit kleinerer Streuung um den Wert ϑ);

- asymptotisch normalverteilt, d.h. für $n \to \infty$ geht die Verteilung der Schätzfunktion gegen eine Normalverteilung mit Erwartungswert ϑ und einer Varianz, die durch die sogenannte Fisher-Information bestimmt ist;

- eine suffiziente Schätzfunktion (d.h. der Schätzer enthält alle Information aus den Daten für den Parameter), wenn überhaupt eine solche existiert.

Bayessche Schätzverfahren

Bei den *Bayesschen Schätzverfahren* wird von einem anderen Grundverständnis der Parameter des unterliegenden statistischen Modells in der Population ausgegangen. Da der Wert eines Parameters zunächst nicht definitiv fest liegt, wird er als Zufallsvariable betrachtet, für die im Folgenden die Bezeichnung Θ verwendet wird. Ein Parameterwert ϑ wird damit als Realisierung der Zufallsvariablen Θ angesehen. Die Unsicherheit über den Wert ϑ des Parameters wird durch eine Verteilung repräsentiert, die Wahrscheinlichkeitsverteilung der Zufallsvariablen Θ. Bevor nun Daten aus einer Stichprobenziehung vorliegen, wird die Unsicherheit bezüglich des Parameterwertes durch eine sogenannte *A-priori-Verteilung* (prior distribution) beschrieben. Diese A-priori-Verteilung kann Vorannahmen, Vorwissen oder Überzeugungen hinsichtlich des Parameterwertes repräsentieren, oder aber jeden möglichen Parameterwert mit gleicher Wahrscheinlichkeit zulassen (nicht informative A-priori-Verteilung; uninformative prior). Bayessche Schätzverfahren können daher auf dem oben bereits beschriebenen *subjektiven Wahrscheinlichkeitsbegriff* basieren.

Sobald nun Daten vorliegen, wird mit Hilfe einer geeigneten Version der Formel von Bayes eine sogenannte *A-posteriori-Verteilung* (posterior distribution) berechnet. Die A-posteriori-Verteilung der Zufallsvariablen Θ wird durch die Berücksichtigung der Daten mehr oder weniger deutlich von der A-priori-Verteilung abweichen. Die A-posteriori-Verteilung von Θ bildet dann den Ausgangspunkt für die Bestimmung der Schätzfunktion für den unbekannten Parameter, z.B. durch Bestimmung des Erwartungswerts (im Mittel erwarteter Wert) von Θ, oder des Modus der zur A-posteriori-Verteilung gehörigen Dichte ("wahrscheinlichster Wert").

Wie bei der Maximum-Likelihood Schätzung bezeichne $f(x_1, \ldots, x_n \mid \vartheta)$ die Wahrscheinlichkeitsdichte (bzw. hier, wie auch nachfolgend, die Wahrscheinlichkeitsfunktion im diskreten Fall) für die Daten, gegeben es gilt $\Theta = \vartheta$. Durch $g(x_1, \ldots, x_n)$ werde die Randdichte der Daten angegeben und mit $h(\vartheta)$ die A-priori-Dichte von Θ. Mit der Formel von Bayes (Gleichung (4.1)) berechnet man daraus die A-posteriori-Dichte $k(\vartheta \mid x_1, \ldots, x_n)$ von Θ, gegeben die beobachteten Daten $x_1, \ldots, x_n$, durch

$$
\begin{aligned}
k(\vartheta \mid x_1, \ldots, x_n) &= \frac{f(x_1, \ldots, x_n \mid \vartheta) \cdot h(\vartheta)}{g(x_1, \ldots, x_n)} \\
&= \frac{f(x_1, \ldots, x_n \mid \vartheta) \cdot h(\vartheta)}{\int f(x_1, \ldots, x_n \mid \vartheta) \cdot h(\vartheta) \, d\vartheta} \\
&= \frac{\mathcal{L}(\vartheta) \cdot h(\vartheta)}{\int \mathcal{L}(\vartheta) \cdot h(\vartheta) \, d\vartheta}.
\end{aligned}
$$

Die letzte Gleichung folgt, da $f(x_1, \ldots, x_n \mid \vartheta)$ ja gerade die Likelihood $\mathcal{L}(\vartheta)$ ist.

Wählt man als Punktschätzer für den unbekannten Parameter den Erwartungswert der A-posteriori-Verteilung, dann muss zu deren expliziter Bestimmung das Integral $\int \mathcal{L}(\vartheta) \cdot h(\vartheta) \, d\vartheta$ berechnet werden. Diese Berechnung kann unter Umständen sehr komplex werden und ist möglicherweise analytisch nicht mehr durchführbar. In diesem Fall werden numerische Integrationsverfahren eingesetzt oder Simulationstechniken benutzt. Diese Problematik umgeht man, wenn man als Punktschätzer für den unbekannten Parameter den Modus der A-posteriori-Verteilung verwendet, den sogenannten

Maximum-A-posteriori-Schätzer (MAP). Da der Nenner des zur Bayesschen Inferenz verwendeten Ausdrucks nicht mehr von ϑ abhängt, kann der Modus durch Maximieren des Zählerausdrucks $\mathcal{L}(\vartheta) \cdot h(\vartheta)$ (bzw. des Logarithmus davon) erfolgen. Man wählt also den Parameterwert $\hat{\vartheta}_{MAP}$ so, dass gilt

$$\mathcal{L}(\hat{\vartheta}_{MAP}) \cdot h(\hat{\vartheta}_{MAP}) = \max_{\vartheta} \mathcal{L}(\vartheta) \cdot h(\vartheta).$$

Damit wird auch die Beziehung zur Maximum-Likelihood Schätzung deutlich. Anstatt der Likelihood $\mathcal{L}(\vartheta)$ wird hier die mit der A-priori-Verteilung $h(\vartheta)$ gewichtete Funktion $\mathcal{L}(\vartheta) \cdot h(\vartheta)$ maximiert. Ist die A-priori-Dichte $h(\vartheta)$ uninformativ, d.h. treten alle möglichen Werte ϑ mit gleicher Wahrscheinlichkeit auf, dann stimmen der ML-Schätzer $\hat{\vartheta}$ und der MAP-Schätzer $\hat{\vartheta}_{MAP}$ überein.

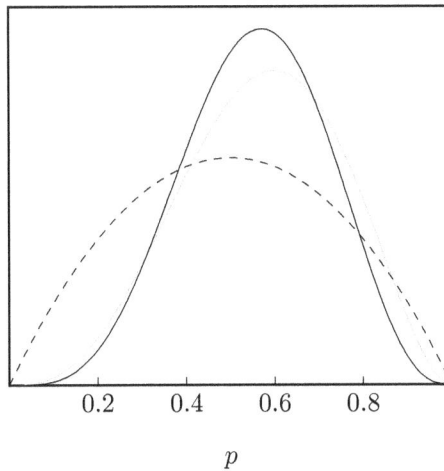

Abbildung 4.6: *A-posteriori-Dichte (durchgezogene schwarze Kurve) des Parameters p einer Bernoulli-Verteilung bei der durch die gestrichelte Kurve angegebenen A-priori-Dichte und der Beobachtung der Daten $(1, 0, 1, 1, 0)$ aus einem fünffach wiederholten Bernoulli-Experiment. Als Referenz ist die bei einer uninformativen A-priori-Verteilung resultierende A-posteriori-Dichte (graue Kurve) angegeben.*

Zusammenfassung

- Im Rahmen von Verfahren zur Parameterschätzung werden *Schätzfunktionen* bestimmt, mit denen aus vorliegenden Daten Informationen über den Wert der Parameter eines unterliegenden statistischen Modells gewonnen werden.

– Bei der *Maximum-Likelihood-Schätzung* werden die Schätzfunktionen für die Parameter so bestimmt, dass die *Likelihood* der Daten, gegeben die Parameter, maximal wird.

– *Bayessche Schätzverfahren* betrachten die Parameter des statistischen Modells als Zufallsvariablen, für die über eine *A-priori-Verteilung* Vorannahmen über die Parameterwerte formuliert können. Die für gegebene Daten mit Hilfe der Bayesschen Formel daraus abgeleitete *A-posteriori-Verteilung* bildet die Grundlage der Parameterschätzung.

4.5 Statistisches Testen

Inhaltliche Fragestellungen werden in Verbindung mit der Durchführung eines Zufallsexperiments in statistische Hypothesen übersetzt. Die Überprüfung dieser Hypothesen fällt unter den Begriff des statistischen Testens. Das Instrument des *statistischen Tests* folgt dabei eindeutig festgelegten Regeln. Der Einsatz statistischer Tests zur Beantwortung von Fragestellungen hinsichtlich der unterliegenden Population erfordert eine klare Operationalisierung der Vermutungen und die Formulierung der Vermutungen als statistisches Testproblem.

Die Durchführung statistischer Tests zur zufallskritischen Absicherung von Hypothesen ist obligatorisch für die Publikation empirischer Ergebnisse in der Psychologie. Im Rahmen eines Begutachtungsverfahrens (peer review) werden die bei psychologischen Fachzeitschriften eingereichten Manuskripte hinsichtlich der Einhaltung dieser wissenschaftlich-methodischen Standards kritisch bewertet. Dies ist Ausdruck eines wohlverstandenen Konservatismus in der Wissenschaft, nachdem neue Ergebnisse nur dann in den Wissenskanon aufgenommen werden, wenn diese durch ausreichende Evidenzen gestützt werden. Die Zufallsbehaftetheit empirischer Beobachtungen macht hierzu eine Bewertung der Daten aus statistischer Sicht erforderlich.

Oftmals wird der Eindruck erweckt, die Statistik würde ein einheitliches Instrumentarium zur Durchführung statistischer Tests zur Verfügung stellen. Es existieren aber grundlegend voneinander verschiedene Ansätze, wie beispielsweise

– die Theorie der Signifikanztests nach Fisher,

– die Theorie der Hypothesentests nach Neyman-Pearson,

– die Theorie Bayesscher Hypothesentests,

– die Randomisierungstests.

Die Unterscheidung zwischen den ersten beiden Ansätzen wird in vielen Lehrbüchern zur Statistik (insbesondere in solchen, die für Psychologen geschrieben wurden) oft nicht thematisiert. Mehr noch, gelehrt wird häufig ein merkwürdiges Konglomerat, das Aspekte der Ansätze von Ronald A. Fisher (Fisher, 1925, 1935) auf der einen und von Jerzy Neyman und Egon Pearson (Neyman & Pearson, 1928a, 1928b, 1933) auf der anderen Seite vermischt. Die Tatsache, dass die Unvereinbarkeit der Ansätze über Jahrzehnte Gegenstand heftigster Debatten zwischen den beiden Lagern war (Gigerenzer, 1993; Hubbard & Bayarri, 2003), macht diese Vermischung umso befremdlicher.

Die beiden erstgenannten Ansätze werden im Folgenden anhand eines sogenannten *Parametertests* verglichen. Dabei beziehen sich die statistischen Hypothesen auf einen unbekannten Parameter (oder Parametervektor) ϑ der Verteilung des interessierenden Merkmals in einer Population. Zur Untersuchung dieses Merkmals sei ein Zufallsexperiment durchgeführt worden, bei dem eine einfache Zufallsstichprobe vom Umfang n erhoben wurde. Man betrachtet also Zufallsvariablen $X_1, \ldots, X_n$, die stochastisch unabhängig und identisch verteilt sind, gemäß der vom Parameter ϑ abhängigen Verteilung. Aus den entsprechenden Stichprobenwerten $x_1, \ldots, x_n$ wird ein Kennwert $t_{ber} = t(x_1, \ldots, x_n)$ berechnet, der als Realisierung einer Zufallsvariablen T aufgefasst wird. Die Stichprobenverteilung von T sei bekannt (was eventuell nur unter bestimmten Voraussetzungen, wie etwa einer zugrunde liegenden Normalverteilung, der Fall ist) und hänge ebenfalls vom Parameter ϑ ab. Ziel des Parameterstests ist aus der Kenntnis des Stichprobenkennwerts t_{ber} Annahmen über den unterliegenden Parameter ϑ statistisch zu überprüfen.

4.5.1 Signifikanztest nach Fisher

Fisher (1925, 1935) geht von der Formulierung einer sogenannten *Nullhypothese* H_0 aus. Diese macht bestimmte Annahmen über den Parameter des unterliegenden Verteilung. Man unterscheidet verschiedene Fälle, je nach Art der getroffenen Annahmen. Die Formulierung der Nullhypothese $H_0 \colon \vartheta = \vartheta_0$ wird als *zweiseitiges Testproblem* bezeichnet, während die Formulierungen $H_0 \colon \vartheta \leq \vartheta_0$ und $H_0 \colon \vartheta \geq \vartheta_0$ als *einseitiges Testproblem* gelten.

Auf der Grundlage der Stichprobenverteilung von T betrachtet Fisher die Wahrscheinlichkeit, dass das zugrundeliegende Zufallsexperiment einen Wert liefert, der mindestens so deutlich von der Erwartung unter der Nullhypothese abweicht, wie der konkret beobachtete Wert. Im Falle der Nullhypothese $H_0 \colon \vartheta = \vartheta_0$ mit dem erwarteten Wert $\mu_0 = \mathcal{E}(T \mid \vartheta = \vartheta_0)$ und dem aus den vorliegenden Daten berechneten Wert $t(x_1, \ldots, x_n) = t_{ber}$ ist diese Wahrscheinlichkeit gegeben durch

$$p = \mathbb{P}(T \leq -|t_{ber}| \text{ oder } T \geq |t_{ber}| \mid \vartheta = \vartheta_0).$$

Abbildung 4.7 veranschaulicht die beschriebene Situation. Dargestellt ist Dichte $f(t \mid \vartheta = \vartheta_0)$ der Stichprobenverteilung von T unter der Nullhypothese. Die Wahrscheinlichkeit p Abweichungen vom erwarteten Wert $\mathcal{E}(T \mid \vartheta = \vartheta_0)$ zu erhalten, die mindestens so extrem wie der aus den Daten berechnete Wert t_{ber} sind, wird durch die Fläche der grau hinterlegten Bereiche gekennzeichnet. Man spricht in diesem Zusammenhang auch vom *p-Wert*.

Nach Fisher kann der *p*-Wert als Indikator dafür interpretiert werden, ob die Daten Evidenz gegen die Gültigkeit der Nullhypothese liefern. Je kleiner der *p*-Wert, umso größer

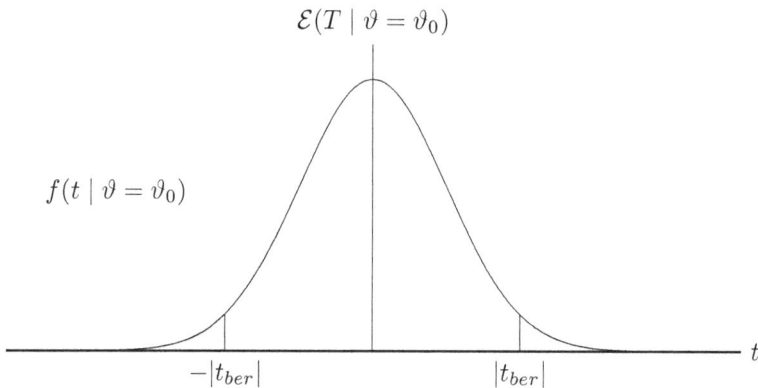

Abbildung 4.7: *Im Signifikanztest der Nullhypothese $H_0\colon \vartheta = \vartheta_0$ nach Fisher wird die Wahrscheinlichkeit betrachtet, dass man Abweichungen vom erwarteten Wert $\mathcal{E}(T \mid \vartheta = \vartheta_0)$ beobachtet, die mindestens so extrem wie der aus den Daten berechnete Wert t_{ber} sind. Diese Wahrscheinlichkeit p wird durch die Fläche der hinterlegten Bereiche unter der Dichte $f(t \mid \vartheta = \vartheta_0)$ der Stichprobenverteilung von T unter der Nullhypothese gekennzeichnet.*

die Evidenz gegen die Nullhypothese. Die Nullhypothese wird letztlich abgelehnt, oder als widerlegt (disproved) betrachtet, wenn der p-Wert einen Betrag unterschreitet, der als *Signifikanzniveau* bezeichnet wird. Liegt der p-Wert unter einem Signifikanzniveau von 0.05, so konstatiert Fisher, dass entweder ein sehr seltener Fall vorliegt, oder die der Nullhypothese unterliegende Theorie nicht zutrifft.

> Fisher regarded p values as constituting inductive evidence against the null hypothesis; the smaller the p value, the greater the weight of said evidence (Johnstone 1986, 1987; Spielman 1974). In terms of his famous disjunction, a p value $\leq .05$ on the null hypothesis indicates that "either an exceptionally rare chance has occurred or the theory is not true" (Fisher, 1959, S. 39). (Hubbard & Bayarri, 2003, S. 172)

Die Berechnung von p-Werten sieht Fisher als "objektive" Methode an, mit der ein Forscher die Plausibilität der Nullhypothese in rationaler und nachvollziehbarer Weise überprüfen kann. Die Festlegung des Signifikanzniveaus auf 0.05 ist dabei nicht zwingend, sondern hat sich daran zu orientieren, welche Wahrscheinlichkeit man einem seltenen Ereignis zuerkennen will. Legt man strengere Maßstäbe an, so sind Werte 0.02 oder sogar 0.01 zu verwenden.

> A scientific fact should be regarded as experimentally established only if a properly designed experiment *rarely fails* to give this level of significance. ... If one in twenty does not seem high enough odds, we may, if we prefer it, draw the line at one in fifty (the 2 per cent point), or one in a hundred (the 1 per cent point). (Fisher, 1926, S. 504; zit. nach Hubbard & Bayarri, 2003, S. 172)

Abschließend sei explizit betont, dass der p-Wert durch die Daten bestimmt wird. Über die Stichprobenverteilung von T unter der Nullhypothese korrespondiert er mit einem eindeutig bestimmten Stichprobenkennwert t_{ber}. Mehr noch, man kann den p-Wert als Realisierung einer zugehörigen Zufallsvariablen P auffassen, die unter der Nullhypothese gleichmäßig auf dem abgeschlossenen Intervall von 0 bis 1 verteilt ist (Hubbard & Bayarri, 2003). Der p-Wert liefert damit eine Charakterisierung der Ergebnisse des Zufallsexperiments, die im Wesentlichen als äquivalent zum Stichprobenkennwert t_{ber} betrachtet werden kann. Fisher plädierte dafür, als Ergebnis des Signifikanztests den konkret erhaltenen p-Wert zu berichten (also z.B. $p = 0.037$), anstatt lediglich die Entscheidung $p < 0.05$ mitzuteilen (vgl. Gigerenzer, 1993).

Ein signifikantes Ergebnis bzw. eine vorliegende *statistische Signifikanz* (d.h. H_0 wird verworfen) kann nicht unmittelbar als empirisch bedeutsames Ergebnis gewertet werden (vgl. den Begriff der *Effektstärke*, Abschnitt 4.5.2). Signifikanz bedeutet, dass die bedingte Wahrscheinlichkeit des vorliegenden Ergebnisses unter Annahme der Nullhypothese kleiner ist als das festgelegte Signifikanzniveau. Das liefert weder eine Auskunft über die A-Priori-Wahrscheinlichkeit des Zutreffens der Nullhypothese, noch über die bedingte Wahrscheinlichkeit des Zutreffens der Nullhypothese gegeben die Daten. Bedingte Wahrscheinlichkeiten von Hypothesen gegeben die Daten werden im Rahmen von Bayesschen Hypothesentests betrachtet (vgl. Abschnitt 4.5.3)

4.5.2 Hypothesentest nach Neyman-Pearson

Die Theorie von Jerzy Neyman und Egon Pearson (Neyman & Pearson, 1928a, 1928b, 1933) wurde als Weiterentwicklung des Ansatzes von Fisher nach dem 2. Weltkrieg populär, obwohl er sich deutlich von diesem unterscheidet. Durch die Verwendung des Begriffs "Hypothesentest" setzten sich Neyman-Pearson gegen den Signifikanztest nach Fisher ab. Die Grundlage dieses statistischen Tests bildet die Formulierung zweier komplementärer Hypothesen.

> ...when selecting a criterion to test a particular hypothesis H, should we consider only the hypothesis H, or something more? It is known that some statisticians are of the opinion that good tests can be devised by taking into consideration only the [null] hypothesis tested. But my opinion is that this is impossible and that, if satisfactory tests are actually devised without explicit consideration of anything beyond the hypothesis tested, it is because the respective authors *subconsciously* take into consideration certain relevant circumstances, namely, the alternative hypothesis that may be true if the hypothesis tested is wrong. (Neyman, 1952, S. 44; zit. nach Hubbard & Bayarri, 2003, S. 172)

Damit wird ein statistischer Test als Entscheidung zwischen zwei Hypothesen formalisiert: Der Nullhypothese H_0 auf der einen Seite und der Alternativhypothese H_1 auf der anderen Seite. Jede der beiden Hypothesen ist dabei formal-logisch die Negation der jeweils anderen, so dass jeweils genau eine der Hypothesen tatsächlich wahr sein kann. Die Charakterisierung zweiseitiger bzw. einseitiger Testprobleme erfolgt nach Neyman-

Pearson also durch Hypothesenpaare, bestehend aus einer Nullhypothese H_0 und deren Negation als Alternativhypothese H_1:

zweiseitig $H_0\colon \vartheta = \vartheta_0$, $H_1\colon \vartheta \neq \vartheta_0$

einseitig $H_0\colon \vartheta \leq \vartheta_0$, $H_1\colon \vartheta > \vartheta_0$ bzw. $H_0\colon \vartheta \geq \vartheta_0$, $H_1\colon \vartheta < \vartheta_0$

Die bei diesen Testproblemen vorliegenden Entscheidungssituationen lassen sich bei zwei möglichen Zuständen der Welt (H_0 wahr bzw. H_1 wahr) und zwei Entscheidungsalternativen (Entscheidung für H_0 bzw. für H_1) durch folgendes Schema charakterisieren.

	Entscheidung für	
	H_0	H_1
H_0 wahr	korrekte Entscheidung	Fehler 1. Art (α-Fehler)
H_1 wahr	Fehler 2. Art (β-Fehler)	korrekte Entscheidung

Korrekte Entscheidungen liegen vor, wenn man sich bei Vorliegen von H_0 bzw. H_1 auch für diese entscheidet, andernfalls begeht man eine Fehlentscheidung. Der *Fehler 1. Art* beschreibt das Ereignis, dass die Nullhypothese H_0 fälschlicherweise abgelehnt wird. Man entscheidet sich also für die Alternativhypothese H_1, obwohl H_0 wahr ist. Die Wahrscheinlichkeit dieses Ereignisses wird durch α bezeichnet (daher auch der Begriff α-Fehler) und *Irrtumswahrscheinlichkeit* genannt. Der *Fehler 2. Art* beschreibt das Ereignis, dass die Nullhypothese H_0 fälschlicherweise beibehalten wird. Hier entscheidet man sich für H_0, obwohl die Alternativhypothese H_1 wahr ist. Die Eintretenswahrscheinlichkeit dieses Ereignisses wird mit β bezeichnet (man spricht daher auch vom sogenannten β-Fehler). Für eine optimale statistische Entscheidung muss man nun versuchen, die Wahrscheinlichkeit beider Fehler, also die Wahrscheinlichkeiten α und β, zu minimieren. Üblicherweise wird die Entscheidung so getroffen, dass die Wahrscheinlichkeit α eines Fehlers 1. Art einen bestimmten Wert (z.B. $\alpha = 0.05$, oder 0.01) nicht übersteigt und unter dieser Maßgabe statistische Tests bevorzugt werden, die mit einer möglichst geringen Wahrscheinlichkeit β eines Fehlers 2. Art verbunden sind.

Die Irrtumswahrscheinlichkeit α im Hypothesentest nach Neyman-Pearson ist grundsätzlich zu unterscheiden vom p-Wert des Signifikanztests nach Fisher (Gigerenzer, 1993; Hubbard & Bayarri, 2003). Wie bereits dargestellt, ist der p-Wert von den Daten abhängig. Im Gegensatz dazu ist α vor jeder Datenerhebung festzulegen und ist eine Eigenschaft des statistischen Tests und nicht der Daten. Die *Irrtumswahrscheinlichkeit* α wird dabei *frequentistisch* interpretiert: Ist die Nullhypothese wahr und wird das Zufallsexperiment zusammen mit dem statistischen Test wiederholt durchgeführt, so erwartet man in $\alpha \cdot 100\%$ der Fälle eine Ablehnung der Nullhypothese (also in 5% der Fälle für $\alpha = 0.05$). Dieselbe frequentistische Interpretation lässt sich auch auf die Wahrscheinlichkeit β unter Gültigkeit der Alternativhypothese anwenden.

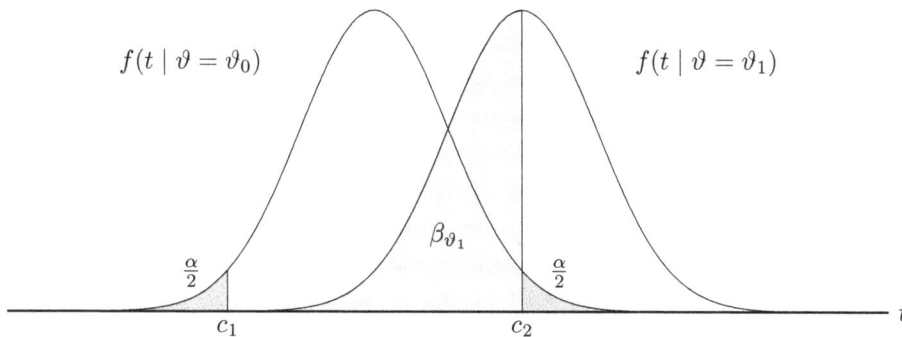

$f(t \mid \vartheta = \vartheta_0)$ $f(t \mid \vartheta = \vartheta_1)$

β_{ϑ_1}

$\frac{\alpha}{2}$ $\frac{\alpha}{2}$

c_1 c_2 t

Abbildung 4.8: *Der Hypothesentest nach Neyman-Pearson betrachtet bei einem zweiseitigen Testproblem die Nullhypothese $H_0 \colon \vartheta = \vartheta_0$ und die Alternativhypothese $H_1 \colon \vartheta \neq \vartheta_0$. Dargestellt sind die Dichten $f(t \mid \vartheta = \vartheta_0)$ und $f(t \mid \vartheta = \vartheta_1)$ zu den Stichprobenverteilungen von T unter H_0 bzw. bei Vorliegen eines konkreten Werts $\vartheta_1 \neq \vartheta_0$ aus H_1. Die Irrtumswahrscheinlichkeit α wird durch die dunkelgrau hinterlegten Bereiche repräsentiert, die Wahrscheinlichkeit β_{ϑ_1} durch den hellgrau hinterlegten Bereich.*

Abbildung 4.8 veranschaulicht die Wahrscheinlichkeiten α und β für einen Fehler 1. bzw. 2. Art in einem zweiseitigen Testproblem im Rahmen eines Hypothesentests nach Neyman-Pearson. Für eine vorgegebene Irrtumswahrscheinlichkeit α bestimmt man über die Stichprobenverteilung von T unter der Nullhypothese zwei kritische Werte $c1$ und c_2 derart, dass $\mathbb{P}(T < c1) = \mathbb{P}(T > c_2) = \alpha/2$ gilt. Die Irrtumswahrscheinlichkeit α wird durch die dunkelgrau hinterlegten Flächen unter der Dichte $f(t \mid \vartheta = \vartheta_0)$ repräsentiert. Die Bereiche $t < c_1$ und $t > c_2$ bilden zusammen den sogenannten *Ableh-nungsbereich*, d.h. die Nullhypothese wird abgelehnt, wenn der aus den Daten berechnete Wert t_{ber} in diesen Bereich fällt. Da t_{ber} über die Stichprobenverteilung von T unter der Nullhypothese eindeutig mit einem zugehörigen p-Wert (nämlich $p = \mathbb{P}(T > t_{ber})$) korrespondiert, kann die Entscheidung gegen die Nullhypothese in äquivalenter Weise auch getroffen werden, wenn $p < \alpha$ gilt. Für $c_1 \leq t_{ber} \leq c_2$ wird die Nullhypothese nicht abgelehnt, sondern *beibehalten*. Ist in diesem Fall tatsächlich die Alternativhypo-these H_1 wahr, so begeht man einen Fehler 2. Art. Abbildung 4.8 zeigt die Dichte zur Stichprobenverteilung von T unter der Annahme $\vartheta = \vartheta_1$, also für einen konkreten Wert $\vartheta_1 \neq \vartheta_0$ aus den unter der Alternativhypothese möglichen Werten. Die Wahrschein-lichkeit β_{ϑ_1} eines Fehlers 2. Art wird durch den hellgrau hinterlegten Bereich unter der Dichte $f(t \mid \vartheta = \vartheta_1)$ gekennzeichnet.

Mit dem Bezug auf eine explizit formulierte Alternativhypothese lässt sich Ansatz von Neyman-Pearson der Begriff der *Teststärke* (power) eines statistischen Tests einführen. Die Teststärke ist bestimmt durch die Wahrscheinlichkeit eine falsche Nullhypothese tatsächlich auch zu verwerfen (d.h. die Nullhypothese abzulehnen, gegeben die Alter-nativhypothese trifft zu), oder anders ausgedrückt, durch die Wahrscheinlichkeit sich korrekterweise zugunsten der Alternativhypothese zu entscheiden. Darin drückt sich die Eigenschaft eines Tests aus, eine bestimmte *Effektstärke* in der Population zu entdecken. Auf der Grundlage der jeweiligen Null- bzw. Alternativhypothese ist die Effektstärke für jeden statistischen Test eigens zu bestimmen (vgl. Cohen, 1992, Tabelle 1). Sie beschreibt das tatsächlich in der Population vorliegende Ausmaß der Abweichung von der Nullhypothese und wird üblicherweise in normierter Form angegeben.

Beispiel 4.21

Bei einem statistischen Test der Gleichheit der Erwartungswerte zweier stochastisch unabhängiger Zufallsvariablen X und Y, die normalverteilt mit Erwartungswerten μ_x, μ_y und identischer Varianz σ^2 sind, wird die Effektstärke durch

$$d = \frac{\mu_x - \mu_y}{\sigma}$$

angegeben. Dabei werden die Werte $d = 0.2, 0.5, 0.8$ als kleine, mittlere bzw. große Effekte bewertet (Cohen, 1988, 1992). Die linke Grafik in Abbildung 4.9 veranschaulicht die Dichtefunktionen f_x und f_y für eine Effektstärke von $d = 0.3$.

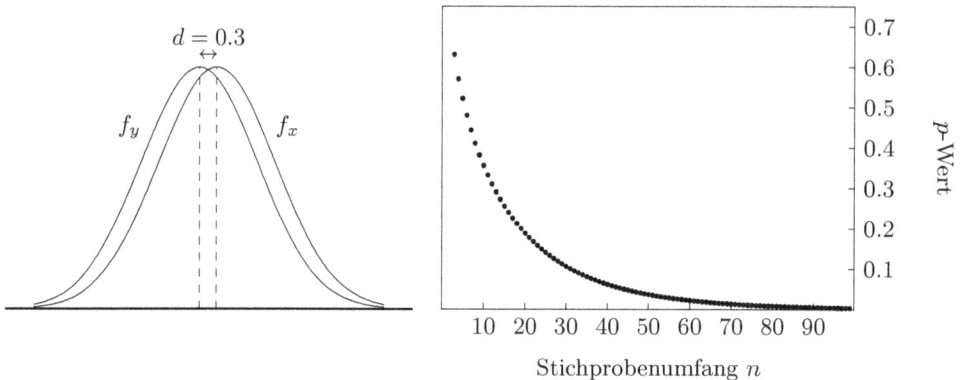

Abbildung 4.9: *Die linke Grafik zeigt eine Darstellung der Dichtefunktionen f_x und f_y für normalverteilte Zufallsvariablen und eine Effektstärke von $d = 0.3$. Die rechte Grafik illustriert für diese festgelegte Effektstärke die Abhängigkeit des p-Werts eines entsprechenden statistischen Tests (t-Tests für unabhängige Stichproben) vom Stichprobenumfang n der Teilstichproben.*

Die Teststärke ist vor jeder Datenerhebung zu berechnen und bildet eine entscheidende Größe für die experimentelle Versuchsplanung (Cohen, 1988, 1992). Sie wird durch eine Vielzahl von Größen beeinflusst. Die Teststärke

- steigt mit wachsender Effektstärke

- steigt mit wachsendem Stichprobenumfang n

- steigt mit wachsender Irrtumswahrscheinlichkeit α

- ist bei einem einseitigen Testproblem größer als bei einem zweiseitigen Testproblem, wenn der in den Daten gefundene Effekt in die vermutete Richtung geht

Je größer also ein untersuchter Effekt, umso eher wird der statistische Test ihn auch identifizieren können. Die zweitgenannte Abhängigkeit kann für die Planung von Experimenten genutzt werden. Vermutet man eine bestimmte Effektstärke, so lässt sich der Stichprobenumfang n bestimmen, mit dem eine gewünschte Teststärke erreicht wird (Cohen, 1992, Tabelle 2). Der für die Datenerhebung erforderliche Bedarf an Untersuchungseinheiten kann somit vorab bestimmt werden.

Beispiel 4.22

Für zwei unabhängig normalverteilte Zufallsvariablen soll unter der Annahme identischer Varianzen der Unterschied der Erwartungswerte mit einem t-Tests für zwei unabhängige Stichproben von gleichem Umfang n getestet werden (zweiseitiges Testproblem). Man vermutet eine eher kleine Effektstärke von $d = 0.3$. Will man bei einer Irrtumswahrscheinlichkeit von $\alpha = 0.05$ eine Teststärke von mindestens 0.8 erreichen, so benötigt man einen Stichprobenumfang von $n \geq 176$ für jede der beiden Stichproben.

Oftmals wird in der Literatur auch empfohlen post-hoc eine Berechnung der Teststärke durchzuführen, um zu klären, ob die bei einem konkreten Test erfolgte Beibehaltung der Nullhypothese auf mangelnde Teststärke zurückzuführen ist. Dazu wird die aus den Daten geschätzte Effektstärke verwendet. Es wird dann von *beobachteter Teststärke* (observed power) gesprochen (Hoenig & Heisey, 2001). Dieses Vorgehen ignoriert allerdings wiederum die bereits besprochene grundsätzlich zu treffende Unterscheidung zwischen dem datenabhängigen p-Wert und den auf den Test bezogenen Wahrscheinlichkeiten α und β. Eine derartige Betrachtung der Teststärke liefert keine über den p-Wert hinaus gehende Information.

Observed power can never fulfill the goals of its advocates because the observed significance level of a test ("p value") also determines the observed power; for any test the observed power is a 1:1 function of the p value. (Hoenig & Heisey, 2001, S. 20)

Es ist also vor der Durchführung eines Experiments der für eine akzeptable Teststärke mindestens erforderliche Stichprobenumfang zu bestimmen. Andererseits resultiert aus einem sehr großen Stichprobenumfang auch eine hohe Teststärke, so dass auch bei geringer Effektstärke ein signifikantes Ergebnis (d.h. H_0 wird abgelehnt) resultieren kann. Das folgende Beispiel illustriert diesen Zusammenhang.

Beispiel 4.23

Die Signifikanz des in Beispiel 4.22 beschriebenen t-Tests für unabhängige Stichproben hängt ab von der Teststatistik

$$T = \frac{\bar{X} - \bar{Y}}{S} \cdot \sqrt{n}.$$

Obwohl für die Testentscheidung die wachsende Stichprobengröße n bei der Festlegung des Ablehnungsbereichs berücksichtigt wird (durch die Anzahl der Freiheitsgrade $df = 2n - 2$ der t-Verteilung), nimmt bei festgelegter Effektstärke der p-Wert monoton ab. Die rechte Grafik in Abbildung 4.9 zeigt für die Effektstärke $d = 0.3$ die Abhängigkeit des p-Werts vom Stichprobenumfang n der Teilstichproben.

Liefert ein Hypothesentest nach Neyman-Pearson für vorgegebene Irrtumswahrscheinlichkeit α ein signifikantes Ergebnis, dann bedeutet das also nicht notwendig, dass in der Population ein bedeutsamer Effekt vorliegt. Der gefundene Effekt ist daher auf seine inhaltliche Bedeutsamkeit hin zu bewerten.

4.5.3 Bayesscher Hypothesentest

Die Grundannahmen der Bayesschen Statistik wurden bereits in Abschnitt 4.4 im Kontext der Parameterschätzung erläutert. Auf dieser Grundlage lassen sich auch Hypothesentests konzipieren, die sich wesentlich von den soeben dargestellten Parametertests der klassischen Inferenzstatistik unterscheiden.

Ausgangspunkt der Überlegungen bildet wiederum eine Charakterisierung der Parameter des unterliegenden statistischen Modells in der Population durch eine Zufallsvariable Θ und deren konkrete Werte ϑ als Realisierung dieser Zufallsvariablen. Die im Folgenden gewählte Notation schließt unmittelbar an die in Abschnitt 4.4 eingeführte Schreibweise an. Sie nimmt darüber hinaus aber explizit Bezug auf die jeweils zugrunde liegende Hypothese (sagen wir H_1), die das statistische Modell festlegt.

Ausgehend von der A-priori-Dichte $h(\vartheta \mid H_1)$ von Θ unter der Hypothese H_1 wird nach Einbeziehung der Daten aus einer Stichprobe $x = (x_1, \ldots, x_n)$ vom Umfang n die A-posteriori-Dichte $k(\vartheta \mid x, H_1)$ betrachtet. Aus der Formel von Bayes folgt dann

$$k(\vartheta \mid x, H_1) = \frac{f(x \mid \vartheta, H_1) \cdot h(\vartheta \mid H_1)}{g(x \mid H_1)}$$

Dabei beschreibt

$$g(x \mid H_1) = \int f(x \mid \vartheta, H_1) \cdot h(\vartheta \mid H_1) \, d\vartheta$$

die (Rand-)Dichte der Daten, die nicht vom Parameter abhängt. Bei der Bestimmung des MAP-Schätzers konnte dieser Term daher vernachlässigt werden. Im Rahmen der Bayesschen Hypothesentests spielt $g(x \mid H_1)$ dagegen die entscheidende Rolle. Zusammen mit der A-priori-Wahrscheinlichkeit $p(H_1)$ der Hypothese erhält man mit der Formel von Bayes die A-posteriori-Wahrscheinlichkeit $p(H_1 \mid x)$ der Hypothese H_1 gegeben die Daten durch

$$p(H_1 \mid x) = \frac{g(x \mid H_1) \cdot p(H_1)}{\sum_j g(x \mid H_j) \cdot p(H_j)}.$$

Die im Nenner vorkommenden Hypothesen H_j sollten eine Ereignisdisjunktion bilden, müssen aber nicht spezifiziert werden, da sich die entsprechende Summe im nächsten

Schritt herauskürzen wird. Dazu werden zwei Hypothesen H_1 und H_2 betrachtet und im Lichte der Daten gegeneinander getestet. Das Verhältnis der A-posteriori-Wahrscheinlichkeiten der beiden Hypothesen lautet dann

$$\frac{p(H_1 \mid x)}{p(H_2 \mid x)} = \frac{g(x \mid H_1)}{g(x \mid H_2)} \cdot \frac{p(H_1)}{p(H_2)}.$$

Der Quotient der (Rand-)Dichten $g(x \mid H_1)/g(x \mid H_2)$ kennzeichnet den durch die Daten bewirkten Übergang von den A-priori- zu den A-posteriori-Wahrscheinlichkeiten der Hypothesen und wird als *Bayes-Faktor* (Jeffreys, 1961) bezeichnet. Wenn die beiden Hypothesen dieselbe A-priori-Wahrscheinlichkeit aufweisen, dann ist das Verhältnis von deren A-posteriori-Wahrscheinlichkeiten sogar allein durch den Bayes-Faktor bestimmt.

Der Bayes-Faktor wird allgemein als Ausmaß der Evidenz der Daten für die betrachteten Hypothesen interpretiert (Good, 1985; Wagenmakers, Lee, Lodewyckx & Iverson, 2008). Danach werden die in Tabelle 4.1 angegebenen Wertebereiche als schwache, positive, starke, bzw. sehr starke Evidenz für die Hypothese H_1 im Vergleich zu H_2 gewertet (Jeffreys, 1961; Raftery, 1995).

Bayes-Faktor	$p(H_1 \mid x)$	Evidenz
1-3	.50-.75	schwach
3-20	.75-95	positiv
20-150	.95-.99	stark
> 150	> .99	sehr stark

Tabelle 4.1: *Interpretation des Bayes-Faktors nach Raftery (1995, Tabelle 6). Die Angaben zur A-posteriori-Wahrscheinlichkeit $p(H_1 \mid x)$ beziehen sich auf den Fall $p(H_1) = p(H_2) = 1/2$.*

Gigerenzer (1993) verwendet eine Metapher aus der psychoanalytischen Persönlichkeitstheorie, nach der der Ansatz von Neyman-Pearson dem "Über-Ich", der Ansatz von Fisher dem "Ich" und der Bayessche Ansatz dem "Es" entspricht. Das "Über-Ich" fordert die Spezifizierung der Irrtumswahrscheinlichkeit, der Alternativhypothese und der Teststärke vor der Datenerhebung und erlaubt lediglich eine frequentistische Interpretation der Ergebnisse statistischer Tests. Das "Ich" ist pragmatisch orientiert und kümmert sich nicht um Vorhersagen einer spezifischen Alternativhypothese oder die Teststärke und legt das Signifikanzniveau post-hoc fest. Das "Es" schließlich repräsentiert das, nach was es den Forscher eigentlich drängt, nämlich nach umittelbaren Aussagen über die Hypothesen gegeben die Daten.

> The Neyman-Pearson logic of hypothesis testing functions as the Superego of the hybrid logic. It demands the specification of precise alternative hypotheses, significance levels, and power in advance to calculate the sample size necessary, and it teaches the doctrine of repeated random sampling. The frequentist Superego forbids epistemic statements about particular outcomes or intervals, and it outlaws the interpretation of levels of significance as the degree of confidence that a particular hypothesis is true or false.

> The Fisherian theory of significance testing functions as the Ego. The Ego gets things done in the laboratory and gets papers published. The Ego determines the level of significance after the experiment, and it does not specify power nor calculate the sample size necessary. The Ego avoids precise predictions from its research hypothesis; that is, it does not specify the exact predictions of the alternative hypothesis, but claims support for it by rejecting a null hypothesis. The Ego makes abundant epistemic statements about particular results. But it is left with feelings of guilt and shame for having violated the rules.
>
> Censored by both the frequentist Superego and the pragmatic Ego are statements about probabilities of hypotheses given data. These form the Bayesian Id of the hybrid logic. Some direct measure of the validity of the hypotheses under question - quantitatively or qualitatively - is, after all, what researchers really want. (Gigerenzer, 1993)

In dieses Bild passt auch die Vermutung von Wagenmakers et al. (2008), dass sich die klassischen Ansätze der Inferenzstatistik deshalb so lange gehalten haben, weil die Forscher die frequentistischen Ergebnisse im Sinne Bayesscher Schlussfolgerungen interpretieren. Sie diskutieren eine Reihe von Nachteilen, die mit den klassischen statistischen Tests nach Fisher und Neyman-Pearson verbunden sind und stellen diesen die Vorteile gegenüber, die aus ihrer Sicht eindeutig für die Verwendung Bayesscher Hypothesentests sprechen. Ein nicht zu vernachlässigender Punkt hierbei ist aber auch die Verfügbarkeit geeigneter Software, die eine breite Anwendung Bayesscher Hypothesentest erst ermöglicht (vgl. Abschnitt 4.7).

4.5.4   Randomisierungstests

In den bisher dargestellten Ansätzen beziehen sich die statistischen Hypothesen auf die Verteilung des interessierenden Merkmals in einer Grundgesamtheit (bzw. auf deren Parameter). Die statistische Überprüfung der Hypothesen erfolgt über die Ziehung einer einfachen Zufallsstichprobe vom Umfang n (random sampling). Ausgehend von Stichprobenkennwerten sollen dann Inferenzen bezüglich der Populationsparameter gezogen werden. Hierzu wird aus der Verteilung in der Population die Stichprobenverteilung der Kennwerte abgeleitet (sampling distribution).

Die Randomisierungstests wählen einen von dieser Vorgehensweise grundsätzlich verschiedenen Zugang, der die angesprochenen Probleme der Stichprobenziehung vermeidet. Die diesen Verfahren zugrunde liegende Logik soll im Folgenden anhand eines Beispiels eingeführt werden.

Beispiel 4.24

> Zwei Experimentalbedingungen X und Y werden in zufälliger Weise je drei Versuchspersonen zugewiesen. In den einzelnen Bedingungen, die sich in Umgebungsvariablen unterscheiden (z.B. Lärm vs. Ruhe), wird für jede Versuchsperson getrennt dasselbe Leistungsmaß erhoben. Die Ergebnisse seien in folgender Tabelle dargestellt.

	Experimentalbedingung					
	X				Y	
A	B	C		D	E	F
16	11	15		9	10	14
	$\bar{x} = 14.67$				$\bar{y} = 11.33$	

Zur Überprüfung der Frage, ob sich die beiden Experimentalbedingungen in ihren Auswirkungen unterscheiden, werden sich viele Psychologen für einen t-Test für unabhängige Stichproben entscheiden. Basierend auf der Annahme jeweils normalverteilter Werte mit identischen Varianzen in den beiden Bedingungen lässt sich die Stichprobenverteilung des Kennwerts

$$T = \frac{\bar{X} - \bar{Y}}{S} \cdot \sqrt{n}$$

als t-Verteilung mit $n-2$ Freiheitsgraden identifizieren (z.B. Fahrmeir et al., 2009). Dabei bezeichnet S die Stichprobenvarianz als Schätzer der Varianz σ^2 in der Population.

Beispiel 4.25

Bei einer Irrtumswahrscheinlichkeit von $\alpha = 0.05$ berechnet man für die angegebenen Stichproben $t = 1.389$ bei $df = 6 - 2 = 4$ Freiheitsgraden. Der unter der Nullhypothese identischer Erwartungswerte in beiden Bedingungen über die entsprechende t-Verteilung ermittelte p-Wert beträgt $p = 0.237$. Die Nullhypothese, die keine Unterschiede in den Effekten der beiden Experimentalbedingungen behauptet, wird also beibehalten.

Diese Vorgehensweise ist jedoch mit Problemen verbunden. Sowohl die Definition der jeweils unterliegenden Population, sowie die praktische Umsetzung der Ziehung einer einfachen Zufallsstichprobe wurden bereits in Abschnitt 4.3 kritisch diskutiert. Daneben sind oft auch die Annahmen zur Verteilung in der Population, als zentrale Grundlage parametrischer statistischer Tests, nicht erfüllt oder unplausibel. Die abhängige Variable in obigem Beispiel ist als Anzahl eine diskrete Zufallsvariable und kann daher streng genommen nicht als normalverteilt angenommen werden. Diesem Problem wird für gewöhnlich in zweierlei Weise begegnet.

– Mit Hilfe von *Monte-Carlo-Simulationen* soll geklärt werden, wie "robust" die jeweiligen statistischen Tests auf Verletzungen der unterliegenden Verteilungsannahmen reagieren. Dabei werden mit Hilfe von Computerprogrammen Stichproben erzeugt, bei denen spezifische Annahmen der dem Test zugrunde liegenden Verteilung verletzt sind. Die auf diese Weise empirisch ermittelten Stichprobenverteilungen werden dann mit den im Rahmen des Tests analytisch abgeleiteten Verteilungen verglichen.

– *Nonparametrische Tests* (auch *verteilungsfreie Tests* werden unter Verzicht auf Information durchgeführt, die in der Stichprobe vorhanden ist. Beispielsweise werden anstatt der erhobenen Werte ausschließlich deren Rangplätze innerhalb der

Stichprobe betrachtet. Die auf diesen Rangplätzen basierende Stichprobenverteilung kann dann bestimmt werden, unabhängig von der Art der Verteilung der ursprünglichen Werte in der Population.

Die sogenannten *Randomisierungstests* (oder *Permutationstests*) vermeiden die angesprochenen Probleme. Ebenso wie die klassische Inferenzstatistik geht auch die Logik der Randomisierungstests auf Fisher (1935) zurück. Sie geht dabei von folgenden Überlegungen aus. Für die statistische Überprüfung des Effekts einer experimentellen Manipulation wird nicht die Inferenz auf eine unterliegende Population als grundlegend erachtet. Demgegenüber wird für eine Absicherung des Effekts die zufällige, oder randomisierte Zuordnung (random assignment) der Untersuchungseinheiten zu den experimentellen Bedingungen als entscheidend betrachtet. Unter der Annahme, dass die experimentelle Manipulation keinerlei Effekt hat, hängen beobachtete Unterschiede nur von der verwendeten, zufällig ausgewählten Zuweisung ab. Es ist daher von Interesse, welche Ergebnisse man erhalten hätte, wenn man eine andere Zuweisung ausgewählt hätte. Zur Überprüfung der *Nullhypothese*, dass die experimentellen Bedingungen keinen differentiellen Effekt haben, wird dann folgendermaßen vorgegangen.

Für gegebene Daten wird der Wert einer interessierenden Statistik berechnet. Der Kennwert kann einer Teststatistik entsprechen (z.B. t-Statistik), wie sie in der klassischen Inferenzstatistik betrachtet werden. Er kann aber auch unmittelbar die diesen zugrundeliegende und eigentlich relevante Statistik (z.B. Mittelwert oder Mittelwertsdifferenz) betreffen. Unter der Nullhypothese hängt dieser Wert nur von der vorgenommenen Zuweisung der Untersuchungseinheiten zu den experimentellen Bedingungen ab. Bei einer anderen Zuweisung ergibt sich im Allgemeinen ein anderer Wert. Man betrachtet daher alle möglichen Zuweisungen der Untersuchungseinheiten zu den experimentellen Bedingungen und berechnet hierfür jeweils den Wert der interessierenden Statistik. Aus der Betrachtung aller möglichen randomisierten Zuordnungen der Untersuchungseinheiten resultiert für gegebene Daten eine Verteilung dieser Statistik. Mit dieser Verteilung lässt sich die Wahrscheinlichkeit bestimmen, dass unter der Nullhypothese ein Wert auftritt, dessen Absolutbetrag mindestens so groß ist wie der Absolutbetrag des erhaltenen Wertes der Statistik (entsprechend für einseitige Testprobleme). Zur exakten Berechnung dieser Wahrscheinlichkeit bestimmt man die relative Häufigkeit derjenigen Zuordnungen, bei denen der Absolutbetrag des entsprechenden Werts größer oder gleich dem Absolutbetrag des erhaltenen Wertes ist (entsprechend für einseitige Testprobleme). Da die Verteilung der Statistik von den gegebenen Daten abhängt, kann diese nicht vorab tabelliert werden, wie es für die Verteilungen der Teststatistiken bei parametrischen Tests möglich ist. Man spricht bei Randomisierungstests daher auch von *bedingten Tests* (conditional tests).

Beispiel 4.26

Zur Klärung der Frage, wieviele mögliche Zuordnungen existieren, wird das Zufallsexperiment der randomisierten Zuordnung der Versuchspersonen zu den Experimentalbedingungen als Urnenziehung ohne Zurücklegen betrachtet. Für die Lehrveranstaltung X werden aus den insgesamt sechs Versuchspersonen genau drei Versuchspersonen ausgewählt. Der Lehrveranstaltung Y werden dann die verbleibenden Versuchspersonen zugewiesen. Die Anzahl der möglichen Zuordnungen ergibt sich daher

Permutation	X	Y	$\bar{x}$	$\bar{y}$	$\bar{x} - \bar{y}$	t
1	ABC	DEF	14.00	11.00	3.00	1.389
2	ABD	CEF	12.00	13.00	-1.00	-0.387
3	ABE	CDF	12.33	12.67	-0.33	-0.126
4	ABF	CDE	13.67	11.33	2.33	0.990
5	ACD	BEF	13.33	11.67	1.67	0.668
6	ACE	BDF	13.67	11.33	2.33	0.980
7	ACF	BDE	15.00	10.00	5.00	6.124
8	ADE	BCF	11.67	13.33	-1.67	-0.668
9	ADF	BCE	13.00	12.00	1.00	0.387
10	AEF	BCD	13.33	11.67	1.67	0.668
11	BCD	AEF	11.67	13.33	-1.67	-0.668
12	BCE	ADF	12.00	13.00	-1.00	-0.387
13	BCF	ADE	13.33	11.67	1.67	0.668
14	BDE	ACF	10.00	15.00	-5.00	-6.124
15	BDF	ACE	11.33	13.67	-2.33	-0.990
16	BEF	ACD	11.67	13.33	-1.67	-0.668
17	CDE	ABF	11.33	13.67	-2.33	-0.990
18	CDF	ABE	12.67	12.33	0.33	0.126
19	CEF	ABD	13.00	12.00	1.00	0.387
20	DEF	ABC	11.00	14.00	-3.00	-1.389

Tabelle 4.2: *Übersicht aller möglichen Zuweisungen der Versuchspersonen A, B, C, D, E, F auf die beiden Experimentalbedingungen X und Y und die hierfür jeweils errechneten Werte der Mittelwertsdifferenz $\bar{x} - \bar{y}$ bzw. der t-Statistik.*

über den Binomialkoeffizienten

$$\binom{6}{3} = \frac{6!}{3! \cdot 3!} = 20.$$

Tabelle 4.2 listet alle möglichen Zuweisungen von sechs Versuchspersonen zu den beiden Experimentalbedingungen X und Y auf und gibt die hierfür jeweils errechneten Werte der Mittelwertsdifferenz $\bar{x} - \bar{y}$ bzw. der t-Statistik an. Abbildung 4.10 zeigt die für die Mittelwertsdifferenz $\bar{x} - \bar{y}$ resultierende Verteilung. In vier von insgesamt 20 Fällen ist der Absolutbetrag der Mittelwertsdifferenz größer oder gleich dem Absolutbetrag des für die Daten berechneten Wertes von $\bar{x} - \bar{y} = 3$ (entspricht $t = 1.389$). Damit erhält man als p-Wert die exakte Wahrscheinlichkeit $p = 0.2$. Die Nullhypothese, dass die experimentellen Bedingungen keinen differentiellen Effekt haben, wird also beibehalten.

In Tabelle 4.2 stellt man fest, dass die Ordnung der Permutationen bezüglich der Werte der t-Statistik genau dieselbe ist, wie die bezüglich der Mittelwertsdifferenzen. Für zwei Statistiken, auf die dies zutrifft, resultieren identische Verteilungen. Sie sind unter der Nullhypothese daher als äquivalent zu betrachten.

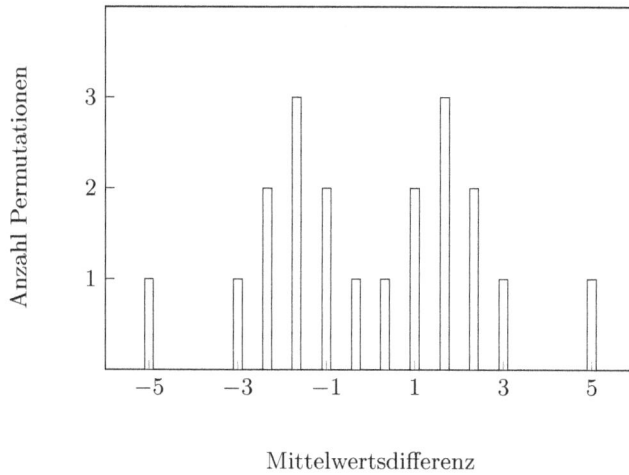

Abbildung 4.10: *Verteilung der in Beispiel 4.26 betrachteten Mittelwertsdifferenzen unter allen möglichen Zuweisungen von sechs Versuchspersonen zu zwei Experimentalbedingungen.*

Das folgende Beispiel demonstriert die Anwendung eines Randomisierungstests im Falle zweier verbundener Stichproben, d.h. für jede Untersuchungseinheit liegen zwei (oder allgemein mehrere) Datenpunkte vor.

Beispiel 4.27

Aus der Bearbeitung zweier "paralleler" Formen X und Y eines Intelligenztests durch $n = 8$ Probanden resultieren die nachfolgend aufgelisteten Werte:

Testform	Proband							
	1	2	3	4	5	6	7	8
x	97	87	116	137	88	95	111	87
y	97	85	114	134	102	103	108	92

Geprüft werden soll für $\alpha = 0.10$ wiederum die Hypothese, dass sich die aus beiden Testformen resultierenden IQ-Werte nicht unterscheiden. Unter der Nullhypothese wird angenommen, dass die beiden Testformen für jeden Probanden denselben Wert liefern. Es ist also unerheblich, ob ein Testwert von der Testform X oder der Testform Y stammt, so dass bei einer Vertauschung der beiden Werte dasselbe Testergebnis resultieren sollte. Eine für jeden Probanden unabhängig durchgeführte Permutation der x- und y-Werte bedeutet für deren Differenzen lediglich einen Vorzeichenwechsel. Ausgehend von den Differenzwerten $d_i = x_i - y_i$ für alle $i = 1, \ldots, 8$

$$0, +2, +2, +3, -14, -8, +3, -5$$

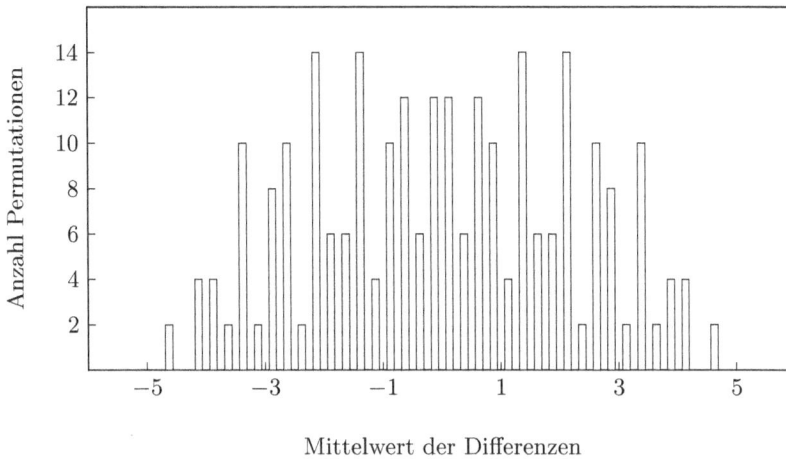

Abbildung 4.11: *Verteilung der Teststatistik aus Beispiel 4.27.*

betrachtet man beispielsweise auch die Wertereihen $0, -2, -2, +3, +14, -8, +3, -5$, oder $0, -2, +2, +3, -14, +8, -3, +5$.

Da jeder Differenzwert entweder positiv oder negativ sein kann, ergeben sich insgesamt $2^8 = 256$ Wertereihen. Ist (mindestens) einer der Differenzwerte d_i, $i = 1, \ldots, 8$, gleich Null, dann sind die Wertereihen nicht alle voneinander verschieden, was aber die nachfolgenden Berechnungen nicht beeinträchtigt. Für jede der 2^8 Wertereihen wird der Mittelwert der Differenzen betrachtet. Abbildung 4.11 zeigt die hierfür resultierende Verteilung. Ausgehend von dem für die gegebenen Daten berechneten Mittelwert $\bar{d} = -2.125$ der Differenzen bestimmt man hieraus den Anteil der Wertereihen, für die der Mittelwert einen mindestens so extremen Wert annimmt, wie in den erhaltenen Daten. Für das betrachtete zweiseitige Testproblem liefert die Bestimmung dieses Anteils einen p-Wert von $p = 0.453$. Die Nullhypothese, dass die beiden Testformen denselben Testwert liefern, wird also beibehalten.

Die Beispiele deuten bereits an, dass Randomisierungstests für größere Stichprobenumfänge sehr rechenintensiv sind. Als bedingte Tests erfordern sie für jeden vorliegenden Datensatz eine erneute Berechnung der Verteilung der betrachteten Statistik. Das hat in der Vergangenheit dazu geführt, dass sie kaum verwendet wurden. Allerdings liegt den bereits angesprochenen *nonparametrischen Tests*, bei denen nur die Rangplätze der einzelnen Werte innerhalb der Stichprobe berücksichtigt werden, die Logik der Randomisierungstests zugrunde. Durch den Bezug auf Rangplätze macht man sich unabhängig von den im Einzelnen tatsächlich erhobenen Werten, was eine A-priori-Berechnung der Verteilung unter der Nullhypothese erlaubt. Durch Beschränkung auf die Ränge der erhaltenen Stichprobenwerte sind die möglichen Ausgänge der Zuweisung zu Experimentalbedingungen bei festgelegtem Stichprobenumfang vorab bekannt. Daher lassen sich die darauf bezogenen Verteilungen entsprechender Statistiken auch tabellieren.

Durch die heute zur Verfügung stehenden Rechenkapazitäten sind Randomisierungstests im Allgemeinen aber leicht durchführbar. Es wurden Algorithmen entwickelt und implementiert, die es gestatten, die Verteilung der betrachteten Statistik für eine große Zahl von Permutationen exakt zu berechnen. Können aus Zeit- oder Kapazitätsgründen nicht sämtliche Permutationen explizit berechnet werden, so kann man die Verteilung der entsprechenden Statistik auch durch Stichprobenziehung aus der Menge der möglichen Permutationen approximieren.

Es wurde bereits betont, dass das zentrale Konzept der Randomisierungstests nicht die Zufallsstichprobe (random sampling) ist, sondern die randomisierte Zuweisung (random assignment) zu einer Bedingung. Damit wird unmittelbar die im Rahmen von experimentellen Versuchsplänen ohne Messwiederholung (Abschnitt 5.3.1) häufig vorgenommene *Randomisierung* von Untersuchungseinheiten durch den statistischen Test berücksichtigt. Randomisierungstests zielen daher direkt auf eine statistische Absicherung des im Experiment beobachteten Effekts und nicht auf eine Generalisierung auf zugrunde liegende Populationen, wie die klassische Inferenzstatistik. Diese Unterscheidung korrespondiert mit Aspekten der Güte experimenteller Untersuchungen, die als *interne Validität* bzw. *externe Validität* bezeichnet werden. Diese in Abschnitt 5.2 diskutierten Gütekriterien sind jedoch begrifflich wesentlich weiter gefasst und dürfen nicht auf statistische Fragen verkürzt werden.

Bereits Fisher (1935) betrachtete Randomisierungstests als die geeignetsten statistischen Hypothesentests, die jedoch auf Grund der damals zur Verfügung stehenden Rechenkapazitäten nicht praktisch eingesetzt werden konnten. Zur Approximation der exakten Wahrscheinlichkeiten aus den Randomisierungstests schlug Fisher daher die Durchführung parametrischer statistischer Tests vor. Seit Fisher (1935), Pitman (1937a, 1937b, 1938) und Welch (1938) ist die theoretische Begründung der Randomisierungstests weitgehend vollständig entwickelt. Neuere Entwicklungen (z.B. Strasser & Weber, 1999) verbreitern den theoretischen Rahmen und ermöglichen daher die Anwendung derartiger Tests auf eine Vielzahl von Fragestellungen.

Zusammenfassung

– Die Durchführung statistischer Tests soll zur zufallskritischen Absicherung der Entscheidung über interessierende Hypothesen beitragen. Dabei gibt es *nicht die eine* Theorie des statistischen Testens, sondern teilweise sehr unterschiedliche Ansätze.

– Im Rahmen der *Theorie der Signifikanztests* nach Fisher wird eine Nullhypothese H_0 formuliert (z.B. ein "Nulleffekt"). Die Entscheidung für oder gegen H_0 wird auf der Grundlage des datenabhängigen p-Werts (der die Wahrscheinlichkeit der Daten, gegeben H_0 beschreibt) getroffen.

- Die *Theorie der Hypothesentests* nach Neyman-Pearson formuliert neben der *Nullhypothese* H_0 eine dazu logisch komplementäre *Alternativhypothese* H_1. Die Entscheidung zwischen den Hypothesen wird so getroffen, dass die Wahrscheinlichkeit, sich fälschlicherweise für H_1 zu entscheiden, kleiner als eine vorab festgelegte *Irrtumswahrscheinlichkeit* α ist. Dieser Ansatz erlaubt die Betrachtung der *Teststärke*, also der Wahrscheinlichkeit einer korrekten Entscheidung zugunsten von H_1, die ein entscheidender Faktor in der Versuchsplanung ist.

- Die *Theorie Bayesscher Hypothesentests* erlaubt eine statistische Entscheidung zwischen zwei beliebigen Hypothesen und ermöglicht die Einbeziehung von Informationen, die bereits vor der Datenerhebung vorliegen. Die Entscheidung wird anhand des *Bayes-Faktors* getroffen, der das Verhältnis der A-posteriori-Dichten der Daten unter den beiden Hypothesen kennzeichnet.

- Der zentrale Begriff der *Randomisierungstests* ist nicht die Ziehung einer Zufallsstichprobe (random sampling), sondern der randomisierten Zuordnung (random assignment) der Untersuchungseinheiten zu den experimentellen Bedingungen. Eine Entscheidung über die Nullhypothese (dass diese Bedingungen keine differentiellen Effekte haben) lässt sich anhand einer Verteilung der Teststatistik fällen, die alle möglichen Zuordnungen von Untersuchungseinheiten zu Bedingungen betrachtet.

4.6 Statistischer Test psychologischer Theorien

Mit der Überprüfung psychologischer Theorien im Rahmen statistischer Tests ist im Rahmen der klassischen Inferenzstatistik eine grundlegende Problematik verbunden, die im Folgenden kurz diskutiert wird.

Ausgangspunkt der Durchführung eines Experiments ist die Klärung einer inhaltlichen Fragestellung, die natürlich sehr unterschiedliche konkrete Formen annehmen kann. Zwei prototypische Formulierungen von damit verbundenen Hypothesen sind:

- Eine bestimmte experimentelle Manipulation hat einen Effekt.

- Eine gegebene psychologische Theorie kann die experimentellen Daten quantitativ vorherzusagen.

In Hinblick auf die für ihre Überprüfung erforderliche statistische Entscheidung weisen die beiden Hypothesen einen entscheidenden Unterschied auf. In Abschnitt 4.5 wurde die prinzipielle Mechanik statistischer Entscheidungen im Rahmen der klassischen Inferenzstatistik dargestellt. Wesentlich dabei ist, dass, ausgehend von der Annahme der

Gültigkeit der Nullhypothese, die Verteilung einer aus den Daten berechneten Statistik abgeleitet wird. Diese bildet dann die Grundlage der statistischen Entscheidung. Die als Nullhypothese formulierte Annahme muss daher so präzise formuliert sein, dass die Ableitung der entsprechenden Verteilung möglich ist.

Die unter der ersten Hypothese erwarteten Effekte erfüllen diese Voraussetzung nicht. Daher bezieht sich die Nullhypothese in diesem Fall auf einen "Nulleffekt", also die Annahme, dass die experimentelle Manipulation keinerlei Effekt hat. Die ursprüngliche Hypothese nimmt im Hypothesentest nach Neyman-Pearson die Rolle der Alternativhypothese ein. Das ist die Situation, auf die die statistischen Tests ausgelegt sind. Fälschlicherweise zu behaupten, es liege ein Effekt vor, wird durch die Wahl eines kleinen Wertes für die Irrtumswahrscheinlichkeit α sanktioniert. Hierin drückt sich der bereits angesprochene Konservatismus der Wissenschaft aus, der neue Elemente in den aktuellen Wissensbestand nur dann aufnimmt, wenn es hinreichende Evidenz dafür gibt. Mit der expliziten Festlegung von α übt man darüber direkte Kontrolle aus.

Die im Rahmen der zweiten Hypothese formulierten präzisen quantitativen Vorhersagen und die demgegenüber unbestimmten Alternativen machen es notwendig, unter der Nullhypothese die Gültigkeit der psychologischen Theorie anzunehmen. Um sich dagegen zu verwahren, die Theorie als gültig anzusehen, obwohl sie tatsächlich nicht zutrifft, ist hier der Fehler zweiter Art zu vermeiden. Es kann aber nicht unmittelbar sichergestellt werden, dass die entsprechende Wahrscheinlichkeit β einen kleinen Wert annimmt. Mit den oben beschriebenen Einflussgrößen kann man jedoch versuchen, die für eine adäquate statistische Entscheidung erforderliche Teststärke zu erreichen. Insbesondere hat sich in diesem Zusammenhang auch eingebürgert, für die Irrtumswahrscheinlichkeit α nicht die üblicherweise verwendeten Werte 0.05 oder gar 0.01 anzusetzen. In der Literatur findet man in diesem Kontext häufig die Werte 0.1 bzw. 0.2.

Die klassische Inferenzstatistik tut sich also schwer einen geeigneten Rahmen für den statistischen Test expliziter quantitativer Theorien, man spricht auch von *prädiktiven Theorien*, bereitzustellen. Entsprechendes gilt auch für Theorien, die einen Nulleffekt behaupten.

Zusammenfassung

- Die Logik der statistischen Entscheidung bei den Signifikanztests und den Hypothesentests ist ausgerichtet auf die Formulierung eines "Nulleffekts" (d.h. die Annahme dass die experimentelle Manipulation keinen Effekt hat) als Nullhypothese und kontrolliert die Wahrscheinlichkeit eines *Fehlers erster Art*.

- Verfügt man über eine *prädiktive Theorie*, so sind deren Vorhersagen ebenfalls in der Nullhypothese zu formulieren. Es gilt hier aber den *Fehler zweiter Art* zu vermeiden.

4.7 Literaturhinweise und Software

Wahrscheinlichkeitstheorie und Statistik

Als Einführung in die Wahrscheinlichkeitstheorie eignet sich Georgii (2009). Fahrmeir et al. (2009) bieten ein sehr klar strukturiertes, präzises, aber dennoch leicht lesbares Statistikbuch an, dass sich insbesondere auch für Studierende der Psychologie eignet, obwohl es ursprünglich für Wirtschaftswissenschaftler geschrieben ist.

Ein Tutorium, in dem die Grundlagen der Maximum-Likelihood-Schätzung behutsam eingeführt werden, stammt von Myung (2003).

Software

Die Statistik- und Graphiksoftware R (R Development Core Team, 2008) ist frei verfügbar und findet in der Psychologie immer breitere Anwendung. Über die jeweils aktuelle Version kann man sich unter der URL `www.r-project.org` informieren. Im Gegensatz zu kommerziellen Statistik-Programmen ist R nicht menügeführt (siehe aber den R Commander), sondern befehlsorientiert (d.h. die Funktionsaufrufe werden über eine Befehlszeile eingegeben). Was zunächst als Nachteil erscheinen mag, ist eigentlich ein Vorteil. Die sehr mächtige, aber trotzdem einfach strukturierte Programmiersprache erlaubt häufig eine Eins-zu-eins-Umsetzung der Formeln aus dem Statistikbuch. Die Graphikumgebung ist äußerst flexibel und generiert qualitativ hochwertige Resultate. Außerdem bietet R viele Funktionen an, die weit über das hinausgehen, was kommerzielle Statistikprogramme anbieten. Neben den üblichen Funktionen für statistische Tests stehen auch solche für die Berechnung von deren Teststärke, für die Simulation von Daten, oder auch zur numerischen Maximierung von Likelihoods zur Verfügung. Es gibt eine Vielzahl von Zusatzpaketen, die ständig weiterentwickelt und ergänzt werden. Bereits heute ist R zusammen mit diesen Paketen in der Lage den methodisch-statistischen Bedarf in weiten Bereichen der Psychologie abzudecken (z.B. auch in Bezug auf die Item-Response-Theorie in der psychologischen Diagnostik). In Verbindung mit Win-BUGS (Spiegelhalter, Thomas & Best, 1999) ermöglicht R auch die Anwendung von Verfahren der Bayesschen Statistik.

5 Das psychologische Experiment

In seiner Monographie "Grundriß der Psychologie" charakterisiert Wilhelm Wundt (1896) das psychologische Experiment in folgender Weise:

> Das Experiment besteht in einer Beobachtung, die sich mit der willkürlichen Einwirkung des Beobachters auf die Entstehung und den Verlauf der zu beobachtenden Erscheinung verbindet. Wundt (1896, S. 25)

Zentral für diese Definition des Experiments ist das Prinzip der Willkürlichlichkeit. Es impliziert zum einen die ins Belieben des Experimentators gestellte Variierbarkeit der experimentellen Bedingungen. Der "Beobachter" (d.h. der Versuchsleiter oder Experimentator) muss in der Lage sein, willkürlich die Situationen herzustellen, in denen sich das betrachtete Phänomen zeigt bzw. nicht zeigt. Damit setzt die geforderte Willkürlichkeit zum anderen aber auch die grundsätzliche Wiederholbarkeit der Beobachtung voraus.

Die im Experiment vorgenommene kontrollierte Bedingungsvariation zielt auf die Aufdeckung kausaler Zusammenhänge ab. Mit ihr wird also versucht, die Ursachen beobachteter Phänomene zu ermitteln. Im Sinne der in Abschnitt 2.2 besprochenen Humeschen *Regularitätstheorie der Kausalität* gilt es festzustellen, ob zwischen den vom Experimentator gesetzten Bedingungen und den beobachteten Phänomenen eine gesetzmäßige Beziehung besteht, so dass diese als Ursache und zugehörige Wirkung betrachtet werden können. Hierzu muss die Ursache zeitlich vor der Wirkung, sowie in ihrer räumlichen Nähe liegen, und regelmäßig mit Eintreten der Ursache auch die Wirkung eintreten (Esfeld, 2009). Diese Betrachtung setzt darüber hinaus stillschweigend voraus, dass sich alle übrigen Rahmenbedingungen nicht verändern, sondern konstant bleiben. Diese Annahme, dass sich die Gesetzmäßigkeit "unter ansonsten gleichen Bedingungen" zeigt, wird auch als *Ceteris-paribus-Klausel* bezeichnet.

In den Abschnitten 5.1 bis 5.3 werden die grundlegenden Begriffe und Techniken der experimentellen Versuchsplanung eingeführt. Als zentrale Aufgabe der Versuchsplanung wird in Abschnitt 5.4 herausgestellt, dass sie die Voraussetzungen für die Anwendung der statistischen Verfahren zu schaffen hat, die eine Beantwortung der mit dem Experiment verbundenen Forschungsfragen erlaubt. Darüber hinaus wird klargestellt, dass experimentell erhobene Daten individuell und nicht über Versuchspersonen aggregiert ausgewertet werden sollten. Abschnitt 5.5 stellt dann einige klassische experimentelle Paradigmen vor. Abschließend werden in Abschnitt 5.6 ethische Aspekte psychologischer Experimente diskutiert.

5.1   Experimentelle Variablen

Als *Variablen* werden im Kontext eines Experiments all diejenigen Größen und Aspekte bezeichnet, die sich in dessen Verlauf verändern können. Nach ihrer Rolle bzw. Funktion innerhalb des Experiments werden verschiedene Arten von Variablen unterschieden.

5.1.1   Unabhängige Variablen

Es wird mindestens eine Variable systematisch und planmäßig variiert. Diese durch den Versuchsleiter manipulierten Variablen werden als *unabhängige Variablen* bezeichnet. Darin drückt sich die von Wundt (1896) geforderte Willkürlichkeit aus. Die Bezeichnung mag man aber auch so verstehen, dass die Festlegung der unabhängigen Variable insbesondere unabhängig von der am psychologischen Experiment teilnehmenden Versuchspersonen (oder auch Versuchstiere) und deren Verhalten erfolgt. Für eine *experimentelle unabhängige Variable* muss hierbei die Zuordnung der Ausprägungen zu den Versuchspersonen völlig willkürlich erfolgen können. Bezüglich der mit einem Experiment intendierten Aufdeckung eines Kausalzusammenhangs repräsentiert die unabhängige Variable eine potenzielle Ursache.

Beispiel 5.1

Unabhängige Variablen werden durch die Auswahl und die Festlegung der Ausprägung von visuell, auditiv, taktil, ... darzubietenden (physikalischen) Reizen definiert. In einem Experiment zur Lautheitswahrnehmung kann dies die Festlegung der Anzahl und der physikalischen Intensität (z.B. des Schalldruckpegels) von 1000 Hz Sinustönen sein, die etwa im Rahmen eines vollständigen Paarvergleichsexperiments vorgegeben werden. Die unabhängige Variable kann aber auch in der Auswahl von Experimentalbedingungen bestehen, denen die Versuchspersonen unterworfen werden. In einem Experiment, das die Wirkung von Lärm auf Gedächtnisleistungen untersuchen will, werden Versuchspersonen beispielsweise willkürlich einer von drei Bedingungen zugewiesen, in denen eine Wortliste entweder in Stille bzw. unter Beschallung durch Musik oder durch gesprochene Sprache zu lernen und wiederzugeben ist. Dagegen sind Persönlichkeitsmerkmale, wie etwa Alter, Intelligenz, oder sozioökonomischer Status den Versuchspersonen in natürlicher Weise eigen und entziehen sich daher einer willkürlichen Zuordnung durch den Versuchsleiter.

Die Willkürlichkeit der Zuordnung ist dabei nicht in Frage gestellt, wenn der Versuchsleiter den Zufall (z.B. durch Münzwurf oder Würfeln) entscheiden lässt, welche Ausprägung welcher Versuchsperson zugeordnet wird. Entscheidend ist, dass jede Versuchsperson prinzipiell jeder der Ausprägungen der unabhängigen Variablen zugeordnet werden könnte.

Nach der Zahl der unabhängigen Variablen werden verschiedene Arten von Experimenten unterschieden. Man spricht von *einfaktoriellen* und von *mehrfaktoriellen* Experimenten, je nachdem, ob eine oder mehrere unabhängige Variablen gleichzeitig manipuliert werden. Klassische psychophysische Experimente (s. Abschnitt 6.1) verwenden häufig ein einfaktorielles Design, bei dem etwa die Lautheit anhand von Sinustönen fester Frequenz, aber variablen Schalldrucks untersucht wird. Werden sowohl die Frequenz, als auch der Schalldruck von Sinustönen variiert, so liegt ein zweifaktorielles Design vor (vgl. Beispiel 3.19).

5.1.2 Abhängige Variablen

Der Effekt der Variation der unabhängigen Variablen auf mindestens eine weitere Variable wird registriert. Da diese Variablen von dem im Experiment gezeigten Verhalten der Versuchspersonen abhängen, werden sie als *abhängige Variablen* bezeichnet. Mit den abhängigen Variablen wird im Rahmen des untersuchten Kausalzusammenhangs die Wirkung beschrieben.

In der Literatur werden häufig qualitative von quantitativen abhängigen Variablen unterschieden. Unter qualitativen abhängigen Variablen versteht man in ihrer Ausprägung zumeist unmittelbar beobachtbare, kategoriale Begriffe. Demgegenüber sind quantitative abhängige Variablen im Allgemeinen lediglich mittelbar beobachtbar, über die Verwendung physikalischer Messgeräte.

Beispiel 5.2

Das in der Psychologie wichtigste Beispiel für qualitative abhängige Variablen ergibt sich in experimentellen Situationen, in denen die Versuchsperson eine aus mehreren angebotenen Reaktionsalternativen auswählt. Im einfachsten Fall stehen nur zwei Reaktionsalternativen zur Verfügung. In einem Experiment zur Lautheit von Geräuschen werden etwa zwei Geräusche a und b sukzessive hintereinander dargeboten, zusammen mit der Frage, ob das erste Geräusch lauter als das zweite Geräusch war. Dabei kann die Versuchsperson meistens nur aus zwei Reaktionsalternativen auswählen und entweder eine "Ja"-Antwort oder eine "Nein"-Antwort geben. Wird die Versuchsperson gefragt, welches der beiden Geräusche lauter war, so hat sie auch hier nur zwei Alternativen (der erste bzw. der zweite Reiz) zur Auswahl (2 interval forced choice, 2IFC). Auch das in Beispiel 4.2 beschriebene Detektionsexperiment ist bezüglich der abhängigen Variablen von derselben Art. Hier muss die Versuchsperson entscheiden, ob in einem dargebotenen Reiz ein bestimmtes Signal enthalten war, oder nicht. Man kann in diesen Experimenten aber auch noch weitere Reaktionsalternativen anbieten. Im 2AFC-Experiment kann dies etwa eine dritte Antwortmöglichkeit sein für den Fall, dass sich die Versuchsperson nicht entscheiden kann. Bei Detektionsexperimenten wird oftmals auch eine ganze Reihe geordneter Antwortkategorien verwendet. Die Versuchsperson bekommt dabei die Möglichkeit den Grad ihrer Sicherheit, dass das Signal im Reiz enthalten war, beispielsweise über die Kategorien "sicher nicht enthalten" — "eher nicht enthalten" — "eher enthalten" — "sicher enthalten" auszudrücken. Man spricht in diesem Zusammenhang auch von *Konfidenz-Rating*.

Eine quantitative abhängige Variable liegt bei Bestimmung der Reaktionszeit vor (vgl. Beispiel 4.1). Die Zeitspanne zwischen dem Beginn der Präsentation einer Reizsituation und der Reaktion der Versuchsperson (z.B. ein Tastendruck) wird durch eine präzise Uhr, mit einer Auflösung üblicherweise im Bereich einer Millisekunde, gemessen. Quantitative abhängige Variablen resultieren auch aus der Messung der mit physiologischen Prozessen verbundenen elektrischen bzw. magnetischen Potenziale und ihrer Veränderungen. Hierzu zählt etwa die Messung der elektrodermalen Aktivität (Hautwiderstand), von EEG bzw. Magnetoenzephalographie (MEG), oder des BOLD-Signals mittels bildgebender Verfahren (vgl. Abschnitt 2.3.3).

Die Betrachtung qualitativer und quantitativer abhängiger Variablen lässt sich in Beziehung setzen zu der in Abschnitt 3.3.4 beschriebenen Unterscheidung zwischen *fundamentaler* und *abgeleiteter Messung*. Das *empirische Relativ* der fundamentalen Messung bezieht sich auf qualitative Beobachtungen, wie sie durch qualitative abhängige Variablen bereitgestellt werden. Bei der abgeleiteten Messung dagegen, liegt bereits eine Messung vor, wie sie durch quantitative abhängige Variablen erfasst wird. Wie Beispiel 5.2 deutlich macht, handelt es sich dabei um physikalische Messungen (z.B. der Zeit, oder von elektrischen oder magnetischen Potenzialen). Diese bilden in der abgeleiteten Messung dann den Ausgangspunkt einer psychologischen Messung. In beiden Fällen geht es darum, aus den beobachteten Werten der abhängigen Variablen Rückschlüsse auf psychologische Prozesse und Begriffe zu ziehen. Dies kann nicht alleine durch messtheoretische Ansätze erreicht werden, erfordert aber die Formulierung möglichst präziser psychologischer Theorien.

Nach der Zahl der betrachteten abhängigen Variablen unterscheidet man *univariate* von *multivariaten* Experimenten. Erstere verwenden lediglich eine einzige abhängige Variable, während in Letzteren mehrere abhängige Variablen erhoben werden.

Beispiel 5.3

In einem Experiment zur visuellen Suche werden komplexe Reizmuster dargeboten, die entweder einen zu entdeckenden Zielreiz enthalten, oder nicht. Die Versuchsperson ist instruiert mit "Ja" zu antworten, wenn sie den Zielreiz entdeckt hat, und mit "Nein" sonst. In jedem Fall soll die Antwort so schnell als möglich erfolgen. Als abhängige Variablen werden in diesem Kontext häufig die Reaktionszeit, sowie die Korrektheit der Antwort erhoben. Man kann sich in diesen Experimenten beispielsweise dafür interessieren, wie die Versuchspersonen die beiden durch die abhängigen Variablen erfassten Aspekte der Schnelligkeit und der Korrektheit ihrer Antwort gegeneinander abwägen (*speed-accuracy tradeoff*).

5.1.3   Störvariablen

Will man die im Experiment anhand der abhängigen Variablen beobachteten Effekte allein auf die Manipulation der unabhängigen Variablen zurückführen, so muss die Einwirkung anderer Einflussgrößen ausgeschlossen werden (*Ceteris-paribus-Klausel*). Der Einfluss dieser sogenannten *Störvariablen* auf die abhängigen Variablen ist mit Methoden der *Versuchsplanung* bzw. des *experimentellen Designs* zu kontrollieren. In der Psychologie sind unter diesen Schlagworten verschiedenste Methoden zur Gestaltung des Versuchsaufbaus, sowie versuchstechnische Verfahrensweisen entwickelt worden, um die Wirksamkeit von Störvariablen auszuschalten, oder zumindest zu kontrollieren. Die Literatur unterscheidet verschiedene Arten von Störvariablen.

– *Personengebundene Störvariablen* sind bedingt durch Eigenschaften der untersuchten Versuchspersonen, die auf die abhängige Variable Einfluss nehmen.

– *Situationsgebundene Störvariablen* sind bedingt durch den Untersuchungsablauf und Merkmale der experimentellen Situation.

Der Einfluss *personengebundener Störvariablen* ist immer dann zu berücksichtigen, wenn Daten über Versuchspersonen hinweg aggregiert werden, oder über verschiedene Versuchspersonen(-gruppen) hinweg verglichen werden sollen. Die Betrachtung von Mittelwerten in Versuchspersonengruppen als Schätzung entsprechender Erwartungswerte der unterliegenden Population setzt voraus, dass den individuellen Daten jeweils dieselbe Verteilung unterliegt. Diese Voraussetzung ist unter Umständen nicht gegeben, wenn sich die Versuchspersonen in Merkmalen unterscheiden, von denen diese Verteilung abhängt. Selbst wenn mehrere betrachtete Versuchspersonengruppen in sich homogen sind, und damit die soeben beschriebene Problematik nicht vorliegt, kann ein Vergleich der Gruppen verzerrte Ergebnisse liefern, wenn sich diese in Eigenschaften unterscheiden, die die abhängigen Variablen beeinflussen.

Im Gegensatz dazu betreffen *situationsgebundene Störvariablen* die mit der Durchführung eines Experiments verbundene Variation der Bedingungen in der Versuchssituation. Es können nicht alle Versuchspersonen zur selben Zeit, am selben Ort, unabhängig voneinander und mit exakt demselben Versuchsablauf untersucht werden. Derartige Kontextbedingungen werden im Allgemeinen aber Auswirkungen auf die abhängigen Variablen haben.

Beispiel 5.4

Offensichtlich werden die Ergebnisse in einem Experiment zur visuellen Wahrnehmung nicht nur von den dargebotenen Reizen und anderen Charakteristika der experimentellen Situation (z.B. der Beleuchtung) abhängen, sondern auch von einer eventuellen Fehlsichtigkeit der Versuchsperson als personengebundener Störvariable. Farbfehlsichtige Personen (z.B. Dichromaten mit einer Rot-Grün-Schwäche) liefern in Experimenten zur Farbwahrnehmung grundlegend andere Ergebnisse als normalfarbsichtige Personen. In vielen psychologischen Experimenten wird beispielsweise auch das Geschlecht der Versuchspersonen die erhobenen abhängigen Variablen beeinflussen. Für die Farbwahrnehmung werden etwa über die angesprochenen (geschlechtsgebunden vererbten) Fehlsichtigkeiten hinaus Unterschiede zwischen Frauen und Männern diskutiert (Jameson, Highnote & Wasserman, 2001; Jordan & Mollon, 1993).

Leistungen, wie Aufmerksamkeit und Vigilanz, sind im Allgemeinen einem zirkadianen Rhythmus unterworfen, d.h. die diesbezügliche Leistungsfähigkeit ändert sich in charakteristischer Weise über den Tagesverlauf. Die Tageszeit, zu der eine experimentelle Erhebung von Daten hierzu stattfindet, kann daher als situationsgebundene Störvariable wirken. Ebenso können dies sonstige Änderungen im Versuchsablauf (z.B. Instruktion durch unterschiedliche Versuchsleiter), oder der Versuchsanordnung (z.B. Unterschiede in der Beleuchtung bei Experimenten, die unter Tageslicht durchgeführt werden).

Die Effekte von Störvariablen können unsystematischer oder systematischer Art sein. Wenn die Ausprägungen der Störvariablen nicht mit denen der unabhängigen Variablen zusammenhängen, so resultiert ein *unsystematischer Fehler*. Es ergibt sich eine Überlagerung mit den durch die unabhängigen Variablen verursachten Effekte, die eine vergrößerte Streuung zur Folge hat. *Systematische Fehler* resultieren, wenn die Ausprägungen der Störvariablen nicht unabhängig von denen der unabhängigen Variablen sind. Man spricht in diesem Zusammenhang auch von einer *Konfundierung* der Variablen. Die Störvariable produziert dann bei verschiedenen Ausprägungen der unabhängigen Variablen unterschiedliche Effekte. Bei *Moderatoreffekten* modifizieren Störvariablen die Art oder Stärke des Einflusses der unabhängigen Variablen, was ebenfalls zu systematischen Fehlern führt.

Unter dem Begriff *Versuchsleitereffekte* (oder auch *Rosenthal-Effekte*) werden spezifische Störeinflüsse gefasst, die sich aus der sozialen Interaktion zwischen Versuchsleiter und Versuchsperson, sowie durch (eventuell implizite) Erwartungen des Versuchsleiters ergeben. Letztere werden daher spezifischer als *Versuchsleitererwartungseffekte* bezeichnet.

Rosenthal und Fode (1966) konnten die Wirksamkeit derartiger Versuchsleitererwartungseffekte in eindrucksvoller Weise mit einem Experiment nachweisen, in dem studentische Versuchsleiter instruiert wurden, mit jeweils fünf Ratten Lernexperimente in einem einfachen Labyrinth durchzuführen. Der Hälfte der Versuchsleiter wurde gesagt, dass die Ratten durch Zuchtwahl besonders "klug" seien, der anderen Hälfte, dass sie besonders "dumm" seien. Tatsächlich wurden die Ratten den Versuchsleitern jedoch per Zufallsauswahl aus einer Gruppe von insgesamt 60 Ratten zugeteilt. Es zeigte sich, dass die "klugen" Ratten den "dummen" Ratten im Mittel an jedem Versuchstag überlegen waren.

Unter dem Schlagwort "Pygmalion im Klassenzimmer" untersuchten Rosenthal und Jacobson (1966, 1968) das Auftreten von Versuchsleitererwartungseffekten im Kontext der Schule. Zu Beginn eines Schuljahres wurden alle Kinder der Klassenstufen 1 bis 6 einer Schule mit einem Intelligenztest getestet. Den Lehrern wurden dann die Namen einzelner Schüler genannt, die dem Testergebnis zufolge eine ungewöhnlich gute schulische Entwicklung nehmen sollten (insgesamt 20% der Schüler). Wiederum waren die Namen jedoch streng nach dem Zufallsprinzip ausgewählt. Bei einem am Ende des Schuljahres durchgeführten Intelligenztest zeigte sich vor allem in den unteren Klassenstufen ein im Vergleich zu den anderen Schülern deutlicher Zuwachs bei den vermeintlich "Hochbegabten"

5.1.4   Kontrolle experimenteller Variablen

Anhand der Möglichkeit der Manipulation bzw. der Kontrolle der experimentellen Variablen lässt sich das Experiment von anderen Formen empirischer Untersuchungen abgrenzen. Zunächst lässt sich die als Ausgangspunkt der Betrachtungen gewählte Definition des Experiments von Wundt (1896) präzisieren. Ein *Experiment* ist dabei durch zwei Aspekte gekennzeichnet. Es erfordert sowohl die willkürliche Manipulation der unabhängigen Variablen, wie auch eine ausreichende Kontrolle der Störvariablen. Beides ist essentiell für die intendierte Analyse von kausalen Zusammenhängen.

Im Folgenden werden zunächst einige allgemeine Maßnahmen zur Kontrolle von Störvariablen vorgestellt. Abschnitt 5.3 diskutiert dann weitere Kontrolltechniken, die im Rahmen spezifischer Versuchspläne eingesetzt werden.

Die Kontrolle von Störvariablen, die den Untersuchungsablauf und die Versuchssituation betreffen, soll sicherstellen, dass sich die äußeren Rahmenbedingungen der Untersuchungsdurchführung bis auf die unabhängige Variable nicht unterscheiden. Das *Eliminieren* einer Störvariablen bietet die wohl weitestgehende Kontrolle über dessen Einfluss. In psychoakustischen Experimenten beispielsweise können alle Schallereignisse, außer den im Rahmen der unabhängigen Variablen applizierten Schallreizen, eine potenzielle Quelle für störende Einflüsse bilden. Daher werden derartige Untersuchungen üblicherweise in schallgedämmten Versuchskabinen durchgeführt, die es erlauben, den Umgebungsschall weitestgehend zu eliminieren. Ebenso sollten etwa EEG-Untersuchungen in elektromagnetisch abgeschirmten Räumen durchgeführt werden, um die Kontaminierung der Messung mit externer Strahlung zu vermeiden, wie sie durch stromführende Elektroleitungen und den Betrieb elektrischer Geräte hervorgerufen wird. Oftmals kann der Einfluss einer Störvariablen nicht vollständig beseitigt werden. Ist beispielsweise die Intensität der Beleuchtung eine entscheidende Einflussgröße, so wird man in vielen Fällen die Untersuchung nicht in völliger Dunkelheit durchführen wollen oder können. *Konstanthalten* der entsprechenden Störvariablen ermöglicht es dann zumindest, einen über alle Versuchsbedingungen hinweg gleichbleibenden Einfluss der Störvariablen zu gewährleisten. Viele experimentelle Untersuchungen werden daher nicht unter eventuell variierenden Tageslichtbedingungen, sondern unter konstant gehaltener künstlicher Beleuchtung durchgeführt.

Versuchsleitereffekten kann vor allem durch eine hochgradige *Standardisierung* des Versuchsablaufs begegnet werden. Der gesamte Ablauf der Untersuchung, von der Begrüßung der Versuchspersonen durch den Versuchsleiter, über die Instruktion der Versuchspersonen, bis hin zu eventuellen Rückmeldungen an die Versuchspersonen im Verlaufe der Untersuchung, sollte weitgehend standardisiert sein. Insbesondere die *Instruktion* der Versuchspersonen, mit der ihre konkrete Aufgabe in der Untersuchung erklärt wird, hat stets in der gleichen Weise zu erfolgen. Die *Versuchsanweisung* sollte daher, wann immer es möglich ist, in schriftlicher Form fixiert und den Versuchspersonen präsentiert werden. Oftmals ist es auch ratsam, die konkrete Aufgabe anhand von Beispielen zu illustrieren. Es wird allerdings immer erforderlich sein, durch Rückfragen mögliche individuelle Verständnisschwierigkeiten abzuklären und die Aufgabe gegebenenfalls nochmals zu erklären. Auch diese Intervention sollte in möglichst einheitlicher Art und Weise erfolgen. Eine Protokollierung, oder eventuell sogar eine Videoaufzeichnung des Untersuchungsablaufs erlaubt es, mögliche Störeffekte auch im Nachhinein zu entdecken und bei der Datenauswertung zu berücksichtigen. Die Versuchsperson muss hierüber explizit informiert werden und ihr Einverständnis erteilen. Auch eine *Nachbefragung* der Versuchspersonen nach Abschluss der Untersuchung kann zu einer nachträglichen Identifizierung von Störeffekten beitragen. Die Versuchsperson kann darin beispielsweise zum Verständnis ihrer Aufgabe, oder zu auffälligen Besonderheiten befragt werden.

In Fällen, wo eine noch strengere Kontrolle, insbesondere von Versuchsleitererwartungseffekten erforderlich ist und die Versuchspersonen unterschiedlichen Versuchsbedingungen zugewiesen werden (vgl. Versuchspläne ohne Messwiederholung, Abschnitt 5.3), kann man eine *Verblindung* vornehmen. Diese Technik wird vor allem auch in Medikamentenstudien eingesetzt, bei denen etwa entweder ein Medikament (Verum) verabreicht wird, oder aber ein Placebo. Allgemein wird eine Untersuchung als *einfachblind* bezeichnet, wenn die Versuchsperson nicht weiß, in welcher Versuchsbedingung sie sich befindet. Sie heißt *doppelblind*, wenn dies außerdem auch der Versuchsleiter nicht weiß und *dreifachblind*, wenn darüberhinaus die mit der Datenauswertung befassten Personen die Zuordnung nicht kennen.

Die hohen Anforderungen, die Experimente an die Möglichkeit der Kontrolle experimenteller Variablen stellen, sind nicht in jeder Situation gegeben, in der eine empirische Untersuchung durchgeführt werden soll.

Quasi-Experimente zeichnen sich dadurch aus, dass zwar eine Manipulation der unabhängigen Variablen erfolgen kann, dass jedoch keine ausreichende Kontrolle der Störvariablen möglich ist. Das kann zum einen daran liegen, dass die empirische Untersuchung unter Bedingungen durchzuführen ist, die "realitätsnah" sind, und diese daher nicht in dem Maße kontrolliert werden können, wie dies zur Ausschaltung der Wirksamkeit von Störvariablen nötig wäre.

Beispiel 5.5

Soll die Effektivität unterschiedlicher Lehrmethoden im Kontext der Schule untersucht werden, so ist es häufig lediglich möglich, ganze Klassen den jeweiligen Lehrmethoden zuzuordnen, nicht aber einzelne Schüler. In diesem Zusammenhang bilden die Lehrmethoden die Ausprägungen der unabhängigen Variablen, die prinzipiell willkürlich manipuliert werden können. Störvariablen wie Vorwissen, Lernfähigkeit, oder aber Geschlecht können, wegen der durch die Klassenverbände vorgegebenen Gruppen, jedoch nicht ausreichend kontrolliert werden.

Manchmal kann auch prinzipiell keine Kontrolle der Störvariablen erfolgen, da diese in systematischer Weise mit den unabhängigen Variablen kovariieren. Für diesen Fall wurde bereits der Begriff *Konfundierung* von Variablen eingeführt. Beispielsweise kann man das Alter von Kindern über einen Bereich von fünf bis zehn Jahren nicht variieren, ohne die Variablen Gewicht oder Körpergröße mit zu verändern. In Experimenten ist daher dafür Sorge zu tragen, dass sich die durch die unabhängigen Variablen definierten Versuchsbedingungen nicht auch noch bezüglich damit konfundierter Variablen unterscheiden.

Beispiel 5.6

Im Rahmen der Konstanzmethode, einem experimentellen Verfahren zur Bestimmung der Unterscheidbarkeit von Reizen, werden der Versuchsperson jeweils Paare physikalischer Reize dargeboten, die sie dann entsprechend einer spezifischen Instruktion zu beurteilen hat. Um die beiden Reize für die Versuchsperson unterscheidbar zu machen, können sie nicht zur selben Zeit am selben Ort dargeboten werden. Neben der physikalischen Intensität als unabhängiger Variable unterscheiden sich die Reize darüber hinaus also zumindest entweder im Zeitpunkt oder in der räumlichen Position ihrer Darbietung, eventuell sogar in beiden Aspekten. Eine ausführliche Diskussion zu den dadurch bedingten Effekte und deren theoretischer Erfassung findet man in Abschnitt 6.1.1.

Sowohl vom Experiment, wie auch vom Quasi-Experiment abgrenzen lassen sich die *nicht-experimentellen Beobachtungsmethoden*, die dadurch gekennzeichnet sind, dass *keine* willkürliche Manipulation der unabhängigen Variablen erfolgen kann. In Untersuchungen, die sich für Geschlechtsunterschiede (z.B. hinsichtlich räumlicher Orientierung, Risikoverhalten, ...) interessieren, wird Geschlecht als unabhängige Variable aufgefasst. In diesen Fällen kann die unabhängige Variable offensichtlich nicht aktiv variiert, sondern lediglich beobachtet werden. Es gibt durchaus Wissenschaftsbereiche, die überwiegend auf nicht-experimentelle Beobachtungen angewiesen sind, wie etwa die Kosmologie, die Meteorologie, oder auch die Makroökonomie. Diese Beispiele demonstrieren eindrücklich, dass sich trotz dieser Beschränkungen ein hoher Grad an Differenziertheit der Begriffs- und Theorienbildung erreichen lässt.

Zusammenfassung

- Das psychologische Experiment zielt auf die Aufdeckung kausaler Zusammenhänge ab. Dabei wird der Effekt der experimentellen Manipulation der *unabhängigen Variablen* auf eine oder mehrere *abhängige Variablen* betrachtet.

- Um den beobachteten Effekt eindeutig auf die unabhängige Variable zurückführen zu können, müssen *Störvariablen* (d.h. Variablen, die ebenfalls die abhängige Variable beeinflussen) kontrolliert werden, z.B. durch *Eliminieren* oder *Konstanthalten*. Dies ist nicht möglich, wenn die Ausprägungen der Störvariablen nicht unabhängig von denen der unabhängigen Variablen sind, also eine *Konfundierung* der Variablen vorliegt.

- Insbesondere muss auch *Versuchsleitereffekten* durch geeignete Maßnahmen, wie etwa durch *Standardisierung* des Versuchsablaufs und der Instruktion, begegnet werden.

5.2 Gütekriterien

Für eine Bewertung der Konsequenzen, die sich aus der Durchführung eines Experiments für die damit untersuchte Theorie ergeben, ist es zunächst entscheidend, allgemein die Güte des Experiments zu beurteilen. Hierbei werden in der Literatur verschiedene Aspekte der sogenannten *Validität* eines Experiments unterschieden. Die unter diesem Begriff gefassten Kriterien der Güte von Experimenten sind weitgehend allgemein definiert. In welchem Ausmaß eine hohe bzw. geringe Validität vorliegt, lässt sich in einer konkreten Anwendung nur schwer präzise bestimmen. Anhand beispielhafter Anwendungen sollen die verschiedenen Aspekte der Validität daher illustriert werden.

Die *interne Validität* gibt an, wie effektiv eventuell wirksame Störvariablen kontrolliert wurden. Hohe interne Validität bedeutet, dass die experimentellen Befunde in eindeutiger Weise auf die Manipulation der unabhängigen Variablen zurückgeführt werden kann.

Beispiel 5.7

Mit der in Abschnitt 6.1.1 ausführlich beschriebenen Versuchsanordnung der *Konstanzmethode* wird die Unterscheidbarkeit von Reizen untersucht. Der Versuchsperson jeweils ein Paar (x, s) dargeboten, bestehend aus einem Vergleichsreiz x und einem Standardreiz s. Da die beiden Reize nicht zur selben Zeit, am selben Ort präsentiert werden können, unterscheiden sich nicht nur in der Ausprägung der betrachteten physikalischen Größe, sondern auch bezüglich des Orts oder bezüglich des Zeitpunkts der Präsentation. Daher wird die Unterscheidbarkeit der Reize nicht im unmittelbaren Vergleich der Reize x und s erhoben. Sie wird vielmehr im Vergleich des bei verschiedenen Vergleichsreizen x und x' gezeigten Verhaltens bestimmt. Handelt es sich, wie in Beispiel 6.2 beschrieben, bei den Reizsituationen (x, s) und (x', s) um die jeweils simultane Darbietung zweier Farbreize (vgl. Abbildung 6.4), so werden x und x' in identischem räumlichen Umfeld dargeboten. Die Reizsituationen unterscheiden sich lediglich im Zeitpunkt ihrer Darbietung und die dadurch bedingten Effekte werden durch die Abschnitt 5.3 erläuterten Verfahren kontrolliert (s. S. 225 f. für deren konkrete Anwendung).

Die in Beispiel 5.7 beschriebene Anwendung der Konstanzmethode macht deutlich, dass hier Störvariablen, die mit der räumlichen Anordnung der Reize verbunden sind, vollständig kontrolliert werden können. Darüberhinaus stehen Techniken für die Kontrolle der zeitbedingten Störeffekte zur Verfügung, was insgesamt ein hohes Maß an interner Validität erwarten lässt. Cook und Campbell (1979) verweisen darauf, dass darüber hinaus aber auch die *statistische Validität* als weiterer Aspekt der internen Validität zu beachten ist. Diese sehen sie durch zu kleine Stichprobengröße, oder Fehler in der Anwendung statistischer Verfahren gefährdet.

Die *externe Validität* ist ein Indikator dafür, inwieweit sich das Ergebnis des Experiments generalisieren lässt. Mit der Bewertung der externen Validität eines Experiments sind im Allgemeinen zwei Fragen verbunden. Zum einen die Frage, ob sich die Ergebnisse über die am Experiment teilnehmenden Versuchspersonen hinaus auf eine interessierende Grundgesamtheit von Personen verallgemeinern lässt. Zum anderen die Frage, ob die Ergebnisse auch in allgemeineren Situationen, wie der im Experiment untersuchten, Bestand haben. Gelegentlich spricht man auch von *ökologischer Validität* und meint damit die Generalisierbarkeit auf natürliche Situationen, wie sie im Alltag auftreten.

In der Psychologie will man aus experimentellen Ergebnissen häufig Aussagen über größere Gruppen von Personen ableiten. Diese Verallgemeinerung geht über den mit der Durchführung klassischer inferenzstatistischer Tests verbundenen Schluss von der untersuchten Stichprobe auf eine unterliegende Population hinaus. Wie bereits in Abschnitt 4.3 erläutert wurde, wird diese Population zumeist ohnehin nur implizit festgelegt. Tatsächlich zielt die Interpretation der Ergebnisse eines Experiments oftmals auf eine Gruppe von Personen, für die die tatsächlich untersuchten Fälle nur eine Teilmenge darstellen. Ob etwa die für studentische Versuchspersonen erhobenen Befunde auf die Gesamtbevölkerung verallgemeinert werden können, ist eine Frage, deren Beantwortung Sachwissen aus dem betreffenden Forschungsbereich erfordert und nicht allein aufgrund statistischer Überlegungen erfolgen kann (z.B. Keppel & Wickens, 2004). Die Wahrnehmungspsychologie bildet beispielsweise einen Forschungsbereich, in dem experimentelle Ergebnisse weitestgehend über Personen hinweg generalisiert werden können.

Beispiel 5.8

In Wahrnehmungsexperimenten werden häufig nur wenige Versuchspersonen untersucht, diese jedoch sehr intensiv. Ein Blick in die in der Literatur veröffentlichten experimentellen Arbeiten zeigt, dass an den Experimenten oftmals lediglich vier bis fünf Versuchspersonen teilnehmen, von denen nicht selten ein oder zwei sogar die Autoren der entsprechenden Arbeit sind. Darin drückt sich ein hohes Maß an Generalisierbarkeit aus, das eine weitgehende Gültigkeit der Ergebnisse über Versuchspersonen hinweg unterstellt. Ein Vergleich der Ergebnisse für die Autoren mit denen, der im technischen Sinne *naiven Versuchspersonen* macht dabei deutlich, ob diese unabhängig sind von der Kenntnis der Ziele des jeweiligen Experiments, sowie des grundsätzlichen Versuchsaufbaus und -ablaufs.

Die Generalisierung von Ergebnissen über die im Experiment verwendete Situation hinaus ist im Allgemeinen ebenfalls auf Sachwissen zu gründen, oder gegebenenfalls empirisch zu untersuchen. Die Unabhängigkeit der Resultate von experimentellen Randbedingungen stellt darüber hinaus eine wichtige Information für die psychologische Theorienbildung dar.

Beispiel 5.9

Der in Kapitel 6 in Beispiel 6.2 detailliert beschriebenen Untersuchung der Helligkeit achromatischer Farben liegt eine hochgradig kontrollierte experimentelle Situation zugrunde. In einem vollkommen abgedunkelten Raum werden auf einem Monitor vor einem schwarzen Hintergrund zwei Reize dargeboten (vgl. Abbildung 6.4), die die Versuchsperson zu vergleichen hat. Es ist hier zunächst offen, inwieweit die unter diesen Bedingungen erhaltenen Ergebnisse auch Bestand haben, wenn der Vergleich der beiden Reize nicht etwa in Dunkelheit, sondern unter einer festen achromatischen Beleuchtung (mit entsprechend angepasster Änderung des Hintergrunds auf dem Monitor) durchgeführt wird. Diese Veränderung der Versuchsbedingungen jedenfalls kann eine grundlegend andere Erscheinungsweise der dargebotenen Reize bewirken (z.B. Katz, 1911; Niederée, 1998, 2010). Während diese in Dunkelheit als selbstleuchtend wahrgenommen werden, können sie unter Beleuchtung als beleuchtete Oberflächen erscheinen (wenn deren Intensität kleiner als die der Beleuchtung und damit auch des Hintergrunds ist). Dieser Unterschied ist entscheidend für die

Wahrnehmung von Farben (Mausfeld, 2007) und lässt daher die angedeutete Generalisierbarkeit der in Dunkelheit erhobenen Ergebnisse fraglich erscheinen.

Die mit der externen Validität von Experimenten angesprochene Generalisierbarkeit ist grundsätzlich zu unterscheiden von der in Abschnitt 3.1 besprochenen *Generalisierbarkeit wissenschaftlicher Theorien*. Generalisierbarkeit einer Theorie bezieht sich auf die Güte der Vorhersage von verschiedenen Datensätzen, die aus der unabhängigen Replikation eines Experiments stammen. Sie betrifft also die Allgemeingültigkeit der Erklärung experimenteller Ergebnisse durch eine Theorie für Wiederholungen desselben Experiments und geht dabei nicht über das betrachtete Experiment hinaus.

Die Maßnahmen zur Erhöhung der internen bzw. externen Validität laufen einander zumindest teilweise zuwider. Sicherung einer hohen internen Validität baut wesentlich auf die Kontrolle von Störvariablen und schränkt damit die experimentelle Situation ein. Dies steht einer Generalisierbarkeit auf weniger restriktive Situationen entgegen. Umgekehrt kann der Versuch, eine möglichst hohe externe Validität im Rahmen einer weitgehend natürlichen experimentellen Situation zu erreichen, mit einer mangelnden Kontrolle potenzieller Störvariablen verbunden sein. Dies gefährdet möglicherweise die interne Validität. Um diese zu sichern, wäre für das Experiment ein komplexerer Versuchsplan erforderlich, bei dem die relevanten Störvariablen systematisch variiert werden. Machen Beschränkungen, wie die für die Durchführung des Experiments zur Verfügung stehenden Ressourcen, Kompromisse zwischen der Gewährleistung hoher interner und externer Validität notwendig, so sollte in Hinblick auf eine Weiterentwicklung der psychologischen Theorienbildung eine hohe interne Validität Priorität haben.

Zusammenfassung

– Die wichtigsten Gütekriterien psychologischer Experimente sind die *interne Validität* (wie effektiv wurden eventuell wirksame Störvariablen kontrolliert) und die *externe Validität* (inwieweit lassen sich die Ergebnisse über die teilnehmenden Versuchspersonen hinaus und auf allgemeinere Situationen generalisieren).

5.3   Versuchspläne und spezifische Kontrolltechniken

Im Folgenden werden die wichtigsten Versuchspläne und Kontrolltechniken vorgestellt. Wenn dabei von den Ausprägungen der unabhängigen Variablen gesprochen wird, soll der Fall mehrerer unabhängiger Variablen stets mit eingeschlossen sein. Dabei ist dann eine Betrachtung aller Kombinationen der Ausprägungen der unabhängigen Variablen erforderlich. In der Literatur werden grundsätzlich zwei Klassen von Versuchsplänen unterschieden.

In einem *Versuchsplan ohne Messwiederholung* wird jede Versuchsperson nur unter einer Ausprägung der unabhängigen Variablen untersucht. Da verschiedenen Ausprägungen der unabhängigen Variablen unterschiedliche Versuchspersonen zugeordnet sind, spricht man auch von einem *Between-Subjects-Design*. Nach der Anzahl Ausprägungen der unabhängigen Variablen werden diese als *Zwei-* bzw. *Mehr-Gruppen-Pläne* bezeichnet. Ein Spezialfall eines Zwei-Gruppen-Plans ist ein einfaches *Kontrollgruppen-Design*, mit einer *Kontroll-* und einer *Experimentalgruppe*. Dabei unterscheiden sich die beiden Gruppen ausschließlich dadurch, dass in der Experimentalgruppe zusätzlich eine bestimmte experimentelle Manipulation appliziert wird. Für eine adäquate Bewertung des Effekts der betrachteten Manipulation kann es auch nötig sein, mehr als eine Kontrollgruppe einzuführen (vgl. Beispiel 6.9).

Wird jede Versuchsperson unter allen Ausprägung der unabhängigen Variablen untersucht, so liegt ein *Versuchsplan mit Messwiederholung* vor. Allen Ausprägungen der unabhängigen Variablen werden dabei dieselben Versuchspersonen zugeordnet, so dass dieser Versuchsplan auch als *Within-Subjects-Design* bezeichnet wird.

5.3.1 Versuchspläne ohne Messwiederholung

Jede Versuchsperson ist genau einer Ausprägung der unabhängigen Variablen zugeordnet, so dass die entsprechenden Teilstichproben disjunkte Teilmengen von Versuchspersonen bilden. Um eine hohe interne Validität zu gewährleisten, müssen beobachtete Effekte eindeutig auf die Manipulation der unabhängigen Variablen zurückgeführt werden können. Die interne Validität ist gefährdet, wenn sich die Versuchspersonen in den einzelnen Teilstichproben nicht nur bezüglich der unabhängigen Variablen unterscheiden, sondern auch in Bezug auf weitere, mit der abhängigen Variablen zusammenhängende Merkmale. Derartige personengebundene Störvariablen sind daher durch versuchsplanerische Maßnahmen zu kontrollieren, so dass sich die Teilstichproben hinsichtlich der für die Fragestellung relevanten Merkmale möglichst nicht unterscheiden.

Randomisierung

Das wichtigste Verfahren zur Kontrolle personengebundener Störvariablen ist die *Randomisierung*. Nachdem die Auswahl der am Experiment teilnehmenden Versuchspersonen (durch Ziehung einer Zufallsstichprobe aus einer Grundgesamtheit von Personen) abgeschlossen ist, werden die Versuchspersonen in zufälliger Weise den Ausprägungen der unabhängigen Variablen zugeordnet. Die randomisierte Zuordnung der Versuchspersonen zu den einzelnen Ausprägungen bildet ein Zufallsexperiment, das als Urnenziehung ohne Zurücklegen aufgefasst werden kann. Es wird davon ausgegangen, dass als Ergebnis des Verfahrens die resultierenden Verteilungen der Störvariablen in den Teilstichproben (bzw. deren Kennwerte, wie Mittelwert und Varianz) weitgehend identisch sind. Wie Beispiel 5.10 zeigt, muss dieses Ziel mit der Randomisierung nicht zwangsläufig auch erreicht werden. Insbesondere bei kleinen Stichproben wird dies eher die Ausnahme, denn die Regel sein. In diesen Fällen wird man vorzugsweise andere Kontrolltechniken verwenden. Bei größeren Stichprobenumfängen ist die Randomisierung allerdings konkurrenzlos, da ihr wesentlicher Vorteil darin besteht, dass die im Einzelnen wirksamen Störvariablen nicht bekannt sein müssen.

Beispiel 5.10

Für ein Lernexperiment sollen Versuchspersonen durch Randomisierung einer von zwei gleich großen Gruppen A und B zugewiesen werden, die dann unterschiedliche Experimentalbedingungen durchlaufen. Angenommen, es nehmen an dem Experiment sechs Versuchspersonen teil und man wüsste, dass die als personengebundene Störvariable wirksame Lernfähigkeit in folgendem Ausmaß vorliegt:

Versuchsperson	1	2	3	4	5	6
Lernfähigkeit	16	11	15	9	10	14

In diesem Fall treten als minimaler bzw. maximaler Unterschied (Absolutbetrag) der durchschnittlichen Lernfähigkeit in den Versuchsgruppen die Werte 0.33 und 5 auf. Der Absolutbetrag der Differenz der Mittelwerte in den Gruppen wird minimal für die Zuweisungen

A	B		A	B
1 2 5	3 4 6		3 4 6	1 2 5

und maximal für die Zuweisungen

A	B		A	B
1 3 6	2 4 5		2 4 5	1 3 6

Da insgesamt 20 mögliche Zuordnungen existieren, beträgt die Wahrscheinlichkeit des Auftretens eines minimalen bzw. maximalen Unterschieds jeweils 0.1.

Falls eine Randomisierung nicht möglich oder wegen eines zu geringen Stichprobenumfangs nicht angezeigt ist, sind andere Kontrolltechniken einzusetzen, die aber die Kenntnis und tatsächliche Erfassung der wirksamen Störvariablen voraussetzen.

Konstanthalten

Personengebundene Störvariablen haben keinen Einfluss, wenn sie konstant gehalten werden (z.B. Untersuchung von Personen gleichen Alters, oder gleichen Geschlechts). Das *Konstanthalten* von Störvariablen kann die externe Validität beeinträchtigen (z.B. die Verallgemeinerung auf andere Altersgruppen).

Parallelisieren und Matched Samples

Parallelisieren bezeichnet eine systematische Zuweisung der Versuchspersonen zu den Ausprägungen der unabhängigen Variablen derart, dass wichtige Kennwerte der Verteilung der Störvariablen (z.B. Mittelwerte und Varianzen) in den Teilstichproben weitgehend identisch sind. Bei der Bildung von *Matched Samples* werden über die Teilstichproben hinweg Versuchspersonen einander zugeordnet, die vergleichbare Werte der Störvariablen aufweisen. Betrachtet man zwei Ausprägungen der unabhängigen Variablen so bezeichnet man die einander zugeordneten Versuchspersonen gelegentlich auch als "Forschungszwillinge". Damit wird zum Ausdruck gebracht, dass sie sich hinsichtlich der kontrollierten Störvariablen gleichen, wie Zwillinge dies tun. Insbesondere die Bildung von Matched Samples macht deutlich, dass die bei randomisierter Zuweisung unterstellte stochastische Unabhängigkeit der resultierenden Teilstichproben hier nicht angenommen werden kann.

5.3.2 Versuchspläne mit Messwiederholung

Wird jede Versuchsperson unter allen Ausprägungen der unabhängigen Variablen untersucht, so bestehen die den einzelnen Ausprägungen zugeordneten Teilstichproben aus exakt denselben Versuchspersonen. Daher werden personenbezogene Störvariablen, wie sie im vorangehenden Abschnitt diskutiert wurden, hier nicht wirksam. Damit scheidet eine Quelle für mögliche Störeffekte aus, was gegenüber den Versuchsplänen ohne Messwiederholung zu einer Verminderung der Fehlervarianz führt. Da jede Versuchsperson aber nacheinander allen Ausprägungen der unabhängigen Variablen ausgesetzt wird, können durch diese sukzessive Darbietung bedingte, zeitgebundene Störvariablen wirken. Es lassen sich zwei Arten dieser Störeffekte unterscheiden, die als Reihenfolge- bzw. Positionseffekte und als Carry-Over-Effekte bezeichnet werden.

Reihenfolge- bzw. *Positionseffekte* liegen dann vor, wenn die Position in der Darbietungsreihenfolge der einzelnen Ausprägungen einen Einfluss auf die Daten hat, unabhängig von der an dieser Position konkret applizierten Ausprägung. Beispielsweise äußert sich die durch eine zu lange Dauer des Experiments hervorgerufene Ermüdung der Versuchsperson in einem Positionseffekt. Davon sind jeweils die zuletzt vorgegebenen Bedingungen in stärkerem Maße betroffen, unabhängig von der dort dargebotenen Ausprägung der unabhängigen Variablen. Auch folgender, bereits von Ebbinghaus (1885) berichteter und in der Lernpsychologie oft replizierter Effekt ist als Positionseffekt zu betrachten.

Beispiel 5.11

Jeder Versuchsperson wird eine Liste von 20 Wörtern sukzessive für jeweils 2 Sekunden präsentiert. Anschließend soll die Versuchsperson so viele der Wörter der Liste nennen, wie sie erinnern kann. Es zeigt sich, dass im Rahmen des Verfahrens der *freien Reproduktion* (vgl. Abschnitt 5.5.2) insbesondere die in der Liste zuletzt, wie auch die zuerst dargeboten Wörter eine erhöhte Wahrscheinlichkeit haben, genannt zu werden. Abbildung 5.5 illustriert diesen sogenannten *seriellen Positionseffekt* anhand der Daten aus einem Experiment von (Murdock, 1962). Entscheidend dabei ist, dass die Wahrscheinlichkeit der Nennung von der Listenposition abhängt und nicht von dem dort konkret präsentierten Wort.

Im Gegensatz zu Positionseffekten sind *Carry-Over-Effekte* inhaltlich begründete Abhängigkeiten zwischen einzelnen Ausprägungen der unabhängigen Variablen. Transfereffekte beim Lernen etwa sind als Carry-Over-Effekte zu betrachten. Beispielsweise verschlechtert das Lernen zweier Listen von Wörtern deren Reproduktion, wenn beide Listen aus Wörtern derselben Kategorie (z.B. Tiernamen) bestehen im Vergleich zu

Listen von Wörtern unterschiedlicher Kategorien. Die Verschlechterung der Reproduktionsleistung ist dabei durch die semantische Nähe der Listen zueinander bedingt. Auch Adaptationseffekte, wie sie in psychophysischen Experimenten auftreten, sind als Carry-Over-Effekte zu werten. Folgt etwa der Darbietung eines sehr lauten Tons unmittelbar ein leiser Ton, so wird die Wahrnehmung der Lautheit des letzteren eventuell durch den vorher dargebotenen Ton beeinflusst.

Während Carry-Over-Effekte im Allgemeinen schwer zu fassen sind (siehe aber Abschnitt 6.1.1), lassen sich Positionseffekte durch eine Reihe von Maßnahmen wirkungsvoll kontrollieren. Dabei werden per Zufall, oder durch systematische Konstruktion verschiedene Reihenfolgen der Ausprägungen der unabhängigen Variablen hergestellt.

Randomisierung

Bei Anwendung des Verfahrens der *Randomisierung* durchläuft jede Versuchsperson eine, auf der Basis einer Gleichverteilung, zufällig gewählte Reihenfolge der Ausprägungen der unabhängigen Variablen. Es wird erwartet, dass sich bei einer genügend großen Stichprobe, die Positionseffekte in gleicher Weise auf alle Ausprägungen auswirken. Die Randomisierung lässt sich insbesondere auch anwenden, wenn die nachfolgend beschriebenen Methoden auf Grund einer großen Anzahl von Ausprägungen nicht möglich ist.

Ausbalanzieren

Unter dem Begriff des Ausbalanzierens werden verschiedene Verfahren der systematischen Konstruktion von Reihenfolgen zusammengefasst. Als *vollständiges Ausbalanzieren* wird die Herstellung aller möglichen Reihenfolgen bezeichnet, denen dann jeweils eine feste Anzahl von Versuchspersonen zugewiesen wird. Für den Fall von drei Ausprägungen der unabhängigen Variablen A, B, C ergeben sich insgesamt die sechs verschiedenen Reihenfolgen

$$
\begin{array}{ccc}
A & B & C \\
A & C & B \\
B & A & C \\
B & C & A \\
C & A & B \\
C & B & A
\end{array}
$$

Allgemein hat man für n Ausprägungen der unabhängigen Variablen $n! = n\cdot(n-1)\cdot\ldots\cdot2\cdot 1$ verschiedene Reihenfolgen, eine Zahl, die mit n sehr schnell ansteigt. Da die Kontrolle der Positionseffekte beim vollständigen Ausbalanzieren über Versuchspersonen hinweg erfolgt, spricht man auch von *interindividuellem Ausbalanzieren*.

Die Methoden des *unvollständigen Ausbalanzierens* nutzen nur eine Teilmenge aller möglichen Reihenfolgen. Bei der *Methode des Lateinischen Quadrates* kommt jede Bedingung an jeder Position genau einmal vor. Für vier Ausprägungen A, B, C, D der unabhängigen Variablen hat man beispielsweise

$$
\begin{array}{cccc}
A & B & C & D \\
D & A & B & C \\
C & D & A & B \\
B & C & D & A
\end{array}
$$

Bei der *Spiegelbildmethode* werden die Bedingungen einer Versuchsperson in einer bestimmten Reihenfolge und anschließend in umgekehrter Reihenfolge vorgegeben. Für den Fall von drei Ausprägungen der unabhängigen Variablen A, B, C erhält man dabei beispielsweise

$$A \quad B \quad C \quad C \quad B \quad A$$

Da hier im Gegensatz zu den bisher beschriebenen Methoden für jede einzelne Versuchsperson ein Ausgleich möglicher Positionseffekte angestrebt wird, bezeichnet man dieses Verfahren auch als *intraindividuelles Ausbalanzieren*.

Gelegentlich wird der Eindruck erweckt, dass zumindest vollständiges Ausbalanzieren eine völlige Kontrolle von Positionseffekten ermöglicht. Das ist tatsächlich aber nicht der Fall. In Zusammenhang mit der Beschreibung der Konstanzmethode (s. Abschnitt 6.1.1), einer klassischen experimentellen Methode der Fechnerschen Psychophysik, wird sich zeigen, dass diese Annahme falsch ist.

5.3.3 Faktorielle Versuchspläne

Die simultane Untersuchung der Effekte mehrerer unabhängiger Variablen (die in diesem Zusammenhang auch *Faktoren* genannt werden) erfolgt im Rahmen eines mehrfaktoriellen Versuchsplans. In einem zweifaktoriellen Versuchsplan wird die Wirkung zweier Einflussfaktoren A und B untersucht. Werden die jeweiligen Ausprägungen der unabhängigen Variablen (die sogenannten *Faktorstufen*) durch $A_1, \ldots, A_i, \ldots, A_I$ und $B_1, \ldots, B_j, \ldots, B_J$ bezeichnet, dann ergibt sich folgendes Schema mit $I \cdot J$ verschiedenen Kombinationen von Faktorstufen.

Da alle möglichen Kombinationen von Faktorstufen tatsächlich vorkommen, spricht man auch von einem *vollständigen faktoriellen Versuchsplan*.

Beispiel 5.12

Sternberg (1967) führte ein Experiment zur Gedächtnissuche durch, bei dem die Versuchspersonen entscheiden sollten, ob ein Testreiz in einer zuvor präsentierten Liste von Reizen (Positivliste) enthalten war oder nicht. Dabei untersuchte er in einem zweifaktoriellen Versuchsplans simultan den Einfluss der Lesbarkeit des Testreizes (hoch vs. vermindert) und der Anzahl der zu memorierenden Elemente (Größe der Positivliste) auf die Reaktionszeit (s. Beispiel 6.11 für weitere Einzelheiten).

Im Rahmen eines zweifaktoriellen Versuchsplans interessiert man sich im Allgemeinen für drei verschiedene Hypothesen:

– *Haupteffekt* des Faktors A: Gibt es eine Wirkung des Faktors A, die über alle Stufen des Faktors B hinweg dieselbe ist?

– *Haupteffekt* des Faktors B: Gibt es eine Wirkung des Faktors B, die über alle Stufen des Faktors A hinweg dieselbe ist?

– *Interaktionseffekt* der beiden Faktoren A und B: Ist die Wirkung des Faktors A (bzw. B) unterschiedlich für verschiedene Stufen des Faktors B (bzw. A)?

Es wird üblicherweise versucht, die mit diesen Hypothesen verbundenen durch eine statistische Analyse im Rahmen linearer Modelle (z.B. Varianzanalyse) zu beantworten (vgl. Abschnitt 5.4.2).

Die Anzahl der für drei- und mehrfaktorielle Versuchspläne zu überprüfenden Hypothesen steigt mit der Anzahl der Faktoren stark an und umfasst auch Interaktionseffekte höherer Ordnung (z.B. eine Interaktion dreier Faktoren A, B und C), die zunehmend schwerer zu interpretieren sind. In allen betrachteten Fällen können dabei die unabhängigen Variablen jeweils Faktoren ohne bzw. mit Messwiederholung konstituieren.

Oftmals werden nicht alle möglichen Kombinationen von Faktorstufen vorkommen oder von Interesse sein. Werden nur einige der Faktorstufenkombinationen realisiert, so spricht man von einem *unvollständigen faktoriellen Versuchsplan*. Ein derartiger Versuchsplan für die Faktoren A, B und C ist beispielsweise

	B_1	B_2	B_3	B_4
A_1	C_1	C_2	C_3	C_4
A_2	C_2	C_3	C_4	C_1
A_3	C_3	C_4	C_1	C_2
A_4	C_4	C_1	C_2	C_3

In diesem Versuchsplan kommt zwar die Faktorstufenkombination $A_1 \times B_1 \times C_1$ vor, nicht aber die Kombinationen $A_1 \times B_1 \times C_2$ und $A_4 \times B_4 \times C_4$. Die Ähnlichkeit dieses Schemas mit der im Rahmen des unvollständigen Ausbalanzierens beschriebenen Methode des *Lateinischen Quadrats* ist dabei nicht zufällig. Tatsächlich lässt sich diese Kontrolltechnik für Positionseffekte durch exakt den angegebenen unvollständigen faktoriellen Versuchsplan beschreiben. Die Stufen des Faktors A repräsentieren dabei Gruppen von Versuchspersonen, der Faktor B spezifiziert die Position der Darbietung der einzelnen Ausprägungen der eigentlich interessierenden unabhängigen Variablen C.

Zusammenfassung

- In *Versuchsplänen ohne Messwiederholung* wird jede Versuchsperson genau einer Ausprägung der unabhängigen Variablen zugeordnet. Zur Sicherstellung der Äquivalenz der Teilstichproben werden die personengebundenen Störvariablen z.B. durch *Randomisierung* kontrolliert, d.h. durch die zufällige Zuweisung der Versuchspersonen zu den experimentellen Bedingungen.

- In *Versuchsplänen mit Messwiederholung* wird jede Versuchsperson unter allen Ausprägungen der unabhängigen Variablen untersucht. Zu kontrollieren sind hier zeitgebundene Störeffekte, die aus der Abfolge der experimentellen Bedingungen resultieren und sich als *Reihenfolge*- bzw. *Positionseffekte* und als *Carry-Over-Effekte* manifestieren. Die Kontrolltechniken für Positionseffekte umfassen die *Randomisierung* oder die systematische Auswahl (*Ausbalanzieren*) der Abfolgen.

- *Faktorielle Versuchspläne* erlauben die simultane Untersuchung der Effekte mehrerer unabhängiger Variablen.

5.4 Versuchsplanung und Statistik

Die Daten aus experimentellen Untersuchungen sind zufällig, d.h. im Einzelnen nicht mit Sicherheit vorherzusagen. In vielen Fällen können Experimente daher als *Zufallsexperimente* in dem in Abschnitt 4.1 eingeführten Sinn betrachtet werden. Kapitel 4 hat dargestellt, dass die Statistik als angewandte Wahrscheinlichkeitstheorie Verfahren an die Hand gibt, mit deren Hilfe, unter Berücksichtigung der Zufälligkeit der Daten, Schlussfolgerungen aus diesen gezogen werden können. Die statistischen Analysen basieren dabei stets auf einer probabilistischen Theorie, die jeweils grundlegende Annahmen macht. Die Annahmen beziehen sich etwa auf die Art des Zufallsexperiments, sowie z.B. auf die Konstanz relevanter Größen, oder die (stochastische) Unabhängigkeit von Beobachtungen. Es ist Aufgabe der Versuchsplanung, die Voraussetzungen für die Anwendung statistischer Verfahren zu schaffen, die eine Beantwortung der mit dem Experiment verbundenen Forschungsfragen erlauben. Die intendierte statistische Analyse ist also integraler Bestandteil der Versuchsplanung. Dies wird in folgendem, von R. A. Fisher überlieferten Ausspruch deutlich.

To call in the statistician after the experiment is done may be no more than asking him to perform a post-mortem examination: he may be able to say what the experiment died of. (R. A. Fisher, ca. 1938, Indian Statistical Congress, Sankhya)

Das Experiment ist so zu planen, dass die grundlegenden Voraussetzungen für die Anwendung derjenigen statistischen Verfahren erfüllt sind, die zu einer Beantwortung der Forschungsfragen beitragen können. Ansonsten bleibt nur nachträglich festzustellen, warum die vorliegenden Daten keinen statistisch begründeten Rückschluss darauf zulassen.

Sowohl der gewählte Versuchsplan, wie auch die verwendeten Methoden zur Kontrolle der Störvariablen tragen zur Festlegung des zugrunde liegenden Zufallsexperiments bei. Bei einem Versuchsplan ohne Messwiederholung und randomisierter Zuweisung der Versuchspersonen zu den Ausprägungen der unabhängigen Variablen können die hierfür resultierenden Teilstichproben als stochastisch unabhängig angenommen werden. Dies ist nicht der Fall, wenn anstatt der Randomisierung die Bildung von Matched Samples zur Kontrolle der personengebundenen Störvariablen eingesetzt wird. Da damit sogar eine injektive Zuordnung von Versuchspersonen über die Teilstichproben hinweg induziert wird, spricht man von *verbundenen Stichproben*. Auch in einem Versuchsplan mit Messwiederholung bilden die zu den Ausprägungen der unabhängigen Variablen gehörigen Teilstichproben *verbundene Stichproben*, wenn die Daten verschiedener Versuchspersonen gemeinsam ausgewertet werden. Die letztgenannte Bedingung ist dabei entscheidend, da die Abhängigkeit der Teilstichproben durch die Unterschiede zwischen den Versuchspersonen vermittelt werden.

Die in diesem Abschnitt beschriebene wahrscheinlichkeitstheoretische Analyse der Versuchspläne ist grundlegend für jegliche statistische Auswertung, unabhängig davon, ob sie sich auf die in diesem Kontext häufig verwendeten linearen statistischen Modelle (s. Abschnitt 5.4.2) stützt, oder ob sie anhand spezifischer psychologischer Theorien vorgenommen wird.

5.4.1   Experimente mit einer einzigen Versuchsperson

Die soeben beschriebene Situation ändert sich grundlegend, wenn Experimente betrachtet werden, die mit einer einzigen Versuchsperson durchgeführt werden bzw. wenn die Daten einzelner Versuchspersonen getrennt ausgewertet werden. Auch hier liegt ein Versuchsplan mit Messwiederholung vor, denn offensichtlich finden ja alle Beobachtungen innerhalb derselben Person statt. Die Kontrolle der Störvariablen soll sicherstellen, dass sich die Versuchsperson über die Dauer des Experiments (in den hierfür relevanten Aspekten) nicht verändert und die in unterschiedlichen Durchgängen erhobenen Datenpunkte als stochastisch unabhängige Beobachtungen angenommen werden können. Diese Eigenschaft wird als *lokale stochastische Unabhängigkeit* bezeichnet (vgl. Abschnitt 4.1.3). Das Attribut "lokal" bringt zum Ausdruck, dass die stochastische Unabhängigkeit nur unter der Bedingung gilt, dass alle Daten von derselben Person stammen, nicht aber über Versuchspersonen hinweg. Die Begründung der Annahme der lokalen stochastischen Unabhängigkeit aus der Anwendung versuchsplanerischer Maßnahmen zur Kontrolle der Störvariablen wird am Beispiel eines Experiments nach der Konstanzmethode in Abschnitt 6.1.1 ausführlich dargestellt.

Es ist grundsätzlich anzustreben, die Analyse der Daten aus psychologischen Experimenten für einzelne Versuchspersonen getrennt durchzuführen. In der Physik beispielsweise käme niemand auf die Idee, das *Hookesche Gesetz* für Schraubenfedern (nachdem

die elastische Verformung proportional zur einwirkenden Belastung ist; s. Abbildung
5.1) dadurch zu prüfen, dass man Daten über verschiedene Federn (z.B. solchen aus
Metall oder Gummi) hinweg aggregiert. Es werden stattdessen wiederholt Messungen
mit derselben Feder durchgeführt und die Übereinstimmung der erhaltenen Daten mit
der Theorie überprüft. Mit diesem Verfahren kann für jede Feder bestimmt werden, ob
sie sich im Sinne des Hookeschen Gesetzes elastisch verhält (wie z.B. bei Federn aus
Metall und nicht zu großen Belastungen) oder nicht (wie z.B. bei Federn aus Gummi).
Im ersteren Fall kann die individuelle Proportionalitätskonstante geschätzt werden, also
die Parameter der physikalischen Theorie des Hookeschen Gesetzes.

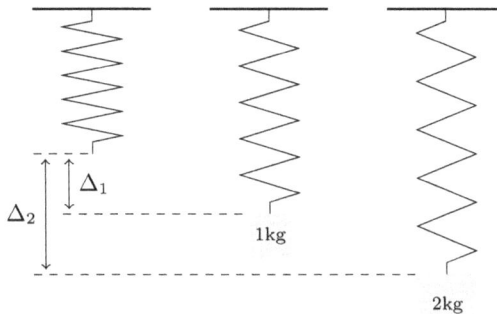

Abbildung 5.1: *Nach dem Hookeschen Gesetz ist die elastische Verformung, also die Längung
der Feder, proportional zur einwirkenden Belastung. Im dargestellten Fall gilt daher $\Delta_2 = 2 \cdot \Delta_1$.*

Vorbehalte und Einwände gegen eine individuelle Datenauswertung in der Psychologie
speisen sich aus verschiedenen Quellen, sind aber oft nicht stichhaltig. Mehr noch, eine
Auswertung aggregierter Daten kann sogar zu falschen Ergebnissen führen.

Ein erster Einwand besteht darin, dass sich insbesondere die Allgemeine Psychologie
nicht für individuelle Unterschiede interessiert, sondern für allgemeine Gesetzmäßigkeiten. Dieser Grundsatz wird dann als Rechtfertigung dafür gesehen, Daten über Versuchspersonen hinweg zu aggregieren (z.B. durch Mittelwertsbildung) und das resultierende
"mittlere" Verhalten zu betrachten. Dies ist aber nicht nur eine antiquierte, sondern
auch eine völlig verfehlte Argumentation. Es kann nicht ausgeschlossen werden, dass
das "mittlere" Verhalten von einer Art ist, wie es keine einzige Versuchsperson zeigt
oder zeigen würde. Eine hieraus abgeleitete Gesetzmäßigkeit würde dann auf keine der
Versuchsperson zutreffen.

Beispiel 5.13

Ashby, Maddox und Lee (1994) belegen die Relevanz dieser Problematik, indem sie
aufzeigen, dass bestimmte psychologische Theorien in der Lage sind aggregierte Daten zu beschreiben, obwohl dies für keinen der eingehenden individuellen Datensätze
der Fall sein muss. Anderson und Tweney (1997) weisen nach, dass die Behauptung,
der Zeitverlauf des Vergessens folge einer Potenzfunktion, ein Artefakt des Aggregie-
rens von Daten über Versuchspersonen ist. Diese funktionale Form resultiert, selbst

wenn sich für jede einzelne Versuchsperson das Vergessen durch einen exponentiellen Zusammenhang beschreiben lässt, sobald individuelle Unterschiede vorliegen. Myung, Kim und Pitt (2000) verallgemeinern diesen Befund und zeigen, dass derartige Artifakte aus dem Zusammenwirken dreier Faktoren resultieren: Der arithmetischen Mittelwertsbildung bei Daten, denen ein nichtlinearer Zusammenhang zugrunde liegt und die individuelle Unterschiede aufweisen. Diese Konstellation ist in der Psychologie eher die Regel, denn die Ausnahme.

Darüber hinaus ist die konkrete Berechnung des "mittleren" Verhaltens im Allgemeinen nicht eindeutig festgelegt. Für die in Beispiel 3.20 betrachtete binokular gesehene Distanz vom Beobachter kann eine arithmetische Mittelung der Datenwerte sowohl in kartesischen (x, y)-Koordinaten erfolgen, wie auch in monokularen (α, β)-Koordinaten (vgl. Abbildung 3.21), was zu unterschiedlichen Ergebnissen führt.

Ein zweiter Vorbehalt betrifft die Frage, welche Folgerungen sich ziehen lassen, wenn die Theorie die individuellen Daten nur für einen Teil der Versuchspersonen erklären kann, für den verbleibenden Teil aber nicht. Zeigen sich bei den restlichen Versuchspersonen unsystematische Abweichungen von den theoretischen Vorhersagen, so gilt es zu bewerten, ob die Anzahl der Fälle in der durch die Festlegung der Irrtumswahrscheinlichkeit α im Rahmen der statistischen Hypothesentests zu erwartenden Größenordnung (frequentistische Interpretation von α; vgl. Abschnitt 4.5.2) liegt oder nicht. Wenn ja, so kann die Theorie als gültig betrachtet werden. Wenn nein, oder wenn systematische Abweichungen auftreten, so gilt es durch weitere Experimente die Gründe für das unterschiedliche Verhalten aufzudecken. Beispielsweise könnte eine unterschiedliche Bedeutungszumessung zu der Reizvorlage dafür verantwortlich sein. Die Veränderung einer Reizvorlage zur Wahrnehmung achromatischer Farben könnte einerseits als tatsächliche Veränderung eines Reizes unter fester Beleuchtung wahrgenommen werden, oder andererseits als Resultat einer Beleuchtungsänderung bei konstantem Reiz.

In einem dritten Fall wird argumentiert, dass nur Aggregieren der Daten über Versuchspersonen den notwendigen Stichprobenumfang generiert, der es ermöglicht, einen Effekt als statistisch signifikant bewerten zu können (vgl. Irtel, 1993, Abschnitt 13.4). Diese Argumentation ist problematisch, wenn sie Teil einer Strategie ist, die lediglich auf die Signifikanz eines entsprechenden statistischen Tests schielt. Gigerenzer, Krauss und Vitouch (2004) nennen diese Vorgehensweise das "Nullritual" und sehen sie immer noch weit verbreitet. Das gilt auch und gerade für die Analyse der Daten bildgebender Verfahren im Rahmen der Neuropsychologie. In Abschnitt 4.5.2 wurde dargelegt, dass jeder noch so kleine Effekt bei hinreichend großem Stichprobenumfang ein signifikantes Ergebnis liefern kann, so dass klar zwischen *Signifikanz* und *Effektstärke* unterschieden werden muss. Selbstverständlich muss jedoch die *Teststärke* des verwendeten statistischen Tests in einem Bereich liegen, der ein Verwerfen der Nullhypothese (die im Allgemeinen einen Nulleffekt postuliert) überhaupt erst wahrscheinlich macht. Die Wahl des Stichprobenumfangs hat sich also, wie in Abschnitt 4.5.2 beschrieben, an der Teststärke zu orientieren. Es bleibt dann abzuklären, ob entsprechende Daten für einzelne Versuchspersonen erhoben werden können. Bevor man sich dazu entschließt Daten zu aggregieren, sollten aber erst alle Möglichkeiten der Verringerung der Streuung der individuellen Daten (z.B. durch strengere Kontrolle von Störvariablen) ausgeschöpft werden, die ebenfalls eine höhere Teststärke zur Folge hat.

Ein vierter Einwand bezieht sich auf die prinzipielle Unmöglichkeit einer wiederholten Datenerhebung unter gleichen Bedingungen. In diesen Fällen ist die Voraussetzung, dass die Daten beider Durchführungen des Experiments stochastisch unabhängig und identisch verteilt sind, systematisch verletzt. Beispielsweise verändert die Durchführung eines Lernexperiments eine Versuchsperson: sie lernt (zumindest teilweise). Daher wird jede Wiederholung des Lernexperiments mit derselben Versuchsperson die genannten Bedingungen nicht erfüllen. Hier müssen Daten verschiedener Versuchspersonen aggregiert werden. Allerdings wird dazu häufig angenommen, dass die über Versuchspersonen erhobenen Daten sämtlich stochastisch unabhängig und identisch verteilt sind. Diese Annahmen sind umso problematischer je heterogener die Menge der Versuchspersonen ist (z.B. hinsichtlich der Lernfähigkeit).

Wie bereits betont wurde, ist also grundsätzlich eine getrennte Analyse individueller Daten anzustreben. Ebenso wie das Hookesche Gesetz das elastische Verhalten einer einzelnen Feder vorhersagen will, zielen viele psychologische Gesetzmäßigkeiten auf eine Vorhersage des Verhaltens des einzelnen Individuums. Als Beispiel sei das *Webersche Gesetz* angeführt, das im Rahmen der Fechnerschen Psychophysik in Abschnitt 6.1.1 eingehender besprochen wird. Darin wird behauptet, dass der Quotient aus dem physikalischen Reizzuwachs ΔR und der Ausgangsintensität R bei festem Wahrnehmungskriterium (ein ebenmerklicher Unterschied) einen konstanten Wert k annimmt:

$$\frac{\Delta R}{R} = k, \text{ für einen ebenmerklichen Unterschied.}$$

Die *Webersche Konstante k* kann dabei für jede Person einen spezifischen Wert annehmen, der ihre Fähigkeit kennzeichnet, die Reize zu unterscheiden. Je kleiner der Wert k, umso geringer der Reizzuwachs ΔR, der nötig ist, damit die Versuchsperson die Reize R und $R + \Delta R$ unterscheiden kann. Während die Form der Gleichung, d.h. die mathematische Struktur der Theorie, für alle Personen in identischer Weise postuliert wird, werden die Unterschiede zwischen den Personen durch eine individuelle Setzung der in der Theorie enthaltenen Parameter (hier der Weberschen Konstanten k) reflektiert.

5.4.2 Lineare Modelle

Auch in der aktuellen Experimentellen Psychologie werden häufig faktorielle Versuchspläne (vgl. Abschnitt 5.3.3) verwendet, um den Einfluss mehrerer unabhängiger Variablen auf eine abhängige Variable im Rahmen linearer Modelle zu analysieren. Insbesondere in einer eher sozialwissenschaftlich orientierten Forschung bilden diese die Standardmethoden der Datenauswertung. Für einen zweifaktoriellen Versuchsplan mit den Faktoren A und B wird dabei das Modell

$$Y_{ijk} = \mu + a_i + b_j + (ab)_{ij} + E_{ijk} \tag{5.1}$$

mit $i = 1, \ldots, I$, $j = 1, \ldots, J$, $k = 1, \ldots, K$ betrachtet, das als zweifaktorielle *Varianzanalyse* (mit festen Effekten) bekannt ist. Die Zufallsvariable Y_{ijk} charakterisiert den k-ten Stichprobenwert der abhängigen Variablen unter der Faktorstufenkombination (A_i, B_j). Der Wert Y_{ijk} wird vorhergesagt durch additive Kombination des Erwartungswerts μ der abhängigen Variablen über alle Faktorstufenkombinationen, des

Haupteffekts a_i des Faktors A, des Haupteffekts b_j des Faktors B, des Interaktionseffekts $(ab)_{ij}$ (d.h. der Wechselwirkung der beiden Faktoren) und einem Fehlerterm E_{ijk}. Die Zufallsvariablen E_{ijk} werden als stochastisch unabhängig und normalverteilt gemäß $E_{ijk} \sim N(0, \sigma^2)$ vorausgesetzt. Die Nullhypothesen, die im Rahmen dieses linearen Modells überprüft werden können, postulieren Nulleffekte für beide Haupteffekte und den Interaktionseffekt

$$
\begin{aligned}
H_0^A : \quad & a_i = 0 \quad \text{für alle } i = 1, \dots, I \\
H_0^B : \quad & b_j = 0 \quad \text{für alle } j = 1, \dots, J \\
H_0^{A \times B} : \quad & (ab)_{ij} = 0 \text{ für alle } i = 1, \dots, I, \; j = 1, \dots, J
\end{aligned}
$$

Sind die Faktorstufen nicht festgelegt, sondern werden diese im Rahmen einer Stichprobenziehung jeweils aus einer Grundgesamtheit gezogen, dann ist Gleichung (5.1) entsprechend zu modifizieren. Insbesondere sind dann die darin durch reelle Zahlen charakterisierten Effekte durch Zufallsvariablen zu erfassen (zufällige Effekte), was Auswirkungen auf die Formulierung der statistischen Hypothesen und die konkreten Teststatistiken hat (z.B. Hays, 2007).

Lineare Modelle beschreiben lediglich die mit Gleichung (5.1) erfassten linearen Abhängigkeiten. Die in weiten Bereichen der Psychologie nahezu ausschließliche Anwendung linearer Modelle führt dazu, dass selbst einfache nichtlineare Zusammenhänge (z.B. quadratische Abhängigkeiten) unentdeckt bleiben. Taagepera (2008) simulierte Daten, in denen die abhängige Variable in multiplikativer und teils quadratischer Weise von drei unabhängigen Variablen abhing, wie es durch Newtons Gravitationsgesetz beschrieben wird (Gravitationskraft in Abhängigkeit zweier Massen und ihres invers und quadratisch eingehenden Abstands), und die von einem zufälligen Fehler überlagert waren. Er sandte die Daten an 38 sozialwissenschaftlich orientierte Forscher und bat sie um eine Analyse. Acht Forscher antworteten und keiner von ihnen war in der Lage die quadratische Abhängigkeit zu identifizieren. Die verwendeten linearen Modelle lieferten eine zufriedenstellende Anpassung an die Daten, so dass keine weitergehenden Analysen notwendig erschienen.

Zwei Aspekte sozialwissenschaftlich orientierter Forschung sind dafür verantwortlich zu machen, dass Gesetzmäßigkeiten, wie sie in der Physik häufig auftreten, hier nicht identifiziert werden können. Erstens, die nahezu ausschließliche Beschränkung auf lineare Modelle, sowie das Testen gegen Nulleffekte. Die Physik dagegen bedient sich prädiktiver Theorien, die exakte quantitative Vorhersagen machen. Der grundlegende Unterschied hinsichtlich des statistischen Testens wurde bereits in Abschnitt 4.6 charakterisiert. Darüber hinaus wird nun auch deutlich, dass die Physik, ausgestattet lediglich mit dem sozialwissenschaftlichen Methodeninventar, nie ihren heutigen Entwicklungsstand hätte erreichen können. Dies macht deutlich, dass der Fortschritt in der wissenschaftlichen Psychologie auch an eine breitere Anwendung psychologischer Theorien gebunden ist, die präzise quantitative Vorhersagen machen.

Zusammenfassung

- Die Versuchsplanung muss gewährleisten, dass die Voraussetzungen für die Anwendung derjenigen statistischen Verfahren erfüllt sind, die zu einer Beantwortung der Forschungsfragen beitragen können.

- Grundsätzlich sollte die Analyse der Daten aus psychologischen Experimenten für einzelne Versuchspersonen getrennt durchgeführt werden. Eine Auswertung aggregierter Daten kann zu Artefakten führen.

- Die Dominanz statistischer Analysen im Rahmen linearer Modelle führt zu einer Beschränkung der Betrachtung, in der nichtlineare Zusammenhänge weitgehend ignoriert werden.

5.5 Klassische experimentelle Paradigmen

Dieser Abschnitt will und kann keine auch nur annähernd vollständige Übersicht über die in der Psychologie genutzten experimentellen Paradigmen geben. Er will vielmehr einige Versuchsanordnungen kurz skizzieren, die klassisch genannt werden können, da sie sehr häufig verwendet werden oder eine lange Tradition haben. Die Darstellungen sollen einen Überblick vermitteln und sind daher bewusst knapp gehalten. Auch hier soll aber der Bezug zu den Theorien hergestellt werden, die mit den experimentellen Anordnungen eng verbunden sind. Kapitel 6 bietet dann eine detaillierte Beschreibung einzelner experimenteller Versuchsanordnungen und ihres jeweiligen theoretischen Hintergrunds.

5.5.1 Präferenz und Unterscheidbarkeit

Paarvergleichsexperiment

Man spricht von einem *(vollständigen) Paarvergleichsexperiment*, wenn alle (geordneten) Paare von Reizen aus einer Menge X vorgegeben werden. Offensichtlich können die beiden Reize eines Paares nicht zur selben Zeit am selben Ort dargeboten werden, um deren Unterscheidbarkeit zu gewährleisten. Die Paare (a, b) und (b, a) beziehen sich auf unterschiedliche räumliche und/oder zeitliche Anordnungen der Reize $a, b \in X$ und sind daher zu unterscheiden. Für die Konstanzmethode (s. Abschnitt 6.1.1) werden die durch die verschiedenen Anordnungen möglicherweise hervorgerufenen Effekte ausführlich diskutiert.

Gelegentlich wird in Paarvergleichsexperimenten darauf verzichtet, Paare identischer Reize (a, a) für alle $a \in X$ vorzugeben. Dies geschieht vor allem dann, wenn die Präsentation dieser Paare in Verbindung mit der konkreten Instruktion zu Problemen führt. Wird in einer Untersuchung zur Attraktivität von Gesichtern beispielsweise zweimal dasselbe Gesicht dargeboten zusammen mit der Frage, ob das eine Gesicht attraktiver wie das andere ist, so entsteht eine für die Versuchspersonen vermutlich sonderbare Situation. Insbesondere wenn die Reize identifizierbar sind und aus theoretischen Gründen eine bestimmte Antwort erwartet wird (in diesem Fall eine Nein-Antwort), sollten Paare identischer Reize nicht vorgegeben werden. Für die Datenauswertung wird in diesen Fällen das Vorliegen der theoretisch erwarteten Antwort angenommen.

Im Rahmen von Paarvergleichsexperimenten können verschiedene Fragestellungen nach der Präferenz bezüglich der präsentierten Reize gestellt werden. Bei der in Abschnitt 3.3.2 behandelten ordinalen Messung wird für gegebenes Reizpaar (a, b) die Frage gestellt, ob der Reiz a hinsichtlich der betrachteten psychologischen Größe mindestens so intensiv oder attraktiv ist, wie der Reiz b. Die Versuchsperson hat dann ausschließlich die Möglichkeit entweder mit "Ja" oder mit "Nein" zu antworten. Mit der binären Relation $\succcurlyeq$ auf der Reizmenge X wird dann beispielsweise das Bestehen dieser Beziehung beschrieben. Antwortet die Versuchsperson mit "Ja", so wird also $a \succcurlyeq b$ gesetzt. Prinzipiell kann die Frage auch auf eine strikte Präferenz abzielen. Die Frage lautet dann: Ist Reiz a intensiver oder attraktiver als Reiz b?

Da die Versuchsperson hier genau zwei Antwortmöglichkeiten, nämlich "Ja" und "Nein" hat, von denen eine zu wählen ist, sprechen (Luce & Galanter, 1963) von einem *2AFC-Verfahren* (2 alternatives forced choice). Verbreitet wird in der Literatur unter diesem Begriff allerdings ein anderes Paradigma verstanden, das nachfolgend dargestellt wird. Entscheidend für eine Abgrenzung des Paarvergleichsparadigmas davon ist die Tatsache, dass die Antworten zu den beiden Paaren (a, b) und (b, a) vollständig unabhängig voneinander gegeben werden, so dass alle möglichen Kombinationen von Ja- und Nein-Antworten auftreten können. Auf die Frage, ob der erste Reiz mindestens so attraktiv wie der zweite ist, kann die Versuchsperson also beide Male mit "Nein" antworten (z.B. bei einer Verletzung der *Konnexität* als Folge mangelnder Vergleichbarkeit).

2AFC/2IFC-Verfahren

Weit verbreitet ist eine Verwendung des Begriffs des *2AFC-Verfahrens* (2 alternatives forced choice) als gleichbedeutend zu dem des *2IFC-Verfahrens* (2 intervals forced choice). Dabei sind die zur Verfügung stehenden zwei Antwortkategorien durch die mit der Darbietung eines Reizpaares verbundenen Beobachtungsintervalle gegeben. Diese Beobachtungsintervalle sind entweder räumlich definiert (durch die verschiedenen Orte, an denen die Reize präsentiert werden), oder zeitlich (durch die Reihenfolge bei sukzessiver Darbietung). Aufgabe der Versuchsperson ist es dasjenige Beobachtungsintervall auszuwählen, in dem der präferierte Reiz liegt. Konkret lautet die Instruktion: Wähle denjenigen Reiz aus, der intensiver bzw. attraktiver ist. Registriert wird das gewählte Beobachtungsintervall.

Formal kann man das 2IFC-Verfahren als Auswahl eines Elements aus dem durch die Menge $\{a, b\}$ beschriebenen Angebot fassen, das von der für die Darbietung erforderlichen (räumlichen oder zeitlichen) Anordnung der Reize abstrahiert. Die Darbietungsreihenfolge wird als Störvariable betrachtet, die durch geeignete Maßnahmen zu kontrollieren ist. Empfohlen wird zumeist, die Daten über die beiden Anordnungen (a, b) und (b, a) hinweg zu aggregieren, was in diesem Kontext als *vollständiges Ausbalancieren* betrachtet werden kann. Das mit dieser Vorgehensweise Effekte der Reihenfolge nicht ausgeschlossen werden, zeigt die Diskussion zur Kontrolle von Störeffekten im Rahmen der Konstanzmethode (Abschnitt 6.1.1).

Im Unterschied zum Paarvergleichsexperiment kann es als Ergebnis des 2IFC-Verfahrens nicht vorkommen, dass für das Angebot $\{a, b\}$ weder a über b noch b über a präferiert wird. Bei einer deterministischen Betrachtung, wie etwa im Rahmen der in Abschnitt 3.3 dargestellten messtheoretischen Herangehensweise, wird dabei die *Konnexität* der erhobenen Präferenzrelation erzwungen, auch wenn eine Vergleichbarkeit der Reize empirisch gar nicht gegeben ist. Auf der Grundlage einer probabilistischen Betrachtung (vgl. Abschnitt 6.1.1) resultieren aber ebenfalls Probleme. Häufig wird angenommen, dass die Versuchspersonen, wenn sie tatsächlich keinen der beiden Reize präferieren, zufällig eines der beiden Beobachtungsintervalle auswählen. Verhalten sich die Versuchspersonen in diesen Situationen aber systematisch, so kann das zu Reihenfolgeeffekten führen (García-Pérez & Alcalá-Quintana, 2011). Bereits (Fechner, 1860) empfiehlt daher für die Konstanzmethode eine dritte Antwortmöglichkeit zuzulassen, für den Fall, dass keine Präferenz für einen der Reize besteht. Die dafür erhaltenen Antworten sollten dann zu gleichen Anteilen den beiden übrigen Antwortkategorien zugeordnet werden.

> Fälle, wo man zweifelhaft bleibt, sind nicht beiseit zu lassen, sondern halb den richtigen, halb den falschen Fällen zuzuzählen. (Fechner, 1860, S. 72)

Gleich-Ungleich Urteile

Die bislang betrachteten gerichteten Fragestellungen in Hinblick auf den helleren, lauteren, oder attraktiveren Reiz setzen im Allgemeinen voraus, dass sich die betrachtete psychologische Größe durch ein eindimensionales Kontinuum repräsentieren lässt, auf dem diese angeordnet werden können. Die qualitativen Voraussetzungen hierfür wurden in Verbindung mit der ordinalen Messung (vgl. Abschnitt 3.3.2) diskutiert. In vielen Fällen sind psychologische Größen aber durch mehrere, voneinander verschiedene Aspekte gekennzeichnet, die durch eine "mehrdimensionale" Repräsentation zu erfassen sind. In mehrdimensionalen Räumen existiert aber keine "natürliche" Anordnung der darin enthaltenen Elemente. Anstatt einer gerichteten Fragestellung sind hierbei lediglich Urteile bezüglich der Gleichheit bzw. Ungleichheit der von zwei Reizen ausgelösten Empfindungen möglich.

Beispiel 5.14

Die Empfindung *Farbe* lässt sich für normalfarbsichtige Versuchspersonen in einem dreidimensionalen Raum repräsentieren, dem sogenannten *Farbraum* (Suppes et al., 1989). Eine phänomenale Beschreibung von Farben bezieht sich dabei etwa auf die Attribute Farbton (rot, grün, blau, ...), Helligkeit und Sättigung (Weißanteil, der von kräftigen Farben hin zu Pastellfarben zunimmt). Die Farben lassen sich nicht in natürlicher Weise eindimensional anordnen, ohne sich dabei nur auf einzelne Aspekte (wie z.B. die Helligkeit) zu beschränken.

Experimentell wird daher die Farbgleichheit bzw. -ungleichheit zweier Reize, also die *Farbdiskrimination*, untersucht. Die hierfür verwendete klassische Versuchsanordnung ist in Abbildung 5.2 dargestellt. In einem dunklen Raum wird vor einem schwarzen Hintergrund in den beiden Hälften eines vertikal geteilten Kreises jeweils ein Reiz präsentiert. Der Kreis erscheint unter einem Sehwinkel von 2°, so dass sein

retinales Bild vollständig innerhalb der Fovea centralis liegt, in der die farbsensitiven Rezeptoren angesiedelt sind. Die Versuchsperson soll entscheiden, ob die beiden
Hälften des Kreises die gleiche Farbe haben oder nicht. Diese Urteile bilden die alleinige psychologische Grundlage einer messtheoretisch begründeten Etablierung eines
Farbraums (Suppes et al., 1989).

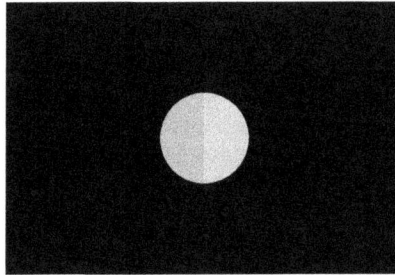

Abbildung 5.2: *Klassische Versuchsanordnung eines Experiments zur Farbdiskrimination.
Aufgabe der Versuchsperson ist es zu entscheiden, ob die beiden Hälften des Kreises die gleiche
Farbe haben oder nicht.*

Gleich-Ungleich Urteile (same-different judgements) können auch die Grundlage einer
mehrdimensionalen Fechnerschen Skalierung bilden, wie sie von Dzhafarov und Colonius
(1999b, 1999a, 2001) entwickelt wurde.

Oddity-Paradigma

Auch beim Oddity-Paradigma geht es darum, die wahrgenommene Gleichheit bzw. Ungleichheit zu erheben. Dazu werden mindestens drei Reize präsentiert und die Versuchsperson bekommt die Aufgabe, den Reiz zu identifizieren, der sich von den anderen unterscheidet. Dies kann beispielsweise im Rahmen eines 3IFC- oder 4IFC-Verfahrens geschehen. Abbildung 5.3 zeigt eine Anwendung des Oddity-Paradigmas zur Untersuchung
der Helligkeit achromatischer Farben im Rahmen eines 4IFC-Verfahrens. Wesentlich dabei ist, dass der Versuchsperson kein Kriterium zur Unterscheidung vorgegeben werden
muss. Je mehr Alternativen angeboten werden, desto geringer ist die *Ratewahrscheinlichkeit*, also die Wahrscheinlichkeit den physikalisch verschiedenen Reiz auszuwählen,
ohne tatsächlich Unterschiede zu erkennen. Bei zeitlich aufeinanderfolgender Darbietung der Reize, sind dem aber enge Grenzen gesetzt, so dass in der Psychoakustik
beispielsweise vorwiegend 3IFC-Verfahren eingesetzt werden.

5.5.2   Lernen und Gedächtnis

Die experimentelle Erforschung von Lernvorgängen und Gedächtnisleistungen bildet
seit jeher einen wichtigen Teilbereich der Experimentellen Psychologie. Den Ausgangspunkt bildet die 1885 veröffentlichte Monographie "Über das Gedächtnis. Untersuchungen zur experimentellen Psychologie" von Hermann Ebbinghaus (1885). Darin entwirft

Abbildung 5.3: *Oddity-Paradigma im Rahmen eines 4IFC-Verfahrens: Welcher Reiz unterscheidet sich von den übrigen?*

Ebbinghaus rigoros kontrollierte experimentelle Verfahren zur Untersuchung von Lernprozessen, die es ihm erlauben, selbst seine wichtigste Versuchsperson zu sein.

Grundsätzlich besteht ein Experiment zur Untersuchung von Gedächtnisleistungen aus einer Sequenz von Lern- und Testphasen. In der *Lernphase* hat die Versuchsperson die Möglichkeit, sich mit dem Lernmaterial vertraut zu machen, während in der *Testphase* geprüft wird, welche Elemente des Lernmaterials bereits gelernt wurden. Die Lern- und Testphasen können dabei jeweils in zeitlich getrennten Blöcken zusammengefasst sein, oder für jedes zu lernende Element einzeln stattfinden.

Bereits Ebbinghaus, aber nachfolgend auch andere Forscher, haben verschiedene Versuchsanordnungen zur experimentellen Untersuchung von Gedächtnisleistungen entwickelt. Einige dieser Versuchsanordnungen werden im Folgenden kurz dargestellt.

Paarassoziationslernen

Paarassoziationslernen beschreibt einen elementaren Lernvorgang, bei dem gelernt werden soll, welche Paare von Elementen einander zugeordnet sind. Die Fähigkeit des Erlernens paarweiser Zuordnungen kommt im Alltag häufig vor, etwa beim Vokabellernen bei Fremdsprachen, dem Zuordnen von Daten zu historischen Ereignissen, dem Zuordnen von Namen zu Gesichtern, oder auch dem Zuordnen von Telefonnummern zu Namen. Um in einer experimentellen Untersuchung des Paarassoziationslernens mögliche störende Einflüsse des Vorwissens der Versuchsperson zu kontrollieren, wie sie etwa mit der Verwendung von natürlichsprachlichen Wörtern verbunden wäre, benutzte bereits Ebbinghaus (1885) als Elemente der Lernlisten sogenannte *Trigramme*. Trigramme sind Buchstabenfolgen der Form Konsonant-Vokal-Konsonant, wie beispielsweise HUN, TAK oder BOL, die sich im Allgemeinen gut aussprechen lassen. Ausgeschlossen werden natürlich Buchstabenfolgen, die selbst Wörter sind (z.B. NOT) oder gängige Silben darstellen (z.B. VER). In der Literatur werden derartige Trigramme auch als "sinnlose Silben" bezeichnet. Diese Bezeichnung ist aber problematisch, da viele Trigramme zwar nicht selbst bedeutungtragend sind, aber naheliegende Assoziationen zu Wörtern aufweisen. Man sollte daher in diesem Zusammenhang eher von "sinnarmen Silben" sprechen. Schönpflug und Vetter (1975) stellen eine empirische Untersuchung verschiedener Kennwerte von Trigrammen vor, zu denen, neben der Auftretenshäufigkeit in Textkorpora, vor allem auch die Häufigkeit der Nennung von dazu assoziierten Wörter (*Assoziazionswert*) gehört. Für die Verwendung in Lernexperimenten lassen sich anhand dieser Kennwerte homogene Teilmengen von Trigrammen zusammenstellen. Die Sprache, und damit auch die Kennwerte, sind aber einem ständigen Wandel unterworfen. Manche der von Schönpflug und Vetter (1975) noch als "sinnarm" betrachteten Trigramme sind heute sogar bedeutungtragend geworden (z.B. LAN).

Die in Lernlisten zur Untersuchung des Paarassoziationslernens verwendeten Elemente bilden sogenannte *Reiz-Reaktions-Sequenzen*, die jeweils aus zwei Komponenten bestehen: Einer Reizkomponente und einer zugeordneten Reaktionskomponente. Häufig werden als Reizkomponenten Trigramme verwendet, oder auch andere Folgen von Buchstaben oder Ziffern. Die Reaktionskomponente kann ebenfalls aus einem Trigramm bestehen, oder auch aus einer oder mehrerer Ziffern. Beispiele derartiger Reiz-Reaktions-Sequenzen sind HUN-ZEK, TAK-MUP, BOL-XIS, bzw. HUN-2, TAK-1, BOL-2. Die Aufgabe der Versuchsperson besteht darin, diese Zuordnung zu lernen.

Besonders intensiv wurde das Paarassoziationslernen in den 1950er und 1960er Jahren untersucht. Die durchgeführten Experimente haben sich dabei vorwiegend auf folgende zwei Versuchsanordnungen gestützt. Bei der *Lern-Prüf-Methode* schließt sich an die für alle Elemente durchgeführte Lernphase die Testphase an. Zunächst werden also alle Reiz-Reaktions-Sequenzen im Rahmen einer Lernphase dargeboten. In der anschließenden Testphase wird dann jeweils eine Reizkomponente gezeigt, zu der die Versuchsperson die zugehörige Reaktionskomponente nennen soll. Bei der *Antizipationsmethode* findet für jedes Element in jedem Durchgang zunächst die Testphase statt und anschließend die Lernphase. In der Testphase wird die Reizkomponente gezeigt und die Versuchsperson soll die zugehörige Reaktionskomponente nennen. Die anschließende Lernphase besteht aus einer Rückmeldung bezüglich der Korrektheit der gegebenen Antwort und der Darbietung der korrekten Reiz-Reaktions-Sequenz. Die einmalige Präsentation aller Elemente der Lernliste in einer Lernphase wird als *Lerndurchgang* bezeichnet. In einem Experiment werden üblicherweise mehrere Lerndurchgänge durchgeführt, solange bis ein bestimmtes *Lernkriterium* erfüllt ist. Das Erreichen des Lernkriteriums wird häufig durch die Forderung mehrerer, aufeinander folgender fehlerfreier Durchgänge für alle Elemente operationalisiert.

Abbildung 5.4 illustriert den Ablauf eines Lerndurchgangs nach der Antizipationsmethode, bei dem die Ziffern 1 bzw. 2 die Reaktionskomponente bilden. Zunächst wird in der Testphase die Reizkomponente XIL dargeboten. Die Versuchsperson reagiert im vorliegenden Fall darauf mit der Eingabe 2, worauf sie die Rückmeldung "falsch" erhält. Es schließt sich die Lernphase an, in der die Darbietung der korrekten Reiz-Reaktions-Sequenz XIL-1 erfolgt.

Eine in diesem Zusammenhang interessante Frage ist, ob sich Paarassoziationslernen graduell oder diskret vollzieht. In Abschnitt 6.2 wird gezeigt, dass man sich einer Beantwortung dieser Frage auf verschiedenen Wegen nähern kann: Über einen experimentellen Zugang oder über eine theoriegestützte Datenanalyse.

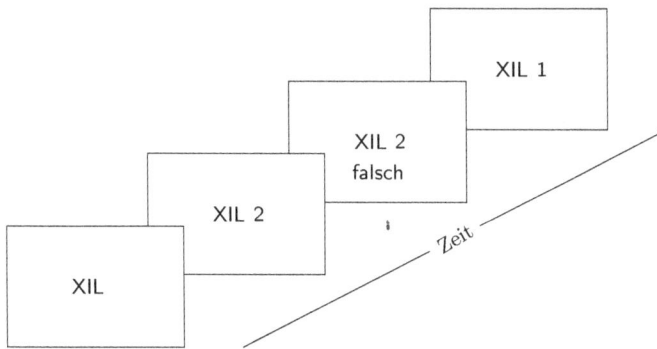

Abbildung 5.4: *Ablauf eines Lerndurchgangs zum Paarassoziationslernen nach der Antizipationsmethode.*

Freie Reproduktion

Bei der *freien Reproduktion* (free recall) lernt eine Versuchsperson eine Liste von üblicherweise 10-40 Elementen, vorwiegend Wörter, die zueinander in Beziehung stehen können. Alle Elemente der Lernliste werden nacheinander für eine gewisse Zeit dargeboten. Danach hat die Versuchsperson die Aufgabe so viele Elemente wie möglich zu reproduzieren, wobei es auf die Reihenfolge nicht ankommen soll. Über die Durchgänge hinweg wird die Darbietungsreihenfolge randomisiert. Abbildung (Murdock, 1962) zeigt die Ergebnisse eines Experiments zum freien Reproduzieren in dem 20 Wörter für jeweils 2 s dargeboten wurden. Abgetragen ist die relative Häufigkeit der Reproduktion der Wörter jeweils gegen die Position, die sie in der Lernliste hatten. Es zeigt sich ein ausgeprägter serieller Positionseffekt. Die im Vergleich zu mittleren Positionen erhöhte Reproduktionshäufigkeit zu Beginn wird *Neuigkeitseffekt* oder *Primacy-Effekt* genannt, während die am Ende der Liste als *Rezenzeffekt* oder *Recency-Effekt* bezeichnet wird.

Ein weiterer interessanter Effekt in Experimenten zur freien Reproduktion besteht darin, dass die Reihenfolge, in der die erinnerten Wörter berichtet werden, in charakteristischer Weise von der Darbietungsreihenfolge abweicht. Dabei wird angenommen, dass sich in der Reihenfolge der Reproduktion elementare Prinzipien der Organisation des Lernmaterials im Gedächtnis ausdrücken. Eines dieser zentralen Prinzipien ist die *Clusterbildung* (clustering). Enthält die zu lernende Liste Wörter, die sich einer Kategorie zuordnen lassen, wie z.B. die Wörter *Arzt* und *Rechtsanwalt* aus der Kategorie *Berufe*, so haben diese Wörter eine erhöhte Wahrscheinlichkeit unmittelbar hintereinander reproduziert zu werden, auch wenn sie bei der Darbietung durch eine Reihe dazwischen liegender Elemente getrennt waren (Bousfield, 1953). Die Abhängigkeit der Wahrscheinlichkeit, die Wörter unmittelbar hintereinander zu reproduzieren, vom Abstand der Wörter bei der Darbietung erwies sich als komplex und schwer zu interpretieren. Erst Batchelder und Riefer (1980) formulierten eine explizite Theorie der Clusterbildung, die differentielle Effekte des Darbietungsabstands auf die Speicherung (storage) bzw. den Abruf (retrieval) von Clustern nachweisen konnte.

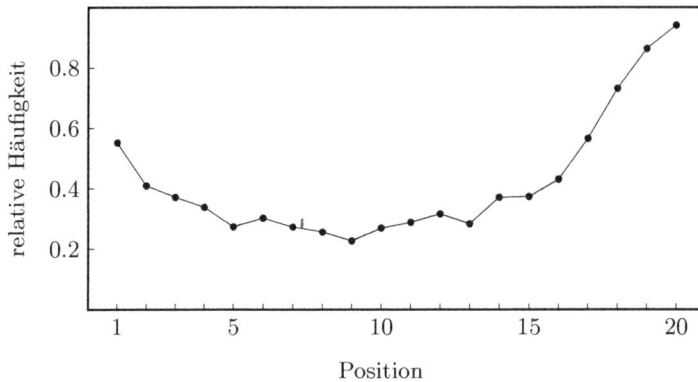

Abbildung 5.5: *Relative Häufigkeit der korrekten Reproduktion in Abhängigkeit von der Position des Elements in der Lernliste nach Murdock (1962). Es zeigt sich ein ausgeprägter serieller Positionseffekt.*

Beispiel 5.15

Batchelder und Riefer (1980) präsentierten 23 Versuchspersonen in fünf Lerndurchgängen nach der Lern-Prüf-Methode eine Liste von 54 Wörtern, die nachfolgend frei reproduziert werden sollten (Experiment 1b). Jeweils 8 Elemente am Beginn und am Ende Liste wurden aus der Datenauswertung ausgeschlossen, um eine Überlagerung der Ergebnisse mit dem seriellen Positionseffekt zu vermeiden. Die restlichen Elemente der Liste bestanden aus 16 Paaren von Wörtern einer Kategorie, die bei der Darbietung unterschiedlichen Abstand von voneinander hatten, sowie 6 weiteren einzelnen Wörtern aus davon unabhängigen Kategorien.

Als Indikator für eine erfolgte Clusterbildung bei den Wortpaaren werten Batchelder und Riefer (1980) die Tatsache, dass die beiden Wörter unmittelbar nacheinander reproduziert werden. Insgesamt werden für jedes Wortpaar folgende Antwortkategorien als Ereignisse des zugrunde liegenden Zufallsexperiments betrachtet:

E_1 beide Wörter werden unmittelbar nacheinander reproduziert
E_2 beide Wörter werden reproduziert, aber nicht unmittelbar nacheinander
E_3 nur eines der beiden Wörter wird reproduziert
E_4 keines der beiden Wörter wird reproduziert

Die Wahrscheinlichkeiten $\mathbb{P}(E_1), \ldots, \mathbb{P}(E_4)$ dieser Ereignisse werden aus grundlegenden Annahmen zur psychologischen Verarbeitung abgeleitet. Das resultierende *Prozessmodell* kann dabei durch einen Baumgraphen repräsentiert werden und wird daher auch als *"processing tree model"* bezeichnet (Batchelder & Riefer, 1999; Erdfelder et al., 2009). Die Formulierung der Modellvorstellungen zur mentalen Verarbeitung basiert auf den Parametern c, r und u, die folgende Interpretationen haben:

   c Wahrscheinlichkeit des (gemeinsamen) Abspeicherns als Cluster (storage)

   r Wahrscheinlichkeit des Abrufens eines Clusters, gegeben er ist abgespeichert (retrieval)

   u Wahrscheinlichkeit des Abspeicherns und Abrufens eines einzelnen, nicht in einem Cluster befindlichen Elements

Das Ereignis E_1 tritt nach dem Modell dann ein, wenn die beiden Wörter einer Kategorie als Cluster gemeinsam abgespeichert werden und auch als Cluster abgerufen werden, was mit Wahrscheinlichkeit $\mathbb{P}(E_1) = c\,r$ eintritt. Das Ereignis E_2 tritt dann ein, wenn die beiden Wörter nicht gemeinsam als Cluster abgespeichert werden, aber jeweils (als einzelnes Wort) erinnert werden. Die Wahrscheinlichkeit dieses Ereignisses ist $\mathbb{P}(E_2) = (1 - c)\,u^2$. Für das Ereignis E_3, genau eines der Wörter zu reproduzieren ergibt sich dann entsprechend die Wahrscheinlichkeit $\mathbb{P}(E_2) = (1 - c)\,2\,u\,(1 - u)$. Das Ereignis E_4 schließlich kann auf zwei verschiedenen Wegen resultieren. Entweder, die beiden Wörter werden gemeinsam als Cluster abgespeichert, aber nicht abgerufen – was mit Wahrscheinlichkeit $c\,(1 - r)$ der Fall ist –, oder sie werden nicht als Cluster abgespeichert und jeweils als Einzelwort nicht erinnert – und zwar mit Wahrscheinlichkeit $(1 - c)\,(1 - u)^2$. Insgesamt hat man dann $\mathbb{P}(E_4) = c\,(1 - r) + (1 - c)\,(1 - u)^2$. Abbildung 5.6 veranschaulicht dieses Modell durch einen Baumgraphen, der die einzelnen Pfade der Verarbeitung darstellt.

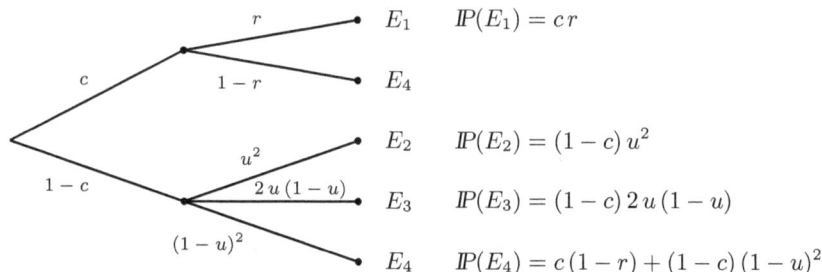

Abbildung 5.6: *Veranschaulichung des Prozessmodells nach Batchelder und Riefer (1980) durch einen Baumgraphen.*

Für die Einzelworte werden die Ereignisse

       F_1 das einzelne Wort wird reproduziert

       F_2 das einzelne Wort wird nicht reproduziert

betrachtet, die mit den Wahrscheinlichkeiten $\mathbb{P}(F_1) = u$ und $\mathbb{P}(F_2) = 1 - u$ auftreten. Wird der Parameter u durch die relative Häufigkeit des Auftretens des Ereignisses F_1 geschätzt, so lassen sich die übrigen Parameter der Theorie mittels *Maximum-Likelihood-Schätzung* aus den entsprechenden beobachteten absoluten Häufigkeiten der Ereignisse $E_1, \ldots, E_4$ schätzen.

Beispiel 5.16

Als Ergebnis berichten Batchelder und Riefer (1980) eine insgesamt gute Überein-stimmung der Vorhersagen der Theorie mit den Daten (d.h. den absoluten Häufig-keiten der betrachteten Ereignisse), die durch entsprechende statistische Tests abge-sichert werden kann. Als Effekt des Darbietungsabstands der Wortpaare einer Kate-gorie sehen sie ihre Hypothese bestätigt, dass die Wahrscheinlichkeit des gemeinsa-men Abspeicherns in einem Cluster durch einen geringen Abstand begünstigt wird, während die Wahrscheinlichkeit des Abrufens eines gespeicherten Clusters durch einen großen Abstand befördert wird.

Wiedererkennen

Die Lernphase eines Experiments zum *Wiedererkennen* (recognition) unterscheidet sich nicht von der bei freier Reproduktion. Grundlegend verschieden ist jedoch die Testpha-se. In zufälliger Reihenfolge werden den Versuchspersonen die Elemente der Lernliste (üblicherweise Wörter) gemischt mit sogenannten *Distraktoren* dargeboten. Distrakto-ren sind von derselben Art wie die Elemente der Lernliste. Aufgabe der Versuchsperson ist es für jedes in der Testphase präsentierte Element zu entscheiden, ob es in der Lernliste enthalten war ("alt") oder nicht ("neu"). Die Ähnlichkeit von Elementen der Lernliste und Distraktoren hat wesentlichen Einfluss auf die Wiedererkennensleistung (Kintsch, 1982). Dabei stellt sich die Frage, wie die Wiedererkennensleistung geeignet zu beschreiben ist. Die Betrachtung der Wahrscheinlichkeit ein Element der Lernliste als alt zu identifizieren greift zu kurz: Eine Versuchsperson, die stets "alt" antwortet, erzielt hierbei nämlich eine Wahrscheinlichkeit von 1.

Einen theoretischen Rahmen, der eine Trennung von Wiedererkennensleistung und Ant-worttendenz (z.B. im Zweifel mit "neu" zu antworten) ermöglicht, ist die *Theorie der Signalentdeckung* (Green & Swets, 1966; Wickens, 2002). Wie in Beispiel 4.7 beschrie-ben, werden für jedes in der Testphase präsentierte Element zwei Naturzustände un-terschieden, nämlich alt (wenn es in der Lernliste enthalten war) und neu (wenn es ein Distraktor ist). Zusammen mit den zwei Antwortalternativen "alt" und "neu" er-geben sich dann vier verschiedene Ergebnisse: (alt, "alt") bezeichnet den Fall, dass ein altes Element auch als "alt" bezeichnet wird, also einen *Treffer* (hit), entsprechend ist (alt, "neu") ein *Verpasser* (miss), (neu, "alt") ein *falscher Alarm* (false alarm) und (neu, "neu") eine *korrekte Zurückweisung* (correct rejection).

Für die dem Wiedererkennen zugrunde liegende Informationsverarbeitung werden zwei Stufen angenommen. Die Information bezüglich des Vorliegens eines Elements der Lern-liste (im vorliegenden Fall etwa als Stärke der Gedächtnisspur interpretierbar) wird aggregiert und formal durch eine stetige Zufallsvariable X beschrieben, die als *Evi-denzvariable* bezeichnet wird. Auf dieser Evidenzvariablen operiert ein Entscheidungs-mechanismus, nachdem eine "alt"-Antwort gegeben wird, sobald die Evidenzvariable X einen kritischen Schwellenwert x_c übersteigt (also ab einer gewissen Stärke der Gedächtnisspur). Die Verteilungen der Zufallsvariablen X unter den beiden Natur-zuständen werden durch Dichtefunktionen $f(x \mid \text{neu})$ und $f(x \mid \text{alt})$ beschrieben.

Abbildung 5.7 illustriert die beiden Dichtefunktionen unter der häufig getroffenen An-nahme, dass X in beiden Fällen normalverteilt ist, mit identischen Varianzen. Für

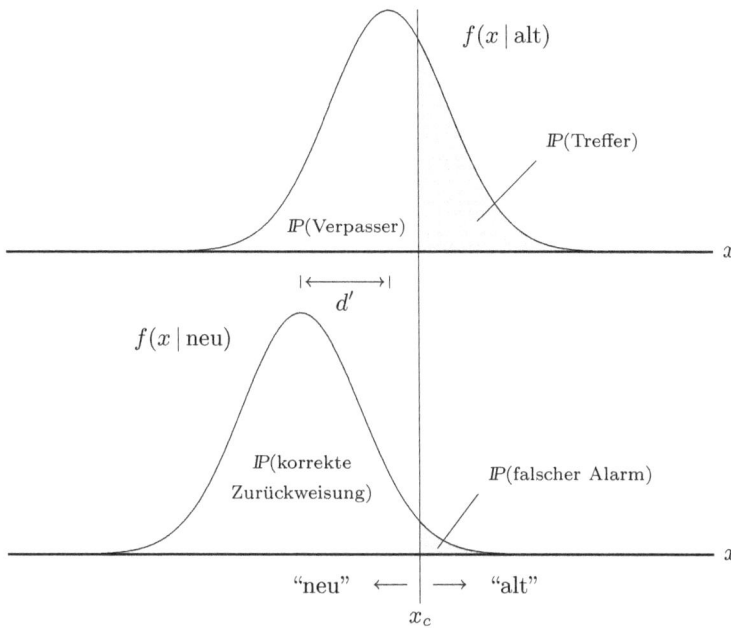

Abbildung 5.7: *Anwendung der Theorie der Signalentdeckung auf das experimentelle Paradigma des Wiedererkennens.*

Experimente zum Wiedererkennen lässt sich diese Annahme durch empirische Befunde stützen (z.B. Murdock, 1965). Aus Gründen der Übersichtlichkeit ist die x-Achse der Evidenzvariablen zweimal eingezeichnet. Die Wiedererkennensleistung wird durch den Abstand d' der Erwartungswerte beider Verteilungen (in Einheiten der Standardabweichung) angegeben. Je größer d', desto leichter fällt die Unterscheidung von Elementen der Lernliste und Distraktoren. Für festes d' resultieren je nach Setzung des Kriteriumswerts x_c unterschiedliche Wahrscheinlichkeiten der Elementarereignisse eines Treffers, eines Verpassers, eines falschen Alarms und einer korrekten Zurückweisung. Diese Wahrscheinlichkeiten korrespondieren mit den in Abbildung 5.7 entsprechend markierten Flächen unter den Dichtefunktionen. Eingezeichnet ist ein sehr konservatives Kriterium, das eine relativ hohe Wahrscheinlichkeit an Verpassern in Kauf nimmt, um die Wahrscheinlichkeit falscher Alarme klein zu halten. Ein neutrales Kriterium liegt für $\mathbb{P}(\text{Verpasser}) = \mathbb{P}(\text{falscher Alarm})$ vor, während für ein liberales Kriterium $\mathbb{P}(\text{Verpasser}) < \mathbb{P}(\text{falscher Alarm})$ gilt.

Da die genannten vier Wahrscheinlichkeiten nicht unabhängig voneinander sind, kann man diese durch die Angabe der Wahrscheinlichkeiten $\mathbb{P}(\text{Treffer})$ und $\mathbb{P}(\text{falscher Alarm})$ eindeutig kennzeichnen (grau unterlegte Flächen in Abbildung 5.7). Lässt man das Kriterium von extrem konservativ bis extrem liberal variieren und trägt diese beiden Wahrscheinlichkeiten gegeneinander ab, so resultiert ein Kurve, die allgemein als "Receiver Operating Characteristic"-Kurve (ROC-Kurve) bezeichnet wird und im vorlie-

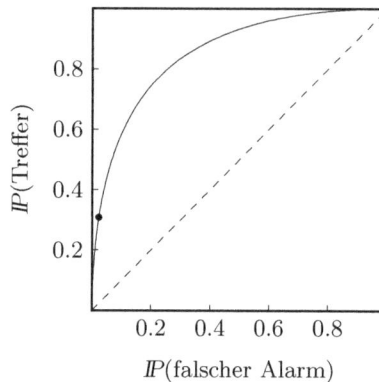

Abbildung 5.8: *MOC-Kurve für die in Abbildung 5.7 dargestellte Wiedererkennensleistung d'.*

genden speziellen Fall als "Memory Operating Characteristic"-Kurve (MOC-Kurve). Abbildung 5.8 zeigt die MOC-Kurve für die in Abbildung 5.7 illustrierte Wiedererkennensleistung d'. Der auf der MOC-Kurve eingezeichnete Punkt korrespondiert zu dem dort dargestellten konservativen Kriterium. Je größer d' ist, umso mehr schmiegt sich die MOC-Kurve in die linke obere Ecke. Die gestrichelte Linie repräsentiert das für $d' = 0$ resultierende zufällige Verhalten, beim dem für alle Kriteriumswerte x_c stets $\mathbb{P}(\text{Treffer}) = \mathbb{P}(\text{falscher Alarm})$ gilt. Zur Bestimmung von d' müssen mehrere Werte auf der MOC-Kurve erhoben werden. Dies kann entweder durch experimentelle Manipulation des Kriteriums (z.B. durch Verändern der relativen Häufigkeit von Elementen der Lernliste und Distraktoren in der Testphase) erreicht werden, oder durch Konfidenzurteile, bei denen die Versuchsperson ein über mehrere Antwortkategorien abgestuftes Urteil von "sicher neu" bis "sicher alt" abgeben kann (Kintsch, 1982; McNichol, 1972).

5.5.3   Reaktionszeit-Experimente

Die Reaktionszeit ist eine in der aktuellen Psychologie in vielen Zusammenhängen verwendete abhängige Variable. Das Interesse an der Messung von Reaktionszeiten geht zurück bis ins 19. Jahrhundert (Donders, 1868/1969), hat sich aber vor allem mit der *Kognitiven Psychologie* ab der Mitte des 20. Jahrhunderts entwickelt. Seit dieser Zeit stehen auch die technischen Voraussetzungen zur Verfügung, die es erlauben Reaktionszeiten mit vergleichsweise geringem Aufwand und hoher Genauigkeit (im Bereich von Millisekunden) zu erheben. Abschnitt 6.3 wird am Beispiel der Gedächtnissuche (Sternberg, 1966) die grundlegenden Annahmen und Probleme der Analyse von Reaktionszeiten in Hinblick auf deren Implikationen für mentale Verarbeitungsprozesse diskutieren. Im Folgenden werden wichtige versuchstechnische Aspekte der Durchführung von Reaktionszeit-Experimenten dargestellt.

Einfache Reaktionszeit

In einem Experiment zur einfachen Reaktionszeit soll die Versuchsperson auf die Darbietung eines Reizes hin so schnell wie möglich eine bestimmte motorische Reaktion zeigen (z.B. eine Reaktionstaste drücken). Da die Versuchsperson nicht in der Lage ist ihre Aufmerksamkeit über einen längeren Zeitraum auf einem sehr hohen Niveau zu halten, wird zunächst ein *Warnreiz* präsentiert, der den Beginn eines Durchgangs markiert. Auf den Warnreiz folgt dann, nach einer konstanten oder variablen Wartezeit (die auch als *Vorperiode* bezeichnet wird) die Darbietung des Reizes, auf den die Versuchsperson reagieren soll. Abbildung 5.9 zeigt den zeitlichen Ablauf eines Durchgangs, mit der Dauer der Vorperiode S und der Reaktionszeit T.

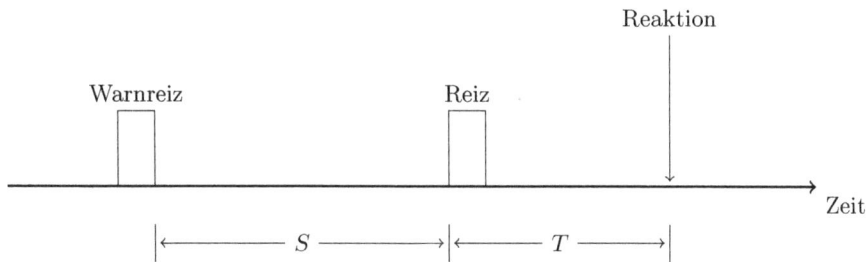

Abbildung 5.9: *Experiment zur einfachen Reaktionszeit: Zeitlicher Ablauf eines Durchgangs mit der Vorperiode S und der Reaktionszeit T.*

Um sicherzustellen, dass die Versuchsperson das Erscheinen des Reizes, auf den sie reagieren soll, nicht antizipieren kann, werden üblicherweise zwei verschiedene Strategien verwendet.

Eine Möglichkeit besteht darin, die Vorperiode, also die Zeit zwischen der Beendigung der Darbietung eines Warnreizes und dem Beginn der jeweiligen Reizpräsentation, in geeigneter Weise variabel zu wählen. In diesem Fall ist S eine stetige Zufallsvariable. Eine Antizipation der Präsentation des Reizes ist dann nicht möglich, wenn die Wahrscheinlichkeit dafür, dass sie im nächsten Moment stattfindet, gegeben sie ist bislang noch nicht erfolgt, zu jedem Zeitpunkt konstant ist. In Beispiel 4.17 wurde gezeigt, dass dies nicht der Fall ist, wenn S gleichverteilt ist, sondern nur wenn S exponentiell verteilt ist. Dann ist die entsprechende Hazardfunktion konstant. Der Nachteil dabei ist, dass extrem lange Vorperioden auftreten können, so dass teilweise maximale Werte hierfür festgesetzt werden (z.B. 4000 ms bei Irtel, 1993, Abschnitt 1.1.2). Will man eine bestimmte Anzahl von Vorperioden wiederholt darbieten (etwa um hierfür die mittlere Reaktionszeit zu bestimmen), so ist die Exponentialverteilung diskret zu approximieren (s. Luce, 1986, Abschnitt 2.4.3).

Als Alternative zu exponentiell verteilten variablen Vorperioden wird, unter Verwendung einer konstanten Vorperiode, in einem bestimmten Prozentsatz der Durchgänge ($\leq 25\%$) die Präsentation des Reizes ausgesetzt (catch trials). Man spricht in diesem Zusammenhang auch von einem *Go/No-Go Experiment*, da nur in einem Teil der Durchgänge eine Reaktion erfolgen soll (Go), im anderen Teil der Durchgänge soll die Versuchsperson nicht reagieren (No-Go). Das Auftreten von Reaktionen in "Catch Trials" deutet auf eine Antizipation der Reizdarbietung hin. Deren Anzahl sollte daher gering sein. Gegebenenfalls ist das Verhalten der Versuchsperson durch Rückmeldung dahingehend zu beeinflussen (Luce, 1986).

Wahlreaktionszeit

Im Gegensatz zur einfachen Reaktionszeit wird in einem Experiment zur Wahlreaktionszeit einer von mehreren möglichen Reizen präsentiert. Aufgabe der Versuchsperson ist
es dann den dargebotenen Reiz zu identifizieren und so schnell wie möglich eine diesem
in systematischer Weise zugeordnete Reaktion auszuführen. Vor der motorischen Reaktion ist also zu entscheiden, welche von den verschiedenen, zur Verfügung stehenden
Reaktionsalternativen zu realisieren ist. In einem häufig vorkommenden und einfachen
Fall, kann dies etwa die Entscheidung zwischen einer Ja- und einer Nein-Antwort sein,
denen je eine Reaktionstaste zugeordnet ist. Im Experiment von Sternberg (1966) zur
Gedächtnissuche, das in Kapitel 6 ausführlich besprochen wird (Beispiel 6.10), wird eine
derartige Wahlreaktion erhoben. Dabei ist zu entscheiden, ob ein präsentierter Testreiz
in einer zuvor gezeigten Liste enthalten war oder nicht und möglichst schnell die für
eine Ja- bzw. Nein-Antwort vorgesehene Reaktionstaste zu drücken.

Beispiel 5.17

  Abbildung 5.10 zeigt die Versuchsanordnung eines Wahlreaktions-Experiments, bei
  dem die mittleren Reaktionszeiten einen Effekt zeigen, der von Simon und Rudell
  (1967) erstmals berichtet wurde und als *Simon-Effekt* bekannt ist. Die Versuchsperson hat die Aufgabe die linke Taste zu drücken, wenn der Kreis dargeboten wird
  und die rechte Taste bei Darbietung des Dreiecks. Kreis und Dreieck können auf dem
  Bildschirm sowohl links oder rechts präsentiert werden und die Versuchsperson ist
  angewiesen, die räumliche Position des Reizes zu ignorieren und lediglich auf seine
  Form zu reagieren. Es zeigt sich, dass die Wahlreaktionszeiten in den Bedingungen,
  in denen die (irrelevante) räumliche Position des Reizes und die der Reaktionstaste
  übereinstimmen (kongruent), schneller sind im Vergleich zu den Bedingungen, wo
  diese nicht übereinstimmen (inkongruent).

Der grundsätzliche Ablauf eines Durchgangs unterscheidet sich nicht wesentlich von
dem in Abbildung 5.9 dargestellten für die einfache Reaktionszeit. In Experimenten zur
Wahlreaktionszeit werden jedoch häufiger konstante statt variabler Vorperioden eingesetzt, was wie folgt begründet wird: Da sich die Versuchsperson zwischen verschiedenen
Reaktionsalternativen zu entscheiden hat, muss sie auf die Präsentation des Reizes
warten. Diese Argumentation erscheint schlüssig, solange die Reize klar unterscheidbar
sind und keine Antwortfehler vorkommen (Luce, 1986). Ansonsten kann man wie bei
der einfachen Reaktionszeit variable Vorperioden zur Vermeidung von antizipatorischen
Reaktionen einsetzen (Green, Smith & von Gierke, 1983).

Analyse von Reaktionszeiten

Reaktionszeiten werden durch stetige Zufallsvariablen beschrieben (vgl. Abschnitt 4.2.2).
Die Reaktionszeit T ist daher durch eine Wahrscheinlichkeitsdichte $f(t)$ gekennzeichnet,
aus der sich die Wahrscheinlichkeit, dass die Reaktionszeit im Intervall von a bis b liegt,
durch

$$\mathbb{P}(a \leq T \leq b) = \int_a^b f(t)dt$$

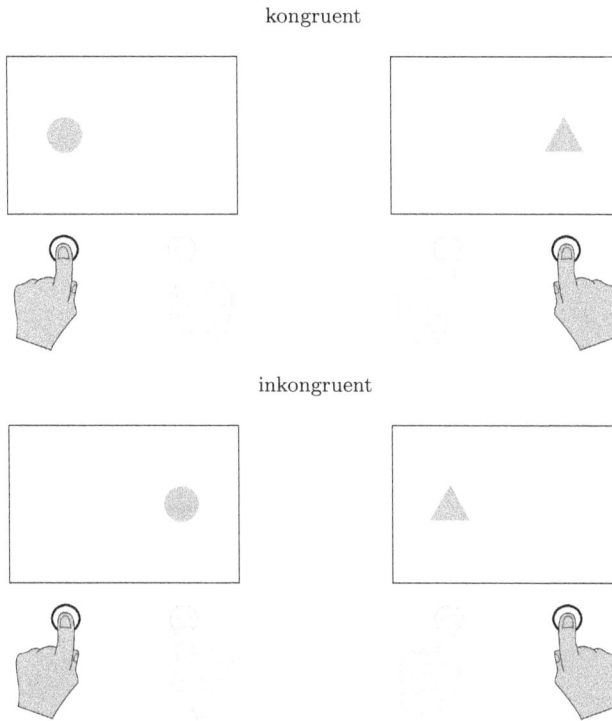

Abbildung 5.10: *Experimentelle Versuchsanordnung zum Simon-Effekt: Aufgabe der Versuchsperson ist es die linke Taste bei Präsentation des Kreises zu drücken und die rechte Taste bei Präsentation des Dreiecks. Die in den kongruenten Bedingungen (oben) resultierenden Wahlreaktionszeiten erweisen sich im Mittel als schneller als die in den inkongruenten Bedingungen (unten).*

bestimmen lässt. Die Dichte legt damit die Verteilungsfunktion und die *Hazardfunktion* der Zufallsvariablen T fest. Abbildung 5.11 zeigt die Form der Wahrscheinlichkeitsdichte, wie sie typischerweise bei Reaktionszeit-Experimenten auftritt.

Die der Reaktionszeit in einer spezifischen Bedingung eines Reaktionszeit-Experiments unterliegende wahre Verteilung von T ist unbekannt. Es wird daher eine Stichprobe hierfür erhoben, aus der dann die Dichte bzw. daraus abgeleitete Größen, wie etwa einzelne Kennwerte (z.B. Erwartungswert, Varianz), geschätzt werden sollen. Dazu werden einzelne Bedingungen des Reaktionszeit-Experiments hundertfach (oder gar tausendfach) wiederholt vorgegeben.

Häufig wird etwa der Erwartungswert $\mathcal{E}(T)$ durch den arithmetischen Mittelwert der erhobenen Reaktionszeiten geschätzt. Diese natürlich erscheinende Vorgehensweise ist aus mehreren Gründen nicht unproblematisch. Erstens repräsentiert der Erwartungswert wegen der Schiefe der unterliegenden Dichte (von links kommend steigt sie deutlich

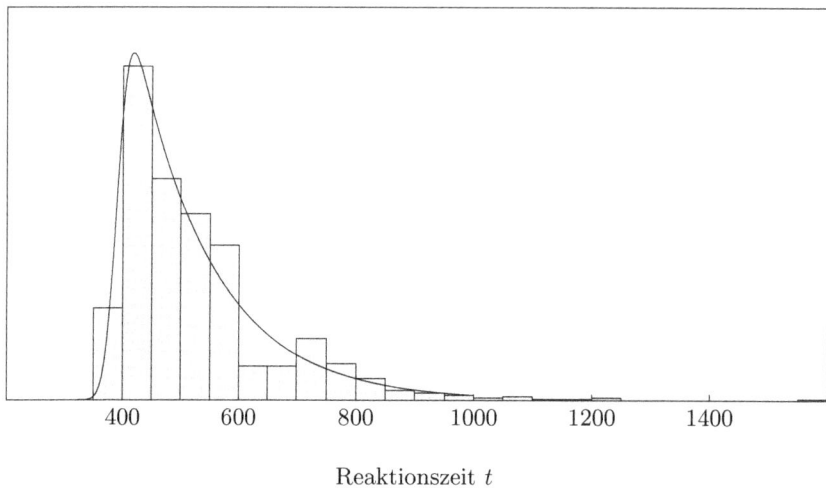

Reaktionszeit t

Abbildung 5.11: *Typische Form der Wahrscheinlichkeitsdichte für Reaktionszeiten (Kurve) und Histogramm empirisch erhobener Reaktionszeiten.*

steiler an, als sie dann wieder abfällt) nicht die mittlere Reaktionszeit, sondern ist demgegenüber in Richtung auf höhere Werte verschoben. Zweitens gilt der Erwartungswert $\mathcal{E}(T)$ nicht als *robuster Parameter*, d.h. sein Wert kann sich auch bei nur geringfügig abweichender Verteilung stark ändern. Bei seiner Schätzung können dann beispielsweise einzelne extrem lange Reaktionszeiten den Mittelwert stark beeinflussen. Das kann zu hoher Varianz der Schätzfunktion und daher zu geringer Teststärke bei entsprechenden statistischen Tests führen. Oftmals wird daher empfohlen, extrem lange Reaktionszeiten als "Ausreißerwerte" aus der Betrachtung auszuschließen. Es lässt sich aber nur schwer entscheiden, ob es sich tatsächlich um "Ausreißerwerte" im eigentlichen Sinn handelt (z.B. bedingt dadurch, dass die Versuchsperson im entsprechenden Durchgang nicht aufmerksam war), oder lediglich um extreme Werte, die wegen der Schiefe der Verteilung eine vergleichsweise hohe Auftretenswahrscheinlichkeit haben. Ulrich und Miller (1994) zeigen darüber hinaus, dass dieses Vorgehen zu verzerrten Schätzungen der mittleren Reaktionszeit führen kann. Der *Median* (also der Wert, für den jeweils die Hälfte der Reaktionszeiten kleiner bzw. größer sind) bietet sich als weitaus robusteres Maß der zentralen Tendenz an. Leider weist die Schätzfunktion des Medians im Vergleich zum Mittelwert eine größere Streuung auf.

Man kann auch versuchen, die Dichte der Reaktionszeiten insgesamt aus den Daten zu schätzen. Eine direkte, aber nicht sehr genaue Methode ist die Schätzung über ein Histogramm, in dem die relativen Häufigkeiten der Reaktionszeiten in Teilintervallen abgetragen werden (s. Abbildung 5.11). Es stehen jedoch auch wesentlich präzisere Schätzverfahren zur Verfügung. Eine detaillierte Beschreibung dieser sogenannten *Kerndichteschätzung* (kernel density estimation) findet man zusammen mit vielen weiterführenden Informationen zur Analyse von Reaktionszeiten in van Zandt (2002).

Zusammenfassung

– Für verschiedene Bereiche der Psychologie werden klassische experimentelle Paradigmen vorgestellt, zusammen mit einer adäquaten theoriegestützten Analyse der damit erhobenen Daten.

– Experimenteller Methoden zur Untersuchung der Präferenz bzw. der Unterscheidbarkeit dargebotener Reize bilden das *Paarvergleichsexperiment*, das *2AFC/2IFC-Verfahren*, die Erhebung von *Gleich-Ungleich Urteilen* und das *Oddity-Paradigma*.

– Im Rahmen der Lernpsychologie werden Paradigmen zum *Paarassoziationslernen*, sowie die Methoden der *freien Reproduktion* und des *Wiedererkennens* diskutiert.

– Abschließend werden Experimente zur Erhebung *einfacher Reaktionszeiten* sowie von *Wahlreaktionszeiten* behandelt.

5.6   Ethische Richtlinien

Die heutige psychologische Forschung sieht sich strikten ethischen Grundsätzen verpflichtet. In der Geschichte der Psychologie lassen sich aber zweifellos Untersuchungen finden, in denen diese Grundsätze missachtet wurden. Um deutlich zu machen, wie massiv die ethischen Standards teilweise verletzt wurden, werden nachfolgend einige dieser Experimente aufgelistet.

– Im Experiment von Watson und Rayner (1920), das unter der Bezeichnung "Kleiner Albert" ("little Albert") bekannt ist, wurde bei einem neun Monate alten Jungen eine Furchtreaktion auf eine weiße Ratte konditioniert, indem bei deren Anwesenheit unmittelbar hinter ihm mit dem Hammer auf eine Eisenstange geschlagen wurde.

– Das Stanford-Gefängnis-Experiment (stanford prison experiment), eine "Simulationsstudie über die Psychologie der Haft", wurde im Jahr 1971 von P.G. Zimbardo durchgeführt (Haney, Banks & Zimbardo, 1973). In einem Feldexperiment, das die Bedingungen in einem Gefängnis nachstellte, nahmen freiwillige Studierende teil, die zufällig entweder als Vollzugsbeamte oder als Gefangene eingeteilt wurden. Auf der offiziellen Webseite zu diesem Experiment liest man dazu:

> Unsere für zwei Wochen geplante Untersuchung über die Psychologie der Haft musste aufgrund der Auswirkungen der Situation auf die teilnehmenden Studenten bereits nach sechs Tagen vorzeitig beendet werden. In nur wenigen Tagen wurden unsere Strafvollzugsbeamten zu Sadisten

und unsere Gefangenen zeigten Anzeichen von Depressionen und extremem Stress. (URL: http://www.prisonexp.org/deutsch)

– Das Milgram-Experiment untersuchte die Bereitschaft zum Gehorsam gegenüber autoritären Anweisungen, auch wenn diese im Widerspruch zum eigenen Gewissen stehen (Milgram, 1963). Auf Anweisung eines Versuchsleiters sollten die Versuchspersonen als "Lehrer" einem Schüler einen elektrischen Schlag versetzen, wenn dieser bei einer zu bewältigenden Aufgabe einen Fehler machte. Die Intensität des Elektroschocks sollte nach jedem Fehler erhöht werden (bis zu einem Maximum von 450 Volt). Tatsächlich gab es keine elektrischen Schläge und der Versuchsleiter wie auch der Schüler waren Schauspieler.

Um die Einhaltung ethischer Standards zu gewährleisten haben die psychologischen Fachverbände Richtlinien verabschiedet, die der Berufsausübung im Allgemeinen und der Forschung im Besonderen zugrunde zu legen sind. Die ethischen Richtlinien der Deutschen Gesellschaft für Psychologie e.V. (DGPs) und des Berufsverbandes Deutscher Psychologinnen und Psychologen e.V. (BDP) werden im Folgenden auszugsweise wiedergegeben. Mit ihnen werden Psychologen dazu verpflichtet, in ihrer Berufsausübung jederzeit ein Höchstmaß an ethisch verantwortlichem Verhalten anzustreben.

C.III.1 Psychologische Forschung ist auf die Teilnahme von Menschen als Versuchspersonen angewiesen. Psychologen sind sich der Besonderheit der Rollenbeziehung zwischen Versuchsleiter und Versuchsteilnehmer und der daraus resultierenden Verantwortung bewusst. Sie stellen sicher, dass durch die Forschung Würde und Integrität der teilnehmenden Personen nicht beeinträchtigt werden. Sie treffen alle geeigneten Maßnahmen, Sicherheit und Wohl der an der Forschung teilnehmenden Personen zu gewährleisten und versuchen, Risiken auszuschließen.

C.III.3(a) Voraussetzung dafür, dass Psychologen persönlich, auf elektronischem Weg oder mit Hilfe anderer Kommunikationsformen Forschung durchführen, ist die persönliche Einwilligung der an der Forschung teilnehmenden Personen. Solche Einwilligungserklärungen basieren stets auf einer Aufklärung über das Forschungsvorhaben, die in verständlicher Form dargeboten wird. Hiervon ausgenommen sind solche Forschungsarbeiten, deren Durchführung durch andere Regelungen in diesen Richtlinien gedeckt ist.

C.III.9(a) Psychologen informieren die an ihren Untersuchungen Teilnehmenden sobald wie möglich über das Ziel, die Ergebnisse und Schlussfolgerungen aus ihrer Forschungsarbeit, und sie unternehmen geeignete Schritte, um jedes Missverständnis, das teilnehmende Personen haben könnten und das ihnen bewusst ist, zu korrigieren. (Berufsverband Deutscher Psychologinnen und Psychologen e. V., 2005)

Die Einschränkung in Punkt C.III.3(a) bezieht sich unter anderem auf eine bewusste Täuschung der Versuchsperson, wie etwa im Experiment von (Milgram, 1963). Dazu legen die ethischen Richtlinien fest:

C.III.8(a) Psychologen führen keine Studie auf der Basis von Täuschung durch, es sei denn, sie sind nach gründlicher Überlegung zu dem Schluss gekommen, dass der Einsatz von Täuschungstechniken durch den voraussichtlichen bedeutsamen wissenschaftlichen, pädagogischen oder praktischen Erkenntnisgewinn gerechtfertigt ist und dass geeignete alternative Vorgehensweisen ohne Täuschung nicht zur Verfügung stehen.

C.III.8(b) Psychologen täuschen potenzielle Teilnehmer und Teilnehmerinnen nicht über solche Aspekte einer Forschungsarbeit, von denen vernünftigerweise angenommen werden kann, dass sie ernsthafte physische und/oder psychische Belastungen erzeugen.

C.III.8(c) Psychologen klären jede Täuschung innerhalb eines Experiments so früh wie möglich auf, vorzugsweise am Ende der Teilnahme, aber spätestens am Ende der Datenerhebung und erlauben den teilnehmenden Personen das Zurückziehen ihrer Daten. (Berufsverband Deutscher Psychologinnen und Psychologen e. V., 2005)

Mit dem Experiment von Milgram (1963) vor Augen fragt man sich unwillkürlich, warum eine Täuschung der Versuchsperson durch die ethischen Richtlinien nicht grundsätzlich ausgeschlossen wird. Es gibt jedoch auch weniger drastische Formen der Täuschung, die man zur Untersuchung bestimmter Phänomene nicht vermeiden kann.

Beispiel 5.18

Um Prozesse des Vergessens von gelerntem Material zu untersuchen wird im Rahmen von Studien zum *gerichteten Vergessen* (MacLeod, 1998) den Versuchspersonen eine Liste von Wörtern präsentiert, die sie lernen sollen. In der kritischen experimentellen Bedingungen werden die Versuchspersonen dann aufgefordert, die Wörter der Lernliste zu vergessen. Dies erreicht man beispielsweise, indem behauptet wird, dass diese Liste später nicht abgefragt wird, oder dass sie nur irrtümlich vorgegeben worden sei (z.B. Aslan, Staudigl, Samenieh & Bäuml, 2010). Die "eigentlich zu lernende" Liste wird anschließend dargeboten. Um die dadurch induzierten Vergessensprozesse analysieren zu können, müssen natürlich, entgegen der Behauptung des Versuchsleiters, auch die Wörter der zuerst gelernten Liste abgefragt werden.

Auf verschiedenen Ebenen (z.B. an Universitäten oder in Fachgesellschaften) wurden Ethik-Kommissionen eingerichtet, deren Aufgabe es ist geplante Forschungsprojekte zu begutachten und die Einhaltung der in den ethischen Richtlinien formulierten Grundsätze sicherzustellen.

Zusammenfassung

– Die heutige psychologische Forschung sieht sich strikten ethischen Grundsätzen verpflichtet.

– Die psychologischen Fachverbände haben daher ethische Richtlinien verabschiedet, die der Berufsausübung im Allgemeinen und der Forschung
im Besonderen zugrunde zu legen sind. Ethik-Kommissionen wachen über
die Einhaltung dieser ethischen Standards.

5.7 Literaturhinweise und Software

Experimentelle Versuchsplanung

Keppel und Wickens (2004) bieten eine sehr differenzierte Einführung in die Versuchsplanung auf der Grundlage linearer Modelle.

Klassische experimentelle Paradigmen

Irtel (1993) bietet einen breiten Überblick über verschiedene experimentelle Paradigmen. Eine Vielzahl von Experimenten wird nicht nur detailliert beschrieben, sondern
kann mit Hilfe der freien Software PXLab (Irtel, 2007) auch selbst durchgeführt werden. Auch Bittrich und Blankenberger (2011) beschreiben verschiedene experimentelle
Paradigmen und behandeln die technische Umsetzung psychologischer Experimente.

Einen Überblick über die Analyse von Reaktionszeitexperimenten findet man bei van
Zandt (2002). Ein Klassiker in diesem Bereich ist Luce (1986).

Software

Es existieren verschiedene, frei verfügbare Softwarepakete zur Durchführung psychologischer Experimente. PXLab (Irtel, 2007) bietet eine webbasierte Plattform, die nicht nur
die Möglichkeit zur Replikation von bedeutenden Experimenten eröffnet, sondern auch
die technische Umsetzung und Durchführung eigener Experimente unterstützt. Leider
wird diese Plattform nicht mehr gewartet bzw. aktualisiert. Eine Alternative stellt das
Softwarepaket PsychoPy (Peirce, 2007, 2009) dar, das auf der Programmiersprache Python (s. http://www.python.org oder http://www.python.de) aufsetzt. PsychoPy findet eine zunehmend breitere Verwendung für die Durchführung neurowissenschaftlicher
und psychologischer Experimente. Es existiert eine aktive Gemeinschaft von Forschern,
in der die Software ständig weiterentwickelt wird. Ein wesentlicher Vorteil gegenüber
kommerziellen Systemen ist hierbei, dass der gesamte Programmkode veröffentlicht ist
und man daher im Detail nachvollziehen kann, was im Experiment tatsächlich pas-
siert. Kommerzielle Programme lassen derartige Einblicke im Allgemeinen nicht zu und
entziehen dem Versuchsleiter damit die vollständige Kontrolle über den Versuchsablauf.

6 Beispiele psychologischer Experimente

Dieses Kapitel will anhand von Beispielen demonstrieren, dass ein Zusammenspiel von experimentellem Know-how und formaler Theorienbildung erforderlich ist, um in der Psychologie wissenschaftlichen Fortschritt zu erzielen. Da die Betrachtung dabei naturgemäß nicht an der Oberfläche bleiben kann, sondern ein gewisser Grad an theoretischer Durchdringung erforderlich ist, beschränkt sich die Darstellung auf einige ausgewählte Bereiche, die aber durchaus Beispielcharakter für die gesamte Experimentelle Psychologie haben. Den Ausgangspunkt bilden drei Fragen, die interessante Aspekte der mentalen Verarbeitung betreffen:

- Kann man Empfindungen messen?

- Werden Assoziationen zwischen Paaren von Elementen sprunghaft in einem Schritt gelernt, oder bilden sich diese graduell mit der Zeit zunehmend stärker aus?

- Wenn wir unser Gedächtnis nach gerade gelerntem Material durchsuchen, tun wir dies, indem wir die gespeicherten Elemente sukzessive nacheinander (seriell) oder gleichzeitig (parallel) verarbeiten?

Diese Fragen sprechen grundlegende Problemstellungen der Psychologie an, die sich vergleichsweise leicht formulieren lassen, deren Beantwortung aber ganz und gar nicht leicht fällt. Einer Lösung dieser Probleme kommt man nur näher, wenn Experiment und Theorie in enger Abstimmung miteinander entwickelt werden. Die Herausforderung bezieht sich daher nicht allein auf die Formulierung adäquater psychologischer Theorien, sondern auch auf die Durchführung geeigneter Experimente.

Hinsichtlich der ersten der gestellten Fragen wird in Abschnitt 6.1 deutlich werden, dass in der Psychophysik, ausgehend von unterschiedlichen theoretischen Standpunkten, auch sehr verschiedene experimentelle Paradigmen vorgeschlagen wurden. Es wird sich zeigen, dass eine Antwort auf diese Frage, ob man Empfindungen messen kann, auf der Grundlage der im Rahmen der repräsentationalen Theorie des Messens entwickelten Konzepte gegeben werden kann.

Abschnitt 6.2 nimmt sich der zweiten Frage an, ob sich Paarassoziationslernen diskret oder graduell vollzieht. Es werden zwei verschiedene Zugänge zur Beantwortung dieser Frage vorgestellt. Ein erster Zugang setzt auf ein auf den ersten Blick clever konzipiertes Experiment, mit dem die konkurrierenden Vorstellungen unterschieden werden sollen. Auf den zweiten Blick wird sich erweisen, dass darin einige methodische Fallstricke verborgen sind, die sich aber in einer geänderten Versuchsanordnung vermeiden lassen. Ein zweiter Zugang basiert auf einer expliziten Formulierung der jeweiligen theoretischen Annahmen und zeigt, wie die Frage anhand von Daten aus den bereits in Abschnitt 5.5.2 vorgestellten klassischen experimentellen Versuchsanordnungen zum Paarassoziationslernen beantwortet werden kann.

In Abschnitt 6.3 wird die dritte Frage behandelt, ob die Gedächtnissuche auf einer seriellen oder parallelen Verarbeitung beruht. An diesem Beispiel wird die Untersuchung mentaler Verarbeitungsprozesse auf der Basis der Analyse von Reaktionszeiten in geeignet konstruierten experimentellen Versuchsanordnungen illustriert. Dabei wird deutlich, dass eine Beantwortung der gestellten Frage eine sehr viel präzisere (mathematische) Formulierung der jeweils theoretisch postulierten Verarbeitungsmechanismen erfordert und dass deren Unterscheidung auch prinzipielle Grenzen gesetzt sind.

6.1   Die Messung von Empfindungen

Die Messung der mit der Wahrnehmung von Reizen verbundenen Empfindungsstärke ist das Ziel eines der traditionsreichsten Teilbereiche der Experimentellen Psychologie, nämlich der Psychophysik. Die Erklärung und Vorhersage von Empfindungen (bzw. der daraus in einem Experiment resultierenden Verhaltensweisen) soll dabei unter Bezug auf die physikalischen Reizstrukturen erfolgen. Ausgehend von der, üblicherweise im Rahmen einer extensiven Messung (vgl. Abschnitt 3.3.1) etablierten, quantitativen Erfassung physikalischer Größen (wie z.B. Länge von Stäben, Wellenlänge akustischer Sinusschwingungen, Masse von Objekten) soll das Ausmaß der dadurch ausgelösten Empfindung (z.B. gesehene Länge, Tonhöhe, empfundene Schwere) ebenfalls quantitativ erfasst werden. Der Zusammenhang zwischen physikalischer Reizintensität und korrespondierender Empfindungsstärke soll durch eine sogenannte *psychophysische Funktion* angegeben werden. Mit der Messung einer bestimmten Empfindung ist auch die Klärung der Fragen verbunden, welches die die Empfindung auslösenden spezifischen Reizeigenschaften sind und wie die Stärke der Empfindung von deren Intensität abhängt. Es geht also in Hinblick auf die Etablierung einer psychophysischen Funktion um die Klärung zweier Fragen:

– Welche Reizattribute sind als Argumente der psychophysischen Funktion zu betrachten?

– Welche konkrete funktionale Form nimmt die psychophysische Funktion an?

Antworten auf die erste Frage zu finden, ist grundsätzlich eine nicht triviale Aufgabe. Dies wird bereits deutlich, wenn man die durch akustische Sinusschwingungen ausgelöste Empfindung der Lautheit betrachtet, die nicht nur von deren Schalldruckpegel abhängt, sondern auch von deren Frequenz (s. Abbildung 3.20). Ebenso ist die empfundene Schwere eines Objekts, wenn dieses mit der Hand angehoben wird, nicht nur von dessen Masse abhängig, sondern auch von dessen Größe (bzw. Volumen). Noch komplexer wird der Zusammenhang etwa bei Glockenklängen, denen man häufig eine eindeutig bestimmte Tonhöhe zuordnen kann. Diese sogenannte *Schlagtonhöhe* muss dabei nicht mit einem im physikalischen Klangspektrum vorhandenen Teilton korrespondieren, sondern lässt sich nur aus Eigenschaften des gesamten Spektrums vorhersagen (Terhardt & Seewann, 1984).

Auch auf die zweite Frage hat die Psychologie keine einfache Antwort gefunden. Ganz im Gegenteil, diese Frage hat zu tiefgreifenden Kontroversen in der Psychologie geführt. Es existieren zwei verschiedene Grundpositionen: Zum einen die traditionelle Auffassung der Psychophysik, wie sie von Gustav Theodor Fechner (1860) entworfen wurde (vgl. die von Fechner formulierte Zielsetzung, S. 4). Zum anderen eine dazu alternative Sichtweise, die von Stanley Smith Stevens (1957, 1975) propagiert wurde. Beide Positionen unterscheiden sich nicht nur bezüglich der postulierten Form der psychophysischen Funktion, sondern auch hinsichtlich der als grundlegend betrachteten Daten, und damit auch in den zu ihrer Erhebung vorgeschlagenen experimentellen Methoden.

6.1.1   Fechnersche Psychophysik

Fechner (1860) gründete die Ableitung einer psychophysischen Funktion auf Ergebnisse zur Unterscheidbarkeit physikalischer Reize und stützte sich dabei auf Ergebnisse von Ernst Heinrich Weber (1846). Aus dessen Untersuchungen war bereits bekannt, dass nicht jeder (physikalisch) beliebig kleine Reiz eine Empfindung auslöst und nicht jeder beliebig kleine Reizunterschied wahrgenommen wird. Zur Beschreibung dieser Phänomene wurde in der Psychophysik der Begriff der *Schwelle* eingeführt. Als *Absolutschwelle* wird diejenige Reizintensität bezeichnet, bei der gerade eben eine Empfindung auftritt. Den physikalischen Intensitätsunterschied, der von einer Versuchsperson gerade bemerkt wird (*ebenmerklicher Unterschied*), nennt man *Unterschiedsschwelle*. Bei der empirischen Bestimmung der Unterschiedsschwelle zeigte sich, dass der in physikalischen Einheiten gemessene Zuwachs ΔR, der nötig ist damit der Reiz mit der Intensität $R + \Delta R$ gerade eben vom Reiz mit der Intensität R unterschieden wird, proportional zu R ist. In einer Formel ausgedrückt, die nach Fechner als *Webersches Gesetz* bezeichnet wird, lautet der Zusammenhang:

$$\frac{\Delta R}{R} = k, \text{ für einen ebenmerklichen Unterschied.}$$

Diese klassische Formulierung des Weberschen Gesetzes behauptet, dass der Quotient aus Reizzuwachs ΔR und Ausgangsintensität R bei festem Wahrnehmungskriterium (ein ebenmerklicher Unterschied) einen konstanten Wert k annimmt, der als *Webersche Konstante* bezeichnet wird. Da das Webersche Gesetz in vielen (älteren) Lehrbüchern der Psychologie fehlerhaft interpretiert wurde, sind einige Anmerkungen zu theoretischem und empirischem Status des Weberschen Gesetzes angebracht.

Zunächst gilt es festzuhalten, dass das Webersche Gesetz als Formulierung eines psychologisches Naturgesetzes angesehen werden kann. Hierin unterscheidet es sich grundlegend von den nachfolgend dargestellten, auch jeweils als "Gesetz" bezeichneten psychophysischen Funktionen von Fechner und Stevens. *Fechnersches Gesetz* und *Stevenssches Potenzgesetz* formulieren keine empirischen Gesetzmäßigkeiten, sondern sind lediglich als Definitionen eines quantitativen Empfindungsbegriffs zu betrachten (Laming, 1997). Demgegenüber charakterisiert das Webersche Gesetz die funktionale Abhängigkeit des Reizzuwachses ΔR von der Ausgangsintensität R bei konstantem Wahrnehmungskriterium als Proportionalität. Das Vorliegen dieser Beziehung lässt sich empirisch überprüfen.

Ohne eine Beschreibung der zugrunde liegenden experimentellen Methoden vorweg nehmen zu wollen (s. Abschnitt 6.1.1), soll kurz auf die hierzu vorliegenden Befunde eingegangen werden.

In verschiedenen Sinnesbereichen erwies sich das Webersche Gesetz jeweils über einen weiten Bereich der physikalischen Reizintensität als (zumindest in guter Näherung) gültig. Systematische Abweichungen von der postulierten Konstanz des Quotienten $\Delta R/R$ findet man im Allgemeinen lediglich bei extremen Reizintensitäten, die in den Randbereichen des vom jeweiligen Sensorium wahrnehmbaren Bereichs liegen. So findet man allgemein für den Weberschen Quotienten zunehmend größere Werte, wenn sich die Reizintensität der Absolutschwelle R_0 nähert. Abbildung 6.1 zeigt den Weberschen Quotienten $\Delta R/R$ in Abhängigkeit vom Logarithmus der auf die Absolutschwelle R_0 bezogenen Reizintensität R für die Wahrnehmung der Helligkeit (nach Holway & Pratt, 1936). Es zeigt sich über weite Bereiche der Reizintensität eine nahezu konstanter Verlauf. Auf solche Daten gründet sich die Lehrbuchweisheit, dass das Webersche Gesetz in mittleren Intensitätsbereichen als weitgehend empirisch gesichert gelten kann. Indem sie sich einen Überblick über die im Laufe der Zeit in verschiedensten Sinnesbereichen und für unterschiedliche Empfindungen erhobenen Daten verschaffen, kommen Holway und Pratt (1936) und Masin (2009) allerdings zu dem Schluss, dass das Webersche Gesetz in den seltensten Fällen als gültig betrachtet werden kann.

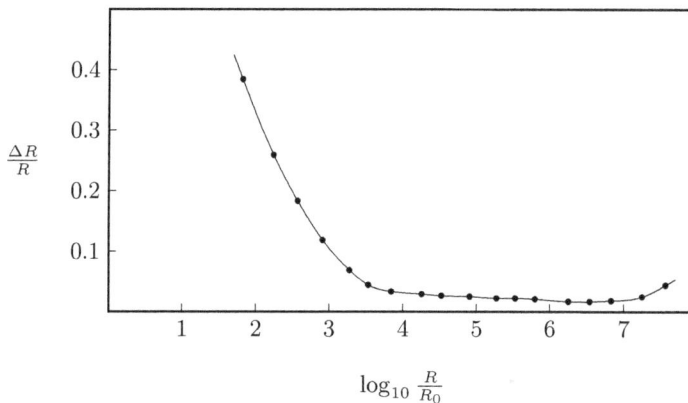

Abbildung 6.1: *Wert des Weberschen Quotienten $\Delta R/R$ in Abhängigkeit vom Logarithmus der auf die Absolutschwelle R_0 bezogenen Reizintensität R für die Wahrnehmung der Helligkeit (nach Holway & Pratt, 1936).*

Für die verschiedenen Sinnesbereiche bzw. Empfindungen wird in der Literatur jeweils ein spezifischer Wert der Weberschen Konstante k angegeben. Tabelle 6.1 gibt einige Beispiele für diese experimentell ermittelten Werte an. Hierbei ist zu beachten, dass die Webersche Konstante k keine Benennung trägt. Da die Reizdifferenz ΔR und die Ausgangsintensität R in der selben physikalischen Einheit angegeben sind, lässt sich diese bei Bildung des Weberschen Quotienten $\Delta R/R$ kürzen. Die in der fehlenden Benennung der Weberschen Konstanten scheinbar zum Ausdruck kommende Unabhängigkeit von der physikalischen Messung der Reizintensität hat viele Forscher ermutigt, die erhaltenen Werte als psychologisch bedeutsam zu interpretieren und über verschiedene Sinnesbereiche hinweg zu vergleichen. Ausgehend von den in Tabelle 6.1 angegebenen Werten wurde beispielsweise behauptet, dass unser Gesichtssinn empfindlicher sei als unser Gehör. Diese Schlussfolgerungen sind in zweifacher Hinsicht problematisch.

Empfindungsgröße	Webersche Konstante
Lautheit (bei 1000 Hz, ca. 100 dB über der Absolutschwelle)	0.088
Helligkeit (bei ca. 1000 Photonen)	0.016
Schwere (bei ca. 300 Gramm)	0.019
Geschmack (Salzlösung der Konzentration 3 mol/l)	0.200

Tabelle 6.1: *Beispiele empirisch erhobener Werte für die Webersche Konstante in verschiedenen Sinnesbereichen (Luce & Galanter, 1963, Tabelle 1).*

Narens und Mausfeld (1992) zeigen im Rahmen messtheoretischer Überlegungen zur Bedeutsamkeit, dass die Webersche Konstante zwar keine Benennung trägt, ihr konkreter Zahlenwert jedoch nicht unabhängig ist von der dem physikalischen Messvorgang zugrunde liegenden physikalischen Reizstruktur. Verwendet man andere, physikalisch äquivalente Messungen der Reize, so wird der Wert der Weberschen Konstanten im Allgemeinen nicht invariant bleiben. Dieser implizite Bezug auf den physikalischen Messvorgang verhindert eine ausschließlich psychologische Interpretation des Werts der Weberschen Konstanten. Die entscheidende Aussage des Weberschen Gesetzes bezieht sich auf die Konstanz des Quotienten $\Delta R/R$ und nicht auf den konkreten Zahlenwert k, den dieser annimmt. Außerdem erfordert ein Vergleich der Weberschen Konstanten über verschiedene Sinnesbereiche hinweg Informationen zum intermodalen Abgleich von Empfindungen. Es wird hier deutlich, dass eine rein empiristische Vorgehensweise zu Fehlschlüssen kommt. Erst eine grundlegende theoretische Analyse zeigt, welche Interpretation der Weberschen Konstanten zulässig ist und welche nicht.

Fechner nahm nun an, dass die den ebenmerklichen Unterschieden zugeordneten Zuwächse ΔR stets gleiche Empfindungsunterschiede hervorrufen. Damit kann ein ebenmerklicher Unterschied als Einheit der Empfindungsskala aufgefasst werden. Fechner (1860) beschreibt das so:

> In der That wird sich zeigen, wie unser psychisches Mass prinzipiell auf nichts Anderes herauskommt, als das physische, auf die Summirung eines Soundsovielmal des Gleichen.
> Umsonst freilich würden wir versuchen, eine solche Summirung direct vorzunehmen. Die Empfindung theilt sich nicht von selbst in gleiche Zolle oder Grade ab, die wir zählen und summiren könnten. Aber erinnern wir uns, dass das bei physischen Grössen nicht anders ist. Zählen wir denn die Zeitabschnitte direct an der Zeit ab, wenn wir die Zeit messen, die Raumabschnitte direct an dem Raume ab, wenn wir den Raum messen? Vielmehr wir legen einen äusserlichen Massstab an, und zwar an die Zeit einen Massstab,

der nicht aus blosser Zeit, an den Raum einen Massstab, der nicht aus blossem Raume, an die Materie einen Massstab, der nicht aus blosser Materie besteht. Das Mass eines jeden der Drei erfordert beides Andere mit. Warum sollte es im geistigen, psychischen Gebiete nicht entsprechend sein? (Fechner, 1860, S. 56)

...

Principiell also wird unser Mass der Empfindung darauf hinauskommen, jede Empfindung in gleiche Abtheilungen, d.s. die gleichen Incremente, aus denen sie vom Nullzustande an erwächst, zu zerlegen, und die Zahl dieser gleichen Abtheilungen als wie durch die Zolle eines Massstabes durch die Zahl der zugehörigen variablen Reizzuwüchse bestimmt zu denken, welche die gleichen Empfindungszuwüchse hervorzubringen im Stande sind. (Fechner, 1860, S. 60)

Um auf dieser Grundlage eine Empfindungsskala zu konstruieren, verallgemeinerte Fechner das Webersche Gesetz auf minimale Empfindungszuwächse dE. Es resultiert die als *Fundamentalformel* bezeichnete Gleichung

$$dE = c \cdot \frac{dR}{R}, \tag{6.1}$$

wobei die Konstante $c = 1/k$ den reziproken Wert der Weberschen Konstanten angibt. Will man nun daraus eine psychophysische Funktion erhalten, die die Abhängigkeit der Empfindungsstärke E von der Reizintensität R angibt, so gilt es die Empfindungsunterschiede dE "aufzusummieren". Formal stellt die Fundamentalformel eine *Differentialgleichung* dar, die durch beidseitige Integration gelöst wird (vgl. Abschnitt 3.4). Man erhält als Lösung die Gleichung

$$E = c \cdot \log R + C$$

mit einer Integrationskonstanten C und dem natürlichen Logarithmus log. Die Konstante C wird so gewählt, dass für die Reizintensität R_0 an der Absolutschwelle die Empfindungsstärke den Wert 0 annimmt. Aus $c \cdot \log R_0 + C = 0$ folgt dann die Beziehung

$$E = c \cdot \log R - c \cdot \log R_0 = c \cdot (\log R - \log R_0) = c \cdot \log \frac{R}{R_0}.$$

Wählt man die Intensität der Absolutschwelle als Einheit der physikalischen Reizbeschreibung, so resultiert folgende Gleichung, die als *Fechnersches Gesetz* bekannt ist:

$$E = c \cdot \log R.$$

Das Fechnersche Gesetz gibt also ein Maß der Empfindungsstärke als Funktion der grundlegenden physikalischen Reizintensität an. Die logarithmische psychophysische Funktion bewirkt im Wesentlichen, dass konstante Verhältnisse von Reizintensitäten

Empfindungsstärke

Reitintensität

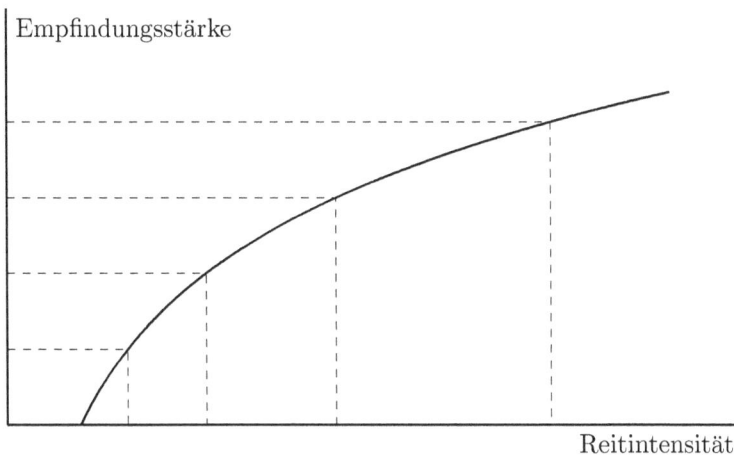

Abbildung 6.2: *Die grafische Darstellung des Fechnerschen Gesetzes illustriert die durch die logarithmische Funktion vermittelte Korrespondenz zwischen Fechners "variablen Reiz-zuwüchsen" und den zugehörigen konstanten Empfindungsdifferenzen.*

mit konstanten Differenzen der Empfindungsstärke korrespondieren. Abbildung 6.2 illustriert Fechners "variable Reizzuwüchse", die konstanten Empfindungsdifferenzen zugrunde liegen.

Wie bereits angedeutet, kann dieser Zusammenhang jedoch nicht als psychologische Gesetzmäßigkeit im Sinne eines Naturgesetzes interpretiert werden. Dies würde die Möglichkeit einer unabhängigen Messung aller beteiligten Größen voraussetzen. Das Fechnersche Gesetz ist vielmehr als Definition eines quantitativen Empfindungsbegriffs zu interpretieren. Es geht daher auch nicht um die Frage, ob das Fechnersche Gesetz empirisch gültig ist, oder nicht. Seine Bedeutung liegt einerseits in der klaren theoretischen Begründung der hierdurch definierten Empfindungsskala und andererseits in seiner Nützlichkeit. Luce und Edwards (1958) kritisieren die Herleitung des Fechnerschen Gesetzes durch Lösung einer Differentialgleichung. Die von ihnen angegebene alternative Begründung (über die Lösung einer allgemeineren Funktionalgleichung) führt aber letztlich ebenfalls zu einer logarithmischen Form der psychophysischen Funktion. Der Fechnersche Ansatz ist darüber hinaus in jüngster Zeit in Hinblick auf die Begründung einer mehrdimensionalen Psychophysik erfolgreich weiterentwickelt worden (Dzhafarov & Colonius, 1999b, 1999a, 2001).

Auch unabhängig von der Zielsetzung einer Beschreibung der zugehörigen Empfindungsstärke, haben sich logarithmische Transformationen physikalischer Skalen als nützlich erwiesen. Die Wahrnehmung des Menschen zeichnet sich durch einen hohen Grad an Dynamik aus, d.h. das Verhältnis der physikalischen Intensitäten von wahrnehmbaren Reizen kann mehrere Zehnerpotenzen betragen. Bei der Lautheitsempfindung wird beispielsweise ein Verhältnis von etwa 10^7 erreicht, wenn als physikalische Einheit der Schalldruck in Pascal (Pa) verwendet wird. Die Absolutschwelle für die Wahrnehmung eines Sinustons von 1000 Hz beträgt beispielsweise $42 \cdot 10^{-6}$ Pa und die Schmerz-grenze liegt bei rund 200 Pa. Um Intensitätsverhältnisse dieser Größenordnung besser überblicken zu können, transformiert man die Reizintensitäten logarithmisch. Für einen Schallreiz mit dem in der Einheit Pascal angegebenen Schalldruck P betrachtet man den sogannten *Sound Pressure Level* (SPL) in Dezibel (dB), der folgendermaßen berechnet wird:

$$\text{SPL} = 20 \cdot \log_{10}(P/P') \text{ dB.} \tag{6.2}$$

Dabei bezeichnet $P' = 2 \cdot 10^{-5}$ Pa eine festgelegte Referenzintensität und $\log_{10}$ den dekadischen Logarithmus (zur Basis 10). Die aus dieser Transformation resultierenden Werte für die Absolutschwelle und die Schmerzgrenze sind dann 6.44 dB SPL bzw. 140 dB SPL. Eine Verdopplung des Schalldrucks entspricht dann einem additiven Zuwachs von rund 6 dB SPL.

Die Konstanzmethode

Der Ableitung des Fechnerschen Gesetzes liegen im Wesentlichen zwei Annahmen zu-grunde. Zum einen wird angenommen, dass zwei Paare von Reizen auf der Skala der Empfindungsstärke jeweils den gleichen Abstand voneinander aufweisen, wenn sie gleich unterscheidbar sind, etwa im Sinne eines ebenmerklichen Unterschiedes. Zum anderen geht Fechner davon aus, dass Abstände auf der Skala der Empfindungsstärke addiert werden können. Diese beiden Annahmen bilden die Grundlage einer modernen For-mulierung des von Fechner im Rahmen der Psychophysik behandelten Problems der Messung von Empfindungen.

Grundlegend für die Anwendung dieses Ansatzes ist die empirische Bestimmung der Unterscheidbarkeit physikalischer Reize. Zu deren empirischer Bestimmung hat be-reits Fechner verschiedene experimentelle Methoden vorgeschlagen, die auch heute noch grundlegende Bedeutung haben (Falmagne, 1985; Luce & Galanter, 1963; Tack, 1983). Die Abhängigkeit der Unterscheidbarkeit zweier Reize von deren physikalischen Eigen-schaften lässt sich dabei am einfachsten untersuchen, falls sich die dargebotenen Reize nur durch die jeweilige Ausprägung eines einzigen physikalischen Merkmals unterschei-den. Häufig ist es jedoch nicht möglich, einem Beobachter derartige Reize anzubieten. Bei einer Untersuchung der Unterscheidbarkeit von Lichtreizen, die sich bezüglich der abgegebenen Strahlungsenergie unterscheiden, können beispielsweise verschiedene Reize nicht gleichzeitig an derselben Stelle im Gesichtsfeld dargeboten werden, da sie dann nicht identifizierbar sind. In Reizsituationen, wie in Abbildung 6.4 dargestellt, werden die Reize simultan an unterschiedlichen Positionen im Gesichtsfeld dargeboten. Rand-bedingungen, wie die räumliche Position der zu vergleichenden Reize im Gesichtsfeld oder des Zeitpunkts von deren Präsentation, können die Urteile einer Versuchsperson zur Unterscheidbarkeit beeinflussen. Fechner (1887, S. 195) spricht in diesem Zusam-menhang vom "Einfluss zeitlich-räumlicher Nichtcoincidenz der Reize". Im Rahmen der nachfolgend beschriebenen experimentellen Methode werden diese Einflüsse durch eine indirekte Erhebung der Unterscheidbarkeit in einem streng kontrollierten experimen-tellen Verfahren berücksichtigt. Obwohl diese Effekte also seit Langem bekannt und vielfach untersucht worden sind (z.B. Guilford, 1936/1954; Hellström, 1985; Woodrow, 1935), werden sie in den zur Datenauswertung standardmäßig vorgeschlagenen Ver-fahren (vgl. Gescheider, 1997) nicht in adäquater Weise behandelt (Ulrich & Vorberg, 2009).

Das von Fechner (1860, S. 71) als "Methode der richtigen und falschen Fälle" bezeichnete und heute als *Konstanzmethode* bekannte experimentelle Verfahren zeichnet
sich gegenüber den (ebenfalls von Fechner vorgeschlagenen) Versuchsanordnungen der
Grenzwertmethode und der *Herstellungsmethode* durch seine Fundiertheit aus. Da in
der Psychophysik experimentelle Daten zur Unterscheidbarkeit physikalischer Reize im
Allgemeinen getrennt für einzelne Versuchspersonen ausgewertet werden, bezieht sich
die im Folgenden beschriebene experimentelle Situation stets nur auf einen einzigen
Beobachter (vgl. Abschnitt 5.4.1).

Versuchsanordnung

Bei der Konstanzmethode wird der Versuchsperson in jedem Durchgang ein Paar (x, s)
von Reizen dargeboten. Der Reiz x wird dabei als *Vergleichsreiz* bezeichnet und der Reiz
s als *Standardreiz*. Die verwendete Notation (x, s) gibt dabei an, dass der Vergleichsreiz
räumlich links vom Standardreiz präsentiert wird (vgl. Abbildung 6.4), oder aber zeitlich vor dem Standardreiz. Im umgekehrten Fall würde die Anordnung durch das Paar
(s, x) angegeben. Bei einer sequentiellen Darbietung akustischer Reize, oder aber von
Zeitintervallen bietet es sich an, erst den Standardreiz zu präsentieren und anschließend
den in Bezug hierzu zu beurteilenden Vergleichsreiz (z.B. Lapid, Ulrich & Rammsayer,
2008). Man spricht von *Beobachtungsintervallen* (z.B. Gescheider, 1997), oder von *Beob-
achtungsbereichen* (Dzhafarov & Colonius, 2006), die durch die Präsentation der beiden
Reize definiert werden. Um die Notation zu vereinfachen, beschränkt sich die nachfolgende Darstellung auf die durch (x, s) bezeichnete Anordnung von Vergleichs- und
Standardreiz. Eine getrennte Auswertung der Daten der Anordnungen (x, s) und (s, x)
ist ohnehin zwingend erforderlich (Ulrich & Vorberg, 2009).

Beispiel 6.1: *Horizontal-Vertikal-Täuschung*

Abbildung 6.3 zeigt drei Reizsituationen (x, s) zur Untersuchung der Horizontal-
Vertikal-Täuschung (Künnapas, 1955). Die vertikale Linie bildet jeweils den Vergleichsreiz x, die horizontale Linie den Standardreiz s. Die beiden Reize werden
nicht nur an verschiedenen Orten im Gesichtsfeld dargeboten, sondern weisen auch
eine unterschiedliche Orientierung (vertikal vs. horizontal) auf.

Abbildung 6.3: *Drei Reizsituationen zur Untersuchung der Horizontal-Vertikal-Täuschung im
Rahmen der Konstanzmethode. Vergleichs- und Standardreiz werden jeweils durch die vertikale
bzw. die horizontale Linie gebildet.*

Beispiel 6.2: *Unterscheidbarkeit achromatischer Farben*

In einem Experiment nach der Konstanzmethode wird die Unterscheidbarkeit achromatischer (unbunter) Farben hinsichtlich ihrer Helligkeit untersucht. Hierzu werden Reizsituation (x, s) bestehend aus einem Vergleichsreiz x und einem Standardreiz s auf einem Monitor vor einem schwarzen Hintergrund, und in einem vollkommen abgedunkelten Raum, dargeboten. Abbildung 6.4 zeigt die präsentierte Anordnung, mit dem Vergleichsreiz auf der linken Seite und dem (konstanten) Standardreiz auf der rechten Seite. Es werden insgesamt sieben Vergleichsreize vorgegeben, deren physikalische Intensität durch die fotometrische Größe Leuchtdichte mit der Einheit cd/m^2 (Candela pro Quadratmeter) beschrieben wird. Die Leuchtdichten betragen $37, 38, \ldots, 43 \; cd/m^2$ (s. Tabelle 6.2). Die Leuchtdichte des Standardreizes beträgt $40 \; cd/m^2$. Die Darbietungszeit einer Reizsituation beträgt 1 s und die Zeit zwischen den einzelnen Darbietungen (in denen nur der schwarze Hintergrund sichtbar ist) jeweils 3 s. In jedem von 40 Durchgängen werden alle Vergleichreize in jeweils neu randomisierter Reihenfolge zusammen mit dem Standardreiz dargeboten. Die Aufgabe der Versuchsperson ist es, mit "Ja" zu antworten, falls der linke Reiz heller erscheint als der rechte Reiz, und mit "Nein" sonst. Die Antwort wird über Drücken der linken bzw. rechten Maustaste registriert.

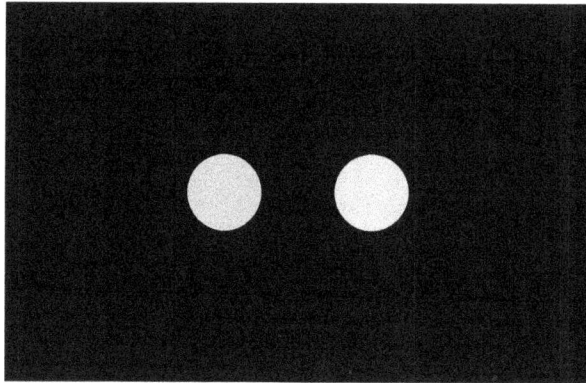

Abbildung 6.4: *Beispiel einer Reizsituation (x, s) aus einem Experiment nach der Konstanzmethode zur Untersuchung der Helligkeit achromatischer Farben. Beide Reize sind durch elektromagnetische Spektren definiert, die visuell als achromatische (unbunte) Farben wahrgenommen werden. Der Vergleichsreiz x wird darin zeitlich simultan, aber räumlich links vom Standardreiz s dargeboten.*

Instruktion der Versuchsperson

Die Instruktion der Versuchsperson kann in unterschiedlicher Weise erfolgen. Einerseits kann die Versuchsperson die Aufgabe bekommen, mit "Ja" zu antworten, falls der Vergleichsreiz (bzw. der linke Reiz in Reizsituationen wie in Abbildung 6.4) bezüglich der betrachteten Empfindungsgröße als intensiver erscheint als der Standardreiz, und mit "Nein" sonst (vgl. Beispiel 6.2). Beobachtet wird darin das aus "Ja"- und "Nein"-Urteilen bestehende Antwortverhalten der Versuchsperson. Alternativ wird die Versuchsperson im Rahmen eines *2IFC-Verfahrens* (2 intervals forced choice) instruiert den Reiz auszuwählen, den sie als intensiver wahrnimmt. Wählt sie den Vergleichsreiz, dann wird das als "Ja"-Antwort interpretiert. Wählt sie den Standardreiz, so wird das als "Nein"-Antwort gewertet. Häufig wird einem 2IFC-Verfahren der Vorzug gegeben, weil von diesem angenommen wird, dass es durch den von Fechner (1887, S. 195) diskutierten "Einfluss zeitlich-räumlicher Nichtcoincidenz der Reize" nicht (Green & Swets, 1966), oder in weit geringerem Maße (Wickens, 2002; Macmillan & Creelman, 2005) betroffen ist. Basierend auf dieser Argumentation, oder um auftretende Effekte explizit zu eliminieren, wird oft ausdrücklich empfohlen, die Reizsituationen (x, s) und (s, x) je zur Hälfte zu verwenden und die erhobenen Daten gemeinsam auszuwerten (Gescheider, 1997). Yeshurun, Carrasco und Maloney (2008) zeigen aber, dass sich die zugrunde liegende Annahme nicht empirisch begründen lässt und Ulrich und Vorberg (2009) diskutieren die dadurch bedingten systematischen Auswirkungen auf die Ergebnisse einer derartigen Analyse. Die bisher dargestellten Verfahren beziehen sich auf eine Reizsituation, in der die Vergleichsreize zumeist nur in einer einzigen physikalischen Eigenschaft variieren und die Versuchsperson ein mehr oder weniger der dadurch ausgelösten Empfindung beurteilen kann. Werden aber Empfindungen untersucht, die durch mehr als einen Aspekt gekennzeichnet sind (z.B. Farben, die sich etwa in Farbton, Helligkeit und Sättigung unterscheiden können), werden anstatt einer gerichteten Fragestellung lediglich Urteile bezüglich der Gleichheit bzw. Ungleichheit der von beiden Reizen ausgelösten Empfindungen erhoben. Diese Gleich-Ungleich-Antworten (same-different) können die Grundlage einer mehrdimensionalen Fechnerschen Skalierung bilden (Dzhafarov & Colonius, 1999b, 1999a, 2001).

Kontrolle der Störeffekte

In einem Experiment nach der Konstanzmethode liegt eine Versuchsanordnung vor, die als *Within-Subjects-Design* eingeführt wurde. Grundsätzlich wird man sich daher um die Kontrolle von *Positions- und Reihenfolgeeffekten* auf der einen Seite und von *Carry-Over-Effekten* auf der anderen Seite bemühen müssen. Wie bereits oben angedeutet, wird die Unterscheidbarkeit mit der Konstanzmethode nicht im direkten Vergleich zwischen Vergleichsreiz und Standardreiz ermittelt, sondern indirekt über den Vergleich zweier Vergleichsreize (Irtel, 1985). Zwei Vergleichsreize x und x' sollen dabei als unterscheidbar gelten, wenn sich die Versuchsperson – nach einem noch festzulegenden Kriterium – bei der Darbietung von (x, s) anders verhält als bei der Darbietung von (x', s). Diese auf den ersten Blick umständlich anmutende Vorgehensweise ermöglicht eine sehr strenge Kontrolle aller Randbedingungen. Die Reizsituationen (x, s) und (x', s) unterscheiden sich etwa in dem in Abbildung 6.4 illustrierten Experiment nur durch die Ausprägung x bzw. x' eines Merkmals und durch den Zeitpunkt der Darbietung. Die Reize x und x' werden also unter identischen räumlichen Kontextbedingungen dargeboten. Für Unterschiede im Antwortverhalten zwischen den Reizsituationen (x, s) und (x', s) gibt es dann nur zwei mögliche Ursachen (Irtel, 1985):

1. Der Unterschied von x und x' bezüglich des untersuchten Reizmerkmals;

2. Der unterschiedliche Darbietungszeitpunkt von (x, s) bzw. (x', s) und eine damit verbundene interne Veränderung der Versuchsperson während der Darbietungen.

Da auftretende Verhaltensunterschiede auf die erste dieser beiden Ursachen zurückge-
führt werden sollen, müssen die zweitgenannten Einflüsse mit Hilfe experimenteller
Techniken weitgehend eliminiert werden. Zu kontrollieren sind vor allem *zeitgebundene
Störeinflüsse*, wie allgemeine *Lern-*, *Ermüdungs-* und *Adaptationseffekte*.

Wird die Versuchsperson erstmals mit einer reduzierten Versuchssituation konfrontiert,
wie sie in Abbildung 6.4 beispielhaft dargestellt ist, so wird man nach einiger Zeit eine
Verbesserung der Leistung beobachten. Diese anfängliche Leistungsverbesserung ist als
allgemeiner *Lerneffekt* zu interpretieren und stellt einen eindeutigen *Positionseffekt* dar.
Zur experimentellen Kontrolle dieses Lerneffektes wird man der eigentlichen Datenerhebung eine ausreichend lange Trainingsphase vorausgehen lassen. Eine solche Vorgehensweise erlaubt es der Versuchsperson, sich an die Versuchssituation zu gewöhnen und
ein stabiles Leistungsniveau zu erreichen. Die Stabilität der Unterscheidungsfähigkeit
bildet auch eine wesentliche Voraussetzung für die wahrscheinlichkeitstheoretische Beschreibung des Experimentes. Auch in den einzelnen Versuchssitzungen, selbst wenn sie
nach einer ausreichenden Trainingsphase erfolgen, ist nicht davon auszugehen, dass bereits von Beginn an dieselbe Unterscheidungsfähigkeit vorliegt. Dieses Phänomen wird
gelegentlich auch als *Aufwärmeffekt* bezeichnet. Daher werden häufig auch in jeder Ver-
suchssitzung zunächst einige Durchgänge absolviert, die nicht in die Auswertung mit
einbezogen werden.

Auch *Ermüdungseffekte*, die ebenfalls eindeutig als *Positionseffekte* zu interpretieren
sind, sollten vermieden werden. Hierzu ist die Dauer zumindest einzelner *Versuchs-
blöcke* bzw. der *Versuchssitzungen* in geeigneter Weise beschränken. Als Block wird
dabei die Darbietung einer Folge von Reizsituationen verstanden, wobei verschiedene
Blöcke durch zusätzliche Pausen voneinander getrennt werden. Gegebenenfalls wird sich
die Datenerhebung aber nicht nur über verschiedene Blöcke, sondern auch über mehrere Versuchssitzungen erstrecken müssen. Hierbei ist es natürlich besonders wichtig zu
gewährleisten, dass die Diskriminationsfähigkeit der Versuchsperson über die gesamte
Dauer des Experimentes konstant bleibt.

Als *Adaptationseffekt* wird der Einfluss bezeichnet, den eine Darbietung auf den Adaptationszustand der Versuchsperson ausübt. Verändert sich der Adaptationszustand,
etwa durch Darbietung eines äußerst intensiven Vergleichsreizes, so kann die Beurteilung
nachfolgender Reizsituation beeinträchtigt werden. Da dieser Adaptationseffekt durch
die in einem Versuchsdurchgang konkret dargebotenen Reize bedingt ist, liegt hier ein
Carry-Over-Effekt vor, dem man in zweierlei Weise zu begegnen versucht. Zum einen
wird man die Nachwirkungen einer Reizsituation durch Beschränkung der Darbietungszeit und durch hinreichend lange Pausen zwischen den Reizdarbietungen (inter stimulus
interval, ISI) vermindern. Um dies zu erreichen verwendet das in Beispiel 6.2 beschriebene Experiment zur Unterscheidbarkeit achromatischer Farben verwendet daher eine
Darbietungszeit von 1 s und ein Inter-Stimulus-Intervall von 3 s. Zum zweiten sollen
systematische Effekte durch Vorgabe der Reizsituationen in randomisierter Reihenfolge verhindert werden. Auch diese versuchsplanerische Maßnahme wird in Beispiel 6.2
umgesetzt.

Wahrscheinlichkeitstheoretische Grundlagen

Selbst nach Kontrolle aller zeitabhängigen Störeinflüsse wird sich aber zeigen, dass die

Reaktion einer Versuchsperson bei der wiederholten Darbietung derselben Reizsituation (x, s) nicht notwendigerweise identisch ausfällt. Aufgrund dieser Tatsache ist eine wahrscheinlichkeitstheoretische Betrachtung des Antwortverhaltens erforderlich. Diese gründet sich auf eine häufig wiederholte Darbietung der einzelnen Reizsituationen in randomisierter Reihenfolge. Innerhalb dieses Rahmens ist zu klären, wie die Unterscheidbarkeit von Reizen zu operationalisieren ist. Die zu einer Reizsituation (x, s) gehörigen Daten bestehen aus einer Folge von zufällig wechselnden "Ja"- und "Nein"-Antworten. Nach der oben beschriebenen Kontrolle der zeitlichen Störeffekte können die einzelnen Versuchsdurchgänge aber als voneinander unabhängige Durchführungen von Zufallsexperimenten betrachtet werden (bedingte stochastische Unabhängigkeit). Für jedes dieser Zufallsexperimente bilden eine "Ja"- bzw. eine "Nein"-Antwort die möglichen Ausgänge. Von den entsprechenden Elementarereignissen tritt dabei stets genau eines ein. Die Kontrolle der Randbedingungen soll gewährleisten, dass die Eintretenswahrscheinlichkeiten dieser Ereignisse für alle Wiederholungen einer Reizsituation (x, s) konstant sind. Das Teilexperiment der wiederholten Darbietung von (x, s) ist daher nach dem Bernoulli-Schema aufgebaut und die Anzahl der Fälle, bei denen eine "Ja"-Antwort erfolgt, ist eine binomialverteilte Zufallsvariable. Eine Schätzung der Wahrscheinlichkeit $p(x, s)$ einer "Ja"-Antwort für gegebene Reizsituation (x, s) erhält man nach dem Maximum-Likelihood-Prinzip (vgl. Abschnitt 4.4) dann mittels der relativen Häufigkeit

$$\hat{p}(x, s) = \frac{n}{N}.$$

Dabei bezeichnet n die Anzahl der "Ja"-Antworten bei N Darbietungen von (x, s).

Beispiel 6.3:   *Unterscheidbarkeit achromatischer Farben*

Die Ergebnisse des in Beispiel 6.2 beschriebenen Experiments nach der Konstanzmethode für eine Versuchsperson findet man in Tabelle 6.2. Zur jeweiligen physikalischen Intensität x_i (Leuchtdichte in cd/m^2), $i = 1, \ldots, 7$, der Vergleichsreize ist die absolute Häufigkeit einer "Ja"-Antwort n_i (bei insgesamt $N = 40$ Darbietungen jeder Reizsituation) und der Schätzwert $\hat{p}(x_i, s)$ angegeben.

	Vergleichsreize [cd/m^2]						
i	1	2	3	4	5	6	7
x_i	37	38	39	40	41	42	43
n_i	2	3	10	25	34	36	40
$\hat{p}(x_i, s)$	0.05	0.075	0.25	0.625	0.85	0.90	1.00

Tabelle 6.2: *Ergebnisse einer Versuchsperson für das in Beispiel 6.2 beschriebene Experiment zur Unterscheidbarkeit achromatischer Farben. Für sieben Vergleichsreize ist jeweils deren physikalische Intensität x_i (Leuchtdichte in cd/m^2), die absolute Häufigkeit einer "Ja"-Antwort n_i und der Schätzwert $\hat{p}(x_i, s)$ (bezogen auf $N = 40$ Darbietungen jeder Reizsituation) angegeben.*

Wegen der Wirksamkeit von räumlich-zeitlichen Kontexteffekten erfolgt die Bestimmung der Unterscheidbarkeit nicht durch einen direkten Vergleich von Vergleichsreiz x und Standardreiz s über die Antwortwahrscheinlichkeit $p(x, s)$, sondern durch Bezugnahme auf einen Vergleichsreiz, der dieselbe Empfindungsstärke auslöst, wie der Standardreiz. Als sogenannten *Punkt der subjektiven Gleichheit* (point of subjective equality, PSE) zum Standardreiz s betrachtet man den Vergleichsreiz $x_{0.5}(s)$, für den die Wahrscheinlichkeit einer "Ja"- bzw. "Nein"-Antwort gleich groß ist und somit den Wert 0.5 annimmt. Es gilt also

$$p(x_{0.5}(s), s) = 0.5.$$

Allgemein betrachtet man Vergleichsreize x, für die bei gegebenem Standardreiz s die Antwortwahrscheinlichkeit $p(x, s)$ einen bestimmten Wert π annimmt. Ein Reiz x_π für den gilt

$$p(x_\pi(s), s) = \pi,$$

heißt dann π-*Vergleichsreiz* bezüglich des Standardreizes s. Damit lassen sich die Unterschiede in den Antwortwahrscheinlichkeiten auf die Ausprägungen der Reize übertragen. Ein Maß der Unterscheidbarkeit bezüglich des Standardreizes s erhält man nun für eine gegebene Antwortwahrscheinlichkeit π mittels der Differenz des π-Vergleichsreizes zum Punkt der subjektiven Gleichheit. Die Differenz

$$\Delta_\pi(s) = x_\pi(s) - x_{0.5}(s)$$

wird als π-*Unterschied* bezüglich des Standardreizes s bezeichnet. Üblicherweise wählt man hierzu eine Wahrscheinlichkeit π aus, die ungefähr in der Mitte zwischen 0.5 und 1.0 liegt, also etwa um 0.75. Der π-Unterschied ist ein Maß in physikalischen Einheiten und hängt sowohl vom Standardreiz s als auch vom Kriteriumswert π ab. Es gilt

$$p(x_{0.5}(s) + \Delta_\pi(s), s) = \pi.$$

In der älteren Literatur wird statt des Begriffs des π-Unterschieds das Konzept des *ebenmerklichen Unterschieds* $E(s)$ benutzt, der definiert ist durch

$$E(s) = \frac{\Delta_{0.75}(s) - \Delta_{0.25}(s)}{2} = \frac{x_{0.75}(s) - x_{0.25}(s)}{2}.$$

Beide Größen werden werden als Operationalisierung der *Unterschiedsschwelle* (difference threshold, difference limen) betrachtet. Das *Webersche Gesetz* lässt sich mit dem Begriff des π-Unterschieds nun (etwas allgemeiner) durch die Gleichung

$$\Delta_\pi(s) = k_\pi \cdot s$$

beschreiben. Darin wird behauptet, dass der π-Unterschied proportional zur Intensität des Standardreizes ist, wobei die Proportionalitätskonstante k_π von der Wahrscheinlichkeit π abhängt.

Die psychometrische Funktion

Vor der Durchführung eines Experiments nach der Konstanzmethode sind die zur Bestimmung eines π-Unterschieds erforderlichen Ausprägungen der Reizintensitäten x_π und $x_{0.5}$ natürlich nicht bekannt. Die Zielsetzung des Experiments ist es ja gerade, diese zu ermitteln. Üblicherweise verwendet man dazu folgende Vorgehensweise: Für einen gegebenen Standardreiz werden verschiedene Reizausprägungen als Vergleichsreize ausgewählt. Auf der Grundlage einer psychologischen Theorie zur Abhängigkeit der Antwortwahrscheinlichkeiten $p(x, s)$ von der Reizintensität x werden die entsprechenden π-Vergleichsreize dann ausgehend von den erhaltenen Daten geschätzt. Hierzu wählt man eine gewisse Anzahl (z.B. fünf bis neun) von Reizausprägungen als Vergleichsreize aus (vgl. Beispiel 6.2). Diese Reizintensitäten müssen im Allgemeinen zwei Restriktionen erfüllen. Einerseits sollten die zugehörigen relativen Häufigkeiten monoton mit der Reizintensität ansteigen. Dies erreicht man, wenn die Intensitäten der Vergleichsreize hinreichend voneinander verschieden sind. Andererseits sollten die relativen Häufigkeiten bzw. die zugehörigen Antwortwahrscheinlichkeiten von 0 und 1 verschieden sein. Wichmann und Hill (2001a, 2001b) empfehlen jedoch π-Vergleichsreize mit $\pi > 0.8$ und entsprechend $\pi < 0.2$ aufzunehmen. In jedem Fall sind die Vergleichsreize aus einem relativ begrenzten Intensitätsbereich um den Standardreiz zu wählen. In der Regel wird deren geeignete Auswahl die Durchführung von Vorexperimenten erfordern. Für die Auswahl der Vergleichsreize in Beispiel 6.2 können die genannten Restriktionen als erfüllt betrachtet werden (s. Tabelle 6.2).

Den Ausgangspunkt der zu unterlegenden psychologischen Theorie bildet die Menge I der potentiell vorzugebenden Vergleichsreize, die als offenes reelles Intervall betrachtet wird, d.h. es gibt reelle Zahlen $a, b \in \mathbb{R}$, so dass $I = \{x \in \mathbb{R} \mid a < y < b\}$ ist. Grundsätzlich kann angenommen werden, dass zu jeder Reizintensität $x \in I$ die Antwortwahrscheinlichkeit $p(x, s)$ bestimmt werden kann. Diese Zuordnung lässt sich dann durch eine Funktion $\psi_s : I \to (0, 1)$ in das reelle offene Intervall von 0 bis 1 beschreiben, so dass für alle $x \in I$ gilt

$$\psi_s(x) = p(x, s).$$

Eine derartige Funktion, die als streng monoton steigend und stetig angenommen wird, heißt *psychometrische Funktion*. Diese Bezeichnung geht zurück auf Urban (1909).

Unter der Annahme, dass die psychometrische Funktion eine bestimmte Form besitzt, kann man nun durch Interpolation beliebige π-Vergleichsreize ermitteln. Die Verteilungsfunktionen der Normalverteilung, der logistischen Verteilung und der Weibull-Verteilung werden häufig zur Parametrisierung psychometrischer Funktionen benutzt. Die beiden Parameter μ und σ der *Normalverteilung*

$$N_{\mu,\sigma}(x) = \frac{1}{\sigma\sqrt{2\pi}} \int_{-\infty}^{x} \exp\left(-\frac{(u-\mu)^2}{2\sigma^2}\right) du$$

sind unmittelbar als π-Vergleichsreiz bzw. π-Unterschied zu interpretieren (s. Abbildung 6.5 (a)). Der Erwartungswert μ ist dabei gleich dem Punkt der subjektiven Gleichheit und die Standardabweichung σ ist gleich dem 0.84-Unterschied bezüglich s, d.h. $\mu = x_{0.5}(s)$ und $\sigma = \Delta_{0.84}(s)$.

Auch die Benutzung der *logistischen Funktion*

$$L_{c,a}(x) = \frac{1}{1 + \exp\left(-\frac{x-c}{a}\right)} \tag{6.3}$$

als psychometrischer Funktion bietet den Vorteil, dass sie den Punkt der subjektiven Gleichheit und einen π-Unterschied als Parameter enthält (s. Abbildung 6.5 (b)). Es gilt nämlich $c = x_{0.5}(s)$ und $a = \Delta_{0.73}(s)$.

Die Parameter α, β der *Weibull-Verteilung*

$$W_{\alpha,\beta}(x) = 1 - \exp\left[-\left(\frac{x}{\alpha}\right)^{\beta}\right]$$

sind nicht unmittelbar als π-Vergleichsreiz oder π-Unterschied zu interpretieren. Im Gegensatz zu Normalverteilung und logistischer Funktion ist die Weibull-Verteilung nicht symmetrisch bezüglich des Punktes der subjektiven Gleichheit (s. Abbildung 6.5 (c)).

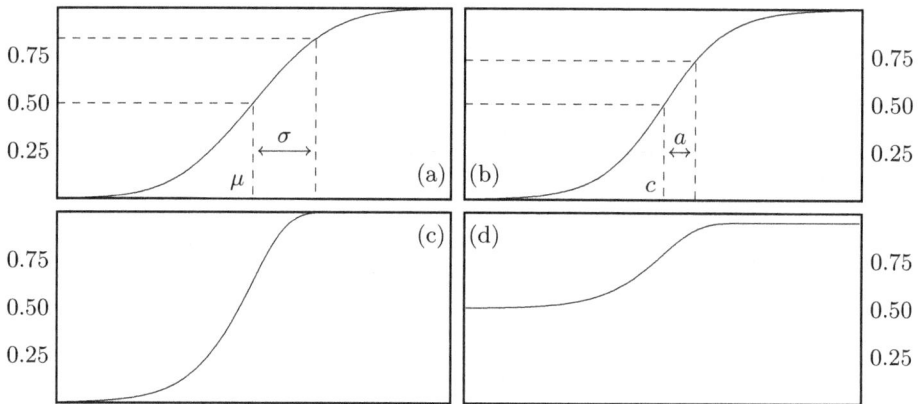

Abbildung 6.5: *Beispiele psychometrischer Funktionen basierend auf der Verteilungsfunktion (a) der Normalverteilung, (b) der logistischen Funktion, (c) der Weibull-Verteilung und (d) mit Wahrscheinlichkeiten $\pi_g = 0.5$ bzw. $\pi_l = 0.05$ unter Verwendung der Weibull-Verteilung.*

Im Unterschied zu den in der Wahrscheinlichkeitstheorie betrachteten Verteilungsfunktionen, wird von einer psychometrischen Funktion nicht verlangt, dass sie für $x \to -\infty$ gegen 0 konvergiert und für $x \to \infty$ gegen 1. Ist F eine Verteilungsfunktion, so betrachtet man die psychometrische Funktion

$$\psi_s(x) = \pi_g + (1 - \pi_g - \pi_l) \cdot F(x).$$

Die Parameter π_g und π_l definieren dabei die asymptotischen Wahrscheinlichkeiten durch

$$\lim_{x \to -\infty} \psi_s(x) = \pi_g, \quad \lim_{x \to \infty} \psi_s(x) = 1 - \pi_l$$

und werden als Rate- bzw. Fehlerwahrscheinlichkeit bezeichnet (guessing rate, lapsing rate; Wichmann & Hill, 2001a). Werden im Rahmen eine 2IFC-Verfahrens die Daten zu den Reizbedingungen (x, s) und (s, x) gemeinsam ausgewertet, so ergibt sich für diese Versuchsanordnung die Ratewahrscheinlichkeit $\pi_g = 0.5$ (nach Yeshurun et al. (2008) und Ulrich und Vorberg (2009) sind die Voraussetzungen für diese Art der Auswertung im Allgemeinen nicht gegeben, was zu systematisch verzerrten Ergebnissen führt). Fehler bei der Beurteilung physikalisch sehr intensiver Vergleichsreize werden üblicherweise entweder auf Unaufmerksamkeit zurückgeführt, oder auf eine Verwechslung der Reaktionstasten. Für die entsprechende Wahrscheinlichkeit π_l wird daher oftmals ein kleiner, aber von Null verschiedener Wert angenommen. Abbildung 6.5 zeigt in (d) eine psychometrische Funktion mit Wahrscheinlichkeiten $\pi_g = 0.5$ bzw. $\pi_l = 0.05$ unter Verwendung der Weibull-Verteilung aus (c).

Auf der Grundlage der im Rahmen der Konstanzmethode erhobenen Daten kann eine Schätzung der Parameter einer psychometrischen Funktion durch die in Abschnitt 4.4 beschriebenen Verfahren der Maximum-Likelihood-Schätzung, sowie der Bayesschen Schätzung erfolgen. Da die Darbietung einer Reizsituation (x, s) als wiederholt durchgeführtes Bernoulli-Experiment aufgefasst wird, hat die Likelihood hierfür die in Gleichung (4.2) angegebene Form, wobei die Wahrscheinlichkeit p durch die psychometrische Funktion ψ_s ersetzt wird. Die Likelihood für den gesamten Datensatz ergibt sich dann als Produkt dieser Ausdrücke über alle Vergleichsreize. Eine Maximierung der log-Likelihood kann dann beispielsweise durch numerische Optimierungsverfahren erreicht werden, wie z.B. durch die Funktion `optim` des Statistikpakets R (R Development Core Team, 2008), oder den Algorithmus PRAXIS (Gegenfurtner, 1992). Restriktionen auf den Parameterwerten (z.B. eine Beschränkung auf eine geringe Ratewahrscheinlichkeit) können dabei im Rahmen einer Bayesschen Schätzung durch geeignete Wahl einer A-priori-Verteilung über den Parametern einbezogen werden (Wichmann & Hill, 2001a). García-Pérez und Alcalá-Quintana (2005) vergleichen verschiedene Verfahren zur Parameterschätzung und kommen zu dem Schluss, dass die Maximum-Likelihood-Schätzung den anderen Verfahren vorzuziehen ist.

Beispiel 6.4: *Unterscheidbarkeit achromatischer Farben*

Den in Tabelle 6.2 dargestellten Ergebnissen des in Beispiel 6.2 beschriebenen Experiments wird eine logistische psychometrische Funktion zugrunde gelegt. Maximum-Likelihood Schätzung der Parameter der logistischen Funktion nach Gleichung (6.3) liefert die Werte $\hat{c} = 39.744$ und $\hat{a} = 0.792$. Abbildung 6.6 zeigt die relativen Häufigkeiten der "Ja"-Antworten für die einzelnen Vergleichsreize, sowie die aus der ML-Schätzung resultierende logistische psychometrische Funktion.

Die Klärung der Frage, ob die psychometrische Funktion eine geeignete psychologische Theorie zur Beschreibung der Daten ist, können Standardverfahren aus der Statistik verwendet werden, wie etwa ein Likelihood-Quotienten-Test oder ein χ^2-Anpassungstest (Wichmann & Hill, 2001a). Die mit der zu treffenden Entscheidung verbundene Problematik wurde in Abschnitt 4.6 dargestellt. Unabhängig vom konkret verwendeten statistischen Test, ist unter der Nullhypothese die Adäquatheit der psychometrischen

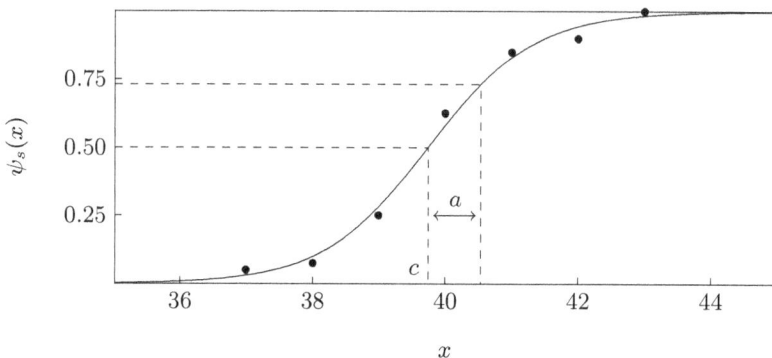

Abbildung 6.6: *Grafische Darstellung der relativen Häufigkeiten aus Tabelle 6.2 und der aus einer ML-Schätzung resultierenden logistischen psychometrische Funktion.*

Funktion anzunehmen. Bei der statistischen Entscheidung ist daher der die Wahrscheinlichkeit β des Fehlers zweiter Art zu vermeiden.

Effekte der Beobachtungsintervalle

Bei den bisherigen Überlegungen zu π-Vergleichsreizen und π-Unterschieden wurde nicht vorausgesetzt, dass der Standardreiz s von derselben Art wie die Vergleichsreize sein muss. Bei der in Beispiel 6.1 beschriebenen Untersuchung der Horizontal-Vertikal-Täuschung unterscheidet sich der Standardreiz nicht nur in der Position, sondern auch in der Orientierung von den Vergleichsreizen (horizontal vs. vertikal; vgl. Abbildung 6.3). Trotzdem sind die Reize von derselben Art, da es sich jeweils um Linien von bestimmter Länge handelt. In diesen Fällen kann man sich dafür interessieren, ob der Punkt der subjektiven Gleichheit $x_{0.5}(s)$ identisch mit dem Standardreiz s ist oder nicht. Die Differenz

$$\zeta(s) = x_{0.5}(s) - s$$

wird als *konstanter Fehler* bezeichnet. Darin können sich Positions- bzw. Reihenfolgeeffekte ausdrücken, wie etwa die Bevorzugung des ersten Beobachtungsintervalls bzw. des links präsentierten Farbreizes in Abbildung 6.4, die im Wesentlichen als Störeffekte bewertet werden. Ulrich und Vorberg (2009) bezeichnen diese als Effekte der Darbietungsreihenfolge vom *Typ A*. Für die in Abbildung 6.3 dargestellten Reizsituationen beinhaltet der konstante Fehler aber insbesondere auch, was in der Psychologie als Täuschungsbetrag bezeichnet wird (vgl. die kritische Diskussion des Begriffs der Wahrnehmungstäuschung bei Mausfeld, 2005b; siehe hierzu auch Beispiel 3.2). Im konstanten Fehler drückt sich hier die Überschätzung der Länge vertikaler Linien im Vergleich zu der horizontaler Linien aus. In der in Abbildung 6.3 rechts dargestellten Reizsituation sind Vergleichs- und Standardreiz physikalisch gleich lang, in den beiden anderen Reizsituationen ist der Vergleichsreiz stets kürzer als der Standardreiz.

Im Rahmen der *Theorie der Signalentdeckung* (Green & Swets, 1966; Wickens, 2002) wird eine Trennung der mit dem Urteil der Versuchsperson verbundenen Entscheidungskriterien von der eigentlich interessierenden Diskriminationsfähigkeit erreicht. Die theoretische Grundlagen dieser Trennung wurden in Abschnitt 5.5.2 im Kontext von Lernexperimenten zum Wiedererkennen erläutert. Bei einer Anwendung dieser Theorie unterscheidet man nicht nur die Ereignisse das erste bzw. das zweite Beobachtungsintervall (R_1 bzw. R_2) zu wählen, sondern es wird auch Bezug darauf genommen, ob der physikalisch intensivere der beiden Reize tatsächlich im ersten oder zweiten Beobachtungsintervall (I_1 bzw. I_2) präsentiert wurde. Man kann dann die Fälle (R_1, I_1) als Treffer, (R_1, I_2) als Verpasser, (R_1, I_2) als falschen Alarm und (R_2, I_2) als korrekte Zurückweisung auffassen (vgl. Beispiel 4.7). Auf dieser Grundlage können Reaktionstendenzen vom Typ A als Verschiebung des Entscheidungskriteriums in Richtung auf die Reaktion R_1 bzw. R_2 aufgefasst werden. Die Diskriminationsfähigkeit kann dann unabhängig davon bestimmt werden (McNichol, 1972; Wickens, 2002).

Über derartige Reaktionstendenzen hinaus kann die Darbietungsreihenfolge von Vergleichs- und Standardreiz in den beiden Beobachtungsintervallen aber auch die π-Unterschiede beeinflussen (z.B. Woodruff, Jennings & Rico, 1975; Masin & Fanton, 1989; Yeshurun et al., 2008). In Unterscheidung zur Reaktionstendenz vom Typ A wird diese Auswirkung auch als Effekt der Darbietungsreihenfolge vom Typ B bezeichnet (Ulrich & Vorberg, 2009).

Bei der im Rahmen des 2IFC-Verfahrens übliche Praxis des Ausbalanzierens der Darbietungsreihenfolge werden je zur Hälfte die Reizsituationen (x, s) und (s, x) dargeboten und die hierfür resultierenden Daten gemeinsam ausgewertet. Dabei wird angenommen, dass so eine Eliminierung der damit verbundenen Effekte erreicht wird und es zu keiner systematischen Über- bzw. Unterschätzung von π-Unterschieden kommt.

> The most common procedure is to present the standard stimulus first on half of the trials and second on the other half of the trials. The method of counterbalancing spatial location or temporal order of standard and comparison stimuli is based on the assumption that, when the results from all the trials are combined, the effects of space and time errors will cancel, providing an unbiased estimate of the DL (difference limen). (Gescheider, 1997, S. 52)

Ulrich und Vorberg (2009) können zeigen, dass die hier zugrunde gelegte Annahme tatsächlich nicht zutrifft. Das Vorliegen eines Effekts vom Typ A führt zu einer Überschätzung des 0.75-Unterschieds. Eine ausgeprägte Bevorzugung eines Beobachtungsintervalls wird somit als erhöhte Diskriminationsfähigkeit fehlinterpretiert. Das Vorliegen eines Effekts vom Typ B dagegen führt zu einer Unterschätzung des 0.75-Unterschieds. Eine adäquate Vorgehensweise zur der Bestimmung des π-Unterschieds über eine Anpassung getrennter psychometrischer Funktionen für die einzelnen Darbietungsreihenfolgen (x, s) und (s, x) wird in Ulrich und Vorberg (2009) beschrieben.

Adaptive Verfahren

Die Konstanzmethode hat sich als fundiertes experimentelles Verfahren erwiesen. Wie die vorangehenden Abschnitte gezeigt haben, erlaubt sie eine sehr weitgehende Kontrolle von Störeffekten und es stehen differenzierte, theoretisch begründete Auswertungsverfahren für die damit erhobenen Daten zur Verfügung. Mit der Durchführung eines

Experiments nach der Konstanzmethode ist allerdings auch ein gewisser Aufwand verbunden, der sich vor allem in einer hohen Anzahl von Versuchsdurchgängen manifestiert. Für eine Reihe von (nach oben dargestellten Kriterien) vorausgewählten Vergleichsreizen ist eine große Anzahl von Präsentationen der entsprechenden Reizsituationen (in beiden Darbietungsreihenfolgen) erforderlich, um eine präzise Schätzung der jeweiligen psychometrischen Funktion zu ermöglichen. Zur Beantwortung einer Reihe von Fragestellungen zur Reizunterscheidung ist es aber nicht erforderlich, die psychometrische Funktion vollständig zu kennen. Häufig soll lediglich ein bestimmter π-Vergleichsreiz ermittelt werden (z.B. Bestimmung des Punkts der subjektiven Gleichheit, Bestimmung von Schwellen durch π-Unterschiede). Zu diesem Zweck sind effiziente experimentelle Verfahren entwickelt worden. Bei diesen sogenannten *adaptiven Verfahren* werden die Ausprägungen der vorzugebenden Vergleichsreize nicht vor der eigentlichen Datenerhebung festgelegt, sondern sie werden erst im Verlaufe des Experiments in Abhängigkeit von den Antworten der Versuchsperson bestimmt. Die Datenerhebung ist bei adaptiven Verfahren im Vergleich zur Konstanzmethode daher weniger aufwändig. Durch die Berücksichtigung der Urteile der Versuchsperson bei der Auswahl der vorzugebenden Vergleichsreize, werden nur Reizsituationen dargeboten, die zur Güte der Parameterschätzung nennenswert beitragen.

Treutwein (1995) gibt einen Überblick über die in der Psychophysik verwendeten adaptiven Verfahren. Dort werden nicht nur die theoretischen Grundlagen dargestellt, sondern auch die Vor- und Nachteile der einzelnen Verfahren diskutiert. Aufgrund der eingehenden Annahmen über die unterliegende psychometrische Funktion werden zwei Klassen adaptiver Verfahren unterschieden, nämlich *nonparametrische* und *parametrische adaptive Verfahren*.

Parametrische adaptive Verfahren erfordern die Festlegung der Form der unterliegenden psychometrischen Funktion (vgl. Abbildung 6.5). Sie nutzen Maximum-Likelihood-Schätzung oder Bayessche Schätzverfahren um auf der Basis bereits vorliegender Daten die Parameter der psychometrischen Funktion zu schätzen und darauf aufbauend die als nächstes vorzugebenden Vergleichsreize zu bestimmen. Bei *nonparametrischen adaptiven Verfahren* wird keine spezielle psychometrische Funktion angenommen. Es genügt, die psychometrische Funktion als streng monoton steigend (und stetig) vorauszusetzen, denn dann ist jeder Antwortwahrscheinlichkeit $\pi \in (0,1)$ eindeutig ein Vergleichsreiz $x_\pi = p_s^{-1}(\pi)$ zugeordnet. Bei den nonparametrischen Verfahren lassen sich Verfahren der *stochastischen Approximation* von *Staircase-Verfahren* unterscheiden. Die folgende Darstellung beschränkt sich auf diese beiden Klassen von Verfahren.

Der im Durchgang n dargebotene Vergleichsreiz werde dabei durch die Zufallsvariable X_n bezeichnet. Weiterhin sei s der Standardreiz und die Antwort der Versuchsperson sei mittels der Zufallsvariablen Z_n kodiert. Z_n nimmt den Wert 1 an, falls die Versuchsperson auf die Frage, ob der Vergleichsreiz X_n intensiver ist als der Standardreiz s, mit "Ja" antwortet und 0 sonst. Der Zusammenhang mit der unterliegenden psychometrischen Funktion ist daher durch die Gleichungen

$$\mathbb{P}(Z_n = 1 \mid X_n) = \psi_s(X_n) \quad \text{und} \quad \mathbb{P}(Z_n = 0 \mid X_n) = 1 - \psi_s(X_n)$$

gegeben.

Ein adaptives Verfahren kann formal als *stochastischer Prozess* (X_n, Z_n) aufgefasst werden, der durch eine rekursive Gleichung

$$X_{n+1} = \Theta(\pi, n, Z_n, Z_{n-1}, \ldots, X_n, X_{n-1}, \ldots)$$

festgelegt ist, wobei Θ eine Funktion in den angegeben Argumenten ist. Häufig wird auch explizit die nach Durchgang n erfolgende Veränderung von X_n spezifiziert durch

$$X_{n+1} = X_n + \theta(\pi, n, Z_n, Z_{n-1}, \ldots, X_{n-1}, \ldots)$$

Hier ist θ wiederum eine Funktion in den angegebenen Argumenten. Das Ausmaß der Veränderung $|X_{n+1} - X_n|$ wird als *Schrittgröße* bezeichnet.

Im Allgemeinen sind bei der Entwicklung und Durchführung eines adaptiven Verfahrens zur Bestimmung eines π-Vergleichsreizes folgende Fragen zu beantworten:

1. Was ist ein geeigneter Anfangswert für den Vergleichsreiz, d.h. welchen Wert soll die Zufallsvariable X_1 annehmen?

2. Wie ist die Ausprägung des Vergleichsreizes optimal zu verändern, d.h. welchen Wert soll $\Theta(\pi, n, Z_n, Z_{n-1}, \ldots, X_n, X_{n-1}, \ldots)$ annehmen?

3. Welche Kriterien sind geeignet festzulegen, wann das Verfahren beendet werden soll?

4. Wie kann der gesuchte Parameter x_π geschätzt werden ausgehend von der erhaltenen Reiz-Reaktions-Sequenz (X_n, Z_n)?

Stochastische Approximation

Bei den Verfahren zur *stochastischen Approximation* eines π-Vergleichsreizes wird die Schrittgröße, also die Differenz $|X_{n+1} - X_n|$, mit wachsender Durchgangszahl verkleinert. Die definierende Gleichung eines sogenannten *Robbins-Monro-Prozesses* (X_n, Z_n) ist beispielsweise

$$X_{n+1} = X_n + \frac{c}{n}(\pi - Z_n)$$

mit einer reellen Konstanten $c > 0$. Es gilt also

$$\theta(\pi, n, Z_n) = \frac{c}{n}(\pi - Z_n).$$

Die Schrittgröße ist damit umgekehrt proportional zur Anzahl n von Durchgängen. Die Verteilung der Zufallsvariablen X_n strebt für große n gegen eine Normalverteilung mit Erwartungswert x_π und verschwindender Varianz. Ausgehend davon wird das Verfahren daher beendet, falls eine hinreichend kleine Schrittgröße erreicht ist (oder beispielsweise die Auflösung der Experimentalapparatur) und der letzte Vergleichsreiz direkt als Schätzung für x_π übernommen. Diese Vorgehensweise ist jedoch nicht sehr ökonomisch, da zwar eine große Anzahl von Reizsituationen vorgegeben wird, aber lediglich die letzte unmittelbar in die Parameterschätzung eingeht. Außerdem wird die Versuchsperson in den letzten Durchgängen kaum mehr Veränderungen der Reizsituationen wahrnehmen, wenn die hierfür resultierenden Schrittgrößen vergleichsweise kleine Werte annehmen. Dies kann sich nachteilig auf die Motivation der Versuchsperson auswirken.

Staircase-Verfahren

Mit dem *Simple-Up-Down Verfahren* (Dixon & Mood, 1948) kann der 0.5-Vergleichsreizes bestimmt werden. Die definierende Gleichung ist

$$X_{n+1} = X_n + \delta(1 - 2Z_n)$$

Dabei bezeichnet δ die in diesem Fall für alle n konstante Schrittgröße $|X_{n+1} - X_n|$. Das Verfahren wird daher auch als *Staircase-Verfahren* bezeichnet. Als *Abbruchkriterium* für das Verfahren kann man beispielsweise die Anzahl der Umkehrpunkte benutzen. Im Durchgang n liegt ein *Umkehrpunkt* genau dann vor, wenn $X_{n-1} > X_n$ und $X_{n+1} > X_n$ ist, oder $X_{n-1} < X_n$ und $X_{n+1} < X_n$ gilt. Im Falle des Simple-Up-Down Verfahrens liegen in genau den Durchgängen Umkehrpunkte vor, in denen sich das Antwortverhalten ändert, also $Z_n \neq Z_{n-1}$ ist. Eine geeignete Schätzfunktion für den 0.5-Vergleichsreiz ist der Mittelwert der Umkehrpunkte.

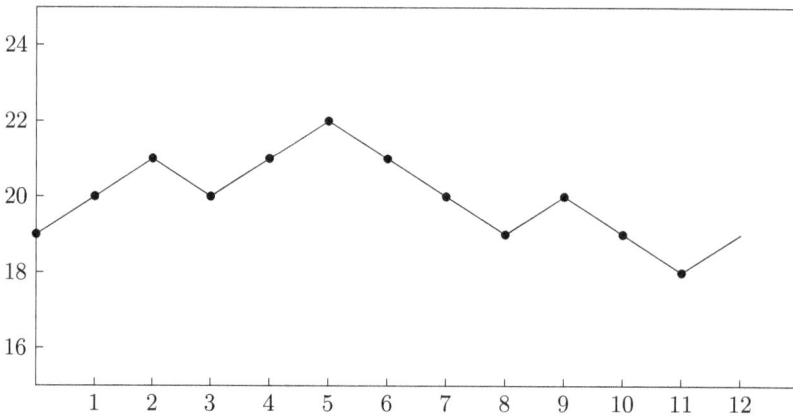

Abbildung 6.7: *Beispiel für eine Folge von Vergleichsreizen X_n, wie sie aus der Anwendung des Simple-Up-Down Verfahrens resultiert.*

Abbildung 6.7 zeigt eine Folge von Vergleichsreizen X_n, wie sie aus der Anwendung des Simple-Up-Down Verfahrens resultiert. Die zugehörigen Antworten Z_n lassen sich aus dem dargestellten Verlauf eindeutig rekonstruieren.

Falmagne (1985) schlägt eine Kombination aus stochastischer Approximation und Staircase-Verfahren vor, mit der er die Vorteile beider Methoden zu verbinden sucht. In der initialen Phase des Experiments wird mit einer relativ großen Schrittgröße begonnen, um schnell in die Nähe des gesuchten 0.5-Vergleichsreizes zu gelangen. Die Schrittgröße wird dann im Rahmen eines Verfahrens zur stochastischen Approximation bis auf einen vergleichsweise kleinen Wert (z.B. die Auflösung der Experimentalapparatur) reduziert. Dann setzt ein Simple-Up-Down Verfahren mit dieser Schrittgröße ein, auf dem dann auch die Schätzung des 0.5-Vergleichsreizes basiert.

Das Simple-Up-Down Verfahren gestattet ausschließlich die Schätzung des 0.5-Vergleichsreizes. Um andere π-Vergleichsreize schätzen zu können, ist das beschriebene Verfahren zu modifizieren. Mit Hilfe des *2-Down-1-Up Verfahrens* (Wetherill & Levitt, 1965) kann beispielsweise der .707-Vergleichsreiz ermittelt werden. Das Verfahren eignet sich daher zur Bestimmung von Unterschiedsschwellen. Die definierende Gleichung ist

$$X_{n+1} = X_n + \theta(Z_n, Z_{n-1}, X_{n-1})$$

mit

$$\theta(Z_n, Z_{n-1}, X_{n-1}) = \left\{ \begin{array}{l} \delta \text{ für } Z_n = 0, \\ -\delta \text{ für } Z_n = Z_{n-1} = 1 \text{ und } X_n = X_{n-1}, \\ 0 \text{ sonst.} \end{array} \right.$$

Der Name des Verfahrens leitet sich aus dieser Definition ab. Es bedarf zweier aufeinander folgender "Ja"-Antworten damit der Vergleichsreiz um die konstante Schrittgröße δ verkleinert wird. Bereits nach einer einzigen "Nein"-Antwort jedoch wird der Vergleichsreiz um δ vergrößert. Die Wahrscheinlichkeit $\pi = 0.707$ ergibt sich aus dem asymptotischen Verhalten des Verfahrens, für das ein Schritt nach oben die gleiche Wahrscheinlichkeit hat, wie ein Schritt nach unten. Für letzteres muss dann $\pi^2 = 0.5$ gelten, bzw. $\pi = \sqrt{0.5} = 0.707$. Wie beim Simple-Up-Down Verfahren kann auch hier die Anzahl der Umkehrpunkte als Abbruchkriterium benutzt werden. Es ist aber zu beachten, dass nun nicht bei jedem Wechsel des Antwortverhaltens ein Umkehrpunkt vorliegt. Im Durchgang n liegt ein Umkehrpunkt vor, wenn gilt $X_{n-1} > X_n$ und $X_{n+1} > X_n$, oder $X_{n-2} < X_n$ und $X_{n+1} < X_n$. Der Mittelwert der Umkehrpunkte wird auch hier als geeignete Statistik zur Schätzung des .707-Vergleichsreizes betrachtet.

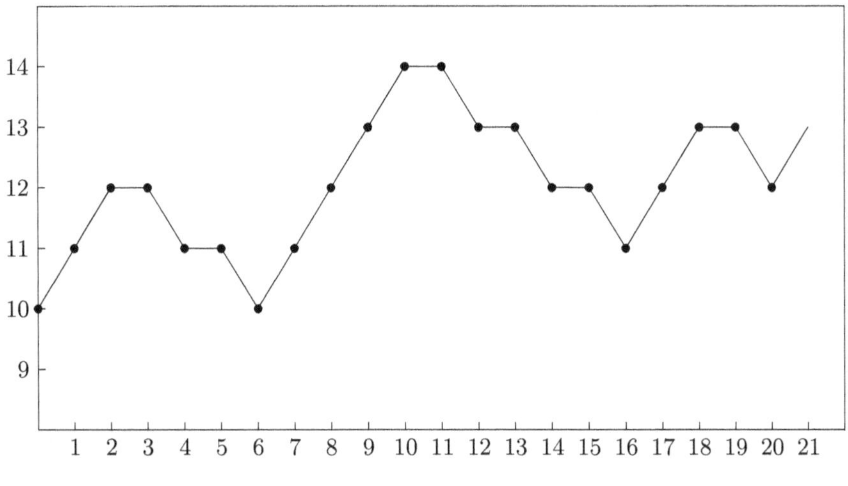

Abbildung 6.8: *Beispiel für eine Folge von Vergleichsreizen X_n, die aus der Anwendung des 2-Down-1-Up Verfahrens resultiert.*

Kaernbach (1991) schlägt eine alternative Methode zur Bestimmung eines π-Vergleichsreizes vor, die als *gewichtetes Up-Down Verfahren* bezeichnet wird. Dabei wird vorgegangen wie beim Simple-Up-Down Verfahren, wobei sich jedoch die Schrittgröße für einen Schritt nach oben δ_+ von der für einen Schritt nach unten δ_- entsprechend der Gleichung

$$\delta_- \cdot \pi = \delta_+ \cdot (1 - \pi)$$

unterscheiden (vgl. García-Pérez, 1998). Bei der Bestimmung des 0.75-Vergleichsreizes hat man dann beispielsweise $\delta_- = \delta_+/3$. Auch hier wird eine Schätzung des π-Vergleichsreizes über den Mittelwert der Umkehrpunkte vorgeschlagen.

Die Aussagen zur Konvergenz der beschriebenen Staircase-Verfahren auf bestimmte π-Vergleichsreize sind asymptotische Aussagen, die sich auf eine großen Anzahl n von Durchgängen stützt (d.h. sie ergeben sich für den Grenzfall $n \to \infty$). Diese Aussagen müssen daher nicht zwangsläufig für vergleichsweise kleine Werte n gelten, wie sie in konkreten Anwendungen der Verfahren auftreten. In einer Reihe von Arbeiten untersucht (García-Pérez, 1998, 2000, 2001) daher die Eigenschaften der Staircase-Verfahren für beschränkte Durchgangszahlen n. Er zeigt, dass in vielen Fällen verzerrte oder unpräzise Schätzungen der π-Vergleichsreize resultieren können und gibt Empfehlungen, wie diese Verfahren am Besten einzusetzen sind. Die Bewertung der Effizienz und Nützlichkeit der adaptiven Verfahren gegenüber der Konstanzmethode ist ein komplexes Problem, da hier sehr viele Randbedingungen Einfluss nehmen. Zu den Einflussfaktoren zählt neben der Anzahl der Darbietungen entscheidend auch der Bereich aus dem die Vergleichsreize gewählt werden, sowie deren Abstand voneinander. Bei den adaptiven Verfahren wird das durch die Wahl eines Startpunkts und der Schrittgröße reflektiert. Eine ausführliche Diskussion der Effekte der verschiedenen Einflussgrößen findet man bei Wichmann und Hill (2001a).

Das Fechnersche Messproblem

Der in Abschnitt 3.3.1 dargestellte formale Rahmen der repräsentationalen Messtheorie soll nun auf die in der Psychophysik interessierende Fragestellung der Messung der Empfindungsstärke in Abhängigkeit von der physikalischen Intensität angewendet werden. Hierzu seien nochmals die beiden grundlegenden Anforderungen genannt, auf denen die Fechnersche Psychophysik basiert:

- Zwei Reizpaare unterscheiden sich auf der Skala der Empfindungsstärke dann um den gleichen Betrag, wenn sie gleich unterscheidbar sind.

- Unterschiede auf der Skala der Empfindungsstärke können addiert werden.

Im Gegensatz zu der in Abschnitt 3.3.1 besprochenen *fundamentalen Messung* werden in der Psychophysik im Allgemeinen nicht unmittelbar qualitative Beobachtungen zur Reizunterscheidung repräsentiert. Für die Konstanzmethode wurden die experimentellen Techniken erläutert, die eine Repräsentation qualitativer Versuchspersonenurteile durch Wahrscheinlichkeiten erlauben. Somit steht anstelle des qualitativen empirischen Relativs vielmehr eine numerische Repräsentation der Unterscheidbarkeit von Paaren von Reizen durch eine Wahrscheinlichkeit. Es handelt sich also im vorliegenden Fall nicht um eine fundamentale, sondern um eine *abgeleitete Messung*. Wie bei der bereits in Abschnitt 3.3.2 dargestellten *Differenzenstruktur* werden auch hier Empfindungsunterschiede zwischen Paaren von Reizen betrachtet. Auch die von

Fechner (1860) angenommene Additivität der Empfindungsunterschiede wird durch die im Rahmen einer Differenzenstruktur eingeführte Verknüpfung von wahrgenommenen Intensitätsunterschieden erfasst. Auf Seiten des empirischen Relativs hat man also eine Struktur, die durch Wahrscheinlichkeiten gegeben ist, die Paaren von Reizen zugeordnet sind. Es ist nun ein Maß der Empfindungsstärke gesucht, so dass die die Unterscheidbarkeit zweier physikalischer Reize beschreibende Wahrscheinlichkeit einer Differenz der zugehörigen Empfindungsstärken entspricht. Dies ist ein Repräsentationsproblem im Sinne der repräsentationalen Theorie des Messens, das in der Literatur als *Fechnersches Problem* bezeichnet wird.

Für eine formale Charakterisierung dieses Messproblems werden die Reize über ihre physikalische Intensität mit Werten $a, b, c, \ldots$ aus einem offenen reellen Intervall I identifiziert. Den Ausgangspunkt der Überlegungen bildet dann eine Beschreibung der empfindungsmäßigen Unterscheidbarkeit der Reize a und b durch eine reelle Zahl $p(a, b)$ zwischen 0 und 1. Im Rahmen der Konstanzmethode wird diese Zahl unter Bezug auf das mit der Darbietung des Reizpaares (a, b) verbundene Zufallsexperiment als Parameter der unterliegenden Bernoulli-Verteilung interpretiert.

Das Relativ $\langle I, p \rangle$ besteht aus einem reellen offenen Intervall I und der Abbildung $p \colon I \times I \to (0, 1)$ von $I \times I$ in das reelle offene Intervall $(0, 1)$. Sind die nachfolgend formulierten plausible Grundannahmen erfüllt, so wird $\langle I, p \rangle$ als *probabilistisches Paarvergleichssystem* bezeichnet. Dabei wird für alle $a, a', b, b' \in I$ gefordert, dass p ist streng monoton steigend in der ersten Variable ist (d.h. $a > a' \Rightarrow p(a, b) > p(a', b)$) und streng monoton fallend in der zweiten Variable (d.h. $b > b' \Rightarrow p(a, b') > p(a, b)$). Darüber hinaus wird p als stetig in beiden Argumenten angenommen, d.h. kleine Veränderungen der Reizintensitäten a und b bedingen auch kleine Veränderungen von $p(a, b)$.

Falmagne (1985) geht von einer etwas allgemeineren Situation aus. Er betrachtet eine Teilmenge $C \subseteq I \times I$ und definiert die Abbildung $p \colon C \to (0, 1)$ auf C. Die Menge C umfasst alle Paare $(a, b) \in I \times I$, die in einem Experiment vorgegeben werden können und denen eine von 0 und 1 verschiedene Wahrscheinlichkeit zugeordnet ist. Es kann daher $C \neq I \times I$ sein. Um diese Verallgemeinerung bei der Formulierung der Theorie zu berücksichtigen, ist jedoch ein erheblicher Aufwand vonnöten. Im Folgenden wird sich die Darstellung daher auf den Fall $C = I \times I$ beschränken. Der allgemeine Fall wird bei Falmagne (1985, Kapitel 4) ausführlich abgehandelt. Im Folgenden wird über die genannten Grundannahmen hinaus angenommen, dass das probabilistische Paarvergleichssystem $\langle I, p \rangle$ *ausbalanziert* ist, d.h. für alle $a, b \in I$ gilt

$$p(a, b) + p(b, a) = 1. \tag{6.4}$$

Diese Gleichung impliziert für $a = b$ die Eigenschaft $p(a, a) = 0.5$. Es wird also angenommen, dass für die beiden psychometrischen Funktionen $p_b(a) = p(a, b)$ und $q_a(b) = p(a, b)$ kein konstanter Fehler auftritt. Im Rahmen der Darstellung der Konstanzmethode wurde gezeigt, dass diese Bedingung nicht notwendigerweise erfüllt sein muss und in vielen Fällen vermutlich auch nicht erfüllt sein wird. Eine Verallgemeinerung der nachfolgend in Gleichung (6.5) formulierten Repräsentation sollte daher eine Modellierung der im Rahmen der Konstanzmethode auftretenden Entscheidungsprozesse anbieten. Diese Thematik wird am Ende des Abschnitts nochmal aufgegriffen.

Nach der ersten Grundannahme Fechners hängt die Reizunterscheidbarkeit, also $p(a, b)$, streng monoton ab vom Unterschied der durch a bzw. b ausgelösten Empfindungsstärke. Um den hier aufscheinenden Zusammenhang zur Differenzenstruktur zu verdeutlichen, wird eine binäre Relation $\succcurlyeq$ auf der Menge $I \times I$ definiert durch

$$(a, b) \succcurlyeq (c, d) \text{ gdw. } p(a, b) \geq p(c, d).$$

Im Rahmen der Repräsentation der Differenzenstruktur wurden hinreichende Bedingungen für die Existenz einer reellwertigen Abbildung φ angegeben, so dass

$$(a, b) \succcurlyeq (c, d) \text{ gdw. } \varphi(a) - \varphi(b) \geq \varphi(c) - \varphi(d)$$

für alle $a, b, c, d \in I$. Für den vorliegenden Fall ist daher eine Abbildung φ gesucht, für die gilt

$$p(a, b) \geq p(c, d) \text{ gdw. } \varphi(a) - \varphi(b) \geq \varphi(c) - \varphi(d)$$

für alle $a, b, c, d \in I$. Dies aber ist äquivalent zu

$$p(a, b) = F[\varphi(a) - \varphi(b)] \tag{6.5}$$

für alle $a, b \in I$, mit einer streng monoton steigenden Abbildung F.

Die in Gleichung (6.5) zum Ausdruck kommende Beziehung wird in der Literatur auch *Wahrscheinlichkeits-Distanz-Hypothese* (probability-distance hypothesis) genannt (z.B. Dzhafarov, 2002b) und oftmals folgendermaßen formuliert: Gleich häufig bemerkte Unterschiede sind gleich, wenn sie nicht immer oder nie bemerkt werden. Der Ursprung dieser Formulierung ist unklar.

> The historical origins of the probability-distance hypothesis lie in what Luce and Edwards (1958, p. 232) refer to as "the old, famous psychological rule of thumb: equally often noticed differences are equal, unless always or never noticed." The source of this formulation remains obscure. (Dzhafarov, 2002b, S. 352)

Es stellt sich die Frage, unter welchen Bedingungen zu einem (ausbalanzierten) probabilistischen Paarvergleichssystem $\langle I, p \rangle$ reellwertige Abbildungen φ auf I und F existieren, die streng monoton steigend und stetig sind und die Gleichung (6.5) erfüllen. Zur Lösung des obigen Repräsentationsproblems gilt es Axiome anzugeben, so dass Funktionen u und F mit den genannten Eigenschaften existieren. Man kann zeigen, dass das Webersche Gesetz, das sich in diesem Kontext durch

$$p(\lambda a, \lambda b) = p(a, b) \tag{6.6}$$

für alle $a, b, \lambda a, \lambda b \in I$ und $\lambda > 0$ charakterisieren lässt, eine solche Lösung darstellt. Damit lässt sich Fechners Schlussfolgerung messtheoretisch begründen. Die auf dem Weberschen Gesetz basierende Lösung ist jedoch lediglich ein Spezialfall und es existieren noch viele weitere Lösungen. Eine derartige Verallgemeinerung ist auch wünschenswert, da die empirische Gültigkeit des Weberschen Gesetzes in vielen Sinnesbereichen ohnehin fraglich ist (Holway & Pratt, 1936; Masin, 2009). Gesucht ist eine Lösung des Fechner-schen Problems unter möglichst schwachen empirischen Voraussetzungen. Es lässt sich zeigen (Falmagne, 1985), dass für ein ausbalanziertes probabilistisches Paarvergleichs-system $\langle I, I\!P \rangle$ die folgende Bedingung hinreichend für eine Lösung des Fechnerschen Problems ist: Für alle $a, a', b, b', c, c' \in I$ gilt

$$p(a, b) \geq p(a', b'), \; p(b, c) \geq p(b', c') \text{ impliziert } p(a, c) \geq p(a', c').$$

Diese Bedingung ist die exakte Übertragung der für die Repräsentation einer Diffe-renzenstruktur zentralen Eigenschaft (vgl. Abschnitt 3.3.2). Sind φ' und F' weitere Abbildungen mit den genannten Eigenschaften, die Gleichung (6.5) genügen, so gilt $\varphi'(a) = p \cdot \varphi(a) + q$ und $F'(x) = F(x/p)$ für reelle Konstanten $p > 0$ und q. Die psycho-physische Funktion φ ist also eindeutig bis auf affine Transformationen bestimmt und misst die Empfindungsstärke auf Intervallskalenniveau. Einen Beweis einer etwas all-gemeineren Formulierung dieses Repräsentationssatzes findet man bei Falmagne (1985, Theorem 4.13). Dort ist die Abbildung $p \colon C \to (0, 1)$ auf einer Teilmenge $C \subseteq I \times I$ definiert, die eine Beschränkung auf die Reizpaare erlaubt, die entsprechend der Wahr-scheinlichkeits-Distanz-Hypothese nicht immer oder nie unterschieden werden.

Eine weitere Spezifizierung der Funktionen φ und F in Gleichung (6.5) wird durch Hin-zunahme zusätzlicher empirischer Bedingungen erreicht. Fordert man beispielsweise die Gültigkeit des Weberschen Gesetzes, so wie es in Gleichung (6.6) formuliert ist, so ist φ in Übereinstimmung mit Fechners Überlegungen notwendigerweise eine logarithmische Funktion.

Abschließend sei nochmals festgehalten, dass die mit dieser Repräsentation etablierte Messung der Empfindungsstärke die empirische Gültigkeit des Weberschen Gesetzes nicht voraussetzt. Sie basiert allerdings entscheidend auf der Annahme, dass das proba-bilistische Paarvergleichssystem $\langle I, p \rangle$ ausbalanciert ist. Bei der Darstellung der Kon-stanzmethode wurde deutlich, dass dies eine empirisch äußerst restriktive Annahme ist. In der Begründung einer mehrdimensionalen Psychophysik durch Dzhafarov und Colo-nius (1999b, 1999a, 2001) wird diese Annahme daher abgeschwächt. Dzhafarov (2002a); Dzhafarov und Colonius (2006) formulieren das Prinzip der *regulären Minimalität*, das Aussagen über die Punkte subjektiver Gleichheit in den beiden Beobachtungsintervallen macht. Im vorliegenden Zusammenhang impliziert das Prinzip, dass bei Präsentation von (a, b) der Reiz a der Punkt subjektiver Gleichheit zum Standardreiz b ist, genau dann, wenn b der Punkt subjektiver Gleichheit zum Standardreiz a ist. Damit lassen sich über die jeweiligen Punkte der subjektiven Gleichheit den Reizintensitäten im er-sten Beobachtungsintervall in umkehrbar eindeutiger Weise Reizintensitäten im zweiten Beobachtungsintervall zuordnen. Auf dieser Grundlage kann man eine Fechnersche Re-präsentation begründen, bei der Effekte der Darbietungsreihenfolge auftreten können, was in der oben dargestellten Lösung des Fechnerschen Messproblems nicht möglich war. Eine explizite Reformulierung der betrachtete Fechnerschen Repräsentation unter Anwendung des Prinzips der regulären Minimalität steht aber noch aus.

6.1.2 Stevenssche Psychophysik

Der Psychologe Stanley Smith Stevens (1906-1973) kritisiert die Fechnersche Vorgehens-weise zur Messung der Empfindungsstärke (z.B. Stevens, 1957, 1975). Er argumentiert, dass die lokale Unterscheidbarkeit physikalischer Reize nicht die Grundlage der Ableitung einer globalen Skala der Empfindungsstärke bilden kann, da es nicht notwendig einen Zusammenhang zwischen der Variabilität an einer Stelle der Empfindungsskala und der zugehörigen Empfindungsstärke gäbe.

> ...this principle is essentially Fechner's principle: namely, that the unit of measurement is given by resolving power. If not explicitly, at least by implication, this philosophy of indirect measurement asserts that all we can know about magnitude is what confusion tells us. Variability becomes the measure of things, and the mean is meaningless. But on an important class of those simpler psychological continua where these notions are testable, we can show that equally often noticed differences are not equal, and that a scale proportional to psychological magnitude is not achieved by procedures that try to transform variabilities, discriminal dispersions, or confusions into units of measure. (Stevens, 1957, S. 154)

Stevens weist darauf hin, dass die durch eine logarithmische Skala (wie dem "sound pressure level" in dB SPL) vorhergesagte Halbierung oder Verdopplung der Lautheit nicht mit der unmittelbaren Einschätzung durch Versuchspersonen übereinstimmen. Es ist eine grundlegende Annahme von Stevens, dass die durch einen Reiz ausgelöste Empfindungsstärke durch Introspektion dem Bewusstsein zugänglich gemacht und unmittelbar angegeben werden kann. Die verwendeten Verfahren werden in Abgrenzung zu den Fechnerschen Methoden der *indirekten Messung* (s. obiges Zitat) auch als *direkte Skalierung* bezeichnet (Stevens, 1957). Da in der Regel eindeutig unterscheidbare Reize vorgegeben werden, wird das Vorgehen von Stevens "global" genannt, im Gegensatz zur "lokalen" Bestimmung der Unterschiedsempfindlichkeit bei Fechner.

Experimentelle Methoden

Bei der Methode der *Größenschätzung* (magnitude estimation) wird die Versuchsperson aufgefordert, das Empfindungsverhältnis eines Vergleichsreizes zu einem Standardreiz (in diesem Kontext üblicherweise als *Modulus* bezeichnet) einzuschätzen und direkt durch Nennung einer Zahl anzugeben. Häufig wird die Versuchsperson dabei instruiert, dem Standardreiz eine bestimmte Empfindungsstärke (z.B. den Wert 1) zuzuweisen und dies bei der numerischen Einschätzung der Vergleichsreize zu berücksichtigen. Die genannte Zahl wird dann unmittelbar als Messung der Empfindungsstärke des Vergleichsreizes angesehen.

Im Rahmen Methode der *Größenherstellung* (magnitude production) wird der Versuchsperson ein Standardreiz präsentiert, zusammen mit der Instruktion eine variable Reizintensität so einzustellen, dass sich im Verhältnis zum Standardreiz eine zweimal, dreimal, ..., oder auch halb so große Empfindungsstärke ergibt.

Die Ergebnisse, die mit Hilfe dieser Methoden erhoben wurden, kommentiert Stevens (1957) in folgender Weise.

> These direct methods lead to ratio scales of perceptual magnitude, and to a first approximation these scales show that the psychological magnitude is a

power function of the stimulus magnitude. The basic principle seems to be that equal stimulus ratios tend to produce equal sensation ratios. (Stevens, 1957, S. 162)

Betrachtet man etwa die aus der Methode der Größenschätzung resultierenden Zahlenwerte, so ergibt sich empirisch eine annähernd lineare Abhängigkeit des Logarithmus der Zahlenwerte vom Logarithmus der physikalischen Reizintensität. Es wird also annähernd die Beziehung

$$\log E = p \cdot \log R + \log q$$

mit Konstanten p und q beobachtet (vgl. Abbildung 6.9).

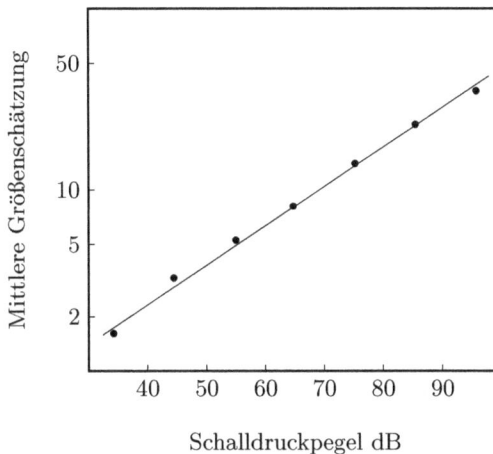

Abbildung 6.9: *Ergebnisse eines Experiments zur Lautheit von 1000 Hz Sinustönen nach der Methode der Größenschätzung. Angegeben ist das geometrische Mittel der von 10 Versuchspersonen jeweils abgegebenen zwei Einschätzungen in Abhängigkeit vom Schalldruckpegel (nach Stevens & Guirao, 1962). Sowohl die Abszisse, wie auch Ordinate sind logarithmisch skaliert.*

Durch beidseitige Anwendung der Exponentialfunktion ergibt sich aus dem beobachteten linearen Zusammenhang die Potenzfunktion

$$E = q \cdot R^p,$$

das *Stevenssche Potenzgesetz*. Besonderes Interesse wird dabei dem Exponenten p zuteil, der als Analogon zur *Weberschen Konstanten* betrachtet werden kann. Tabelle 6.3 gibt eine Übersicht über die für verschiedene Empfindungsgrößen resultierenden Exponenten.

Sowohl die beim Fechnerschen Gesetz gemachten Bemerkungen zur Bezeichnung des Zusammenhangs als Gesetz, wie auch der Hinweis darauf, dass der konkrete Zahlenwert der Weberschen Konstanten keine psychologische Bedeutung hat, sind entsprechend auf

Empfindungsgröße	Exponent
Lautheit	0.3
Helligkeit	0.3-0.5
Geschmack	1.0
Gesehene Länge	1.1
Gesehene Fläche	0.9-1.15
Zeitdauer	1.05-1.2
Schwere	1.45

Tabelle 6.3: Exponenten des Potenzgesetzes für verschiedene Sinnesbereiche (nach Stevens, 1957, Tabelle 1).

das Stevenssche Potenzgesetz und den Exponenten p zu übertragen (Narens & Mausfeld, 1992; Augustin, 2008). Der Zahlenwert des Exponenten hängt entscheidend von der zugrunde gelegten physikalischen Messung ab. Da er bei Verwendung einer anderen, physikalisch äquivalenten Messung nicht invariant bleibt, kann er keine psychologische Bedeutung beanspruchen.

Die Grundlagen der Stevensschen Psychophysik

Narens (1996) hat eine Analyse der direkten Skalierung nach Stevens auf der Grundlage der repräsentationalen Theorie des Messens vorgenommen. Als Ergebnis der Durchführung eines Experiments nach der Methode der Größenschätzung ordnet die Versuchsperson, bei gegebenem Standardreiz s, jedem Vergleichsreiz x ein Zahlwort zu, das der Versuchsleiter üblicherweise unmittelbar als numerische Charakterisierung der entsprechenden Empfindungsstärke auffasst. Damit erhält man eine Abbildung φ_s von der Menge X der Reize nach $\mathbb{R}^+$. Die diesbezüglich von Stevens gemachten Annahmen beschreibt Narens (1996, S. 109) in folgender Weise:

1. Die Abbildung φ_s ist eine Verhältnisskala, die als geeignete Messung der durch die Reize in X ausgelösten Empfindungsstärke anzusehen ist.

2. Jedes Element y in X kann als Standardreiz verwendet werden und für die resultierende Abbildung φ_y existiert eine positive reelle Konstante r, so dass $\varphi_y = r \cdot \varphi_s$.

Aus Sicht der repräsentationalen Theorie des Messens ist an der Vorgehensweise von Stevens vor allem zu kritisieren, dass das von der Versuchsperson geäußerte Zahlwort unmittelbar als Zahl interpretiert wird, die eine Messung der zugrundeliegenden Empfindungsstärke etablieren soll. Die einer solchen, durch die Versuchsperson vorgenommenen "Messung" unterliegenden empirischen Voraussetzungen bleiben implizit und können daher nicht empirisch überprüft werden. Es ist in diesem Kontext aber grundsätzlich zu unterscheiden zwischen der Äußerung eines Zahlworts durch die Versuchsperson als empirischem Datum auf der einen Seite und der dadurch bezeichneten Zahl, die eine höchst abstrakte Entität ist, auf der anderen Seite. Eine Zahl wird erst interpretierbar

mit der Spezifizierung der numerischen Struktur, aus der sie stammt (Niederée & Mausfeld, 1996). Obwohl man in den Naturwissenschaften nicht immer eine klare Trennung
zwischen Empirie und Theorie etablieren kann, ist dies im vorliegenden Fall nicht nur
möglich, sondern auch zwingend erforderlich. Narens (1996) reformuliert die Stevensche
Intention im Rahmen der repräsentationalen Messtheorie und kann so deren empirische
Voraussetzungen explizit angeben. Er unterscheidet dabei streng zwischen dem von der
Versuchsperson geäußerten Zahlwort $\mathbf{p}$ und der entsprechenden (reellen) Zahl p. Die
Daten eines Experiments zur Größenschätzung werden dann charakterisiert durch eine
ternäre Relation E, als Teilmenge des kartesischen Produkts $X \times Z \times X$, wobei X eine
Menge von Reizen ist und Z eine Menge von Zahlwörtern (vgl. Beispiel 3.15). Es gilt

$$(x, \mathbf{p}, s) \in E \text{ gdw. Die Versuchsperson schätzt } x$$

$$\text{als } \mathbf{p}\text{-mal so intensiv wie } s \text{ ein.}$$

Die von Stevens angestrebte Repräsentation wird dann durch eine Abbildung $\varphi_s \colon X \to$
$\mathbb{R}^+$ beschrieben, die als Verhältnisskala interpretiert wird und für die gilt

$$(x, \mathbf{p}, s) \in E \text{ gdw. } \varphi_s(x) = p. \tag{6.7}$$

Genau dann, wenn die Versuchsperson x als $\mathbf{p}$-mal so intensiv wie s einschätzt, nimmt
die durch die Abbildung φ_s spezifizierte Empfindungsstärke des Reizes x den Wert
p an. Gleichung (6.7) kann auch als Repräsentationsbedingung für die Methode der
Größenherstellung interpretiert werden. Dabei bedeutet $(x, \mathbf{p}, s)$, dass unter der Instruktion einen Reiz anzugeben, der als $\mathbf{p}$-mal so intensiv wie s wahrgenommen wird,
der Reiz x hergestellt wird.

Gleichung (6.7) definiert ein Repräsentationsproblem im Sinne der repräsentationalen
Theorie des Messens (vgl. Abschnitt 3.3.1). Man kann sich daher für notwendige Bedingungen für die Existenz der angegebenen Repräsentation interessieren. Narens (1996)
zeigt, dass die folgende Eigenschaft für die Relation E (unter der Normierungsbedin-
gung $\varphi_s(s) = 1$) gelten muss. Sind X und E wie oben definiert, dann sagt man E
erfüllt die *mupltiplikative Eigenschaft* genau dann, wenn für alle $x, y, s \in X$ und alle
$p, q, r \in \mathbb{R}^+$ gilt:

$$(x, \mathbf{p}, s) \in E, (y, \mathbf{q}, x) \in E, (y, \mathbf{r}, s) \in E \text{ impliziert } r = p \cdot q.$$

Wenn also beispielsweise x $\mathbf{2}$-mal so intensiv wie s und y $\mathbf{3}$-mal so intensiv wie x eingeschätzt wird, dann muss y $\mathbf{6}$-mal so intensiv wie s eingeschätzt werden. Abbildung
6.10 zeigt eine grafische Veranschaulichung der multiplikativen Eigenschaft, die offensichtlich strikte Restriktionen für die Daten impliziert.

Die empirische Gültigkeit der multiplikativen Eigenschaft wurde unter Verwendung
der Methode der Größenherstellung für verschiedene Empfindungsgrößen experimentell überprüft.

Beispiel 6.5: *Experimentelle Untersuchungen der multiplikativen Eigenschaft*

Ellermeier und Faulhammer (2000) untersuchten die multiplikative Eigenschaft für
die Lautheit von 1000 Hz Sinustönen. Sie gingen dabei von Standardreizen mit einem

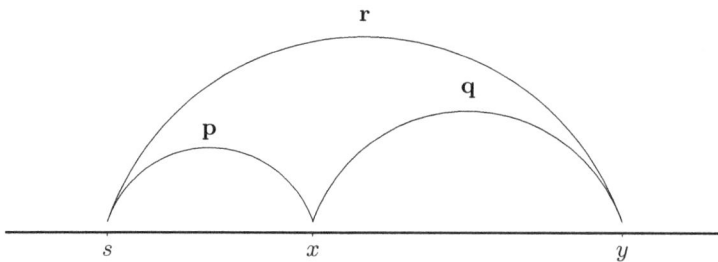

Abbildung 6.10: *Grafische Veranschaulichung der multiplikativen Eigenschaft. Wenn x* **p**-*mal so intensiv wie s und y* **q**-*mal so intensiv wie x ist, dann muss y* **r**-*mal so intensiv wie s sein, wobei r = p · q gilt.*

Schalldruckpegel von 40 bzw. 50 dB SPL ausgingen und verwendeten die Faktoren $p = 2$, $q = 3$ und $r = 6$. Die Versuchspersonen waren instruiert für den gegebenen Standardreiz s einen **2**-mal so intensiven Reiz x herzustellen und danach einen hierzu **3**-mal so intensiven Reiz y. Andererseits war ein Reiz y' herzustellen, der **6**-mal so intensiv wie s sein sollte. Für die aus 15 Wiederholungen dieses Vorgehens resultierenden Daten wurden die physikalischen Werte y und y' mittels eines nonparametrischen statistischen Tests für jede Versuchsperson und jeden Standardreiz getrennt verglichen. In 16 von 17 betrachteten Fällen ergab sich dabei eine signifikante und systematische Abweichung. Im Mittel war der Schalldruckpegel des Reizes y' um rund 5 dB niedriger als der des Reizes y. In einem vergleichbaren Versuchsaufbau verwendete Zimmer (2005) Standardreize mit einem Schalldruckpegel von 72 bzw. 82 dB SPL, sowie die Faktoren $p = 1/2$, $q = 1/3$ und $r = 1/6$. Lediglich eine von 6 Versuchspersonen zeigte keine signifikanten Unterschiede, bei allen übrigen Versuchspersonen ergaben sich diese jeweils für beide Standardreize.

Augustin und Maier (2008) überprüften die multiplikative Eigenschaft für die gesehene Fläche von kreisförmigen Reizen. Die Daten wurden getrennt für jede der insgesamt 20 Versuchspersonen und zwei Standardreize (Durchmesser 2.5 cm und 4.1 cm) ausgewertet. Für die Paare $(p, q) = (2, 2), (2, 3), (2, 4)$ wurden die resultierenden Reize statistisch verglichen mit den für $r = 4, 6, 8$ ermittelten Reizen, bei jeweils 10 Durchgängen pro Reizsituation. In rund 60% der Fälle zeigte sich ein signifikanter Unterschied.

Die berichteten experimentellen Befunde lassen für die untersuchten Empfindungsgrößen den Schluss zu, dass die multiplikative Eigenschaft in systematischer Weise verletzt ist. In diesen Fällen existiert daher keine Repräsentation, die die Bedingung der Gleichung (6.7) erfüllt. Als Verallgemeinerung dieser Repräsentation betrachtet Narens (1996) eine Verhältnisskala ψ über der Menge der Reize und eine streng monotonen Abbildung f von den Zahlwörtern in die positiven reellen Zahlen, so dass für alle Reize x und s und alle Zahlwörter **p** gilt

$$(x, \mathbf{p}, s) \in E \text{ gdw. } \psi(x) = f(\mathbf{p}) \cdot \psi(s). \tag{6.8}$$

Die Funktion f repräsentiert dabei das von der Versuchsperson angegebene Zahlwort $\mathbf{p}$ durch eine geeignete Zahl $f(\mathbf{p})$, die nicht notwendig mit p übereinstimmen muss. Es lässt sich zeigen, dass $f(\mathbf{p}) = p$ gewählt werden kann, wenn die multiplikative Eigenschaft gilt. In der allgemeinen Form impliziert diese Gleichung eine Bedingung, mit der die multiplikative Eigenschaft verallgemeinert wird. Für X und E wie oben definiert erfüllt E die *kommutative Eigenschaft* genau dann, wenn für alle $x, y, z, w, s \in X$ und alle $p, q \in \mathbb{R}^+$ gilt:

$$(x, \mathbf{p}, s) \in E, (z, \mathbf{q}, x) \in E, (y, \mathbf{q}, s) \in E, (w, \mathbf{p}, y) \in E \text{ impliziert } z = w.$$

Diese Bedingung hat in Hinblick auf die Methode der Größenherstellung eine naheliegende Interpretation. Sie fordert, dass die Bildung des $\mathbf{p}$-fachen von s mit anschließender Bildung des $\mathbf{q}$-fachen des daraus resultierenden Reizes zu demselben Ergebnis führt, wie die Bildung des $\mathbf{q}$-fachen von s mit anschließender Bildung des $\mathbf{p}$-fachen des daraus resultierenden Reizes. Die darin zum Ausdruck kommende Unabhängigkeit von der Reihenfolge der durchgeführten Operationen, die in analoger Weise für die Methode der Größenschätzung gelten muss, wird üblicherweise mit dem Begriff der Kommutativität bezeichnet. Abbildung 6.11 zeigt eine grafische Veranschaulichung der kommutativen Eigenschaft. Unter geeigneten Randbedingungen kann man aus der kommutativen Eigenschaft die Existenz einer Repräsentation ψ ableiten, die Gleichung (6.8) erfüllt (Narens, 1996, S. 118).

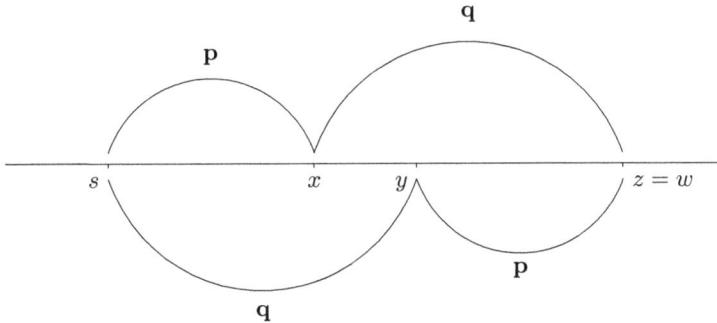

Abbildung 6.11: *Grafische Veranschaulichung der kommutativen Eigenschaft.*

Beispiel 6.6: *Experimentelle Untersuchungen der kommutativen Eigenschaft*

In den in Beispiel 6.5 beschriebenen experimentellen Untersuchungen wurde ebenfalls die kommutative Eigenschaft untersucht. Innerhalb der bereits beschriebenen Versuchsanordnung fanden Ellermeier und Faulhammer (2000) die Bedingung für die Lautheit von 1000 Hz Sinustönen und $p = 2$, $q = 3$ in 17 von 19 Fällen erfüllt. Zimmer (2005) verwendete die Faktoren $p = 2/3$ und $q = 1/4$. Es ergaben sich nur für eine Versuchsperson über beide Standardreize hinweg signifikante Unterschiede der Reihenfolge. Für die übrigen 6 Versuchspersonen konnte die kommutative Eigenschaft jeweils für beide Standardreize als erfüllt angesehen werden. Für die gesehene

Fläche zeigten sich bei Augustin und Maier (2008) unter Verwendung der Faktoren $p = 2$ und $q = 3$ bzw. $q = 4$ in 12% der getesteten 76 Fälle signifikante Unterschiede der beiden Reihenfolgen. Für 14 der insgesamt 19 Versuchspersonen traten in keiner der untersuchten Bedingungen signifikante Ergebnisse auf.

Die in den Beispielen 6.5 und 6.6 berichteten Ergebnisse zeichnen über verschiedene Sinnesmodalitäten hinweg ein sehr einheitliches Bild: Die den Stevensschen Verfahren der direkten Skalierung zugrunde liegenden Annahmen sind empirisch nicht gültig. Die Experimente belegen eindeutig, dass die von den Versuchspersonen im Rahmen der Größenschätzung geäußerten Zahlworte nicht als Messung der unterliegenden Empfindung verstanden werden dürfen. Es zeigt sich aber auch sehr klar, dass die Daten sehr wohl ein hohes Maß an Struktur aufweisen. Die weitgehende Gültigkeit der kommutativen Eigenschaft zeigt, dass sich die etwas allgemeinere Repräsentation (6.8) empirisch rechtfertigen lässt. Diese, auf messtheoretischen Überlegungen fußenden Ergebnisse machen eine Neubewertung der im Rahmen der Stevensschen Tradition erhobenen Daten erforderlich. Luce (2002, 2004) hat den von Narens (1996) initiierten Ansatz der messtheoretischen Begründung der globalen Psychophysik entscheidend weiterentwickelt und durch Einbeziehung auch anderer Methoden der Datenerhebung erweitert. Dabei werden beispielsweise Bedingungen identifiziert, die die Etablierung einer Potenzfunktion (oder einer hierzu sehr ähnlichen Funktion) als psychophysischer Funktion begründen. Zu diesem Ansatz liegen auch bereits umfangreiche experimentelle Untersuchungen der unterliegenden Annahmen vor (Steingrimsson & Luce, 2005a, 2005b, 2006a, 2006b; Steingrimsson, 2009).

Zusammenfassung

– Ausgehend von verschiedenen theoretischen Annahmen wurde auf sehr unterschiedliche Art und Weise versucht, die Frage nach der Messbarkeit von Empfindungen zu beantworten.

– Die *Fechnersche Psychophysik* geht von Daten zur Unterscheidbarkeit von Reizen aus, wie sie im Rahmen der *Konstanzmethode* bzw. davon abgeleiteter *adaptiver Verfahren* erhoben werden.

– Die *Stevenssche Psychophysik* basiert auf der expliziten Einschätzung der Empfindung durch die Versuchspersonen im Rahmen der Methode der *Größenschätzung* bzw. der Herstellung von Reizen, die eine bestimmte Empfindung auslösen, im Rahmen der Methode der *Größenherstellung*.

– Messtheoretische Betrachtungen zeigen in beiden Fällen, unter welchen Voraussetzungen die Messbarkeit der Empfindungen gegeben ist. Sowohl für die von Fechner, wie auch die von Stevens angestrebte Messung erweisen sich diese als empirisch nicht erfüllt, sodass Verallgemeinerungen der beiden Ansätze diskutiert werden.

6.2 Paarassoziationslernen: Graduell oder diskret?

Paarassoziationslernen bezeichnet den Vorgang des Erlernens der paarweisen Zuordnung von Elementen, wie es bereits in Abschnitt 5.5.2 eingeführt wurde. Beispiel 6.7 beschreibt ein konkretes Experiment, das als Ausgangspunkt zur Klärung der Frage dient, ob sich Paarassoziationslernen graduell oder diskret vollzieht. Es gibt verschiedene Wege, um zu einer Beantwortung dieser Frage zu kommen. Abschnitt 6.2.1 beschreibt einen experimentellen Zugang, nämlich die auf den ersten Blick sehr clevere Versuchsanordnung von Rock (1957). Auf den zweiten Blick wird sich jedoch zeigen, dass dieses Experiment methodische Schwächen offenbart, die in nachfolgenden Experimenten vermieden wurden. Ein zweiter Zugang basiert auf einer präzisen formalen Formulierung der alternativen Theorien (Abschnitt 6.2.2). Eine darauf basierende theoriegestützte Analyse der Daten des Beispiels 6.7, mit der die Hypothesen eines graduellen gegenüber eines diskreten Paarassoziationslernens unterschieden werden können, wird in Abschnitt 6.2.3 dargestellt.

Beispiel 6.7: *Antizipationsmethode*

Tabelle 6.4 zeigt fiktive Daten einer Versuchsperson aus einem Experiment nach der Antizipationsmethode. Die Lernliste besteht hier aus zehn Trigrammen, denen je zur Hälfte die Ziffern "1" oder "2" als Reaktionskomponente zugeordnet werden. In der Instruktion wird festgelegt, dass lediglich diese beiden Ziffern als mögliche Reaktionen in Frage kommen. Im ersten Durchgang muss die Versuchsperson die korrekte Antwort raten. In der anschließenden Lernphase wird ihr durch Darbietung der korrekten Zuordnung die Gelegenheit geboten diese zu lernen. Innerhalb eines Lerndurchgangs werden die Elemente der Lernliste in randomisierter Reihenfolge vorgegeben. Als Lernkriterium, nach dessen Erreichen das Experiment beendet wird, werden zwei vollständig korrekte Durchgänge festgesetzt. Tabelle 6.4 listet zeilenweise die Bewertung der in den einzelnen Durchgängen zu einer Reiz-Reaktions-Sequenz erhaltenen Antworten auf. Dabei steht 0 für eine korrekte Antwort und 1 eine falsche Antwort (Fehler). Die Spalten der Tabelle repräsentieren die einzelnen Lerndurchgänge.

Auf den in Tabelle 6.4 dargestellten Daten lassen sich verschiedene Statistiken definieren, die wichtige Aspekte des untersuchten Lernprozesses beschreiben. Hierzu gehört etwa Anzahl von Lerndurchgängen bis zum Erreichen des Lernkriteriums, oder die mittlere Anzahl von Fehlern pro Listenelement. Zur Charakterisierung des Lernfortschritts im Experiment wird häufig die sogenannte *Lernkurve* betrachtet. Grundsätzlich gibt eine Lernkurve die Wahrscheinlichkeit einer falschen (bzw. richtigen) Antwort in Abhängigkeit vom Lerndurchgang an. Eine Schätzung dieser Wahrscheinlichkeiten über die entsprechende relative Häufigkeit liefert dann eine *empirische Lernkurve*. Auf der Abszisse wird die Durchgangsnummer abgetragen, auf der Ordinate wird in Abhängigkeit von der Durchgangsnummer die relative Häufigkeit einer falschen Antwort, in Bezug auf die Gesamtzahl der Elemente der Lernliste, angegeben. Abbildung 6.12 zeigt den typischen Verlauf einer empirischen Lernkurve für ein Experiment nach der Antizipationsmethode bei zwei Reaktionsalternativen. Die Vorgehensweise bei der Bestimmung

	Durchgang t									
	1	2	3	4	5	6	7	8	9	10
WAV-1	1	0	0	0	0	0	0	0	0	0
CID-1	1	0	1	0	0	0	0	0	0	0
KOL-2	0	0	0	0	0	0	0	0	0	0
NAZ-2	1	1	0	0	0	0	0	0	0	0
PED-2	0	0	0	1	1	1	0	0	0	0
VEL-1	0	1	1	0	0	0	0	0	0	0
GUF-2	1	0	1	0	0	0	0	0	0	0
ZEK-1	0	1	0	1	0	1	1	0	0	0
XOS-1	0	1	1	1	0	0	1	1	0	0
RIT-2	1	0	0	0	0	0	0	0	0	0

Tabelle 6.4: *Fiktiver Datensatz einer Versuchperson aus einem Experiment nach der Antizipationsmethode (0 richtige Antwort, 1 falsche Antwort). Das Experiment wird nach zwei vollständig korrekten Durchgängen beendet.*

der empirischen Lernkurve erscheint einerseits äußerst naheliegend, sie beruht aber andererseits auf Annahmen zur wahrscheinlichkeitstheoretischen Charakterisierung des zugrunde liegenden Zufallsexperiments, die zumeist implizit bleiben. Im Folgenden sollen diese Annahmen explizit genannt und auf ihre versuchsplanerischen Implikationen hin untersucht werden.

In jedem Lerndurchgang $t \geq 1$ wird eine binäre Zufallsvariable X_t betrachtet, die den Wert 0 für eine korrekte Antwort und den Wert 1 für eine falsche Antwort annimmt. Die Zufallsvariable X_t ist dann Bernoulli-verteilt mit dem Parameter p_t, der Wahrscheinlichkeit im Durchgang t eine falsche Antwort zu erhalten. Für die in Durchgang t des Experiments erhobenen Antworten $X_{1t}, \ldots, X_{it}, \ldots, X_{nt}$ zu den Elementen der Lernliste der Länge n wird dann angenommen, dass sie diesbezüglich eine einfache Zufallsstichprobe bilden. Das bedeutet, dass die Darbietung sämtlicher Items der Lernliste als stochastisch unabhängige Replikation desselben Bernoulli-Experiments anzusehen ist. Die Antworten zu den einzelnen Elementen der Lernliste müssen also zum einen stochastisch unabhängig sein, zum anderen muss die Wahrscheinlichkeit einer falschen Antwort jeweils identisch sein. Die geforderte stochastische Unabhängigkeit könnte beispielsweise dann verletzt sein, wenn die verwendeten Reiz-Reaktions-Sequenzen systematische Abhängigkeiten aufweisen (z.B. allen Trigrammen mit dem Vokal "I" in der Mitte ist immer die Ziffer "2" zugeordnet). Bei kurzen Listen, wie im vorliegenden Beispiel, ist zur Vermeidung derartiger Abhängigkeiten oftmals der systematischen Konstruktion bzw. Auswahl der Vorzug zu geben, vor einer rein zufällig erfolgenden. Die Konstanz der Wahrscheinlichkeit einer falschen Antwort innerhalb eines jeden einzelnen Lerndurchgangs macht es erforderlich, dass die Elemente der Lernliste nicht unterschiedlich schnell gelernt werden. Bei der Auswahl der verwendeten Reiz-Reaktions-Sequenzen sollte daher ein hohes Maß an Homogenität angestrebt werden, das etwa durch den Abgleich bezüglich relvanter Kennwerte (Schönpflug & Vetter, 1975) der enthaltenen

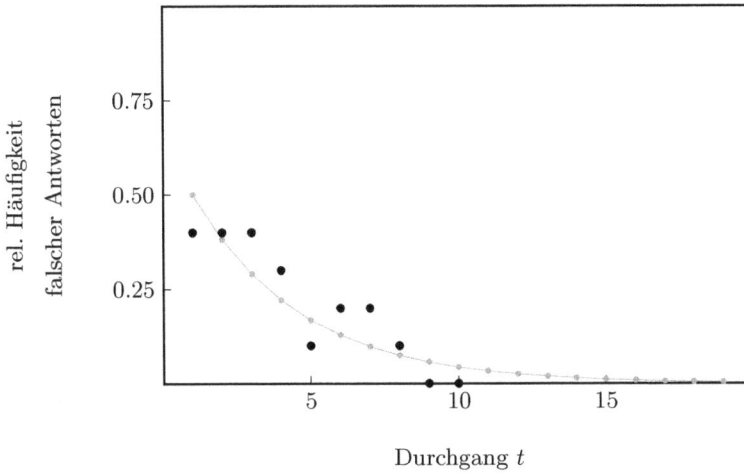

Abbildung 6.12: *Empirische Lernkurve für die Daten aus Tabelle 6.4 (schwarze Punkte), sowie deren idealtypischer Verlauf für ein Experiment nach der Antizipationsmethode bei zwei Reaktionsalternativen (graue Kurve).*

Trigramme (z.B. Assoziationswert) erreicht werden kann. In Abschnitt 4.4 wurde gezeigt, dass die für einen Lerndurchgang ermittelte relative Häufigkeit einer falschen Antwort unter den genannten Voraussetzungen der Maximum-Likelihood Schätzer für die entsprechende Wahrscheinlichkeit ist.

Historisch gesehen bestand ein erster Schritt hin zu einer theoretischen Erfassung der empirischen Lernkurve in der Beschreibung ihres charakteristischen Verlaufs durch geeignete Funktionen. Hierzu wurde etwa eine Exponentialfunktion der Form $p_t = a\,e^{-b(t-1)}$, oder eine Potenzfunktion $p_t = a\,b^{t-1}$, jeweils mit Parametern a und b, vorgeschlagen. Es handelt sich dabei um Ansätze, die gelegentlich auch als *"curve fitting"* bezeichnet werden. Die vorgeschlagenen funktionalen Zusammenhänge folgen nicht aus theoretischen Annahmen über die zugrunde liegenden psychologischen Prozesse, sondern zeichnen sich alleine dadurch aus, dass sich bei geeigneter Wahl der Parameter eine gute Anpassung an die empirische Lernkurve erreichen lässt. Diese deskriptive Charakterisierung hat zwar einen gewissen wissenschaftlichen Wert, da sie beispielsweise die Kommunikation der Wissenschaftler über die beobachteten Daten erleichtert. Sie liefert aber keine psychologische Erklärung der Lernkurve, oder gar allgemein von Daten, wie sie in Tabelle 6.4 dargestellt sind. Mehr noch, es wird im Folgenden deutlich werden, dass eine Identifizierung der Form der Lernkurve es nicht zwangsläufig ermöglicht, selbst fundamental verschiedene unterliegende Lernprozesse aufzudecken.

Eine fundierte psychologische Theorienbildung erfordert zunächst eine detaillierte Analyse der Anforderungen, die eine Versuchsperson in Experimenten zum Paarassoziationslernen zu bewältigen hat. Beim Erlernen der korrekten Zuordnung von Reiz- und Reaktionskomponenten sind drei Aspekte zu unterscheiden.

– Eine erste Voraussetzung ist die *Diskrimination der Reizkomponenten.* Bei den in Beispiel 6.7 als Reizkomponenten gewählten Trigrammen ist die eindeutige Diskrimination weitgehend sichergestellt. Anders würde sich die Situation darstellen, wenn stattdessen geometrische Figuren (z.B. Kreise mit unterschiedlichen Radien) verwendet würden.

– Ein zweiter Schritt besteht dann im *Lernen der Reaktionskomponenten,* insbesondere wenn es von vornherein offen bleibt, welche Reizkomponenten als Teil der vorkommenden Reiz-Reaktions-Sequenzen sind. Auch dieser Aspekt ist in dem in Beispiel 6.7 beschriebenen Experiment trivial, da die Versuchsperson in der Instruktion explizit darüber informiert wird, dass lediglich die Ziffern "1" und "2" die möglichen Reaktionsalternativen bilden.

– Das *Lernen der Assoziationen,* d.h. der korrekten Zuordnungen von Reiz- und Reaktionskomponenten, bildet schließlich den Kern dessen, was den Begriff des Paarassoziationslernens ausmacht.

Besonderes Interesse hat die Frage gefunden, ob sich die Assoziation bei einer Reiz-Reaktions-Sequenz über die Lerndurchgänge kontinuierlich stärker herausbildet, oder ob sie nach dem Alles-oder-Nichts-Prinzip gebildet wird. Man spricht in letzterem Fall auch von "one-trial learning" (z.B. Postman, 1963), d.h. der ganze Lernprozess vollzieht sich in einem Schritt, von einem Durchgang zum nächsten. Kurz gefasst lautet die untersuchte Fragestellung also: Vollzieht sich Paarassoziationslernen graduell oder diskret? Diese Frage kann auf verschiedene Weise beantwortet werden. Rock (1957) hat eine spezielle Versuchsanordnung entworfen, mit der er die beiden Annahmen durch unmittelbare experimentelle Manipulation des vorzugebenden Lernmaterials gegeneinander zu testen suchte. Andererseits können auf der Grundlage formaler psychologischer Theorien des Paarassoziationslernens die kritischen empirischen Vorhersagen ermittelt werden, anhand derer sich beide Annahmen zum unterliegenden Lernprozess experimentell unterscheiden lassen.

6.2.1   Das Experiment von Rock

Rock (1957) schlug ein Entscheidungsexperiment zur Beantwortung der Frage vor, ob sich Paarassoziationslernen graduell oder diskret vollzieht. Das Experiment war als einfaches *Kontrollgruppen-Design* (mit einer Experimental- und einer Kontrollgruppe, vgl. Abschnitt 5.3) konzipiert und zeichnete sich durch ein innovatives experimentelles Verfahren aus.

Beispiel 6.8:   *Das Experiment von Rock (1957)*

Das Reizmaterial bildeten 50 Reiz-Reaktions-Sequenzen, die sich aus einem Großbuchstaben (alle außer "I") oder verdoppelten Großbuchstaben (z.B. "AA", "BB", ...), sowie einer zufällig zugeordneten Zahl von 1 bis 50 zusammensetzten.

In der *Kontrollgruppe K* wurde ein herkömmliches Experiment zum Paarassoziationslernen nach der Lern-Prüf-Methode durchgeführt. Die einer Versuchsperson vorgegebene Lernliste bestand aus 12 zufällig ausgewählten Reiz-Reaktions-Sequenzen.

Als abhängige Variable wurde die Anzahl der Durchgänge erhoben, die nötig waren, bis die Lernliste einmal vollständig richtig wiedergegeben wurde.

In der *Experimentalgruppe E* wurden zu Beginn dieselben Lernlisten dargeboten, wie in der Kontrollgruppe. Es wurde jedoch jede falsch beantwortete Reiz-Reaktions-Sequenz im darauf folgenden Durchgang durch eine neue ersetzt, die aus den noch nicht vorgegebenen Reiz-Reaktions-Sequenzen zufällig gezogen wurde. Diese Methode wird als *Substitutionsverfahren* ("drop out condition") bezeichnet. Auch hier wurde die Anzahl der Durchgänge bis zur ersten fehlerfreien Wiedergabe der Lernliste erhoben.

Rock (1957) berichtete als Ergebnis des Experiments, dass sich die mittlere Anzahl der Durchgänge bis zum Erreichen des Lernkriteriums zwischen den Gruppen nicht unterschied.

Dem Substitutionsverfahren liegt folgende Logik zugrunde. Unter der Annahme eines graduellen Prozesses der Bildung der Assoziation werden durch die Substitution falsch beantworteter Elemente der Lernliste partiell gelernte Reiz-Reaktions-Sequenzen durch vollständig ungelernte ersetzt. Daher sollte bei Annahme eines graduellen Lernprozesses die Experimentalgruppe vergleichsweise schlechtere Leistung erzielen, so dass die Anzahl der erforderlichen Durchgänge bis zum Erreichen des Lernkriteriums in der Experimentalgruppe im Mittel größer sein sollte, als die in der Kontrollgruppe. Unter der Annahme eines diskreten Prozesses der Bildung der Assoziation nach dem Alles-oder-Nichts-Prinzip, sollte das Substitutionsverfahren die Experimentalgruppe nicht benachteiligen. Die auszubildende Assoziation ist bei einem falsch beantworteten Element der Lernliste ebenso nicht vorhanden, wie bei den sie in nachfolgenden Durchgängen ersetzenden Reiz-Reaktions-Sequenzen. Beide Gruppen sollten daher dieselbe Leistung erzielen und die mittlere Anzahl der Durchgänge bis zum Lernkriterium sollte sich nicht unterscheiden. Dieses von Rock (1957) beobachtete Ergebnis konnte auch in nachfolgenden Studien repliziert werden (Clark, Lansford & Dallenbach, 1960; Wogan & Waters, 1959). Underwood, Rehula und Keppel (1962, Experiment IIA) fanden in einer Replikation des Experiments von Rock (1957) leichte Vorteile der Kontrollgruppe gegenüber der Experimentalgruppe, die sich jedoch als statistisch nicht signifikant erwiesen.

Es liegen also offenbar reliable experimentelle Befunde vor, die nach der dargestellten Logik des Substitutionsverfahrens nahelegen, dass Paarassoziationslernen diskret, also nach dem Alles-oder-Nichts-Prinzip erfolgt. Diese Schlussfolgerung ist jedoch nicht haltbar. Postman (1962, 1963) kritisiert das Substitutionsverfahren und macht deutlich, dass es einen grundlegenden methodischen Mangel aufweist. Trotz der zufälligen Auswahl der neuen Reiz-Reaktions-Sequenzen führt die Substitution nach einer falschen Antwort zu einem *Selektionseffekt*, der die Experimentalgruppe begünstigt.

Die Logik des Substitutionsverfahrens beruht entscheidend auf der impliziten Annahme, dass die Menge der verwendeten Reiz-Reaktions-Sequenzen eine Grundgesamtheit darstellt, die in den für das Experiment relevanten Eigenschaften homogen ist. Insbesondere sollte die Schwierigkeit des Erlernens der Assoziation für alle Elemente identisch sein, so dass sie gleich schnell gelernt werden. Diese Annahme lag auch der Bestimmung der empirischen Lernkurve implizit zugrunde. Wie verhält sich nun das Substitutionsverfahren, wenn die Reiz-Reaktions-Sequenzen eine gewisse Variation in der Schwierigkeit aufweisen? Falsche Antworten treten nur bei noch nicht gelernten Elementen der Lernliste auf, die tendenziell eine höhere Schwierigkeit haben. Im Rahmen des Substitutionsverfahrens werden diese nun durch eine zufällig ausgewählte Reiz-Reaktions-Sequenz aus den bislang noch nicht vorgegebenen ersetzt. Tendenziell werden also selektiv eher schwierige Elemente gegen durchschnittlich schwierige Elemente ausgetauscht. Die Lernlisten mit denen in der Experimentalgruppe das Lernkriterium erreicht wird, werden somit letztlich eine geringere Schwierigkeit aufweisen, als die in der Kontrollgruppe verwendete ursprüngliche Lernliste. Die Schwierigkeit der Elemente der Lernliste ist im Versuchsplan des Experiments von Rock (1957) daher als Konfundierungsquelle zu betrachten, die zu einem Selektionseffekt führt.

Beispiel 6.9:   *Das Experiment von Underwood et al. (1962)*

Underwood et al. (1962, Experiment IIA) replizierten das Experiment von Rock (1957) in erweiterter Form, indem sie eine zusätzliche Kontrollgruppe einführten. *Kontrollgruppe* K_1 entsprach der von Rock (1957) verwendeten, in der die in der *Experimentalgruppe* zu Beginn vorgegebenen Listen zu lernen waren. In *Kontrollgruppe* K_2 dagegen wurden die Listen dargeboten, mit denen die Versuchspersonen der Experimentalgruppe das Lernkriterium erreicht hatten. In diesem Experiment, sowie in weiteren mit diesem Versuchsplan durchgeführten Experimenten, fanden Underwood et al. (1962) eine signifikant größere Anzahl von Durchgängen bis zum Lernkriterium in der Experimentalgruppe E im Vergleich zur Kontrollgruppe K_2.

Nach den Ergebnissen von Underwood et al. (1962) ist also von einer Verzögerung des Lernens durch das Substitutionsverfahren für die bei Rock (1957) verwendeten Reiz-Reaktions-Sequenzen auszugehen. Man wäre auf dieser Grundlage daher geneigt die Idee des diskreten Paarassoziationslernens nach dem Alles-oder-Nichts-Prinzip zu Gunsten eines graduellen Lernprozesses zu verwerfen. Es wird sich jedoch zeigen, dass auch diese Schlussfolgerung zurecht nicht unwidersprochen geblieben ist, da sie wesentliche Aspekte des durchgeführten Experiments nicht berücksichtigt. Empirische Ergebnisse, die diese Kritik stützen, stammen aus der Analyse experimenteller Daten auf der Grundlage formalisierter Theorien des Paarassoziationslernens, die im nächsten Abschnitt entwickelt werden.

6.2.2   Theorien des Paarassoziationslernens

Die im Folgenden formulierten Theorien präzisieren die bereits diskutierten Vorstellungen zum Paarassoziationslernen. Das *lineare Modell* (Bush & Mosteller, 1955) kann als einfachste Formalisierung eines graduellen Lernprozesses betrachtet werden, ebenso das *Alles-oder-Nichts Modell* (Estes, 1959; Suppes & Atkinson, 1960; Bower, 1961) als Implementierung eines diskreten Lernprozesses nach dem Alles-oder-Nichts-Prinzip (Batchelder, 1975). Aus diesen mathematischen Theorien lassen sich dann Vorhersagen ableiten, die einen empirischen Test der Theorien in einfachen Experimenten zum Paarassoziationslernen erlauben. Ein solcher Test kann etwa anhand der Daten aus einem Experiment unter Verwendung der Antizipationsmethode erfolgen (vgl. Tabelle 6.4), wie es in Beispiel 6.7 dargestellt wurde. Insbesondere wird die durch jede beiden der Theorien vorhergesagte Lernkurve abgeleitet, die auch als *mittlere Lernkurve* bezeichnet wird. Es wird sich zeigen, dass die Lernkurven des linearen Modells und des Alles-oder-Nicht Modells identisch sind, so dass sich eine Entscheidung zwischen den Theorien auf andere Aspekte der Daten gründen muss.

Das lineare Modell

Die nachfolgende Darstellung des linearen Modells orientiert sich an der ursprünglich von Bush und Mosteller (1955) gegebenen Formulierung.

Durch E_t werde das Ereignis bezeichnet, dass in Durchgang t eine falsche Antwort gegeben wird. Die Wahrscheinlichkeit dieses Ereignisses ist dann $I\!P(E_t)$. Für den ersten Durchgang gelte $I\!P(E_1) = \epsilon$ mit einer Konstante $0 < \epsilon < 1$. Durch ϵ wird also die Wahrscheinlichkeit bezeichnet gleich zu Beginn des Lernexperiments eine falsche Antwort abzugeben. Für $t > 1$ gelte die rekursive Gleichung

$$I\!P(E_t) = \theta \cdot I\!P(E_{t-1})$$

mit einer Proportionalitätskonstante $0 \leq \theta < 1$. Die Multiplikation mit der Konstanten θ beschreibt dabei die Wirkung eines Lerndurchgangs als proportionale Verringerung der Fehlerwahrscheinlichkeit, die als graduell zunehmende Stärkung der Assoziation zwischen Reiz- und Reaktionskomponente einer Reiz-Reaktions-Sequenz interpretiert wird. Die Bezeichnung dieser Lerntheorie als *lineares Modell* ist darin begründet, dass die Multiplikation mit einer Konstanten eine lineare Operation darstellt.

Löst man die rekursive Gleichung auf, so erhält man für $t = 3$ beispielsweise

$$I\!P(E_3) = \theta \cdot I\!P(E_2) = \theta \cdot [\theta \cdot P(E_1)] = \epsilon \cdot \theta^2.$$

Allgemein beweist man, dass für alle $t \geq 1$ die Gleichung

$$I\!P(E_t) = \epsilon \cdot \theta^{t-1} \tag{6.9}$$

gilt, mit einer reellen Konstante $0 \leq \theta < 1$. Diese Gleichung spezifiziert unmittelbar die durch das lineare Modell vorhergesagte Lernkurve. Als Potenzfunktion entspricht ihre Form dem in Abbildung 6.12 dargestellten idealtypischen Verlauf der in Experimenten gefundenen empirischen Lernkurven.

Das Alles-oder-Nichts Modell

Das Alles-oder-Nichts Modell ist eine spezifische Lerntheorie, die sich aus der von William Kaye Estes (1919-2011) entwickelten Reiz-Stichproben-Theorie ableiten lässt (Estes, 1950; Estes & Burke, 1953). Danach wird ein zu lernender Reiz mit einer Menge von Elementen identifiziert, die entweder mit der korrekten oder mit der falschen Antwort verbunden sind. In jedem Lerndurchgang wird dann eine Stichprobe aus dieser Menge von Elementen gezogen. Die relative Häufigkeit der darin mit der korrekten Antwort assoziierten Elemente legt deren Wahrscheinlichkeit fest und Lernen wird dadurch beschrieben, dass zusätzliche Elemente der Stichprobe mit der korrekten Antwort verbunden werden. Das Alles-oder-Nichts Modell ist dann äquivalent zu einem Ansatz der Reiz-Stichproben-Theorie, in dem die hier zu lernenden Reiz-Reaktions-Sequenzen jeweils durch ein einzelnes Element repräsentiert werden, das in jedem Lerndurchgang als Stichprobe gezogen wird (Estes, 1959; Suppes & Atkinson, 1960).

Die zunächst vorgenommene verbale Beschreibung der Grundannahmen des Alles-oder-Nichts Modells (vgl. Bower, 1961) hat den Vorteil, dass sie leicht verständlich ist. Sie erweist sich aber auch als hinreichend präzise, sodass sie nachfolgend unmittelbar in wahrscheinlichkeitstheoretisch formulierte Axiome überführt werden kann. Diese bilden dann die Grundlage für die Ableitung empirischer Vorhersagen. Das Alles-oder-Nichts Modell ein leicht zugängliches Beispiel einer kognitionspsychologischen Theorie, da sie Annahmen über interne, nicht beobachtbare Zustände macht. Im vorliegenden Fall sind dies lediglich zwei, mit einer Reiz-Reaktions-Sequenz verbundene Lernzustände.

A1 Der Wissensstand einer Versuchsperson bezüglich einer zu lernenden Reiz-Reaktions-Sequenz lässt sich durch zwei Zustände beschreiben.

Entweder hat die Versuchsperson keinerlei Kenntnis über die entsprechende Zuordnung von Reiz- und Reaktionskomponente, so dass sie etwaige korrekte Antworten nur durch Raten erreicht (Zustand G, guessing state), oder die Versuchsperson hat die Zuordnung vollständig gelernt (Zustand L, learned state).

A2 Am Anfang des Experiments ist die Versuchsperson bezüglich aller Reiz-Reaktions-Sequenz im Zustand G.

A3.1 Immer dann, wenn bei einem Durchgang der Versuchsperson die Rückmeldung gegeben wird, ob ihre Antwort korrekt war oder nicht, kann sie bezüglich der abgefragten Reiz-Reaktions-Sequenz vom Zustand G in den Zustand L wechseln.

Die Wahrscheinlichkeit α für einen solchen Wechsel ist konstant, sie hängt insbesondere weder von der Nummer des Durchgangs, noch von den bisherigen Darbietungen der Reiz-Reaktions-Sequenz ab.

A3.2 Befindet sich die Versuchsperson bezüglich einer Reiz-Reaktions-Sequenz im Zustand L, dann bleibt sie dort für die gesamte Dauer des Experiments

A4.1 Wird die Versuchsperson nach einer Reiz-Reaktions-Sequenz gefragt, bezüglich derer sie im Zustand G ist, dann gibt sie zufällig eine der möglichen Antworten, mit gleicher Wahrscheinlichkeit g für jede der verfügbaren Antwortalternativen.

A4.2 Wird die Versuchsperson nach einer Reiz-Reaktions-Sequenz gefragt, bezüglich derer sie im Zustand L ist, dann gibt sie immer die korrekte Antwort (C) und niemals die falsche Antwort (E).

Mit Hilfe der Wahrscheinlichkeitstheorie lassen sich die Annahmen des Alles-oder-Nichts Modells so formulieren, dass man daraus präzise Verhaltensvorhersagen für ein Lernexperiment ableiten kann. Grundlegend für diese wahrscheinlichkeitstheoretische Formulierung sind zwei Mengen. Der *Zustandraum*, d.h. die Menge der möglichen internen Lernzustände, ist gegeben durch $\{L, G\}$. Der *Antwortraum*, d.h. die Menge der möglichen Antworten, ist gegeben durch $\{C, E\}$. Für ein Item einer Lernliste lässt sich ein Lernexperiment nun charakterisieren durch eine Sequenz von Zuständen und eine dieser Folge zugeordnete Sequenz von Antworten. Abbildung 6.13 zeigt ein Beispiel einer solchen Sequenz. Die Sequenz aus den angenommenen Lernzuständen L und G ist *nicht* beobachtbar. Die Lernzustände bilden *theoretische Konstrukte*, d.h. eine abstrakte Beschreibung der für das gezeigte Verhalten verantwortlich gemachten internen psychologischen, oder kognitiven Strukturen. Die Annahmen (A1) bis (A3.2) beziehen sich ausschließlich auf die unterliegenden Lernzustände. Die Tatsache, dass diese nicht beobachtbar sind, wird in der Abbildung dadurch ausgedrückt, dass diese als Kreise dargestellt werden. Beobachtbar ist lediglich die Sequenz der Antworten. Um diesen grundlegenden Unterschied grafisch zu veranschaulichen, werden die Antworten durch Quadrate repräsentiert. Die Annahmen (A4.1) und (A4.2) des Alles-oder-Nichts Modells stellen die Beziehung zwischen Lernzuständen und beobachtbaren Antworten her. Basierend darauf soll dann ausgehend von den Antworten auf die jeweils unterliegenden Lernzustände zurück geschlossen werden. Dieser Rückschluss ist, wie noch deutlich werden wird, im Allgemeinen nicht eindeutig möglich.

| Durchgang | 1 | 2 | 3 | 4 | 5 |

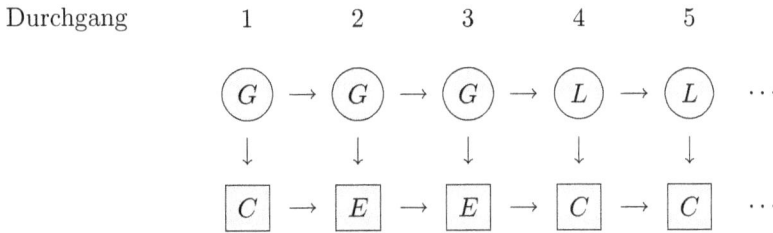

Abbildung 6.13: *Sequenz von Lernzuständen des Alles-oder-Nichts Modells mit zugehöriger Sequenz von Antworten. Die Darstellung der Zustände durch Kreise und der Antworten durch Quadrate macht deutlich, dass lediglich letztere beobachtbar sind.*

Die verbale Beschreibung der Annahmen des Alles-oder-Nichts Modells wird im Folgenden nun in eine formale, wahrscheinlichkeitstheoretische Charakterisierung übersetzt. Die Wahl der Menge $\{L, G\}$ als Zustandsraum spiegelt dabei Annahme (A1) wieder. Durch G_t bzw. L_t wird das Ereignis bezeichnet, dass die Versuchsperson in Durchgang t in Zustand G bzw. L ist. Dann lässt sich Annahme (A2), dass die Versuchsperson am Anfang des Experiments (also für $t = 1$) bezüglich aller Items im Zustand G ist, durch $\mathbb{P}(G_1) = 1$ und $\mathbb{P}(L_1) = 0$ ausdrücken. Annahme (A3.1) kennzeichnet nun den Zustandsübergang von einem Durchgang $t \geq 1$ zum nächsten Durchgang zum Zeitpunkt $t + 1$. Für die entsprechenden *Zustandsübergangswahrscheinlichkeiten* wird angenommen, dass für alle $t \geq 1$ gilt $\mathbb{P}(L_{t+1} \mid G_t) = \alpha$ und $\mathbb{P}(G_{t+1} \mid G_t) = 1 - \alpha$. Dabei bezeichnet $\mathbb{P}(L_{t+1} \mid G_t)$ die bedingte Wahrscheinlichkeit, dass die Versuchsperson im Durchgang $t+1$ im Zustand L ist, unter der Voraussetzung, dass sie im Durchgang t im Zustand G war (entsprechend für $P(G_{t+1} \mid G_t)$). Annahme (A3.2) betrifft den Fall, dass sich die Versuchsperson im Durchgang t bereits im gelernten Zustand befindet. Für alle $t \geq 1$ wird hier angenommen, dass $\mathbb{P}(L_{t+1} \mid L_t) = 1$ und $\mathbb{P}(G_{t+1} \mid L_t) = 0$.

Die Annahmen (A4.1) und (A4.2) beziehen sich nun auf die Antwortwahrscheinlichkeiten gegeben die Versuchsperson ist im Rate- bzw. Lernzustand. Für alle $t = 1, 2, \ldots$ lassen sich diese formal charakterisieren durch $\mathbb{P}(C_t \mid G_t) = g$, $\mathbb{P}(E_t \mid G_t) = 1 - g$ und $\mathbb{P}(C_t \mid L_t) = 1$, $\mathbb{P}(E_t \mid L_t) = 0$. Dabei bezeichnet beispielsweise $\mathbb{P}(C_t \mid G_t)$ die Wahrscheinlichkeit einer korrekten Antwort in Durchgang t, gegeben der Zustand G liegt vor. Entsprechende Interpretationen hat man für die übrigen bedingten Wahrscheinlichkeiten.

Diese wahrscheinlichkeitstheoretische Charakterisierung definiert das Alles-oder-Nichts-Modell als einen so genannten *homogenen Markow-Prozess* (s. Wickens, 1982). Die Eigenschaft der *Homogenität* (bzw. *Zeitinvarianz*) bedeutet, dass die Zustandsübergangswahrscheinlichkeiten und Antwortwahrscheinlichkeiten unabhängig vom Durchgang t sind. Die *Markow-Eigenschaft* bedeutet, dass der Lernzustand im nachfolgenden Durchgang nur vom Lernzustand im aktuellen Durchgang abhängt, und beispielsweise nicht von der zurückliegenden Lerngeschichte. Die starke Einschränkung der Menge der Lernzustände im vorliegenden Fall macht die Markow-Eigenschaft zu einer äußerst restriktiven Annahme. Der aktuelle Zustand G bzw. L enthält demnach sämtliche Informationen über den Lernprozess zum gegenwärtigen Zeitpunkt. Der weitere Verlauf des Lernprozesses ist insbesondere unabhängig davon, wie die Versuchsperson in den entsprechenden Zustand gelangt ist.

Die durch das Alles-oder-Nichts Modell vorhergesagte mittlere Lernkurve $\mathbb{P}(E_t)$ wird durch die Formalisierung der Annahmen nicht unmittelbar festgelegt, sondern muss daraus abgeleitet werden. Hierzu betrachtet man zunächst die Wahrscheinlichkeiten $\mathbb{P}(G_t)$ und $\mathbb{P}(L_t)$, dass sich die Versuchsperson im Durchgang t im Ratezustand G bzw. im gelernten Zustand L befindet. Der in Abbildung 6.14 dargestellte Baumgraph kennzeichnet die prinzipiell möglichen Zustandssequenzen und die jeweils zugehörige Wahrscheinlichkeit ihres Auftretens.

Im Baumgraphen des Alles-oder-Nichts-Modells ergibt sich für alle $t = 2, 3, \ldots$ genau ein Pfad zum Zustand G_t, während für L_t jeweils mehrere Pfade existieren. Die Wahrscheinlichkeit einen bestimmten Pfad zu nehmen, ergibt sich dabei als Produkt der an den entsprechenden Pfeilen angegebenen Zustandsübergangswahrscheinlichkeiten. Um die Wahrscheinlichkeit $\mathbb{P}(L_t)$ des Zustands L im Durchgang $t = 2, 3, \ldots$ zu erhalten, müssen die den jeweils zum Zustand L führenden Pfaden zugeordneten Wahrscheinlichkeiten addiert werden. Aus dem Baumgraphen kann man somit ablesen, dass für den Durchgang $t = 5$ gilt

$$\mathbb{P}(G_5) = (1 - \alpha)^4$$

und

$$\mathbb{P}(L_5) = \alpha + (1 - \alpha) \cdot \alpha + (1 - \alpha)^2 \cdot \alpha + (1 - \alpha)^3 \cdot \alpha = 1 - (1 - \alpha)^4.$$

Allgemein kann man zeigen, dass für alle $t = 1, 2, \ldots$ gilt

$$\mathbb{P}(G_t) = (1 - \alpha)^{t-1}.$$

Daraus errechnet man für das Antwortverhalten mit der Formel der totalen Wahrscheinlichkeit und wegen $\mathbb{P}(E_t \mid L_t) = 0$ dann

$$\mathbb{P}(E_t) = \mathbb{P}(E_t \mid G_t) \cdot \mathbb{P}(G_t) + \mathbb{P}(E_t \mid L_t) \cdot \mathbb{P}(L_t) = (1 - g) \cdot (1 - \alpha)^{t-1}.$$

Als mittlere Lernkurve des Alles-oder-Nichts Modells erhält man also für alle $t = 1, 2, \ldots$

$$\mathbb{P}(E_t) = (1 - g) \cdot (1 - \alpha)^{t-1}. \tag{6.10}$$

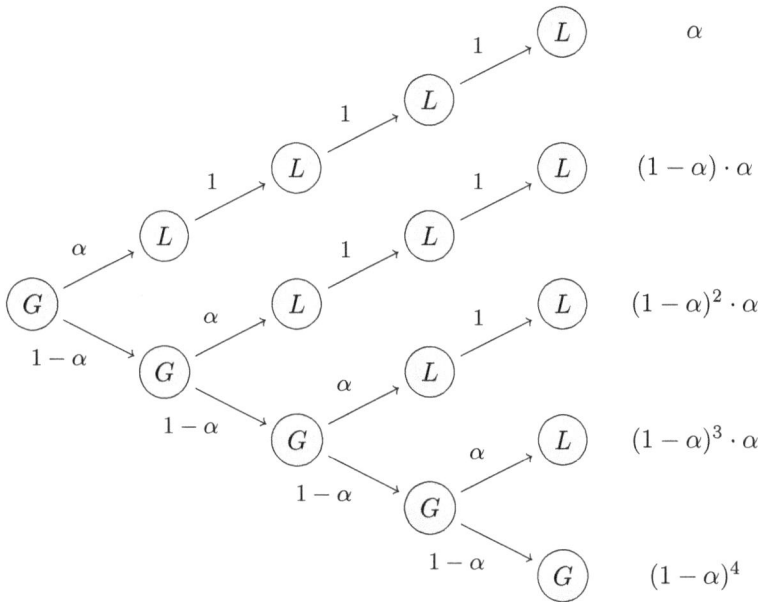

Abbildung 6.14: *Baumgraph der möglichen Zustandssequenzen im Alles-oder-Nichts Modell für die Durchgänge $t = 1, \ldots, 5$.*

In dem in Beispiel 6.7 dargestellten Experiment nach der Antizipationsmethode gibt es zwei Antwortalternativen "1" und "2". Die Wahrscheinlichkeit g die korrekte Antwort zu erraten, wenn sie noch nicht gelernt ist, nimmt hier also den Wert 0.5 an. Um die für einen konkreten Datensatz, wie in Tabelle 6.4, vorhergesagte Lernkurve zu bestimmen, muss der Lernparameter α aus den Daten geschätzt werden. Hierzu kann das in Abschnitt 4.4 dargestellte Maximum-Likelihood Verfahren angewendet werden (Wickens, 1982). Man betrachtet dazu für ein einzelnes Element der Lernliste die Wahrscheinlichkeit eine bestimmte Sequenz von Antworten zu erhalten. Das Produkt dieser Wahrscheinlichkeiten, über die gesamte Lernliste hinweg, bildet dann die Likelihood der Daten gegeben den Lernparameter α. Als Maximum-Likelihood Schätzer für den Lernparameter α im Alles-oder-Nichts Modell erhält man dann (Wickens, 1982, Gleichung 5.12)

$$\hat{\alpha} = \frac{\sqrt{(1-g)^2 (\bar{L} + \bar{Z})^2 + 4\,g\,(1-g)\,(\bar{L} - 1 + \bar{Z})} - (1-g)\,(\bar{L} + \bar{Z})}{2\,g\,(\bar{L} - 1 + \bar{Z})}.$$

Dabei gibt $\bar{L}$ die über alle Elemente der Lernliste gemittelte Position des letzten Fehlers an (d.h. die Nummer des Durchgangs, in der letztmals eine falsche Antwort auftritt). Das Symbol $\bar{Z}$ gibt den Anteil von Elementen der Lernliste an, bei denen überhaupt keine falsche Antwort vorkommt. Für die in Tabelle 6.4 angegebenen Daten berechnet man mit $\bar{L} = 3.2$ und $\bar{Z} = 0.1$ den ML-Schätzer $\hat{\alpha} = 0.26$. Abbildung 6.15 stellt der

empirischen Lernkurve für die Daten aus Tabelle 6.4 (schwarze Punkte) die durch das
Alles-oder-Nichts Modell vorhergesagte mittlere Lernkurve (graue Kurve) gegenüber.

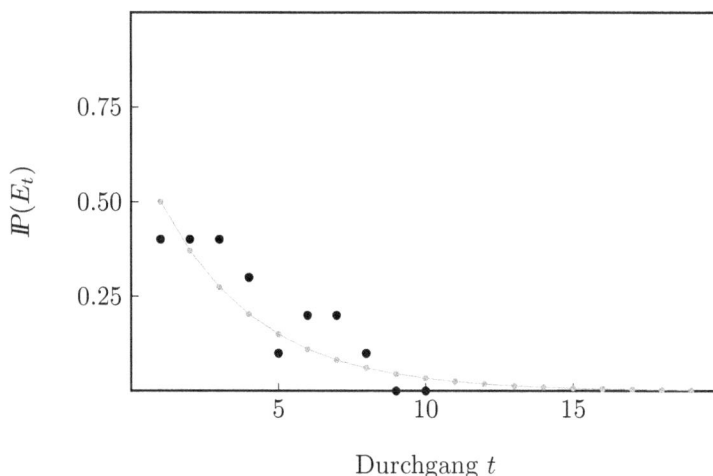

Abbildung 6.15: *Empirische Lernkurve für die Daten aus Tabelle 6.4 (schwarze Punkte),
sowie die durch das Alles-oder-Nichts Modell mit $g = 0.5$ und $\hat{\alpha} = 0.26$ vorhergesagte mittlere
Lernkurve (graue Kurve).*

6.2.3   Theoriegestützte Analyse experimenteller Daten

Die explizite Formulierung der Annahmen eines graduellen bzw. diskreten Lernprozesses im Rahmen des linearen Modells bzw. des Alles-oder-Nichts Modells macht zunächst
deutlich, dass die von beiden Lerntheorien vorhergesagten mittleren Lernkurven formal
identisch sind. Hierzu setzt man in den Gleichungen (6.9) und (6.10) einfach $\epsilon = 1 - g$
und $\theta = 1 - \alpha$. Als Konsequenz daraus kann eine Entscheidung darüber, ob sich Paarassoziationslernen graduell oder diskret vollzieht, nicht auf der Basis einer experimentell
ermittelten empirischen Lernkurve erfolgen. Ausgehend von den betrachteten Lerntheorien sollten daher empirische Vorhersagen identifiziert werden, in denen sie sich grundlegend unterscheiden.

Die wesentliche Annahme des Alles-oder-Nichts-Modells bezieht sich auf das Antwortverhalten der Versuchsperson im Ratezustand G und besagt, daß jede einzelne Reiz-
Reaktions-Sequenz sprunghaft und vollständig gelernt wird und nicht teilweise oder
graduell. Solange sich die Versuchsperson also im Ratezustand G befindet, ist die Wahrscheinlichkeit eine falsche Antwort zu geben daher konstant über alle Durchgänge. Diese
Annahme wird auch als *Stationaritätshypothese* bezeichnet. Da die Versuchsperson nach
den Annahmen des Alles-oder-Nichts-Modells in allen Durchgängen vor dem letzten
Fehler mit Sicherheit im Ratezustand ist, ist diese Hypothese anhand der Antworten
aus diesen Durchgängen empirisch überprüfbar. Die Stationaritätshypothese steht im
Gegensatz zur Vorhersage des linearen Modells, aus dem auch für Durchgänge vor dem

				Durchgang t						
	1	2	3	4	5	6	7	8	9	10
WAV-1	1	0	0	0	0	0	0	0	0	0
CID-1	1	0	0	0	0	0	0	0	0	0
KOL-2	0	0	0	0	0	0	0	0	0	0
NAZ-2	0	1	0	0	0	0	0	0	0	0
PED-2	0	0	0	1	1	1	0	0	0	0
VEL-1	0	1	1	0	0	0	0	0	0	0
GUF-2	1	0	1	0	0	0	0	0	0	0
ZEK-1	0	1	1	1	0	1	1	0	0	0
XOS-1	0	1	1	1	0	0	1	1	0	0
RIT-2	1	0	0	0	0	0	0	0	0	0

Tabelle 6.5: *Im Datensatz aus Tabelle 6.4 sind hier die Durchgänge vor dem letzten Fehler jeweils grau unterlegt. Deren Aufteilung in zwei Hälften ist durch Rahmen kenntlich gemacht.*

letzten Fehler eine kontinuierliche Abnahme der Wahrscheinlichkeit einer falschen Antwort folgt. In den in Tabelle 6.5 dargestellten Daten sind die Durchgänge vor dem letzten Fehler grau unterlegt.

Die Betrachtung einer empirischen Lernkurve, beschränkt auf die Antworten aus Durchgängen vor dem letzten Fehler (auch als *rückwärtige Lernkurve*, ausgerichtet am Durchgang des letzten Fehlers), ist aus methodischer Sicht problematisch. Die Länge der erhaltenen Antwortsequenz ist mit der Schwierigkeit des entsprechenden Elements der Lernliste konfundiert (Suppes & Ginsberg, 1963). Zur Berechnung der relativen Häufigkeit einer falschen Antwort tragen daher bei manchen Durchgängen lediglich wenige, eher schwierige Elemente bei, was die Schätzung der Antwortwahrscheinlichkeiten verzerrt.

Suppes und Ginsberg (1963) schlugen daher die Erstellung einer sogenannten *Vincent-Kurve* vor. Dazu wird für jedes Element der Lernliste die Teilsequenz der Antworten vor dem letzten Fehler halbiert (oder in mehrere Abschnitte unterteilt, wenn die Länge der Sequenzen es zulässt). Betrachtet werden dann die relativen Fehlerhäufigkeiten der Hälften (bzw. der einzelnen Abschnitte) als Schätzungen der entsprechenden Wahrscheinlichkeiten. Wie in Tabelle 6.5 durch Umrahmung angedeutet ist, wird bei einer ungeraden Anzahl von Durchgängen die mittlere Antwort nicht in die Auswertung miteinbezogen. Daher trägt bei der resultierenden Vincent-Kurve jedes Element der Lernliste zu den Hälften (bzw. Abschnitten) in gleicher Weise bei (Kintsch, 1982). Tabelle 6.6 zeigt die Vincent-Kurve zu den Daten aus Tabelle 6.4 bzw. 6.5. Die Ergebnisse liefern keine Anhaltspunkte für eine bei steigender Durchgangszahl abnehmende Wahrscheinlichkeit einer falschen Antwort in Durchgängen vor dem letzten Fehler. Die Evidenz bezüglich der Stationarität lässt sich unter Verwendung eines χ^2-*Anpassungstests* auch statistisch absichern. Für den betrachteten Datensatz zum Paarassoziationslernen kann somit die Hypothese, dass die Assoziationen nach dem Alles-oder-Nichts-Prinzip gebildet werden, nicht abgelehnt werden.

Items	1. Hälfte	2. Hälfte
PED-2	0 0	1 1
VEL-1	0	1
GUF-2	1	0
ZEK-1	0 1 1	1 0 1
XOS-1	0 1 1	0 0 1
Anzahl Fehler	5	6
Anzahl Antworten	10	10

Tabelle 6.6: *Vincent-Kurve zu den Daten aus Tabelle 6.4 bzw. 6.5.*

6.2.4   Paarassoziationslernen: Diskret!

Im Anschluss an Bower (1961), der das Alles-oder-Nichts-Modell erstmals auf das Paar-assoziationslernen anwendete, zeigte sich in vielen Experimenten hochgradig überein-stimmende Ergebnisse. War die experimentelle Situation gekennzeichnet durch leicht unterscheidbare Reizkomponenten und zwei vorab bekannte Antwortkomponenten, so konnte die Stationaritätshypothese, und damit die Annahme eines diskreten Lern-prozesses im Sinne des Alles-oder-Nichts-Prinzips, bestätigt werden (Kintsch, 1982). Warum widersprechen die Ergebnisse des in Beispiel 6.9 dargestellten Experiments von Underwood et al. (1962) dieser Annahme? Die Diskrepanz rührt daher, dass dieses Ex-periment nicht von der soeben beschriebenen Art war und neben Assoziationslernen auch Lernen der Reaktionskomponenten erforderte. Kintsch (1963) konnte nachweisen, dass mit der von Rock (1957) und Underwood et al. (1962) verwendeten Art von Reiz-Reaktions-Sequenzen die Stationaritätshypothese in systematischer Weise verletzt wird. Um den hierbei vorliegenden zwei-stufigen Lernprozess theoretisch angemessen zu be-schreiben, betrachtete er ein *Zwei-Stufen-Modell* (Bower & Theios, 1964), in dem neben dem ungelernten Zustand G und dem gelernten Zustand L noch ein zusätzlicher Lern-zustand, nämlich der Zwischenzustand I (intermediary state), angenommen wird. In den Experimenten von Rock (1957) und Underwood et al. (1962) mussten die Versuchs-personen zunächst lernen, welche der Zahlen von 1 bis 50 als Reaktionskomponente in der Lernliste vorkam. Der Zustand I repräsentiert genau dieses Lernstadium, in dem die Reaktionskomponente zwar bereits verfügbar, aber noch nicht mit der richtigen Reizkomponente verknüpft ist. Das Zwei-Stufen-Modell nimmt an, dass der Zustand L ausgehend vom Zustand G nur über den Zwischenzustand I erreicht werden kann. Beide Übergänge von G nach I und von I nach L erfolgen jeweils nach dem Alles-oder-Nichts-Prinzip. Kintsch (1963) konnte in einem von ihm durchgeführten Experiment die von Underwood et al. (1962) bei Verwendung des Substitutionsverfahrens beobachte-te Verzögerung des Lernens gegenüber einer Kontrollgruppe replizieren. Basierend auf der Schätzung der Parameter des Zwei-Stufen-Modells ausschließlich anhand der Daten der Kontrollgruppe konnte er die für die Experimentalgruppe resultierende Lernkurve präzise vorhersagen. Der Nachteil des Substitutionsverfahrens ist dadurch begründet, dass Reiz-Reaktions-Sequenzen, für die die Reaktionskomponente bereits gelernt ist (Zustand I), durch neue Reiz-Reaktions-Sequenzen ersetzt werden (Zustand G). Dieser

Verlust an Information erklärt die eingetretene Verzögerung des Lernens in der Experimentalgruppe bei Underwood et al. (1962).

Zusammenfassung

- Einer Klärung der Frage, ob sich Paarassoziationslernen diskret oder graduell vollzieht, versuchte man sich sowohl durch Konzeption einer speziellen Versuchsanordnung zu nähern, wie auch über die theoriegestützte Analyse der Daten klassischer experimenteller Paradigmen.

- Das Experiment von Rock (1957) verwendete das innovative *Substitutionsverfahren*, nach dem falsch beantwortete (und daher ungelernte) Reiz-Reaktions-Sequenzen durch neue ersetzt wurden. Der Versuchsplan wies aber methodische Mängel auf, der keine Kontrolle eines auftretenden *Selektionseffekts* ermöglichte. Diese Mängel wurden einem Experiment von Underwood et al. (1962) vermieden.

- Die theoretische Analyse der Annahme eines diskreten Lernprozesses nach dem *Alles-oder-Nichts Modell* und der Annahme graduellen Lernens im Rahmen des *linearen Modells* zeigt, dass diese anhand der vorhergesagten *mittleren Lernkurve* nicht zu unterscheiden sind. Bei der Betrachtung der Aspekte der Daten, die eine Unterscheidung dieser beiden Ansätze ermöglichen, erweist sich das Paarassoziationslernen als diskreter Lernprozess.

6.3 Gedächtnissuche

Die Analyse von Reaktionszeiten stützt sich auf die Annahme, dass sich darin die Dauer mentaler Prozesse widerspiegelt. Die Inferenz der Organisation mentaler Prozesse auf Grund von Reaktionszeiten ist aber ein grundsätzlich äußerst schwieriges Unterfangen. Man stelle sich nur etwa vor, man wolle bei einem Computer aus der Zeitdauer von der Eingabe bis zur Ausgabe, die unter verschiedenen Bedingungen beobachtet wird, auf die Organisation der internen Verarbeitung schließen. Die mit der Analyse von Reaktionszeiten verbundenen Probleme werden im Folgenden am Beispiel eines von Sternberg (1966, 1969) durchgeführten Experiments zur Gedächtnissuche (memory search) dargestellt. Dabei steht die Frage im Mittelpunkt, welche Such- und Vergleichsprozesse im Gedächtnis ablaufen, wenn zu entscheiden ist, ob ein präsentierter Reiz in einer zuvor gelernten Liste enthalten war oder nicht. Es wird deutlich werden, dass die Überprüfung von Hypothesen zu den unterliegenden mentalen Verarbeitungprozessen eine präzise mathematische Formulierung der jeweiligen psychologischen Theorie erfordert. Nur dann lassen sich exakte Vorhersagen für die beobachteten Reaktionszeiten ableiten und es kann entschieden werden, ob und gegebenenfalls wie sich verschiedene Theorien überhaupt empirisch unterscheiden lassen.

6.3.1   Das Experiment von Sternberg

Die nachfolgend beschriebene experimentelle Versuchsanordnung wurde von Sternberg (1966, 1967, 1969) populär gemacht. Die damit erhobenen Daten wurden vielfach repliziert.

Beispiel 6.10

In Sternberg (1966, Experiment 1) wurde aus den zehn Ziffern $0, 1, \ldots, 9$ für jeden Durchgang eine Positivliste (positive set, memory set) bestehend aus ein bis sechs der Ziffern ausgewählt (Größe der Positivliste N). Die übrigen Ziffern bildeten dann die Negativliste (negative set, distractor set). Auf einem Bildschirm wurden die Elemente der Positivliste visuell sukzessive nacheinander dargeboten, mit einer Rate von 1.2 Sekunden pro Ziffer. Nach einer Wartezeit von 2 Sekunden wurde ein Warnreiz präsentiert und anschließend eine Ziffer als Testreiz. Die Versuchspersonen mussten so schnell als möglich entscheiden, ob der Testreiz in der Positivliste enthalten war oder nicht. Entsprechend des Urteils drückten sie dann eine von zwei Tasten (Ja- oder positive bzw. Nein- oder negative Antwort) und erhielten Rückmeldung über die Korrektheit der Entscheidung. Für jede Größe der Positivliste war der Testreiz tatsächlich in der Hälfte der Fälle in der Positiv- bzw. der Negativliste enthalten.

Insgesamt acht Versuchspersonen nahmen nach 24 Übungsdurchgängen an 144 Experimentaldurchgängen teil. Lediglich in 1.3 Prozent der Fälle resultierten falsche Antworten. Abbildung 6.16 illustriert die mittleren Reaktionszeiten für die Ja- (ausgefüllte Kreise) und die Nein-Antworten (offene Kreise). Die Werte für Ja- und Nein-Antworten unterschieden sich lediglich für $N = 1$, wo ein Vorteil von 50 ms für Ja-Antworten resultierte. Die über alle Antworten (aller Versuchspersonen) gemittelten Reaktionszeiten zeigten eine lineare Abhängigkeit von der Größe der Positivliste mit einer Steigung von rund 40 ms. Die von Sternberg (1966) hierfür geschätzte Regressionsgerade ist ebenfalls in Abbildung 6.16 eingezeichnet.

Das wesentliche Ergebnis des Experiments von Sternberg (1966) bezieht sich auf die lineare Abhängigkeit der mittleren Reaktionszeit von der Größe der Positivliste N. Diese Linearität bedeutet, dass das Hinzufügen einer Ziffer zur Positivliste eine jeweils konstante Verlängerung der Reaktionszeit zur Folge hatte, die knapp 40 ms betrug. Unterschiede in den Reaktionszeiten bei Ja- und Nein-Antworten ergaben sich nur für den offenbar speziellen Fall, dass die Positivliste nur aus einer einzigen Ziffer bestand ($N = 1$). Die von Sternberg (1966, 1967, 1969) vorgenommene Interpretation der Ergebnisse erfolgte im Rahmen eines theoretischen Rahmens, der in (einer etwas strikteren Formulierung) ursprünglich auf Donders (1868/1969) zurückgeht.

6.3.2   Verarbeitungsstufen als additive Faktoren

Der Ansatz von Donders (1868/1969) geht von der Vorstellung aus, dass sich die Informationsverarbeitung in diskreten, voneinander unabhängigen Schritten vollzieht, die strikt seriell aufeinander folgen. Er nimmt an, dass man die aus verschiedenen Experimenten (z.B. zur einfachen Reaktionszeit und zur Wahlreaktionszeit) resultierenden

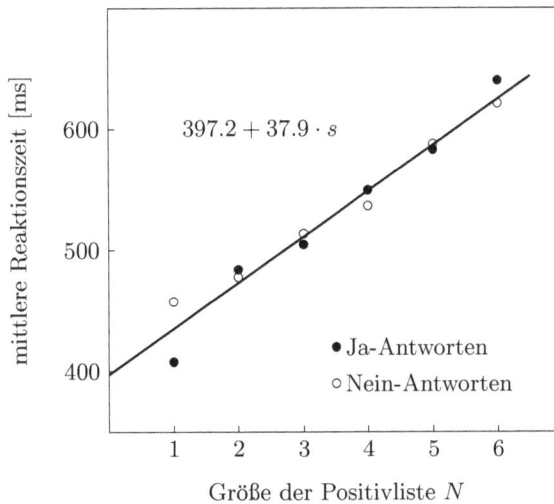

Abbildung 6.16: *Mittlere Reaktionszeit für Ja- und Nein-Antworten und lineare Regression der über alle Antworten gemittelten Reaktionszeiten auf die Größe der Positivliste N nach Sternberg (1966).*

Reaktionszeiten miteinander vergleichen könnte, wenn sich die experimentellen Aufgaben nur in der Einfügung einer zusätzlichen Verarbeitungsstufe unterscheiden, während alle übrigen Verarbeitungsstufen unverändert bleiben (Luce, 1986). Der Vergleich der Reaktionszeiten nach der *Methode der Subtraktion* (Donders, 1868/1969) liefert dann eine Schätzung der Dauer der eingefügten Verarbeitungsstufe. Sternberg (1966, 1967, 1969) spricht daher auch von der *Methode der reinen Einfügung*. Abbildung 6.17 zeigt eine Abfolge verschiedener, voneinander unabhängiger Verarbeitungsstufen, wie sie für das nachfolgend näher beschriebene Experiment zur Gedächtnissuche (Sternberg, 1966) angenommen wurden.

In einer ersten Verarbeitungsstufe werden die Reize wahrgenommen und enkodiert, so dass sie für die nachfolgenden Stufen verfügbar sind. Nach dieser *Reizkodierung* erfolgt der *Vergleich* der Enkodierungen des Testreizes mit denen der Elemente der Positivliste. Spezifische Hypothesen zur Art und Weise wie diese im Gedächtnis konkret durchsucht werden, um diese Vergleiche durchzuführen, werden später noch ausführlicher besprochen. In einem weiteren Verarbeitungsschritt wird dann die (in diesem Fall binäre) *Entscheidung* gefällt, ob der Vergleichsprozess eine Übereinstimmung gefunden hat oder nicht, ob also der Testreiz in der Positivliste enthalten war oder nicht. In einer letzten Stufe der *Reaktionsplanung* wird abhängig von der Entscheidung die entsprechende motorische Reaktion vorbereitet. Die Verarbeitungsstufen werden streng seriell durchlaufen und als voneinander unabhängig angenommen. Die Untersuchung dieser Unabhängigkeit erfordert nicht zwangsläufig, wie in der Methode der Subtraktion nach Donders (1868/1969), einzelne Verarbeitungsstufen hinzuzufügen bzw. zu eliminieren. Es genügt zu zeigen, dass man die experimentelle Situation so manipulieren kann, dass

Positivliste: 5 2 8 9

Reaktionszeit

Testreiz   Antwort
3   ──▶   "Nein"

| Reiz-
kodierung | → | Vergleich | → | Ent-
scheidung | → | Reaktions-
planung |

↑   ↑   ↑   ↑

Lesbarkeit   Größe der   Art der Reaktion   Rel. Häufigkeit
des Reizes   Positivliste   der Antwort

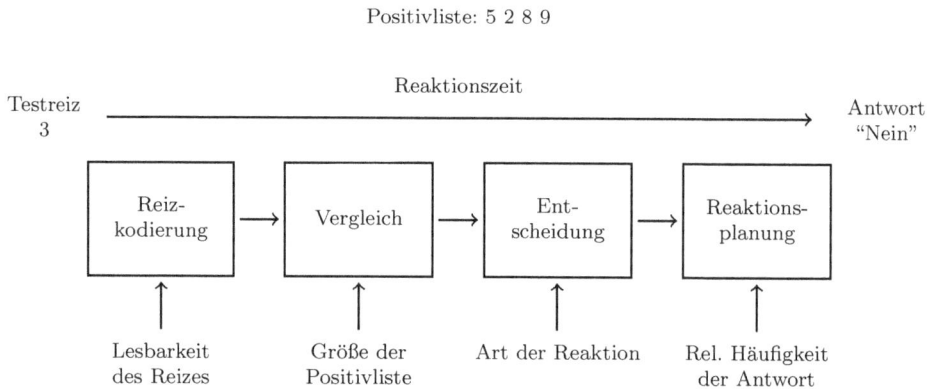

Abbildung 6.17: *Hypothetische Verarbeitungsstufen für die Gedächtnissuche nach Sternberg (1966) und Einflussgrößen, von denen angenommen wir, dass sie selektiv auf einzelne Verarbeitungsstufen wirken.*

die Verarbeitung lediglich selektiv in einzelnen Stufen verändert wird, in den übrigen Stufen aber unverändert bleibt (Sternberg, 1967, 1969). Diese Vorgehensweise wird *Methode der additiven Faktoren* genannt. Abbildung 6.17 gibt Beispiele für Einflussgrößen an, für die man annehmen könnte, dass sie selektiv die Verarbeitung in einzelnen Stufen verändern. Setzt man etwa die Lesbarkeit des Testreizes herab, so beeinträchtigt das die Phase der Reizkodierung. Die Größe der Positivliste dagegen beeinflusst den Vergleichsprozess, wie das Sternberg (1966) nachgewiesen hat (vgl. Beispiel 6.10). Die Unabhängigkeit der durch die beiden experimentellen Manipulationen bedingten Effekte kann in einem zweifaktoriellen Versuchsplan untersucht werden, in dem mit Lesbarkeit und Größe der Positivliste die unabhängigen Variablen bilden. Abbildung 6.18 illustriert verschiedene Vorhersagen für den Effekt einer verminderten gegenüber einer hohen Lesbarkeit. Die linke Grafik zeigt die Vorhersage unter der Annahme eines selektiven Effekts der Lesbarkeit auf die Reizkodierung unabhängig von den darauf aufbauenden Vergleichsprozessen. Die durch eine verminderte Lesbarkeit bedingte Verlangsamung der Reizkodierung führt dann zu einer additiven Verschiebung der linearen Abhängigkeit der mittleren Reaktionszeit von der Größe der Positivliste, ohne eine Änderung der Steigung der Geraden. Wirkt sich eine Verminderung der Lesbarkeit aber auch auf die einzelnen Vergleichsprozesse verlangsamend aus, so ergibt sich der in der rechten Grafik dargestellte Effekt, der nicht nur zu einer möglichen additiven Verschiebung, sondern auch zu einer größeren Steigung der Geraden führt.

Beispiel 6.11

Sternberg (1967) führte ein Experiment durch, bei dem die Verarbeitungsstufe der Reizkodierung spezifisch manipuliert wurde. Gegenüber der Normalbedingung (hohe Lesbarkeit) wurde der Testreiz dazu in einer Bedingung mit einem Schachbrettmuster überblendet dargeboten (verminderte Lesbarkeit). Die resultierenden Daten korrespondieren mit der in der linken Grafik von Abbildung 6.18 dargestellten Vor-

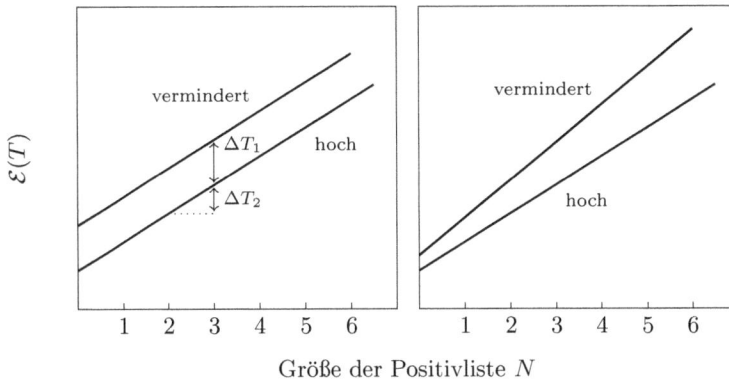

Abbildung 6.18: *Vorhersagen der Effekte einer verminderten gegenüber einer hohen Lesbarkeit des Testreizes im Experiment von Sternberg (1966) unter Annahme einer selektiven Beeinflussung der Reizkodierung unabhängig von den nachfolgenden Verarbeitungsstufen (linke Grafik) bzw. bei gleichzeitiger Beeinflussung der Vergleichsprozesse (rechte Grafik). Für weitere Einzelheiten siehe Text.*

hersage, mit einer additiven Verschiebung der Regressionsgeraden um rund 65 ms. Die Ergebnisse stützen daher die Hypothese unabhängiger Verarbeitungsstufen der Reizkodierung und des Vergleichsprozesses.

Die der Methode der additiven Faktoren zugrunde liegende Argumentation lässt sich in einfacher Weise mathematisch formulieren (Luce, 1986). Dazu werden die Reaktionszeit T, die Teilzeiten n einzelner Verarbeitungsstufen $T_1, \ldots, T_n$ und die Zeit R sonstiger Prozesse (einschließlich der motorischen Ausführung der Reaktion) durch stetige Zufallsvariablen beschrieben. Unter der Annahme einer seriellen Verarbeitung von n Verarbeitungsstufen (s. Abbildung 6.17) ergibt sich die Reaktionszeit durch

$$T = T_1 + \ldots + T_n + R.$$

Verändert eine Einflussgröße selektiv nur die Teilzeit der i-ten Verarbeitungsstufe ($i = 1, \ldots, n$) von T_i zu T_i', so erhält man als Veränderung der mittleren Reaktionszeiten die Differenz

$$\Delta T_i = \mathcal{E}(T_i') - \mathcal{E}(T_i),$$

mit den Erwartungswerten $\mathcal{E}(T_i')$ und $\mathcal{E}(T_i)$. Manipuliert man in einem zweifaktoriellen Versuchsplan zwei Einflussgrößen, die selektiv und unabhängig voneinander die Verarbeitungsstufen i und j beeinflussen, so hat man

$$\Delta T_{ij} = \mathcal{E}(T_i') + \mathcal{E}(T_j') - \mathcal{E}(T_i) - \mathcal{E}(T_j) = \Delta T_i + \Delta T_j.$$

Das in dieser Gleichung beschriebene additive Zusammenwirken der Effekte begründet die Bezeichnung der *Methode der additiven Faktoren* und wird in der linken Grafik von

Abbildung 6.18 veranschaulicht. Die Effekte Verlangsamung ΔT_1 der Reizkodierung durch verminderte Lesbarkeit und die Verlängerung ΔT_2 der erwarteten Reaktionszeit durch Vergrößerung der Positivliste von zwei auf drei Elemente sind additiv. Wirkt sich eine der Manipulationen jedoch auf beide betrachteten Stufen aus, dann resultiert im Allgemeinen keine Additivität der Effekte (s. etwa die rechte Grafik von Abbildung 6.18). Für andere Momente als den Erwartungswert (z.B. die Varianz) setzt die obige Argumentation die stochastische Unabhängigkeit der Zufallsvariablen $T_1, \ldots, T_n, R$ voraus.

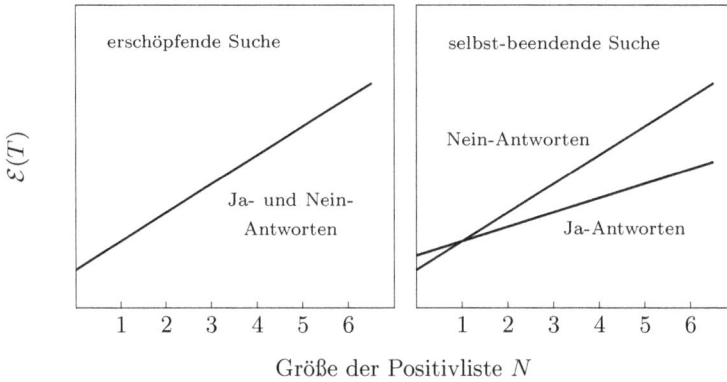

Abbildung 6.19: *Erwartete Reaktionszeiten bei serieller erschöpfender Suche (linke Grafik) und serieller selbst-beendender Suche (rechte Grafik).*

6.3.3   Serielle oder parallele Suche?

Auch zur Klärung der eingangs gestellten Frage, welche Such- und Vergleichsprozesse im Gedächtnis bei der beschriebenen experimentellen Aufgabe ablaufen, ging Sternberg (1966) von einer seriellen Verarbeitung der Information aus. Abbildung 6.20 illustriert diese Vorstellung für einen Durchgang, in dem der Testreiz nicht in der Positivliste enthalten ist. Die im Gedächtnis gespeicherten Enkodierungen der N Ziffern aus der Positivliste werden einzeln nacheinander abgesucht und jeweils mit der Enkodierung des Testreizes verglichen.

Für den in Abbildung 6.20 dargestellten Fall müssen alle N Elemente der Positivliste durchsucht werden, bevor entschieden werden kann, ob der Testreiz in der Liste enthalten war oder nicht. In Durchgängen, in denen der Testreiz Element der Positivliste ist, werden zwei Möglichkeiten unterschieden, wie die Entscheidung getroffen werden kann. Man spricht von einer sich *selbst beendenden Suche* (self-terminating search), wenn bei jedem der sukzessiv durchgeführten Vergleiche des Testreizes mit den einzelnen Elementen der Positivliste entschieden wird, ob diese identisch sind, und die Suche dann gegebenenfalls abgebrochen wird. Davon unterschieden wird die sogenannte *erschöpfende Suche* (exhaustive search), bei der die Entscheidung erst getroffen wird, nachdem alle N Elemente durchsucht und mit dem Testreiz verglichen worden sind.

Positivliste: 5 2 8 9

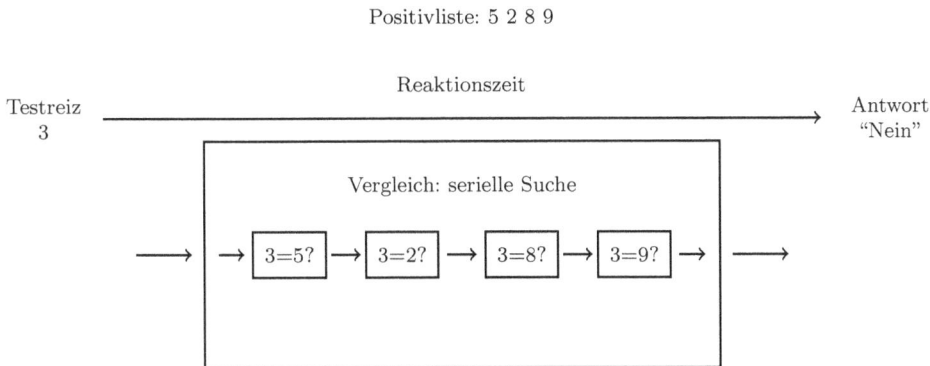

Abbildung 6.20: *Serielle Gedächtnissuche.*

Beide Such- und Entscheidungsmechanismen machen unterschiedliche Vorhersagen bezüglich der erwarteten Reaktionszeit. Bezeichnet c die für den Vergleich des Testreizes mit einem Element der Positivliste im Mittel erforderliche Zeitdauer und r_0 die mittlere residuale Zeit (die auf die anderen Verarbeitungsstufen zurückgeht), so folgt bei erschöpfender Suche für die erwartete Reaktionszeit

$$\mathcal{E}(T) = c \cdot N + r_0.$$

Diese Gleichung beschreibt eine lineare Abhängigkeit der mittleren Reaktionszeit von der Größe der Positivliste N und gilt gleichermaßen für Ja- und Nein-Antworten. Unter der Annahme einer selbst-beendenden Suche trifft sie lediglich für die Nein-Antworten zu, da auch hier alle N Elemente der Positivliste durchsucht werden. Bei Ja-Antworten kann die Suche nach einem Vergleich, oder nach zwei, ... Vergleichen beendet werden. Bei zufälliger Reihenfolge, mit der die Positivliste durchsucht wird, erwartet man dann im Mittel $(N+1)/2$ Vergleiche (z.B. Logan, 2002; vgl. auch Beispiel 4.16). Für die mittlere Reaktionszeit ergibt sich dann mit

$$\mathcal{E}(T) = \frac{c}{2} \cdot (N+1) + r_0 = \frac{c}{2} \cdot N + \left(\frac{c}{2} + r_0\right)$$

ebenfalls eine lineare Abhängigkeit von der Größe der Positivliste N, die im Vergleich zu den Nein-Antworten aber eine nur halb so große Steigung aufweist. Abbildung 6.19 veranschaulicht die gerade abgeleiteten Vorhersagen unter der Annahme serieller erschöpfender Suche (linke Grafik) und serieller selbst-beendender Suche (rechte Grafik). Die Daten von Sternberg (1966), wie auch die vieler Replikationen dieses Experiments, sprechen – unter der grundlegenden Prämisse einer seriellen Verarbeitung – offensichtlich gegen eine sich selbst beendende Gedächtnissuche.

Als Alternative zur beschriebenen seriellen Verarbeitung bietet sich aber auch die Vorstellung an, dass die Vergleichsprozesse im Gedächtnis für alle Elemente der Positivliste gleichzeitig angestoßen werden. Abbildung 6.21 veranschaulicht diesen Fall der *parallelen Suche* (parallel search).

Positivliste: 5 2 8 9

Reaktionszeit

Testreiz
3

Antwort
"Nein"

Vergleich: parallele Suche

$\longrightarrow$ 3=5? $\longrightarrow$

$\longrightarrow$ 3=2? $\longrightarrow$

$\longrightarrow$ 3=8? $\longrightarrow$

$\longrightarrow$ 3=9? $\longrightarrow$

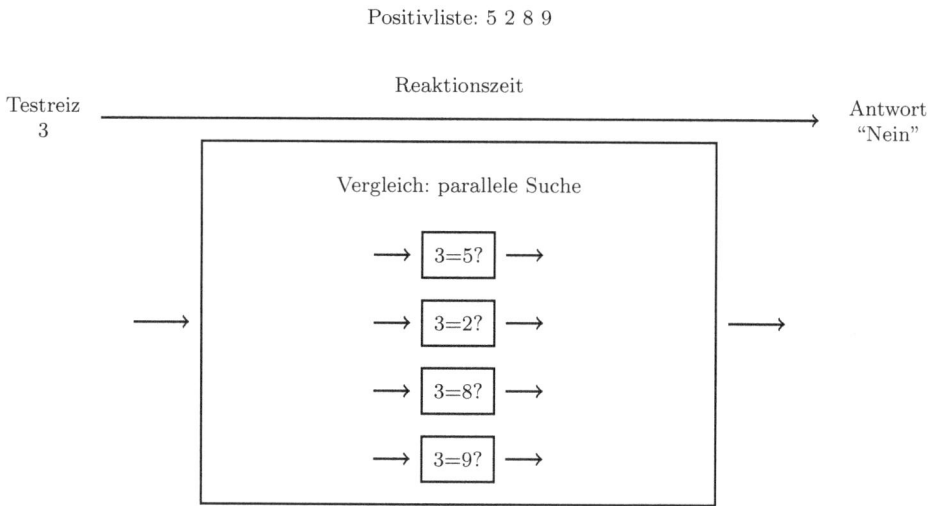

Abbildung 6.21: *Parallele Gedächtnissuche.*

Auch hier kann die Gedächtnissuche entweder erschöpfend oder selbst-beendend sein. Bei einer erschöpfenden Suche wird die Entscheidung erst getroffen, wenn alle Vergleiche abgeschlossen sind. Die Zeitdauer bis zur Entscheidung ist daher das Maximum aus den N Teilzeiten der einzelnen Vergleichsprozesse und unterscheidet sich wiederum nicht für Ja- und Nein-Antworten. Die mittlere Reaktionszeit zeigt einen nichtlinearen Verlauf bezüglich der Größe der Positivliste N, wie er in Abbildung 6.22 beispielhaft für unabhängige, identisch exponentiell verteilte Teilzeiten der einzelnen Vergleichsprozesse dargestellt ist (linke Grafik). Ist der Testreiz in der Positivliste enthalten, so wird bei einer selbst-beendenden Suche die Entscheidung getroffen, wenn der entsprechende Vergleich abgeschlossen ist. Sind die einzelnen Vergleichsprozesse unabhängig voneinander und identisch verteilt, so ergibt sich für die mittlere Reaktionszeit kein Effekt der Größe N der Positivliste. Für Nein-Antworten resultiert derselbe Verlauf, wie bei einer erschöpfenden Suche (s. die rechte Grafik in Abbildung 6.22).

Ausgehend von den vorliegenden Daten (s. Abbildung 6.16) zur mittleren Reaktionszeit schloss Sternberg (1966, 1969) daher, dass die Versuchspersonen eine erschöpfende Gedächtnissuche bei serieller Verarbeitung durchführen (Abbildung 6.19, linke Grafik). Diese Schlussfolgerung ist jedoch in mehrfacher Hinsicht problematisch (Townsend & Ashby, 1983; Luce, 1986).

Mit der mittleren Reaktionszeit wird nur ein Kennwert (nämlich der Erwartungswert) der Verteilung der Reaktionszeiten berücksichtigt. Aus der Annahme einer seriellen erschöpfenden Suche, mit voneinander unabhängigen und identisch verteilten Teilzeiten für die einzelnen Vergleiche, lassen sich aber weitere empirische Vorhersagen ableiten. Bezeichnet T_v die Teilzeit eines Vergleichs und R die davon unabhängige, auf die übrigen Verarbeitungsstufen (und die motorische Ausführung der Reaktion) zurückgehende Zeit,

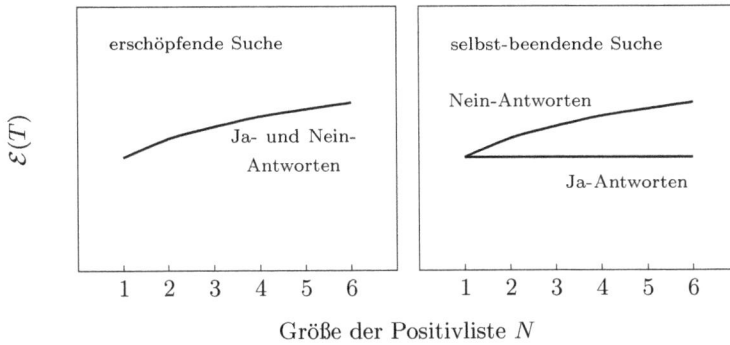

Abbildung 6.22: *Erwartete Reaktionszeiten bei paralleler erschöpfender Suche (linke Grafik) und paralleler selbst-beendender Suche (rechte Grafik).*

so gilt für die Varianz der Reaktionszeit T bei Ja- und bei Nein-Antworten gleichermaßen

$$\mathrm{var}(T) = N \cdot \mathrm{var}(T_v) + \mathrm{var}(R).$$

In den Daten zeigt sich aber ein stärkeres Anwachsen der Varianz der Reaktionszeit mit der Größe N der Positivliste für Ja-Antworten im Vergleich zu Nein-Antworten (Luce, 1986), was gegen eine serielle erschöpfende Suche spricht.

Andererseits listen Townsend und Ashby (1983) eine Reihe von alternativen Theorien auf, die ebenfalls eine Erklärung der Daten von Sternberg (1966) erlauben, aber unter anderem auf seriellen selbst-beendenden, wie auch auf parallelen erschöpfenden Suchprozessen aufbauen. Bei Theorien, die auf paralleler Suche basieren, spielen dabei Annahmen über die Beschränkung der Verarbeitungskapazität eine entscheidende Rolle. Es wird angenommen, dass die zur Verfügung stehende Verarbeitungskapazität beschränkt ist und die auf die jeweils aktiven Vergleichsprozesse verteilt wird. Die bei abgeschlossenen Vergleichsprozessen frei werdende Kapazität kann dabei entweder auf die noch aktiven Prozesse neu verteilt werden, oder aber nicht weiter genutzt werden. Für die Vorhersage der von Sternberg (1966) beobachteten linearen Abhängigkeit der mittleren Reaktionszeit ist die bei zunehmender Größe N der Positivliste in den einzelnen Vergleichsprozessen reduzierte Kapazität und die dadurch verminderte Verarbeitungsrate verantwortlich.

Auch aus ganz grundsätzlichen Erwägungen ist die Unterscheidung zwischen serieller und paralleler Suche schwierig. Werden die entsprechenden Theorien explizit mathematisch formuliert, dann lässt sich in vielen Fällen formal beweisen, dass unter der Annahme serieller Verarbeitung dieselben empirischen Vorhersagen resultieren, wie unter der Annahme paralleler Verarbeitung (Townsend & Ashby, 1983). So kann man beispielsweise jede beliebige Verteilung der Reaktionszeiten für beliebiges N sowohl unter der Annahme serieller wie auch paralleler Verarbeitung, jeweils kombiniert mit erschöpfender oder selbst-beendender Suche, vorhersagen. Derartige Äquivalenzen der entsprechenden Theorien resultieren selbst dann, wenn Informationen zu den zeitlichen Abständen vorliegen, mit denen die einzelnen Vergleichsprozesse terminieren. Luce

(1986) formuliert die aus diesen theoretischen Ergebnissen zu ziehenden Konsequenzen in folgender Weise:

> ...the message is clear: the decision about the structure of the mental network will have to be reached using information that is richer than can be obtained from a single response-time experiment. (Luce, 1986, S. 464)

Da sich die Struktur der mentalen Verarbeitung bei der Gedächtnissuche offenbar nicht anhand einzelner Experimente unterscheiden lässt, wurde versucht, die Daten aus mehreren Experimenten simultan zu analysieren. Aufbauend auf einen Vorschlag von Snodgrass (1972) wurde dazu ein Versuchsplan entwickelt, der eine Zusammenfassung verschiedener experimenteller Aufgaben vorsieht (Townsend, 1976, 1990; Snodgrass & Townsend, 1980; Townsend & Ashby, 1983). Diese sind so gewählt, dass die aus der Kombination der Annahmen einer seriellen bzw. parallelen Verarbeitung mit einer erschöpfenden bzw. selbst-beendenden Suche resultierenden Theorien über alle Bedingungen hinweg unterscheidbare Vorhersagen bezüglich der mittleren Reaktionszeit machen. Die konkrete Ableitung der Vorhersagen setzt auch hier eine präzise mathematische Formulierung der Theorien voraus, in der die eingehenden Annahmen (etwa zur stochastischen Unabhängigkeit von Verarbeitungsstufen und Teilprozessen, oder zu Beschränkungen der Verarbeitungskapazität) exakt spezifiziert werden. Die im Rahmen dieser Vorgehensweise erhobenen Daten wurden im Allgemeinen als Evidenz gegen eine serielle erschöpfende Verarbeitung gewertet. Snodgrass und Townsend (1980) etwa favorisierten auf Grund ihrer Ergebnisse eine Theorie der seriellen selbst-beendenden Suche über eine Theorie, die parallele Suche mit beschränkter Kapazität annimmt. Mit differenzierteren statistischen Verfahren, die auf einer spezifischen Analyse der Verteilungsfunktionen der Reaktionszeiten basieren, fanden Townsend und Fifić (2004) Evidenz sowohl für serielle wie auch parallele Verarbeitung, je nach Art der verwendeten Reize und mit beachtlichen individuellen Unterschieden zwischen den Versuchspersonen. Die Frage, ob der Gedächtnissuche serielle oder parallele Verarbeitungsprozesse zugrunde liegen, hat vermutlich keine einfache, allgemeingültige Antwort. Mit der in diesem Abschnitt skizzierten Entwicklung spezifischer Methoden, die auf einer detaillierten mathematischen Theorienbildung aufbauen, scheint jedoch zumindest für spezifische Situationen und einzelne Versuchspersonen eine Beantwortung der Frage in greifbare Nähe gerückt zu sein.

Zusammenfassung

– Der Versuch der Beantwortung der Frage, ob die Gedächtnissuche auf einer seriellen oder parallelen Verarbeitung beruht, erfolgte auf der Basis der Analyse von Reaktionszeiten in geeignet konstruierten experimentellen Versuchsanordnungen.

- Es wird deutlich, dass eine Klärung der gestellten Frage eine sehr viel präzisere (mathematische) Formulierung der jeweils theoretisch postulierten Verarbeitungsmechanismen erfordert.

- In diesem Rahmen zeigt sich dann, dass der Unterscheidung der beiden Verarbeitungsmodi prinzipielle Grenzen gesetzt sind. In vielen Fällen kann man formal beweisen, dass unter der Annahme serieller Verarbeitung dieselben empirischen Vorhersagen resultieren, wie unter der Annahme paralleler Verarbeitung.

- Die theoretischen Ergebnisse motivierten die Entwicklung geeigneter Versuchspläne, mit denen die Frage einer Beantwortung näher gebracht werden kann. Eine allgemeingültige Antwort in der einen oder anderen Richtung lässt sich dabei nicht erwarten.

6.4 Literaturhinweise

Psychophysik

In dem Band "Elements of Psychophysical Theory" legt Falmagne (1985) eine umfassende, aktuelle Darstellung der Fechnerschen Psychophysik vor. Der Titel nimmt dabei Bezug auf die von Fechner (1860) veröffentlichten Monographie "Elemente der Psychophysik". Die Darstellung ist zwar anspruchsvoll, sie bietet aber eine breit angelegte Einführung der grundlegenden Begriffe.

Da die Originalarbeit Narens (1996) zur messtheoretischen Betrachtung der Stevensschen Psychophysik doch sehr technisch ist, empfiehlt es sich für weitere Einzelheiten dazu einen Blick in die Artikel von Ellermeier und Faulhammer (2000), Zimmer (2005) oder Augustin und Maier (2008) zu werfen, in denen über die Ergebnisse der experimentellen Überprüfung ihrer axiomatischen Voraussetzungen berichtet wird.

Paarassoziationslernen

Weitere Details zu den besprochenen, wie auch zu vielen weiteren stochastischen Lerntheorien findet man in dem exzellenten Buch von Wickens (1982). In einem sehr ausführlichen Anhang werden hier auch die mathematischen Grundlagen in didaktisch hervorragender Weise vermittelt.

Gedächtnissuche

Einen Überblick zur Frage der Unterscheidung serieller von parallelen Verarbeitungsprozessen, nicht nur im Rahmen der Gedächtnissuche, liefert Logan (2002). Weitergehende Informationen findet man in Townsend und Ashby (1983), sowie bei Luce (1986) in den Kapiteln 11 und 12.

Glossar

Das Glossar ist nicht als Auflistung zentraler Begriffe der Experimentellen Psychologie zu verstehen. Hier findet man vielmehr zusätzliche Informationen zu Begriffen, die im Text verwendet, aber dort nicht ausführlich erklärt werden.

Abszisse Horizontale Achse eines zweidimensionalen Koordinatensystems (x-Achse).

Adaptation Bezeichnet die Anpassungsleistung von Wahrnehmungssystemen an das Intensitätsniveau einer vorliegenden Reizsituation. Adaptation manifestiert sich in Nacheffekten, wie beispielsweise der verminderten Lichtempfindlichkeit beim Übergang vom hellen Sonnenlicht in einen dunklen Raum.

Arbeitsspeicher Speichermedium als Teil der Zentraleinheit eines Rechners, der die gerade auszuführenden Programme oder Programmteile und die hierfür benötigten Daten enthält.

Aufmerksamkeit Beschreibt im Rahmen der menschlichen Informationsverarbeitung den kognitiven Prozess der Fokussierung auf bestimmte Reize, der mit einer Zuweisung von (insgesamt begrenzten) Verarbeitungsressourcen einhergeht.

Dichromasie Angeborene Farbfehlsichtigkeit, bei der die Funktion eines der drei farbsensitiven Rezeptoren (Zapfen) beeinträchtigt ist. Die häufigsten Formen äußern sich in einer Rot-Grün-Schwäche, also einer verminderten Fähigkeit der Unterscheidung von Farben, die normalsichtige Personen als Rot bzw. Grün wahrnehmen.

Fovea centralis Sehgrube, Bereich des schärfsten Sehens und des Farbensehens der Netzhaut bei Säugetieren.

Inferenzstatistik Schließende oder schlussfolgernde Statistik, im Gegensatz zur beschreibenden, deskriptiven Statistik.

klassische Konditionierung Den Ausgangspunkt bildet die Auslösung einer unbedingten Reaktion (z.B. Lidschluss) durch einen unbedingten Reiz (z.B. Luftstoß ins Auge). Durch wiederholte Präsentation eines bedingten Reizes (z.B. akustisches Signal) in räumlich-zeitlicher Nähe zum unbedingten Reiz, erlangt dieser die Fähigkeit ebenfalls die Reaktion (z.B. Lidschluss) auszulösen, die dann als bedingte Reaktion bezeichnet wird.

kognitive Architektur Beschreibt in Anlehnung and den Begriff der Rechnerarchitektur grundlegende Annahmen zu den bei mentalen Vorgängen beteiligten Strukturen und ihrer Beziehungen zueinander.

kubischer Spline Stückweise aus Polynomen dritten Grades, wie z.B. $a + b \cdot x + c \cdot x^2 + d \cdot x^3$, zusammengesetzte Funktion.

Leuchtdichte Fotometrisches Maß für Lichtstärke pro Fläche bei ausgedehnten (nicht punktförmigen) Lichtquellen.

Modus Wert, für den die Verteilung einer diskreten Zufallsvariable bzw. die Dichte einer stetigen Zufallsvariable maximal ist.

monokulare Tiefenkriterien Hinweisreize, die bei einäugiger Betrachtung Informationen über die räumliche Tiefe in einer dreidimensionalen Reizvorlage liefern (wie z.B. Verdeckung, Bewegungsparallaxe, Texturgradient, . . .).

Monte-Carlo-Simulation Computer-gestützte Simulation von Zufallsexperimenten durch unabhängig wiederholtes Ziehen von Zufallszahlen gemäß einer festgelegten Verteilung.

operante Konditionierung Paradigma des Erlernens von Reiz-Reaktions-Mustern aus ursprünglich spontanem Verhalten, dessen Auftretenshäufigkeit durch positive oder negative Konsequenzen (Belohnung oder Bestrafung) nachhaltig verändert wird.

Ordinate Vertikale Achse eines zweidimensionalen Koordinatensystems (y-Achse).

Photon Elementare Anregung des quantisierten elektromagnetischen Feldes ("Lichtquant").

Placebo Scheinmedikament, das keinen Arzneistoff enthält und daher keine pharmakologische Wirkung entfalten kann. Allgemeiner werden darunter auch andere Arten von Scheininterventionen verstanden.

stochastischer Prozess Folge von Zufallsvariablen $X_1, \ldots, X_t, \ldots$.

Textkorpora Sammlungen von schriftlichen Texten oder von schriftlich aufgezeichneten, mündlichen Äußerungen in einer bestimmten Sprache.

Vigilanz Zustand andauernder Aufmerksamkeit.

zirkadianer Rhythmus Begriff aus der Chronobiologie, der die endogenen (inneren) Rhythmen biologischer Funktionen beschreibt, die eine Periodenlänge von etwa 24 Stunden haben.

Abkürzungsverzeichnis

°C Temperatur in Grad Celius.

°F Temperatur in Grad Fahrenheit.

2AFC 2 alternatives forced choice.

2IFC 2 intervals forced choice.

AIC Akaike information criterion.

BIC Bayesian information criterion.

BMS Bayesian model selection.

BOLD blood oxygenation level dependent (abhängig vom Blutsauerstoffgehalt).

dB Dezibel.

EEG Elektroenzephalographie.

EKP ereigniskorreliertes Potential.

fMRT funktionelle Magnetresonanztomographie.

Hz Hertz, physikalische Einheit für Schwingungen pro Sekunde.

ISI inter stimulus interval (Zeitspanne zwischen zwei Reizdarbietungen).

MDL minimum description length.

MEG Magnetoenzephalographie.

MOC-Kurve "Memory Operating Characteristic"-Kurve.

mol Mol, Einheit für Stoffmenge.

Pa Pascal, physikalische Einheit für Druck.

PSE point of subjective equality (Punkt subjektiver Gleichheit).

ROC-Kurve "Receiver Operating Characteristic"-Kurve.

SPL sound pressure level (Schalldruckpegel).

Voxel Kurzform für volumetric pixel bzw. volumetric picture element.

Literaturverzeichnis

Aczél, J. (1966). *Lectures on functional equations and their applications*. New York: Academic Press.

Akaike, H. (1973). Information theory and an extension of the maximum likelihood principle. In B. N. Petrox & F. Caski (Hrsg.), *Second international symposium on information theory* (S. 267-281). Budapest: Akademiai Kiado.

Alper, T. M. (1985). A note on real measurement structures of scale type $(m, m + 1)$. *Journal of Mathematical Psychology*, *29*, 73-81.

Alper, T. M. (1987). A classification of all order-preserving homeomorphism groups of the reals that satisfy finite uniqueness. *Journal of Mathematical Psychology*, *31*, 135-154.

Anderson, J. R. (2007). *Kognitive Psychologie* (6. Aufl.). Heidelberg: Spektrum Akademischer Verlag.

Anderson, R. B. & Tweney, R. D. (1997). Artifactual power curves in forgetting. *Memory & Cognition*, *25*, 724-730.

Ashby, F. G., Maddox, W. T. & Lee, W. W. (1994). On the dangers of averaging across subjects when using multidimensional scaling or the similarity-choice model. *Psychological Science*, *5*, 144-151.

Aslan, A., Staudigl, T., Samenieh, A. & Bäuml, K.-H. T. (2010). Directed forgetting in young children: Evidence for a production deficiency. *Psychonomic Bulletin & Review*, *17*, 784-789.

Atkinson, R. C., Herrnstein, R. J., Lindzey, G. & Luce, R. D. (1988). *Stevens' handbook of experimental psychology* (2. Aufl.). New York: Wiley.

Atkinson, R. C. & Shiffrin, R. M. (1968). Human memory: A proposed system and its control processes. In K. W. Spence & J. T. Spence (Hrsg.), *The psychology of learning and motivation: Advances in research and theory* (Bd. 2, S. 742-775). New York: Academic Press.

Augustin, T. (2008). Stevens' power law and the problem of meaningfulness. *Acta Psychologica*, *128*, 176-185.

Augustin, T. & Maier, K. (2008). Empirical evaluation of the axioms of multiplicativity, commutativity, and monotonicity in ratio production of area. *Acta Psychologica*, *129*, 208-216.

Averbach, E. & Sperling, G. (1961). Short-term storage of information in vision. In C. Cherry (Hrsg.), *Information theory* (S. 196-211). London: Butterworth.

Baddeley, A. D. & Hitch, G. (1974). Working memory. In G. H. Bower (Hrsg.), *The psychology of learning and motivation: Advances in research and theory* (Bd. 8, S. 47-89). New York: Academic Press.

Balzer, W. (1982). A logical reconstruction of pure exchange economics. *Erkenntnis*, *17*, 23-46.

Balzer, W., Moulines, C. U. & Sneed, J. D. (1987). *An architectonic for science: the structuralist approach.* Dordrecht: Reidel.

Barlow, H. B. (1983). Understanding natural vision. In O. J. Braddick & A. C. Sleigh (Hrsg.), *Physical and biological processing of images* (S. 2-14). Berlin: Springer.

Bartels, A. & Stöckler, M. (2009). Wissenschaftstheorie. Ein Studienbuch. In (2. Aufl.). Paderborn: Mentis.

Batchelder, W. H. (1975). Individual differences and the all-or-none vs incremental learning controversy. *Journal of Mathematical Psychology*, *12*, 53-74.

Batchelder, W. H. & Riefer, D. M. (1980). Separation of storage and retrieval factors in free recall of clusterable pairs. *Psychological Review*, *87*, 375-397.

Batchelder, W. H. & Riefer, D. M. (1999). Theoretical and empirical review of multinomial process tree modeling. *Psychonomic Bulletin & Review*, *6*, 57-86.

Berufsverband Deutscher Psychologinnen und Psychologen e. V. (Hrsg.). (2005). *Ethische Richtlinien der Deutschen Gesellschaft für Psychologie e. V. und des Berufsverbandes Deutscher Psychologinnen und Psychologen e. V.* Berlin. Verfügbar unter http://www.bdp-verband.org/bdp/verband/ethik.shtml

Birbaumer, N. (2003). Diskussionsforum: Biologische Psychologie 2010 – Visionen zur Zukunft des Faches in der Psychologie. *Psychologische Rundschau*, *54*, 120-121.

Birbaumer, N. & Schmidt, R. F. (2006). *Biologische Psychologie* (6. Aufl.). Heidelberg: Springer.

Bittrich, K. & Blankenberger, S. (2011). *Experimentelle Psychologie.* Weinheim: Beltz.

Boring, E. G. (1950). *A history of experimental psychology.* Englewood Cliffs: Prentice Hall.

Born, J. (2003). Biologische Psychologie 2010 – Visionen zur Zukunft des Faches in der Psychologie. *Psychologische Rundschau*, *54*, 120-128.

Bortz, J. & Schuster, C. (2010). *Statistik für Human- und Sozialwissenschaftler.* Berlin: Springer.

Bosch, K. (2006). *Elementare Einführung in die Wahrscheinlichkeitsrechnung* (9. Aufl.). Wiesbaden: Vieweg.

Bousfield, W. A. (1953). The occurrence of clustering in the recall of randomly arranged associates. *Journal of General Psychology*, *49*, 229-240.

Bower, G. H. (1961). Application of a model to paired-associate learning. *Psychometrika*, *26*, 255-280.

Bower, G. H. & Hilgard, E. R. (1983). *Theorien des Lernens* (5. Aufl., Bd. 1). Stuttgart: Klett.

Bower, G. H. & Theios, J. (1964). A learning model for discrete performance levels. In R. C. Atkinson (Hrsg.), *Studies in mathematical psychology* (S. 1-31). Stanford: Stanford University Press.

Breuer, F. (1991). *Wissenschaftstheorie für Psychologen. Eine Einführung* (5. Aufl.). Münster: Aschendorff.

Bunge, M. A. (2001). From mindless neuroscience and brainless psychology to neuropsychology (1985). In M. Mahner (Hrsg.), *Scientific realism: Selected essays of Mario Bunge*. Amherst, NY: Prometheus Books.

Bush, R. R. & Mosteller, F. (1955). *Stochastic models for learning*. New York: Wiley.

Campbell, N. R. (1920). *Physics: the elements*. Cambridge: Cambridge University Press. (Neu aufgelegt unter dem Titel *Foundations of science: The philosophy of theory and experiment*. New York: Dover, 1957)

Cantor, G. (1895). Beiträge zur Begründung der transfiniten Mengenlehre. *Mathematische Annalen*, *46*, 481-512.

Capra, F. (1983). *Wendezeit* (4. Aufl.). Bern: Scherz.

Carnap, R. (1960). Theoretische Begriffe in der Wissenschaft. Eine logische und methodische Untersuchung. *Zeitschrift für philosophische Forschung*, *14*, 209-233.

Carrier, M. (2009). Wege der Wissenschaftsphilosophie im 20. Jahrhundert. In A. Bartels & M. Stöckler (Hrsg.), *Wissenschaftstheorie* (2. Aufl., S. 15-44). Paderborn: Mentis.

Carus, F. A. (1808). *Geschichte der Psychologie*. Leipzig: Barth und Kummer. (Nachgelassene Werke, Bd. 3)

Chalmers, A. F. (1986). *Wege der Wissenschaft*. Berlin: Springer.

Charpentier, A. (1891). Analyse expérimentale quelques éléments de la sensation de poids. *Archive de Physiologie Normales et Pathologiques*, *3*, 122-135.

Choi, H. & Scholl, B. J. (2004). Effects of grouping and attention on the perception of causality. *Perception & Psychophysics*, *66*, 926-942.

Choi, H. & Scholl, B. J. (2006). Perceiving causality after the fact: Postdiction in the temporal dynamics of causal perception. *Perception*, *35*, 385-399.

Chomsky, N. (1957). *Syntactic structures*. S'Gravenhage: Mouton.

Churchland, P. (1995). *The engine of reason. the seat of the soul.* Cambridge, MA: MIT Press.

Clark, L. L., Lansford, T. G. & Dallenbach, K. M. (1960). Repetition and associative learning. *American Journal of Psychology, 73*, 22-40.

Cohen, J. (1988). *Statistical power analysis for the behavioral sciences* (2. Aufl.). Hillsdale, NJ: Erlbaum.

Cohen, J. (1992). A power primer. *Psychological Bulletin, 112*, 155-159.

Collingwood, R. G. (1940). *An essay on metaphysics.* Oxford: Clarendon Press.

Cook, T. D. & Campbell, D. T. (1979). *Quasi-experimentation: Design and analysis issues for field settings.* Chikago: Rand McNally.

Cosyn, E. & Uzun, H. (2009). Note on two necessary and sufficient axioms for a well-graded knowledge space. *Journal of Mathematical Psychology, 53*, 40-42.

Craik, F. I. M. & Lockhart, R. S. (1972). Levels of processing: A framework for memory research. *Journal of Verbal Learning & Verbal Behavior, 11*, 671-684.

Crombie, A. C. (1953). *Robert Grosseteste and the origins of experimental science, 1100-1700.* Oxford: Clarendon.

Darwin, C. (1859). *On the origin of species.* London: John Murray.

Davis-Stober, C. P. (2009). Analysis of multinomial models under inequality constraints: applications to measurement theory. *Journal of Mathematical Psychology, 53*, 1-13.

de Finetti, B. (1937). La prévision: ses lois logiques, ses sources subjectives. *Annales de L'Institute Henri Poincaré, 7*, 1-68.

de Solla Price, D. (1974). *Little science, big science.* Frankfurt: Suhrkamp.

Dixon, W. J. & Mood, A. M. (1948). A method for obtaining and analyzing sensitivity data. *Journal of the American Statistical Association, 43*, 109-126.

Doignon, J.-P. & Falmagne, J.-C. (1985). Spaces for the assessment of knowledge. *International Journal of Man-Machine Studies, 23*, 175-196.

Doignon, J.-P. & Falmagne, J.-C. (1999). *Knowledge spaces.* Berlin, Heidelberg, New York: Springer.

Dollard, J., Doob, L. W., Miller, N. E., Mowrer, O. H. & Sears, R. R. (1939). *Frustration and aggression.* New Haven: Yale University Press.

Donders, F. C. (1969). On the speed of mental processes (W. G. Koster, Übers.). *Acta Psychologica.* (Originalausgabe 1868)

Dzhafarov, E. N. (2002a). Multidimensional fechnerian scaling: Pairwise comparisons, regular minimality, and nonconstant self-similarity. *Journal of Mathematical Psychology, 46*, 583-608.

Dzhafarov, E. N. (2002b). Multidimensional fechnerian scaling: Probability-distance hypothesis. *Journal of Mathematical Psychology*, *46*, 352-374.

Dzhafarov, E. N. & Colonius, H. (1999a). Fechnerian metrics. In P. R. Kileen & W. R. Uttal (Hrsg.), *Looking back: the end of the 20th century psychophysics* (S. 111-116). Tempe, AZ: Arizona University Press.

Dzhafarov, E. N. & Colonius, H. (1999b). Fechnerian metrics in unidimensional and multidimensional stimulus spaces. *Psychological Bulletin and Review*, *6*, 239-268.

Dzhafarov, E. N. & Colonius, H. (2001). Multidimensional fechnerian scaling: Basics. *Journal of Mathematical Psychology*, *45*, 670-719.

Dzhafarov, E. N. & Colonius, H. (2006). Regular minimality: A fundamental law of discrimination. In H. Colonius & E. N. Dzhafarov (Hrsg.), *Measurement and representation of sensations* (S. 1-46). Mahwah, NJ: Erlbaum.

Ebbinghaus, H. (1885). *Über das Gedächtnis. Untersuchungen zur experimentellen Psychologie.* Leipzig: Duncker & Humblot.

Ebbinghaus, H. (1908). *Abriss der Psychologie.* Leipzig: Veit.

Ellermeier, W. & Faulhammer, G. (2000). Empirical evaluation of axioms fundamental to Stevens's ratio-scaling approach: I. loudness production. *Perception and Psychophysics*, *62*, 1505-1511.

Erdfelder, E., Auer, T.-S., Hilbig, B. E., Aßfalg, A., Moshagen, M. & Nadarevic, L. (2009). Multinomial processing tree models: A review of the literature. *Zeitschrift für Psychologie*, *217*, 108-124.

Esfeld, M. (2009). Kausalität. In A. Bartels & M. Stöckler (Hrsg.), *Wissenschaftstheorie* (2. Aufl., S. 89-107). Paderborn: Mentis.

Estes, W. K. (1950). Toward a statistical theory of learning. *Psychological Review*, *57*, 94-107.

Estes, W. K. (1959). Component and pattern models with markovian interpretations. In R. R. Bush & W. K. Estes (Hrsg.), *Studies in mathematical learning theory* (S. 9-52). Stanford: Stanford University Press.

Estes, W. K. & Burke, C. J. (1953). A theory of stimulus variability in learning. *Psychological Review*, *60*, 276-286.

Fahrenheit, D. G. (1724/1894). Experimente und Beobachtungen über das Gefrieren des Wassers im Vacuum. *Philosophical Transactions of the Royal Society of London*, *23*, 78-84. (Nachdruck in: A. von Oettingen (1894) (Hrsg.): Ostwald's Klassiker der exakten Wissenschaften, Bd. 57. Leipzig: Engelmann.)

Fahrmeir, L., Künstler, R., Pigeot, I. & Tutz, G. (2009). *Statistik: Der Weg zur Datenanalyse* (7. Aufl.). Berlin: Springer.

Falmagne, J.-C. (1985). *Elements of psychophysical theory*. New York: Oxford University Press.

Fechner, G. T. (1860). *Elemente der Psychophysik, erster Theil*. Leipzig: Breitkopf & Härtel.

Fechner, G. T. (1887). Über die psychischen Massprinzipien und das Webersche Gesetz. *Philosophische Studien, 4*, 161-230.

Ferguson, A., Myers, C. S., Bartlett, R. J., Banister, H., Bartlett, F. C., Brown, W. et al. (1940). Quantitative estimates of sensory events: Final report of the committee appointed to consider and report upon the possibility of quantitative estimates of sensory events. *Advancement of Science, 1*, 331-349.

Feyerabend, P. K. (1977). *Wider den Methodenzwang. Skizze einer anarchischen Erkenntnistheorie*. Frankfurt a.M.: Suhrkamp.

Fischer, G. H. & Molenaar, I. W. (1995). *Rasch models: foundations, recent developments, and applications*. New York: Springer.

Fishburn, P. C. (1986). The axioms of subjective probability with discussion. *Statistical Science*, 335-358.

Fisher, R. A. (1925). *Statistical methods for research workers*. Edinburgh: Oliver & Boyd.

Fisher, R. A. (1926). The arrangement of field experiments. *Journal of the Ministry of Agriculture for Great Britain, 33*, 503-513.

Fisher, R. A. (1935). *The design of experiments*. Edinburgh: Oliver & Boyd.

Fisher, R. A. (1959). *Statistical methods and scientific inference* (2. Aufl.). Edinburgh: Oliver & Boyd.

Freud, S. (1989). *Studienausgabe, 10 Bände, Bd. III: Psychologie des Unbewußten* (A. Mitscherlich, J. Strachey & A. Richards, Hrsg.). Frankfurt am Main: Fischer.

Friston, K. J., Price, C. J., Fletcher, P., Moore, C., Frackowiak, R. S. J. & Dolan, R. J. (1996). The trouble with cognitive subtraction. *Neuroimage, 4*, 97-104.

Gadenne, V. (1994). Theoriebewertung. In T. Hermann & W. Tack (Hrsg.), *Enzyklopädie der Psychologie, Themenbereich B. Methodologie und Methoden, Serie 1. Forschungsmethoden der Psychologie, Band 1. Methodologische Grundlagen der Psychologie* (S. 389-418). Göttingen: Hogrefe.

García-Pérez, M. A. (1998). Forced-choice staircases with fixed step sizes: Asymptotic and small-sample properties. *Vision Research, 38*, 1861-1881.

García-Pérez, M. A. (2000). Optimal setups for forced-choice staircases with fixed step sizes. *Spatial Vision, 13*, 431-448.

García-Pérez, M. A. (2001). Yes-no staircases with fixed step sizes: Psychometric properties and optimal setup. *Optometry and Vision Science*, *78*, 56-64.

García-Pérez, M. A. & Alcalá-Quintana, R. (2005). Sampling plans for fitting the psychometric function. *Spanish Journal of Psychology*, *8*, 256-289.

García-Pérez, M. A. & Alcalá-Quintana, R. (2011). Improving the estimation of psychometric functions in 2AFC discrimination tasks. *Frontiers in Psychology*, *2*. Verfügbar unter http://www.frontiersin.org/Journal/Abstract.aspx?s=956&name= quantitative psychology and measurement&ART_DOI=10.3389/fpsyg.2011.00096

Gödel, K. (1931). Über formal unentscheidbare Sätze der Principia Mathematica und verwandter Systeme I. *Monatshefte für Mathematik und Physik*, *38*, 173-198.

Gegenfurtner, K. R. (1992). PRAXIS: Brent's algorithm for function minimization. *Behavior Research Methods, Instruments & Computers*, *24*, 560-564.

Georgii, H.-O. (2009). *Stochastik: Einführung in die Wahrscheinlichkeitstheorie und Statistik* (4. Aufl.). Berlin: de Gruyter.

Gescheider, G. A. (1997). *Psychophysics: The fundamentals* (3. Aufl.). Mahwah, NJ: Erlbaum.

Gähde, U. (2009). Modelle der Struktur und Dynamik wissenschaftlicher Theorien. In A. Bartels & M. Stöckler (Hrsg.), *Wissenschaftstheorie* (2. Aufl., S. 15-44). Paderborn: Mentis.

Gigerenzer, G. (1993). The Superego, the Ego, and the Id in statistical reasoning. In G. Keren & C. Lewis (Hrsg.), *A handbook for data analysis in the behavioral sciences: Methodological issues* (S. 311-339). Hillsdale, NJ: Erlbaum.

Gigerenzer, G., Krauss, S. & Vitouch, O. (2004). The null ritual: What you always wanted to know about significance testing but were afraid to ask. In D. Kaplan (Hrsg.), *The sage handbook of quantitative methodology for the social sciences* (S. 391-408). Thousand Oaks, CA: Sage.

Gigerenzer, G. & Strube, G. (1983). Are there limits to binaural additivity of loudness? *Journal of Experimental Psychology: Human Perception and Performance*, *9*, 126-136.

Good, I. J. (1985). Weight of evidence: A brief survey. In M. H. DeGroot, D. V. Lindley & A. F. M. Smith (Hrsg.), *Bayesian statistics 2* (S. 249-269). New York: Elsevier.

Green, D. M., Smith, A. F. & von Gierke, S. M. (1983). Choice reaction time with a random foreperiod. *Perception & Psychophysics*, *31*, 117-127.

Green, D. M. & Swets, J. A. (1966). *Signal detection theory and psychophysics*. New York: Wiley.

Guilford, J. P. (1954). *Psychometric methods* (2. Aufl.). New York: McGraw-Hill. (Originalausgabe 1936)

Hacking, I. (1983). *Representing and intervening: Introductory topics in the philosophy of natural science.* Cambridge: Cambridge University Press.

Haney, C., Banks, W. C. & Zimbardo, P. G. (1973). Interpersonal dynamics in a simulated prison. *International Journal of Criminology and Penology, 1*, 69-97.

Hardcastle, V. G. & Stewart, C. M. (2009). fMRI: A modern cerebrascope? The case of pain. In J. Bickle (Hrsg.), *The Oxford handbook of philosophy and neuroscience* (S. 200-225). Oxford: Oxford University Press.

Hays, W. L. (2007). *Statistics* (6. Aufl.). Belmont, CA: Wadsworth.

Heidelberger, M. (2009). Das Experiment in den Wissenschaften. In A. Bartels & M. Stöckler (Hrsg.), *Wissenschaftstheorie. Ein Studienbuch* (2. Aufl., S. 155-176). Paderborn: Mentis.

Heller, J. (1997). On the psychophysics of binocular space perception. *Journal of Mathematical Psychology, 41*, 29-43.

Heller, J. (2001). Mittenbildung bei achromatischen Farben: Das klassische Experiment von Plateau. *Zeitschrift für Experimentelle Psychologie, 48*, 259-271.

Heller, J. (2004). The locus of perceived equidistance in binocular vision. *Perception & Psychophysics, 66*, 1162-1170.

Hellström, A. (1985). The time-order error and its relatives: Mirrors of cognitive processing in comparing. *Psychological Bulletin, 97*, 35-61.

Hempel, C. G. (1974). *Grundzüge der Begriffsbildung in den empirischen Wissenschaften.* Düsseldorf: Bertelsmann Universitätsverlag.

Hempel, C. G. & Oppenheim, P. (1948). Studies in the logic of explanation. *Philosophy of Science, 15*, 135-175.

Hölder, O. (1901). Die Axiome der Quantität und die Lehr vom Mass. *Berichte über die Verhandlungen der Königlich Sächsischen Gesellschaft der Wissenschaften zu Leipzig, Mathematisch-Physische Klasse, 53*, 1-46.

Hoenig, J. M. & Heisey, D. M. (2001). The abuse of power: The pervasive fallacy of power calculations for data analysis. *The American Statistician, 55*, 19-24.

Hoffman, D. D. (1998). *Visual intelligence. how we create what we see.* New York: Norton.

Holway, A. H. & Pratt, C. C. (1936). The Weber-ratio for intensitive discrimination. *Psychological Review, 43*, 322-340.

Horgan, J. (1996). Quanten-Philosophie. In W. Neuser & K. N. von Oettingen (Hrsg.), *Quantenphilosopie.* Heidelberg: Spektrum.

Howard, I. P. & Rogers, B. J. (1995). *Binocular vision and stereopsis.* New York: Oxford University Press.

Hubbard, R. & Bayarri, M. J. (2003). Confusion over measures of evidence (p's) versus errors (α's) in classical statistical testing. *The American Statistician, 57*, 171-182.

Irtel, H. (1985). *Die psychometrische Funktion.* (Unveröffentliches Manuskript, Universität Regensburg)

Irtel, H. (1993). *Experimentalpsychologisches Praktikum.* Berlin: Springer.

Irtel, H. (2007). PXLab: The psychological experiments laboratory (Vers. 2.1.11) [Software-Handbuch]. Verfügbar unter http://www.pxlab.de

James, W. (1890). *The principles of psychology.* New York: Dover Publications.

Jameson, K. A., Highnote, S. M. & Wasserman, L. M. (2001). Richer color experience in observers with multiple photopigment opsin genes. *Psychonomic Bulletin & Review, 8*, 244-261.

Jeffreys, H. (1961). *Theory of probability.* Oxford, UK: Oxford University Press.

Jordan, G. & Mollon, J. D. (1993). A study of women heterozygous for color deficiencies. *Vision Research, 33*, 1495-1508.

Kaernbach, C. (1991). Simple adaptive testing with the weighted up-down method. *Perception & Psychophysics, 49*, 227-229.

Kaernbach, C. (2003). C. elegans im Spin Glass – Das Ganze ist mehr als die Summe seiner Teile. Kommentar zu Mausfeld. *Psychological Science, 54*, 249-250.

Kant, I. (1781). *Critik der reinen Vernunft.* Riga: Johann Friedrich Hartknoch.

Kant, I. (1783). *Prolegomena zu einer jeden künftigen Metaphysik die als Wissenschaft wird auftreten können.* Riga: Johann Friedrich Hartknoch.

Karabatsos, G. (2001). The Rasch model, additive conjoint measurement, and new models of probabilistic measurement theory. *Journal of Applied Measurement, 2*, 389-423.

Karabatsos, G. (2005). The exchangeable multinomial model as an approach to testing deterministic axioms of choice and measurement. *Journal of Mathematical Psychology, 49*, 51-69.

Kass, R. E. & Raftery, A. E. (1995). Bayes factors. *Journal of the American Statistical Association, 90*, 773-795.

Katz, D. (1911). *Die Erscheinungsweisen der Farben und ihre Beeinflussung durch die individuelle Erfahrung.* Leipzig: Barth.

Kelvin, W. T. (1889). *Popular lectures and addresses* (Bd. Vol. 1: Constitution of Matter). London: MacMillan.

Keppel, G. & Wickens, T. D. (2004). *Design and analysis: A researcher's handbook* (4. Aufl.). Prentice Hall: Pearson.

Kintsch, W. (1963). All-or-none learning and the role of repetition in paired-associate learning. *Science*, *140*, 310-312.

Kintsch, W. (1982). *Gedächtnis und Kognition*. Berlin: Springer.

Klein, F. (1871). Über die sogenannte Nicht-Euklidische Geometrie. *Mathematische Annalen*, *4*, 573-625.

Kliegl, R. (2007). Zur Wahrnehmung und (Selbst-)Attribution von Kausalität. *Debatte*, *5*, 39-45. Verfügbar unter `http://edoc.bbaw.de/volltexte/2009/1030/pdf/08_Kliegl.pdf`

Künnapas, T. M. (1955). An analysis of the "vertical-horizontal" illusion. *Journal of Experimental Psychology*, *49*, 134-140.

Koch, S. (1974). Psychology as science. In S. Brown (Hrsg.), *Philosophy of psychology* (S. 3-40). London: Macmillan.

Kolmogorow, A. N. (1933). *Grundbegriffe der Wahrscheinlichkeitsrechnung*. Berlin: Springer.

Krantz, D. H., Luce, R. D., Suppes, P. & Tversky, A. (1971). *Foundations of measurement* (Bd. 1). New York: Academic Press.

Kuhn, T. S. (1962). *The structure of scientific revolutions*. Chicago: University of Chicago Press.

Kuhn, T. S. (1974). Bemerkungen zu meinen Kritikern. In I. Lakatos & A. Musgrave (Hrsg.), *Kritik und Erkenntnisfortschritt* (S. 223-270). Braunschweig: Vieweg.

Kuhn, T. S. (1977). *Die Entstehung des Neuen*. Frankfurt am Main: Suhrkamp.

Kutschera, F. & Breitkopf, A. (1979). *Einführung in die moderne Logik*. (4. Aufl.). München: Alber.

Lakatos, I. (1974). Falsifikation und die Methodologie der Forschungsprogramme. In I. Lakatos & A. Musgrave (Hrsg.), *Kritik und Erkenntnisfortschritt* (S. 89-189). Braunschweig: Vieweg.

Laming, D. (1997). *The measurement of sensation*. New York: Oxford University Press.

Laming, J. & Laming, D. (1996). J. Plateau: On the measurement of physical sensations and on the law which links the intensity of these sensations to the intensity of the source. J. Plateau: Report on 'psychophysical study: Theoretical and experimental research on the measurement of sensations, particularly sensations of light and of fatigue' by Mr. Delboeuf. *Psychological Research*, *59*, 134-144.

Lapid, E., Ulrich, R. & Rammsayer, T. (2008). On estimating the difference limen in duration discrimination tasks: A comparison of the 2AFC and the reminder task. *Perception & Psychophysics*, *70*, 291-305.

Laughlin, R. B. (2010). *Abschied von der Weltformel. Die Neuerfindung der Physik* (2. Aufl.). München: Piper. (Originalausgabe 2005)

Levelt, W. J. M., Riemersma, J. B. & Bunt, A. A. (1972). Binaural additivity in loudness. *British Journal of Mathematical and Statistical Psychology*, *25*, 1-68.

Lieberman, M. D., Berkman, E. T. & Wager, T. D. (2009). Correlations in social neuroscience aren't Voodoo: Commentary on Vul et al. (2009). *Perspectives on Psychological Science*, 299-307.

Lindquist, M. A. (2008). The statistical analysis of fMRI data. *Statistical Science*, *23*, 439-464.

Logan, G. D. (2002). Parallel and serial processing. In *Stevens' handbook of experimental psychology. Vol. 4. Methodology in experimental psychology*. New York: Wiley.

Luce, R. D. (1986). *Response times*. New York: Oxford University Press.

Luce, R. D. (1995). Four tensions concerning mathematical modeling in psychology. *Annual Review of Psychology*, *46*, 1-25.

Luce, R. D. (2002). A psychophysical theory of intensity proportions, joint presentations, and matches. *Psychological Review*, *109*, 520-532.

Luce, R. D. (2004). Symmetric and asymmetric matching of joint presentations. *Psychological Review*, *111*, 446-454.

Luce, R. D. & Edwards, W. (1958). The derivation of subjective scales from just noticeable differences. *Psychological Review*, *65*, 222-237.

Luce, R. D. & Galanter, E. (1963). Discrimination. In R. D. Luce, R. R. Bush & E. Galanter (Hrsg.), *Handbook of mathematical psychology, vol. i* (S. 191-243). New York: Wiley.

Luce, R. D., Krantz, D. H., Suppes, P. & Tversky, A. (1990). *Foundations of measurement* (Bd. 3). New York: Academic Press.

Luce, R. D. & Krumhansl, C. L. (1988). Measurement, scaling, and psychophysics. In R. C. Atkinson, R. J. Herrnstein & G. L. R. D. Luce (Hrsg.), *Stevens' handbook of experimental psychology. Vol. I. Perception and motivation*. New York: Wiley.

Luce, R. D. & Suppes, P. (2002). Representational measurement theory. In H. Pashler, S. Yantis, D. Medin, R. Gallistel & J. Wixted (Hrsg.), *Stevens' handbook of experimental psychology* (3. Aufl., S. 1-41). New York: Wiley.

Luce, R. D. & Tukey, J. W. (1964). Simultaneous conjoint measurement: a new type of fundamental measurement. *Journal of Mathematical Psychology*, *1*, 1-27.

Lukas, J. (1987). On the logical status of the size-distance invariance hypothesis. In E. Roskam & R. Suck (Hrsg.), *Progress in mathematical psychology* (S. 337-342). Amsterdam: North-Holland.

Lukas, J. (1996). *Psychophysik der Raumwahrnehmung*. Weinheim: Psychologie Verlags Union.

MacLeod, C. M. (1998). Directed forgetting. In J. M. Golding & C. M. MacLeod (Hrsg.), *Intentional forgetting: Interdisciplinary approaches* (S. 1-57). Mahwah, NJ: Erlbaum.

Macmillan, N. A. & Creelman, C. D. (2005). *Detection theory: A user's guide*. Mahwah, NJ: Erlbaum.

Masin, S. C. (2009). The (Weber's) law that never was. In M. A. Elliott et al. (Hrsg.), *Proceedings of the twenty-fifth annual meeting of the international society for psychophysics* (S. 441-446). Galway, Ireland.

Masin, S. C. & Fanton, V. (1989). An explanation for the presentation-order effect in the method of constant stimuli. *Perception & Psychophysics, 46*, 483-486.

Mausfeld, R. (2000). Von der Experimentierstube zur Massenforschung: Experiment und Erkenntnisfortschritt in der Psychologie. *Christiana Albertina, 50*, 21-36.

Mausfeld, R. (2002). The physicalistic trap in perception. In D. Heyer & R. Mausfeld (Hrsg.), *Perception and the physical world* (S. 75-112). Chichester: Wiley.

Mausfeld, R. (2003). No Psychology In – No Psychology Out. *Psychologische Rundschau, 54*, 185-195.

Mausfeld, R. (2005a). Vom Sinn in den Sinnen. Wie kann ein biologisches System Bedeutung generieren? In N. Elsner & G. Lüer (Hrsg.), *. . . sind eben auch nur Menschen – Verhalten zwischen Zwang, Freiheit und Verantwortung*. Göttingen: Wallstein.

Mausfeld, R. (2005b). Wahrnehmungspsychologie. In A. Schütz, H. Selg & S. Lautenbacher (Hrsg.), *Einführung in die Psychologie*. Stuttgart: Kohlhammer.

Mausfeld, R. (2007). Über Ziele und Grenzen einer naturwissenschaftlichen Zugangsweise zur Erforschung des Geistes. In B. S.-L. A. Holderegger & C. Hess (Hrsg.), *Hirnforschung und Menschenbild*. Basel: Schwabe.

Mausfeld, R. (2010). Psychologie, Biologie, kognitive Neurowissenschaften. *Psychologische Rundschau, 61*, 180-190.

McNichol, D. (1972). *A primer of signal detection theory*. London: George Allen & Unwin.

Michotte, A. (1946). *La perception de la causalité*. Louvain: Institut Supérieur de Philosophie.

Milgram, S. (1963). Behavioral study of obedience. *Journal of Abnormal and Social Psychology, 67*, 371-378.

Miller, N. E. (1941). The frustration-aggression hypothesis. *Psychological Review, 48*, 337-342.

Mittelstaedt, P. (1989). *Philosophische Probleme der modernen Physik* (7. Aufl.). Mannheim: Bibliographisches Institut.

Mohs, F. (1822). *Grundriß der Mineralogie* (Bd. 1). Dresden: Arnoldsche Buchhandlung.

Moulines, C. U. (1975a). A logical reconstruction of simple equilibrium thermodynamics. *Erkenntnis*, *9*, 101-130.

Moulines, C. U. (1975b). *Zur logischen Rekonstruktion der Thermodynamik. Eine Wissenschaftstheoretische Analyse.* Unveröffentlichte Dissertation, Universität München, München.

Murdock, B. B. (1962). The serial position effect of free recall. *Journal of Experimental Psychology*, *64*, 482-488.

Murdock, B. B. (1965). Signal-detection theory and short-term memory. *Journal of Experimental Psychology*, *70*, 443-447.

Myung, I. J. (2003). Tutorial on maximum likelihood estimation. *Journal of Mathematical Psychology*, *47*, 90-100.

Myung, I. J., Kim, C. & Pitt, M. A. (2000). Toward an explanation of the power law artifact: Insights from response surface analysis. , *28*, 832-840.

Myung, I. J. & Pitt, M. A. (2002). Mathematical modeling. In H. Pashler, S. Yantis, D. Medin, R. Gallistel & J. Wixted (Hrsg.), *Stevens' handbook of experimental psychology* (3. Aufl., S. 429-460). New York: Wiley.

Narens, L. (1981a). A general theory of ratio saclability with remarks about the measurement-theoretic concept of meaningfulness. *Theory and Decision*, *13*, 1-70.

Narens, L. (1981b). On the scales of measurement. *Journal of Mathematical Psychology*, *24*, 249-275.

Narens, L. (1996). A theory of ratio magnitude estimation. *Journal of Mathematical Psychology*, *40*, 109-129.

Narens, L. (2002). *Theories of meaningfulness.* Mahwah, NJ: Lawrence Erlbaum Associates.

Narens, L. & Luce, R. D. (1986). Measurement: the theory of numerical assignments. *Psychological Bulletin*, *99*, 166-180.

Narens, L. & Luce, R. D. (1990). Three aspects of the effectiveness of mathematics in science. In R. Mickens (Hrsg.), *Mathematics and science* (S. 122-135). Singapore: World Scientific Publishing.

Narens, L. & Mausfeld, R. (1992). On the relation of the psychological and the physical in psychophysics. *Psychological Review*, *99*, 467-479.

Neisser, U. (1967). *Cognitive psychology.* New York: Appleton-Century-Crofts.

Neisser, U. (1974). *Kognitive Psychologie.* Stuttgart: Klett. (Originalausgabe 1967)

Neyman, J. (1952). *Lectures and conferences on mathematical statistics and probability* (2. Aufl.). Washington, DC: Graduate School, U.S. Department of Agriculture.

Neyman, J. & Pearson, E. S. (1928a). On the use and interpretation of certain test criteria for purposes of statistical inference. Part I. *Biometrika, 20A*, 175-240.

Neyman, J. & Pearson, E. S. (1928b). On the use and interpretation of certain test criteria for purposes of statistical inference. Part II. *Biometrika, 20A*, 263-294.

Neyman, J. & Pearson, E. S. (1933). On the problem of the most efficient tests of statistical hypotheses. *Philosophical Transactions of the Royal Society of London, Series A, 231*, 289-337.

Niederée, R. (1998). *Die Erscheinungsweisen der Farben und ihre stetigen Übergangsformen.* Unveröffentlichte Dissertation, Habilitationsschrift. Christian-Albrechts-Universitat zu Kiel.

Niederée, R. (2010). More than three dimensions: What continuity considerations can tell us about perceived color. In J. Cohen & M. Matthen (Hrsg.), *Color ontology and color science.* Cambridge: MIT Press.

Niederée, R. & Mausfeld, R. (1996). Skalenniveau, Invarianz und "Bedeutsamkeit". In E. Erdfelder, R. Mausfeld, T. Meiser & G. Rudinger (Hrsg.), *Handbuch Quantitative Methoden* (S. 385-398). Weinheim: Psychologie Verlags Union.

Niederée, R. & Narens, L. (1996). Axiomatische Meßtheorie. In E. Erdfelder, R. Mausfeld, T. Meiser & G. Rudinger (Hrsg.), *Handbuch Quantitative Methoden* (S. 369-384). Weinheim: Psychologie Verlags Union.

Norman, M. F. (1981). Lectures on linear systems theory. *Journal of Mathematical Psychology, 23*, 1-89.

Palmer, S. E. (1999). *Vision science: Photons to phenomenology.* Cambridge, MA: MIT Press.

Pashler, H., Yantis, S., Medin, D., Gallistel, R. & Wixted, J. (2002). *Stevens' handbook of experimental psychology* (3. Aufl.). New York: Wiley.

Pauen, M. (2004). *Illusion Freiheit? Mögliche und unmögliche Konsequenzen der Hirnforschung.* Frankfurt am Main: Fischer.

Pauen, M. (2011). Eine Frage der Selbstbestimmung. *Spektrum der Wissenschschaft, 3/11*, 68-72.

Pawlow, I. P. (1972). *Die bedingten Reflexe: Eine Auswahl aus dem Gesamtwerk.* München: Kindler.

Peirce, J. W. (2007). PsychoPy - Psychophysics software in Python. *Journal of Neuroscience Methods, 162*, 8-13.

Peirce, J. W. (2009). Generating stimuli for neuroscience using PsychoPy. *Frontiers in Neuroinformatics*, *2*, 10.

Pitman, E. J. G. (1937a). Significance tests which may be applied to samples from any populations. *Journal of the Royal Statistical Society, Supplement*, *4*, 119-130.

Pitman, E. J. G. (1937b). Significance tests which may be applied to samples from any populations. Part II. *Journal of the Royal Statistical Society, Supplement*, *4*, 225-232.

Pitman, E. J. G. (1938). Significance tests which may be applied to samples from any populations. Part III. *Biometrika*, *29*, 322-335.

Pitt, M. A. & Myung, I. J. (2002). When a good fit can be bad. *TRENDS in Cognitive Sciences*, *6*, 421-425.

Plateau, J. (1872). Sur la mesure des sensations physiques, et sur la loi qui lie l'intensité de ces sensations à l'intensité de la cause excitante. *Bulletins de L'Academie Royale des Sciences, des Lettres et des Beaux-Arts de Belgique, 2me Sér.*, *33*, 376-388.

Plateau, J. (1873). Über die Messung physischer Empfindungen und das Gesetz welches die Stärke dieser Empfindugen mit der Stärke der erregenden Ursache verknüpft. *Annalen der Physik und Chemie*, *150*, 465-476.

Popper, K. (1984). *Logik der Forschung* (8. Aufl.). Tübingen: J. C. B. Mohr (Paul Siebeck). (Originalausgabe 1934)

Postman, L. (1962). Repetition and paired-associate learning. *American Journal of Psychology*, *75*, 372-389.

Postman, L. (1963). One-trial learning. In C. N. Cofer & B. S. Musgrave (Hrsg.), *Verbal behavior and learning: Problems and processes* (S. 295-321). New York: McGraw-Hill.

Priestley, J. (1777). *Disquisitions relating to matter and spirit*. London: Johnson.

R Development Core Team. (2008). R: A language and environment for statistical computing [Software-Handbuch]. Vienna, Austria. Verfügbar unter http://www.R-project.org (ISBN 3-900051-07-0)

Raftery, A. E. (1995). Bayesian model selection in social research. In P. V. Marsden (Hrsg.), *Sociological methodology* (S. 111-196). Cambridge: Blackwells.

Rasch, G. (1960). *Probabilistic models for some intelligence and attainment tests*. Copenhagen: Paedagogiske Institut.

Rissanen, J. (1996). Fisher information and stochastic complexity. *IEEE Transactions on Information Theory*, *42*, 40-47.

Roberts, F. S. (1979). *Measurement theory, with applications to decision-making, utility, and the social sciences*. Reading, Mass.: Addison-Wesley.

Rock, I. (1957). The role of repetition in associative learning. *American Journal of Psychology*, *70*, 186-193.

Rosenthal, R. & Fode, K. (1966). The effect of experimenter bias on performance of the albino rat. *Behavioral Science*, *8*, 183-189.

Rosenthal, R. & Jacobson, L. (1966). Teachers' expectancies: Determinants of pupils' IQ gains. *Psychological Reports*, *19*, 115-118.

Rosenthal, R. & Jacobson, L. (1968). *Pygmalion in the classroom: Teacher expectation and pupils' intellectual development*. New York: Holt, Rinehart & Winston.

Rüsseler, J. & Münte, T. F. (2008). Elektroenzephalogramm (EEG) und ereignis-korrelierte Potentiale (EKP). In S. Gauggel & M. Herrmann (Hrsg.), *Handbuch der Psychologie. Handbuch der Neuro- und Biopsychologie* (Bd. 8, S. 173-184). Göttingen: Hogrefe.

Russell, B. (1903). *The principles of mathematics*. New York: Norton.

Russell, B. (1918). The philosophy of logical atomism. In *The collected papers of bertrand russell, 1914-19* (Bd. 8).

Sarris, V. & Parducci, A. (1985). *Die Zukunft der experimentellen Psychologie*. Weinheim: Beltz.

Sartori, G. & Umiltà, C. (2000). The additive factor method in brain imaging. *Brain and Cognition*, *42*, 68-71.

Savage, L. J. (1954). *The foundations of statistics*. New York: Wiley.

Schönpflug, W. & Vetter, G. H. (1975). *Psychologische Kennwerte von Trigrammen: Theoretische und methodische Beiträge zum Problem der Verarbeitung einfachen sprach-lichen Materials*. Meisenheim am Glan: Hain.

Schurz, G. (1987). Der neue Strukturalismus. *Conceptus*, *21*, 113-127.

Schwarz, G. (1978). Estimating the dimension of a model. *Annals of Statistics*, *6*, 461-464.

Scott, D. & Suppes, P. (1958). Foundational aspects of theories of measurement. *Journal of Symbolic Logic*, *23*, 113-128.

Shannon, C. E. & Weaver, W. (1949). *The mathematical theory of communication*. Urbana: University of Illinois Press.

Simon, J. R. & Rudell, A. P. (1967). Auditory S-R compatibility: The effect of an irrelevant cue on information processing. *Journal of Applied Psychology*, *51*, 300-304.

Skinner, B. F. (1948). *Walden two*. Indianapolis: Hackett Publishing Company.

Skinner, B. F. (1972). *Beyond freedom and dignity*. New York: Vintage Books.

Sneed, J. D. (1971). *The logical structure of mathematical physics*. Dordrecht: Reidel.

Snodgrass, J. G. (1972). Reaction times for comparisons of successively presented visual patterns: Evidence for serial self-terminating search. *Perception & Psychophysics*, *12*, 364-372.

Snodgrass, J. G. & Townsend, J. T. (1980). Comparing parallel and serial models: Theory and implementation. *Journal of Experimental Psychology: Human Perception and Performance*, *6*, 330-354.

Sperling, G. (1960). The information available in brief visual presentations. *Psychological Monographs*, *74*, 1-29.

Sperling, G. (1963). A model for visual memory tasks. *Human Factors*, *5*, 19-31.

Spiegelhalter, D. J., Thomas, A. & Best, N. G. (1999). WinBUGS Version 1.2 User Manual [Software-Handbuch].

Stöckler, M. (2009). Philosophische Probleme der Quantentheorie. In A. Bartels & M. Stöckler (Hrsg.), *Wissenschaftstheorie. Ein Studienbuch* (2. Aufl., S. 245-264). Paderborn: Mentis.

Stegmüller, W. (1976). *The structure and dynamics of theories*. Berlin: Springer.

Stegmüller, W. (1979). *The structuralists view of theories*. Berlin: Springer.

Stegmüller, W. (1980). *Neue Wege der Wissenschaftsphilosophie*. Berlin: Springer.

Stegmüller, W. (1986). *Probleme und Resultate der Wissenschaftstheorie und Analytischen Philosophie (Bd. II. Theorie und Erfahrung: 3. Teilband. Die Entwicklung des neuen Strukturalismus seit 1973)*. Berlin: Springer.

Steingrimsson, R. (2009). Evaluating a model of global psychophysical judgments for brightness: I. behavioral properties of summations and productions. *Attention, Perception, & Psychophysics*, *71*, 1916-1930.

Steingrimsson, R. & Luce, R. D. (2005a). Evaluating a model of global psychophysical judgments: I. behavioral properties of summations and productions. *Journal of Mathematical Psychology*, *49*, 290-307.

Steingrimsson, R. & Luce, R. D. (2005b). Evaluating a model of global psychophysical judgments: II. behavioral properties linking summations and productions. *Journal of Mathematical Psychology*, *49*, 308-319.

Steingrimsson, R. & Luce, R. D. (2006a). Empirical evaluation of a model of global psychophysical judgments: III. a form for the psychophysical function and intensity filtering. *Journal of Mathematical Psychology*, *50*, 15-29.

Steingrimsson, R. & Luce, R. D. (2006b). Empirical evaluation of a model of global psychophysical judgments: IV. forms for the weighting function. *Journal of Mathematical Psychology*, *50*, 15-29.

Sternberg, S. (1966). High speed scanning in human memory. *Science*, *153*, 652-654.

Sternberg, S. (1967). Two operations in character recognition: Some evidence from reaction-time measurements. *Perception & Psychophysics*, *2*, 45-53.

Sternberg, S. (1969). The discovery of processing stages: Extensions of Donders's method. In W. G. Koster (Hrsg.), *Attention and performance II*. Amsterdam: North Holland.

Stevens, S. S. (1946). On the theory of scales of measurement. *Science*, *103*, 667-680.

Stevens, S. S. (1951). *Handbook of experimental psychology*. New York: Wiley.

Stevens, S. S. (1957). On the psychophysical law. *Psychological Review*, *64*, 153-181.

Stevens, S. S. (1975). *Psychophysics: Introduction to its perceptual, neural, and social prospects*. New York: Wiley.

Stevens, S. S. & Guirao, M. (1962). Loudness, reciprocality, and partition scales. *Journal of the Acoustical Society of America*, *34*, 1466-1471.

Steyer, R. & Eid, M. (2001). *Messen und Testen* (2. Aufl.). Berlin: Springer.

Stilitz, I. (1972). Conditional probability and components of rt in the variable foreperiod experiment. *Quarterly Journal of Experimental Psychology*, *24*, 159-168.

Strasser, H. & Weber, C. (1999). *On the asymptotic theory of permutation statistics* (SFB Adaptive Information Systems and Modelling in Economics and Management Science Nr. 27). Wien: WU Vienna University of Economics and Business, Vienna.

Suppes, P. (1984). *Probabilistic metaphysics*. Oxford: Blackwell.

Suppes, P. & Atkinson, R. C. (1960). *Markov learning models for multi-person interactions*. Stanford: Stanford University Press.

Suppes, P. & Ginsberg, R. (1963). A fundamental property of all-or-none models. *Psychological Review*, *70*, 139-161.

Suppes, P., Krantz, D. H., Luce, R. D. & Tversky, A. (1989). *Foundations of measurement* (Bd. 2). New York: Academic Press.

Suppes, P. & Zinnes, J. L. (1963). Basic measurement theory. In *Handbook of mathematical psychology* (Bd. Vol. 1, S. 1-76). New York: Wiley.

Suzuki, Y. & Takeshima, H. (2004). Equal-loudness-level contours for pure tonesa. *Journal of the Acoustical Society of America*, *116*, 918-933.

Taagepera, R. (2008). *Making social sciences more scientific: The need for predictive models*. New York: Oxford University Press.

Tack, W. H. (1983). Psychophysische Methoden. In H. Feger & J. Bredenkamp (Hrsg.), *Messen und Testen* (Bd. 3, S. 346-426). Göttingen: Hogrefe.

Terhardt, E. & Seewann, M. (1984). Auditive und objektive Bestimmung der Schlagtonhöhe von historischen Kirchenglocken. *Acustica*, *54*, 129-144.

Thorburn, W. (1918). The myth of Occam's razor. *Mind*, *27*, 345-353.

Townsend, J. T. (1976). Serial and within-stage independent parallel model equivalences on the minimum completion time. *Journal of Mathematical Psychology*, *14*, 219-238.

Townsend, J. T. (1990). Serial vs. parallel processing: Sometimes they look like Tweedledum and Tweedledee but they can (and should) be distinguished. *Psychological Science*, *1*, 46-54.

Townsend, J. T. & Ashby, F. G. (1983). *The stochastic modeling of elementary psychological processes*. Cambridge: Cambridge University Press.

Townsend, J. T. & Fifić, M. (2004). Parallel versus serial processing and individual differences in high-speed search in human memory. *Perception & Psychophysics*, *66*, 953-962.

Treutwein, B. (1995). Adaptive psychophysical procedures. *Vision Research*, *35*, 2503-2522.

Ulrich, R. (2009). Uncovering unobservable cognitive mechanisms: The contribution of mathematical models. In F. Rösler, C. Ranganath, B. Röder & R. H. Kluwe (Hrsg.), *Neuroimaging of human memory: Linking cognitive processes to neural systems* (S. 25-41). New York: Oxford University Press.

Ulrich, R. & Miller, J. (1994). Effects of truncation on reaction time analysis. *Journal of Experimental Psychology: General*, *123*, 34-80.

Ulrich, R. & Vorberg, D. (2009). Estimating the difference limen in 2AFC tasks: Pitfalls and improved estimators. *Attention, Perception, & Psychophysics*, *71*, 1219-1227.

Underwood, B. J., Rehula, R. & Keppel, G. (1962). Item selection in paired-associate learning. *American Journal of Psychology*, *75*, 353-371.

Urban, F. M. (1909). Die psychophysischen Maßmethoden als Grundlagen empirischer Messungen. *Archiv für die gesamte Psychologie*, *15*, 261-355.

van Zandt, T. (2002). Analysis of response time distributions. In *Stevens' handbook of experimental psychology. Vol. 4. Methodology in experimental psychology*. New York: Wiley.

von Helmholtz, H. (1853). Über einige Gesetze der Vertheilung elektrischer Strome in körperlichen Leitern, mit Anwendung auf die thierisch-elektrischen Versuche. *Annalen der Physik und Chemie*, *89*, 211-233 und 353-377.

von Helmholtz, H. (1887). Zählen und Messen erkenntnistheoretisch betrachet. In *Philosophische Aufsätze. Eduard Zeller zu seinem fünfzigjährigen Doctor-Jubiläum gewidmet* (S. 15-52). Leipzig: Fues.

von Helmholtz, H. (1903). Über das Sehen des Menschen. In H. von Helmholtz (Hrsg.), *Vorträge und Reden* (5. Aufl., Bd. 1, S. 85-118). Braunschweig: Vieweg. (Originalausgabe 1855) von Helmholtz, H. (1910). *Handbuch der Physiologischen Optik* (3. Aufl., Bd. 3; A. Gullstrand, J. von Kries & W. Nagel, Hrsg.). Leipzig: Fues.

von Helmholtz, H. (1911). *Handbuch der Physiologischen Optik* (3. Aufl., Bd. 2; A. Gullstrand, J. von Kries & W. Nagel, Hrsg.). Leipzig: Fues.

von Mises, R. (1931). *Wahrscheinlichkeitsrechnung und ihre Anwendung in der Statistik und theoretischen Physik*. Leipzig und Wie: Deuticke.

von Wright, J. M. (1972). On the problem of selection in iconic memory. *Scandinavian Journal of Psychology*, *13*, 159-171.

Vul, E., Harris, C., Winkielman, P. & Pashler, H. (2009a). Puzzlingly high correlations in fMRI studies of emotion, personality, and social cognition. *Perspectives on Psychological Science*, *4*, 274-290.

Vul, E., Harris, C., Winkielman, P. & Pashler, H. (2009b). Reply to comments on "puzzlingly high correlations in fMRI studies of emotion, personality, and social cognition". *Perspectives on Psychological Science*, *4*, 319-324.

Vul, E. & Kanwisher, N. (2010). Begging the question: The non-independence error in fMRI data analysis. In S. Hanson & M. Bunzl (Hrsg.), *Foundations and philosophy for neuroimaging* (S. 71-91). Cambridge, MA: MIT Press.

Wagenmakers, E.-J., Lee, M. D., Lodewyckx, T. & Iverson, G. (2008). Bayesian versus frequentist inference. In H. Hoijtink, I. Klugkist & P. A. Boelen (Hrsg.), *Bayesian evaluation of informative hypotheses* (S. 181-207). New York: Springer.

Watson, J. B. (1913). Psychology as the behaviorist views it. *Psychological Review*, *20*, 158-177.

Watson, J. B. & Rayner, R. (1920). Conditioned emotional reactions. *Journal of Experimental Psychology*, *3*, 1-14.

Weber, E. H. (1846). Der Tastsinn und das Gemeingefühl. In R. Wagner (Hrsg.), *Handwörterbuch der Physiologie, Band 3* (S. 481-588). Braunschweig: Vieweg.

Welch, B. L. (1938). On the *z*-test in randomized blocks and Latin squares. *Biometrika*, *29*, 21-52.

Wertheimer, M. (1985). Die experimentelle Methode in der Psychologie des 19. und 20. Jahrhunderts. In V. Sarris & A. Parducci (Hrsg.), *Die Zukunft der experimentellen Psychologie* (S. 29-38). Weinheim: Beltz.

Westermann, R. (1987a). *Strukturalistische Theorienkonzeption und empirische Forschung in der Psychologie*. Berlin, Heidelberg: Springer.

Westermann, R. (1987b). Wissenschaftstheoretische Grundlagen der experimentellen Psychologie. In G. Lüer (Hrsg.), *Allgemeine Experimentelle Psychologie*. Stuttgart: Fischer.

Westermann, R. (2000). *Wissenschaftstheorie und Experimentalmethodik.* Göttingen: Hogrefe.

Westmeyer, H. (1989). *Psychological theories from a structuralist point of view.* New York: Springer.

Wetherill, G. B. & Levitt, H. (1965). Sequential estimation of points on a psychometric function. *British Journal of Mathematical & Statistical Psychology, 18,* 1-10.

Wichmann, F. A. & Hill, N. J. (2001a). The psychometric function: I. fitting, sampling, and goodness of fit. *Perception & Psychophysics, 63,* 1293-1313.

Wichmann, F. A. & Hill, N. J. (2001b). The psychometric function: II. bootstrap-based confidence intervals and sampling. *Perception & Psychophysics, 63,* 1314-1329.

Wickens, T. D. (1982). *Models for behavior. stochastic processes in psychology.* San Francisco: Freeman.

Wickens, T. D. (2002). *Elementary signal detection theory.* New York: Oxford University Press.

Wigner, E. P. (1960). The unreasonable effectiveness of mathematics in the natural sciences. *Communications in Pure and Applied Mathematics, 13,* 1-14.

Wigner, E. P. (1970). *Symmetries and reflections; scientific essays of eugene p. wigner.* Cambridge, MA: MIT Press.

Windelband, W. (1904). *Geschichte und Naturwissenschaft* (3. Aufl.). Straßburg: Heitz. (Originalausgabe 1894)

Wogan, M. & Waters, R. H. (1959). The role of repetition in learning. *American Journal of Psychology, 72,* 612-613.

Woodrow, H. (1935). The effect of practice on time-order errors in the comparison of temporal intervals. *Psychological Review, 42,* 127-152.

Woodruff, B., Jennings, D. L. & Rico, N. L. (1975). Time error in lifted weights as affected by presentation order and judgement mode. *Perception & Psychophysics, 18,* 98-104.

Wundt, W. (1896). *Grundriß der Psychologie.* Leipzig: Engelmann.

Yeshurun, Y., Carrasco, M. & Maloney, L. T. (2008). Bias and sensitivity in two-interval forced choice procedures: Tests of the difference model. *Vision Research, 48,* 1837-1851.

Zermelo, E. (1930). Über Grenzzahlen und Mengenbereiche. *Fundamenta Mathematicae, 16,* 29-47.

Zimmer, K. (2005). Examining the validity of numerical ratios in loudness fractionation. *Perception and Psychophysics, 67,* 569-579.

Zuriff, G. E. (1985). *Behaviorism: a conceptual reconstruction.* New York: Columbia University Press.

Personenverzeichnis

Stichwortverzeichnis

www.ingramcontent.com/pod-product-compliance
Lightning Source LLC
Chambersburg PA
CBHW080129270326
41926CB00021B/4412